中 华 国 学 文 库

明 通 鉴 一

〔清〕夏 燮 撰

沈 仲 九 标点

中 华 书 局

图书在版编目(CIP)数据

明通鉴/(清)夏燮撰;沈仲九标点. —北京:中华书局,2023.6
(中华国学文库)
ISBN 978-7-101-16202-8

Ⅰ.明… Ⅱ.①夏…②沈… Ⅲ.中国历史-明代-编年体
Ⅳ.K248.043

中国国家版本馆 CIP 数据核字(2023)第 076039 号

书　　名	明通鉴(全六册)	
撰　　者	〔清〕夏　燮	
标　　点	沈仲九	
丛 书 名	中华国学文库	
责任编辑	胡　珂　许　桁　孙文颖　陈若一	
	蔡鹃名　刘　学　任超逸　王志涛	
责任印制	管　斌	
出版发行	中华书局	
	(北京市丰台区太平桥西里 38 号　100073)	
	http://www.zhbc.com.cn	
	E-mail:zhbc@zhbc.com.cn	
印　　刷	河北新华第一印刷有限责任公司	
版　　次	2023 年 6 月第 1 版	
	2023 年 6 月第 1 次印刷	
规　　格	开本/880×1230 毫米　1/32	
	印张 106¼　插页 12　字数 2200 千字	
印　　数	1-3000 册	
国际书号	ISBN 978-7-101-16202-8	
定　　价	380.00 元	

中华国学文库出版缘起

《中华国学文库》的出版缘起，要从九十年前说起。

1920年，中华书局在创办人陆费伯鸿先生的主持下，开始编纂《四部备要》。这套汇集三百三十六种典籍的大型丛书，精选经史子集的"最要之书"，校订成"通行善本"，以精雅的仿宋体铅字排印。一经推出，即以其选目实用、文字准确、品相精美、价格低廉的鲜明特点，最大限度地满足了国人研治学问、阅读典籍的需要，广受欢迎。丛书中的许多品种，至今仍为常用之书。

新中国成立之后，党和国家倡导系统整理中国传统文献典籍。六十馀年来，在新的学术理念和新的整理方法的指导下，数千种古籍得到了系统整理，并涌现出许多精校精注整理本，已成为超越前代的新善本，为学界所必备。

同时，随着中华民族以前所未有的自信快速发展，全社会对中国固有的学术文化——国学，也表现出前所未有的关注和重视。让中华文化的优秀成果得到继承和创新，并在世界范围内进行传播和弘扬，普惠全人类，已经成为中华民族的历史使命。当此之时，符合当代国民阅读需要的权威的国学经典读本的出现，实为当务之急。于是，《中华国学文库》应运而生。

《中华国学文库》是我们追慕前贤、服务当代的产物，因此，它自当具备以下三个基本特点：

一、《文库》所选均为中国学术文化的"最要之书"。举凡哲学、历史、文学、宗教、科学、艺术等各类基本典籍，只要是公认的国学经典，皆在此列。

二、《文库》所选均为代表当代最新学术水平的"最善之本"，即经过精校精注的最有品质的整理本。其中既有传统旧注本的点校整理本，如朱熹《四书章句集注》，也有获得学界定评的新校新注本，如余嘉锡《世说新语笺疏》。总之，不以新旧为别，惟以善本是求。

三、《文库》所选均以新式标点、简体横排刊印。中国古籍向以繁体竖排为标准样式。时至当代，繁体竖排的标准古籍整理方式仍通行于学术界，但绝大多数国人早已习惯于现代通行的简体横排的图书样式。《文库》作为服务当代公众的国学读本，标准简体字横排本自当是恰当的选择。

《中华国学文库》将逐年分辑出版，每辑十种，一次推出；期以十年，以毕其功。在此，我们诚挚希望得到学术界、出版界同仁的襄助和广大读者的支持。

中华书局自 1912 年成立，至今已近百岁。我们将《中华国学文库》当作向中华书局百年诞辰敬献的一份贺礼，更是向致力于中华民族和平崛起、实现复兴大业的全国人民敬献的一份厚礼。我们自当努力，让《中华国学文库》当得起这份重任，这份荣誉。

中华书局编辑部

2010 年 12 月

目 录

第一册

第二册

第三册

第四册

第五册

第六册

出版说明

　　明通鉴是继司马光资治通鉴和毕沅续资治通鉴所作的明代编年史。在本书以前，有明末谈迁的国榷，清季陈鹤的明纪，都用编年体记述明代的史事。明纪共六十卷，陈鹤本人只写成五十二卷，后八卷是他的孙子克家续成，1871 年（清同治十年辛未）由江苏书局刊行。国榷的成书很早，因为在当时是禁书，无法刊布，只有几种传抄的稿本，日久颇多散失，1958 年才由本局排印出版。这两书似乎本书著者都没有见到，体例和详略都不很相同。国榷有点近乎通鉴长编的性质，分量特别多，字数几达本书一倍有余。明纪又太简略，只占本书的十分之四。本书繁简较为适当，而且附有考异，便于参考，所以我们在标点本资治通鉴和续资治通鉴出版之后，继续把本书标点印行。

　　本书著者夏燮（1800—1875），字嗛父，又字季理，别号江上蹇叟、谢山居士，安徽省当涂县人。夏燮于 1821 年（清道光元年）中举人，1850 年（清道光三十年）任直隶省临城县训导，1860 年（清咸丰十年）调入两江总督曾国藩

1

的幕府。后任永宁、宜黄等县知县。夏燮通经书、音韵，并兼长史学、关心时事，著作甚多。代表作有明通鉴、中西纪事，另有五服释例、粤氛纪事等。

本书除正编九十卷外，在明太祖未即位前，别为前编四卷，从元顺帝至正十二年郭子兴起兵濠州开始。又有附编六卷，纪崇祯十七年五月明福王在南京称帝以后的事，直到清兵攻下台湾为止。连正编共一百卷。书前有义例、目录和与朱莲洋明经论修明通鉴书，原列为卷首。现在我们为了便于检查，把原有目录改编，因而取消了"卷首"的名称。据义例说，他还著有考证十二卷，并且仿司马光的例另撰目录，都未见刊行。原书1873年（清同治十二年）初刻于江西宜黄官署，1897年（清光绪二十三年）又由湖北官书处重校刊行，现在依据湖北刻本标点排印。

著者用二十余年的精力著成此书，除依据明实录、清实录、明史、御批通鉴纲目、御批通鉴辑览等官书外，还参考各种"野史"、说部和各家文集，把他认为不敢深信的，仿照司马光通鉴考异撰成考异，并依胡三省注通鉴例分注正文之下。这种方法可说是比较完善的。但是著者只凭个人的力量写成这部二百万字的巨著，搜集的史料也不能十分完备，和司马光为撰通鉴奉政府命令设局置官固然不能相提并论，即和续通鉴相比，也不像毕沅那样有许多门客赞助。续通鉴已经远远不及通鉴，这书当然更免不了有许多缺点。某些地方著者的识见不免陈腐狭隘，而在许多根本观点上则又极其谬误。如通鉴竭力避免语怪，本书却杂有很多关于灾异和鬼神的迷信记载。所附的评论,多数采取清官书中的"御批"之类,还对清帝竭力颂扬。记事也大部分以清朝的官书为标准,尤其是对农民起义,对国内少数民族和国外邻邦,都站在清政府的立场上叙事评论。至于明朝末年对满洲的交涉,更完全依据清人歪曲史实的记载,和国榷对照,就有很大的差别。但是在另一方面,著者在别一著作中西纪事中所表现的极为浓厚的爱国思想,也贯穿在本书中,却是值得重视的。如本书最后部分,著者对于明末反清的忠臣志士,极力加以表扬,并且采集了许多当时禁书的记载,甚至对明史不给张煌言立传和"太湖义旅但载云间,山寨殷顽不登只字"也提出大胆的批评。

本书的标点分段等,概照资治通鉴和续资治通鉴的方法处理,这里不再作重复的说明。但前两书不用破折号(——),这次对于叙事文中插入的注解,偶然一用,如顺治十三年二月条:"白文选……告王曰:'姑迟行,候西府至'——西府,谓定国也"。对于原本错误衍夺字的处理,也略有改变,如顺治四年十月"唐王在闽",原本"闽"误作"關",把误字改用小一号字体,外加圆括弧( )号,改正的字用同大的字体,外加方括弧〔 〕号,排成"唐王在(關)〔闽〕"。又如顺治十一年秋"大清遣人招抚成功,其弟(芝豹)〔渡〕请降"。芝豹是成功的叔父,早已降清,这时降清的是成功的弟郑渡。如照以前的校法,排成"其弟芝豹(渡)请降",必须另加校者按语,否则容易使读者误认为仅仅"豹"字须改作"渡"。又康熙二年十月记清兵进攻台湾,"(成功)〔经〕遣全斌御之",例亦相同。因为郑成功已于前一年死去,这时主持台湾的是他的儿子郑经。其他如衍字仅把那字排成小一号字体,外加圆括弧号,补入的夺字,只在所补的字外加方括弧号。这样就可使读者一望而知,不必另加校者按语了。此外对于异体字和讳字也照以前的方法处理。异体字如战阵的"阵"或作"陈",或作"陣",率领的率或作"帅",或作"率","麾下"或作"戲下"等,往往在一页甚至一行中互见多次,现在一律改作"阵""率""麾"等。又如"玄""弘"等字因避讳被改为"元""宏"的,"征虏将军""平夷伯""荡胡伯"等因犯忌改为"征卤将军""平彝伯""荡湖伯"的,也都加以改正。但有些避讳的字已经著者在注中说明的不再改正。如顺治四年三月记事中"于元煜"的"煜"字原作"烨",因避清帝玄烨的讳改"煜",但著者在注中说明:"凡史中人名作'煜'者,大半庙讳'火''华'之代字也。"如改作"烨",注文便成多余了。又如"胤"字被改作"允"或"荫",注中也有说明,除"堵胤锡"、"李元胤"等比较著名的人仍予改正外,其余不很知名无可查考的,只得悉仍原文。

以前两书都由"标点资治通鉴委员会"许多同志负责加工,本书因为他们工作太忙,没有时间担任,完全由本局标点,因为限于能力,不免有许多错误,希望读者多予指正。

中华书局标点本明通鉴初版于 1959 年 2 月,1980 年重印过一次,基本未作改动。2009 年 5 月出版重排本,修改了一些不规范的异体字和旧形字。

　　2013 年,中华书局编辑部对标点本明通鉴做了系统修订,尽量订正其中标点差错,通过复核底本改正了一些误字,并进一步规范了 2009 年重排本处理未尽的旧字形。

　　本次出版的中华国学文库本明通鉴,是以 2013 年出版的第 3 版标点本明通鉴为基础,对原来的繁体字加以简化而成。本次整理出版过程中,我们基本遵循原书体例,只在个别地方作了必要的技术处理,同时对繁体字标点本中一些明显的编校错误加以订正。

中华书局编辑部

2023 年 4 月

义　例

一、正统改元,先明授受。第明太祖之天下,取之于元而非
　受之于元,与宋太祖之受周禅者异。若论其自元至正
　十四年下滁州后,平江南、江西,平浙、闽,与汉高祖之
　定关中,取齐、楚,次第略相似。然汉高之即帝位在五
　年,而元年至霸上,秦王子婴降,则亦有所受之矣。汉
　时无建元事,乃以子婴降之年为元年以继秦统,此史例
　也。若明太祖,自元至正十二年归郭子兴,越十五年始
　即帝位建元,又七月始克元都,中间起兵拓地,节目繁
　多,非洪武元年之下所可追叙者。爰以鄙见立为明前
　纪,始于元至正十二年,终于至正二十七年。凡此皆以
　元纪年,非关涉明事者不书,别为卷目,以后始入明纪。
　又,自明崇祯十七年甲申五月我大清兵入京师,福王称
　号于南京,逾年明亡,三编、辑览仍存弘光年号于二年
　五月之前,乾隆间复奉诏附唐桂二王本末于辑览后。
　今谨遵其例,列为陈记于大清纪年下。别书曰"明",以
　存闰位也;不曰"纪",以非帝不纪也。此即晋书载记之例。

凡此皆取关涉明事者书之，亦别为卷目。是为前此通鉴未有之创例。

一、前汉书高祖本纪，记高祖起事于秦二世元年之九月，凡三年，纪中皆以秦二世元年、二年、三年为之纲。而于其未为沛公以前，称高祖而已。沛众立为沛公，则书沛公；元年项羽立为汉王，则书汉王；而五年未即位以前不书帝。温公通鉴书法亦如之。此史例也。若明太祖起自元至正十二年，野史自此以后，有但书岁阳岁阴者，有自至正十五年后以宋龙凤纪年者，皆非也。但系干支，是无统也。若纪宋号，则是时徐寿辉僭号治平，陈友谅僭号大义，张士诚僭号天祐，何独林儿！若以太祖之奉其正朔而书之，则秦、楚之际，史未闻以义帝纪年。义帝立为怀王在秦二年，尊之为帝在汉元年，夫非高祖与项羽之所奉乎？王鸿绪史稿例议，定太祖未即位以前概称太祖，其间封公封王从实录诸将与群臣为文。其纪年也，不用干支而书至正某年，直至太祖即位，则书洪武元年。后修明史亦从其例，今撰明通鉴前纪因之。

一、温公通鉴，以所受者为正统，故于汉建安二十五年之正月，即去汉统书魏黄初元年，是年十月始受汉禅。朱子谓其夺汉太速，予魏太遽。纲目虽以正统予蜀，而用分注例，遂为后世史法。谨按御纂通鉴纲目，用一岁两系之例，故洪武元年仍首书元顺帝至正二十八年，而分注洪武元年于其下，直至闰七月元亡以后，乃以明统为正。

又奉圣谕，于崇祯十七年甲申五月以后，始纪顺治元年，其福王立于南都，仍从分注例，逾年五月始去明统，以示大公。今撰明通鉴，谨遵此例。惟通鉴主记事而书法较宽，且是编专记明一代事，以明为主，则直书太祖即位于洪武元年正月，而以元至正二十八年入分注中。又如英宗天顺元年为景泰八年，三编依朱子纲目书唐中宗及分注睿宗例，大书景泰八年，而分注天顺元年于其下。今亦稍变通之，于天顺元年正月丙戌英宗即位之日，始入英宗后纪，而于正月丙戌以前，别书景泰八年，存其年号。此又一月两系之例，凡以便纪事之称号也。若万历四十八年八月以后书泰昌元年，出自当时所定，以存光宗之统，三编谓与前一岁两系之例不同者是也。此为明一朝通鉴之专例。

一、通鉴之例，自即位以后皆书上，间有书帝者，又有甫即位而书其谥号者。此沿旧史传写，未及更正耳。今所纪明各帝事，即位以后书上，崩则书帝，上谥号以后则某宗、某帝，随事书之，以归画一。宰相七卿以下，皆书其官，连事类记者，亦但书其名，省文，无义例也。惟涑水通鉴，于公侯大臣之薨卒，皆冠官爵、封谥于上。而明初文臣无赐谥者；文臣有谥自王祎始，其后如刘文成、宋文宪等，皆追谥也，封赠亦多在后。故明本纪但书卒、书官而已。今循其例，而封谥之等，但于本事下终书之。

3

一、纲目三编于姚广孝之卒特书曰死，恶而贬之也。通鉴义不主褒贬，故勋戚、大臣、宰辅、七卿，亦多系其官于姓名之上。若权奸误国之诸臣及庸碌无所表见者，或罢或卒，虽不书其官无嫌也。今于广孝及杨士奇、张居正诸人，例所必书者，省文而已。明史本纪所记，则于宰辅之等多用此例。

一、宰相除罢，自唐以后，本纪皆备书之，明史亦然。按明自洪武十三年罢中书省，设四辅官，十五年仿宋置殿、阁大学士，二十八年诏"嗣后无得置丞相"。然曰四辅，曰大学士，实则宰相，惟品秩无一定耳。永乐初，简翰林直文渊阁，预机务，自此多以辅臣、阁臣称之，故明史统列之宰辅年表是也。明初罢中书省，归其职于六部，寻罢御史大夫，设左右都御史，所谓七卿者是也。本纪七卿除罢，有故则书，然既列为表，则俱有年月可稽，今据书之。若侍郎以下及府寺之等，则不胜书，惟或以事著，或以人重，则自科、道、部曹以下亦间书之，然非例也。封王则书，自侯以下，有故则书之。

一、日食、星变，前史遇有修救者书之。然记一代之事，宋史书之最详。明史本纪，日食必书，偶轶一二，乃漏脱也。野史日食多误，俱经明史推历改正。三编仿纲目例，纪月不纪日。而日食则书朔、书干支，其不及一分不救护者不书；阴云不见，仍据书之，盖实食也。星变则本纪但载灾异修省下诏之月日，余皆见天文志中，亦有志所不载而见之传者。通鉴兼参志、传，则遇有修救及陈时政，见于列传中者，亦择而书之。余则仿温公通鉴目录七

明通鉴

4

政著上方例,别详所撰目录月分下。

一、温公通鉴,汇正史之本纪、志、传,合而成书。朱子因之,修纲目以法春秋,纲则孔子之经,目则丘明之传也。然其所谓纲者,大都笔削本纪之书法,而其目则传、志中语也。通鉴因事书之而纲目并见,然其编年之例则稍异矣。盖纲目以书法为主,而于其时事之不甚相远者,多汇著之目中,中间系以"先是"、"至是"及"初"字、"寻"字之等,其又远者,则递著其年月而统系之一纲下,故其书法严而年月稍宽矣。通鉴则主于记事,而以事系日,以日系月,以月系时,以时系年,于是有特书、分书不一书者,皆按其年月之先后。更有先经以始事,后经以终义者,皆本左氏之例,杜氏所谓"纪远近,别同异"者是也。温公考异一书,首辨年月。其后续通鉴者,往往以考证之失详,致年月之多舛。今撰明通鉴,以此为第一事,盖系月、系日,编年之专例然也。

一、年经月纬,此史例之大纲,而月内纪日之干支,动辄谬戾。温公病之,乃属刘羲叟先推朔闰,排入长编,因据以考证月中之日分,合者从之,疑者阙之,日分不合,则改系是月下。其有干支不在是月而灼知其误者,则于考异中辨之。若王氏、陈氏、薛氏诸家所续宋、元事,则有本月干支淆入前月或后月者,推之于历,本月实无此干支也。更有传钞旧史,漏去上下文而以次年同月之干支当之者,更有所记干支并非是月之朔而误以为朔者,又于子、午、乙、己等字,往往以形似淆讹。徐、毕二家,虽有考异，而不先推历，遂不得其致误之由。夫记事之体，偶差旬日，不足为病，而干支一误，遂至此后之朔、闰、大小建皆不可推，则关系非细也。明史纪、志所载干支，较为详核。然予偶检天文志，成化五年九月丙子朔，太白犯轩辕左角，甲午、庚子俱犯左执法。推历，五年九月壬午朔，而丙子乃八月之下旬，甲午、庚子虽在五年九月，而史中有金星连犯之文，则亦非五年九月事也。乃以成化六年之历推之，则正九月之朔在丙子。及再检薛氏宪章录、孙氏二申野录，六年金星四犯皆在九月，而丙子所犯即是轩辕左角，乃知志中书五年掩犯事下漏去六年二字也。又如崇祯甲申三月十九日之变，无人不知是日乃丁未，亦见纪中。而上文书"三月庚寅朔"，则十九日岂非戊申！然以是年四月戊午朔上推之，则三月之朔为己丑，而所书庚寅大同事在三月二日，见甲乙纪中，是衍朔字也。举此二事，他可概推。今撰明通鉴先推历而后系事，其大小建偶有不详者，阙其朔而已。要知大小建之偶差，即明人自以大统法推之，亦多互异。如洪武三年封刘基、汪广洋为伯，本纪书"十一月乙卯"，潜庵史稿"十二月乙卯"。盖以十一月则晦，以十二月则朔，干支同而大小建异也。南渡后之朔闰，有粤中历，有海上历，同用大统，而所推各别，则从盖阙者得之。

一、明史本纪，多据实录，故其月日干支最详，然稽之传、志则多不合。盖实录所记攻战剿抚及克复郡邑等事，多据奏至京师之月日，而传中记事，本之原奏者，多据交绥月日，故有近者数十日、远者数月不等。然准系月、系日之例，则原奏中如有事系确凿之月日，俱宜考证书之，方为纪实，若但据奏至月日，则叙事参错，而先后之次第不明。又如灾异、修省、蠲振等事，本纪多据颁诏月日。其星变、雷震、地震、水、火之等，见于天文、五行志者，具有月日。而告灾、请振，亦有因事之书，不得仅据颁诏一语以终之。上徽号，册皇后，有行礼之月日，有下诏之月日。定郊祀，更庙制，有议礼之月日，有诹吉之月日。其有事可纪及有关于庙堂之兴革者，不得但以诏中之月日终之。皇子、皇孙之生，有诞生之月日，有诏告之月日，实录中分书之，而见之本纪者，大都据颁诏月日，故往往与本帝纪中月日不合。光宗生于万历十年八月丙申，见明史稿，明史系之九月丙辰者，下诏之月日。故三编据实录改入八月。熹宗生于万历三十三年，史稿、明史书是年十二月乙卯，而证之天启四年孙承宗入贺万寿，则十一月十四日，故三编据实录改入十一月。凡此之类，有月日可纪，不得但据颁诏书之，盖诸帝之诞崩皆大节目也。宰辅七卿，有莅任之月日，有起召之月日；其卒也，有在朝赴告之月日，有里居奏报之月日，故往往与传、状中不合。凡此苟无事可纪者，仍据本纪月日，无义例也。

一、明史纪、志之文，皆本之实录、正史，而列传则兼采野史。如铁铉下闸，程济祭碑，不必实有其事，取以为致身、从亡之左证而已。至于建文逊国，英宗北狩，正德南巡，万历妖书，明季三案，甲申殉节，正史之所不备者，苟事有鉴于得失，义有关于劝惩，虽稗官外乘，亦宜择而书之。温公取淖方成祸水之语，抑亦史例之所不可无者。若夫惠帝重返大内，薛方山入之编年；宣宗托体建文，王守溪形之笔记。甚至双溪琐缀，笔下操戈；病榻遗言，梦中说鬼，此岂足备信史之采择！他如传状归美之词，禁廷奏御之语，正史亦多据之，然其不可信者亦十中之二三。后修明史颇有剪裁，似胜初稿。今撰明通鉴，所购明人纪载，无虑数百种，而稗贩野获，未敢滥收。其有为世所传而实未敢信者，亦于考异中辨之。

一、野史易辨，而野史之原于正史，正史之本于实录，明人恩怨纠缠，往往藉代言以佚怼笔。如宪宗实录，丘濬修隙于吴、陈，谓吴与弼、陈献章。孝宗实录，焦芳修隙于刘、谢；谓刘健、谢迁。武宗实录，董玘修隙于二王；谓王琼、王守仁。而正史之受其欺者遂不少，弇州所辨，十之一二耳。至如洪武实录再改而其失也诬，光宗实录重修而其失也秽。当明史开局时，草创之稿多不能辨，率以窜改之实录阑入其中，殊非信史。惟明史葳事于六十年后，故其所择精，三编重修于乾隆四十年间，故其取裁当。今悉据二书为蓝本，有从盖阙者，则于考异详之。温公于四皓谏易太子事，辩正史记数百言，因自撰考异一书以明其去取之故，四库书提要谓为特创之例，不揣僭妄，窃愿取法焉。

一、<u>建文</u>逊国一事，为<u>明</u>初一大疑案。然宫中自焚之事，惟见<u>永乐实录</u>，而仅以"帝后自焚"一语朦胧叙过，盖指后尸为帝尸，此实事也。<u>明</u>人野史，汗牛充栋，无主自焚之说者。若夫<u>杨行祥</u>下之诏狱，已具爰书；_{见正统实录中。}<u>惠帝</u>之葬在<u>西山</u>，无非疑冢。故<u>明</u>之<u>朱睦㮮</u>撰<u>革除遗史</u>，并其为僧事亦跻其必无。然其书法，犹记"宫中火起帝逊位"为传疑之词，亦可见所焚之是后而非帝明矣。逊位一事，<u>明</u>人不讳，乃至四百余年后修前代史者，为之力白其诬，此不可解。且不必论<u>建文</u>之是死是逊，而其时从亡之一百数十人，岂能尽付之子虚乌有！后修<u>明史</u>结以"帝不知所终"一语，最得存疑之体。更增入<u>牛景先</u>一传，_{初稿虽有景先传，不及两行。}存帝为僧出亡之或说，遂及从亡之<u>程济</u>以下，以逮<u>河西</u>佣、补锅匠之属，悉附入传中，始稍稍有所表见。<u>明史</u>成后，重修<u>三编</u>及<u>钦定胜朝殉节诸臣录</u>，奉旨将<u>建文</u>诸臣悉准专谥、通谥之例附入卷末，而入祠之职官<u>叶希贤</u>以下九人，及入祠之士民<u>燕山卫</u>卒以下无姓名可考者九人，悉附录之。复命于<u>三编</u>大书"帝不知所终"，而附从亡诸臣于<u>质实</u>中，援<u>司马迁</u><u>程婴</u>、<u>公孙杵臼</u>之例，揭日月而阐幽潜，御批谓"忠贞之气，屈极而伸"，窃谓似此已成定案。今遵书之，不曰"自焚"，亦不曰"崩"，仍从逊位为词，而逊位以后之事悉阙焉，庶几纪实存疑为两得之。

一、<u>明成祖</u>于<u>建文</u>所修之<u>太祖实录</u>，一改再改，其用意在嫡出一事。盖懿文太子薨，则其伦序犹在秦、晋，若洪武之末，则秦、晋二王已薨，自谓伦序当立，藉以文其篡逆之名也，并引周王为五人同母者，盖燕、周本同母也。明史黄子澄传曰："周王，燕王之母弟。削周，是翦燕手足也。"此初修本之仅存者。解缙奉诏再修，尽焚原草而独存此数语者，盖缙等欲取媚成祖，遂谓懿文太子、秦、晋二王皆诸妃出，惟燕、周二王同为高后生，以证立嫡立长，礼之所宜。是则缙之所谓同母，乃母高后，与子澄传中同母之语词同而意异矣。缙之得罪在永乐九年，时必有谮之于成祖者，谓"懿文庶出之语骇人听闻，修实录者留此罅漏以滋天下后世口实"，于是成祖并疑李景隆、茹瑺等心术不正，语见沈氏野获编。乃于九年复命姚广孝、夏原吉等为三修之役，而杨士奇等主之，因自懿文太子以下五人悉系之高后所出，遂为定本。而忘却子澄"同母"一语，自相矛盾，未及追改，又入之永乐实录中，而燕、周二王之为庶生，反成铁证，是目论而不自见其睫者也。夫诬太祖以易储之乱命，又诬太祖以嫡出之周王降为孽子，谓令吴王为孙贵妃行慈母服，吴王后徙封周王。成祖之罪，擢发难数，且以此欲盖而弥彰矣。南都亡时，钱谦益、李清于太庙中启出硕妃一主，见三垣笔记。惜修明史者未及详考，仍以五人同出自高后，受前史之欺，则甚矣考证之难也！

一、家藏永乐实录，系京师所购之钞本全帙，撰通鉴时详加校阅。成祖自受封燕王以及防边之命，靖难之由，无不与所改之太祖实录先后同符。永乐实录中有"皇考本欲立朕"语，则预改太祖实录东阁门召谕群臣，增入"国有长君，吾欲立燕王"，又增入刘三吾对"置秦、晋二王于何地"语；以肃清沙漠为一人之功，则预于太祖实录中窜入"晋王无功"及"欲构陷成祖"之语；三十一年防边，与辽王并命，成祖欲以节制之师为易储之券，则于太祖实录中增入"五月命杨文、郭英从辽王备御开平，俱听燕王节制"之语；原文"命杨文听燕王节制，郭英听辽王节制"，不谓辽王亦同在燕王节制中也。"太祖不豫，遣中使召王，至淮而返"，语具永乐实录，复又于太祖实录中窜入"敕符召燕王还京师，至淮安，用事者矫诏却还"，及"帝临崩，犹问燕王来未"之语；种种伪撰，无非欲以太祖实录为之张本，此再修、三修之所由来巳。王氏史稿不察其伪，据以入之二祖本纪及齐、黄诸人传中，而至于东阁门召对所云"欲立燕王"者，明人野史皆知其为伪而删之。史稿乃于三吾传中，据成祖实录又增入"燕王神武似朕"之语。凡此之类，后修明史大半删去，可谓谨严之笔，今一依之。其有删之未尽者，并附著于考异中，以存信史。史稿例议于建文、永乐事，辩正累幅，今悉不从，故著其改正之由于前例中，余皆详考异各条下。

一、明史记我大清事，始于万历十一年讨尼堪外兰，克图伦城，以后遇大清太祖高皇帝、太宗文皇帝事，皆跳行顶格书之。此亦温公记五代宋太祖及元史记明太祖例也。当修辑览时，奉纯庙谕："嬗代崛起之际，称开创之君而系以我者,亦非体例。今欲尽去历朝臣私其君之习而归之正。"见辑览御制序中。仰见圣意渊深,一秉大公无我之见。窃以臣民著书,自称其国与君为我者,乃尚书、春秋以来之通例。惟是编专记明事,则其中所谓我者多属之明,若并为一词,转致立言淆混。今仍从涑水通鉴例,但跳行书大清太祖、太宗,而自崇祯十七年五月始见我字书法,谨识于此。

一、自我大清定鼎燕京,逾年明社既屋。其时奏报章疏,见之东华录、圣武记者,俱书明为伪王,将吏为伪官,更有直斥为贼者。后因辑唐桂二王本末,荷纯庙指示,谓:"二王及其臣子,未可遽从僭伪之例。君则正其位号,臣则目以原官。惟孙可望、李定国等,本献贼义子,自王师定蜀,即南走滇中,旋附桂王,受其爵号,必应示以区别。以彼身为贼党,其所称平东、安西等号,皆献忠伪授,自宜重加贬绝,书贼书伪以正其罪。"仰见书法权衡,尺寸不越。今谨遵其例,于明自福王以后鲁、益诸王,亦从例概不书伪,而诸臣将吏,亦不没其残明所授之官。惟李定国自附桂王后,尽瘁边陲,讫无异志;而郑成功窃据一方,犹拥明号;即李成栋父子,托名反正,终于一死,亦似较之金声桓、王体仁差胜一筹;今革其爵号,书其姓名,仍系之残明下。若孙可望附贼叛明,罪无可宥;而金、王之等,目为叛将,亦复何词!盖通鉴取记事而已,固不敢操笔削之权,亦取与纲目之例稍别也。敢以质诸当世之论史者。

一、是编于明一代朝廷纪纲、礼乐、刑政、天文、历法、河道、漕运以及营兵、练饷、折色、加赋,有关于一朝治乱之源者,靡不详稽传、志,参之明会典、一统志、王弇州史料、朱氏大事记、徐氏典汇、孙氏春明梦余录以及王氏续文献通考、秦氏五礼通考,荟萃折衷,务使脉络分明,条理综贯,亦温公通鉴例也。

一、明一代之郡邑沿革、山川分隶以及村庄、镇堡之等,地理志所不备者,重修三编博采群书,证明出处。而于翻译地理,塞外河源,为前史所未有者,悉著之质实中,今欲逐条考证,分注之本事下,而未暇及也。人名字里,明史著之列传中,而附见诸人,亦多书某县某人及某人字某。三编、辑览,则更于一人二名及数人同名者,分析证明以资考核。通鉴主于记事,间一及之,不能尽载。然此等地名、人名之书法,检之明史、三编,亦可开卷得之。

一、明史所载青海、朵颜等人名,俱循旧译,鄙倍相沿,讹谬特甚。前奉诏修辽金元三史语解,悉用三合音改正,会奉谕修辑览、三编,亦令将满洲、蒙古文字概从新译,仍注明旧译于下以便省览,今谨遵改。惟三史语解、蒙古源流等书,猝不及贶。多据辑览、三编书之;其二书所不具,偶从旧译者,不过百中之一二耳。

一、明史忠义一传,于封疆死事及甲申前后殉节诸臣,详加采撷,著其事实。中间牵连附录,多至数十人、百余人不等。会书成,复诏修通鉴辑览,重修三编,又奉钦定胜朝殉节诸臣录。自明史外，凡见之大清实录及一统志、各省通志，采访参稽，多至三千六百余人，而散著于三编、辑览，遂多明史所不具者。三编重修，已较辑览增多数倍。及续辑唐桂二王本末，则又较前修之辑览以渐加详，遂有殉节录所遗而续补者。如三编载甲申殉难之巡视中城御史赵撰，云南人，骂贼被杀，乾隆四十一年追谥忠愍，殉节录无其人。录中通谥四等，无忠愍名目，则又似专谥，而前卷亦不及也。据原进签内言"乾隆四年允廷臣之请"。殉节录之修在后，疑修时尚未奉旨，故遗之。又辑唐、桂二王事，所记顺治三年广信殉难之都司刘芳伯以下十三人，四年记太湖先后阻兵之镇南伯、金公王以下十五人，俱赐谥入祠有差，而殉节录亦佚其姓名。然则湮没而不彰者，可胜道哉！今所记明季死事诸臣，以明史、辑览、三编为主，参之殉节录，旁稽野史，凡正史所不具者，俱附著考异下。又，三编记崇祯事终于十七年三月，而保定殉难统入之京师陷目中，故所载稍略。今详稽明史何、邵诸人传，旁参绎史、北略、绥寇纪略诸书，大半附入考异中。凡此皆仿三编质实补载例也。

一、是编所载明季殉难诸臣，其书赠谥者，皆明之恤典。若殉节录所载，皆出自本朝追赐专谥、通谥者，以非明事，故不入，亦史例也。至死封疆，而一时传闻之误，遂为恤典所不及者，如贺世贤之战没，有疑其叛降者，遂不予赠谥；孙传庭没于阵，或言其未死，帝疑之，故不予赠荫；而二人死事之烈，具见明史本传中。如此之类，皆入正文，而附著我朝追谥于考异中，然非例也。南都赠谥，去取未公，不足为重。而以系明事，故于正祀、附祀之等亦见附记中。

一、明史叙事详核，用笔谨严，自欧阳公五代史后，罕有其比。惟所记甲申以后事颇略，而张煌言不为立传，未免如刘道原所讥韩通耆。煌言流离海上，与宋之陆秀夫相似；就刑杭城，与宋之文天祥相似；若其身膏斧锧，距我大清定鼎已二十年，疾风劲草，足以收拾残明之局，为史可法以后之一人。列之忠义传犹非其例，况无传乎！至如太湖义旅，但载云间，山寨殷顽，不登只字，以及沈寿民不附黄道周传中，顾杲不列吴应箕传后，此则不无可议者耳。三编终于福王以后，不得不略。然福王南渡，则于唐王释罪、鲁王徙封以及桂端王卒于梧州，皆于目中终书其乙酉以后事，则本文固完具也。辑览所续，谓唐、桂二王事。仍从纲目撮要之书；野史如林，率多燕、郢传讹之说。今附记残明事，于温氏绎史、计氏南略外，兼采国初黄、顾、侯、魏诸家之书，以及李世熊之寒支集、钱澄之之所知录、王夫之之永历实录，虽非尽信之书，抑亦正史之亚也。若夫鲁藩事轶，而黄南雷表章于前，全谢山掇拾于后，江干海峤之役，皆足备征文考献之资，附记之例，亦有取焉。

一、修史必取征实录。明克元都，兵迫史库，危素往告镇抚吴勉辈出之，十三朝实录得无失，因据以修元史。我大清定京师，兵不血刃，明实录贮之皇史宬者固无恙。然卷帙浩繁，检寻未易，频年从事<u>明史</u>，反覆推究，似尚未睹<u>明实录</u>之全。<u>重修三编</u>始尽得之，_{建文、崇祯皆无实录。}_{景泰附入英宗，光、熹二朝亦似佚之。}又复亲禀圣裁，折中至当，故其书网罗弘富，体大思精。卷内增入各条，多有<u>明史</u>、野史所不具者，心知其出自<u>实录</u>而未敢定。吾友<u>杨素园</u>观察，于<u>宜黄</u>故家得<u>三编</u>钞本，授而校之，乃当日夹签进呈原书，皆标明出处于上方，而所增益，出自<u>实录</u>者十之六七。予所得<u>实录</u>仅五朝，而首尾完具者，<u>永乐</u>、<u>正德</u>、<u>嘉靖</u>三朝而已。今得见原签，证其来历，则虽不睹<u>实录</u>之全，亦可无盖阙之憾矣。<u>三编</u>更正之处，往往据<u>实录</u>，旁及野史、<u>明</u>诸家文集、奏议，_{如<u>福王</u>庄田减二万顷，据<u>叶向高</u>集改正。<u>罗从彦</u>、<u>李侗</u>从祀，据<u>孙慎行</u>奏议改正。}而所辑<u>明季</u>事，更谨遵我<u>大清实录</u>订其讹舛，_{如<u>李自成</u>并无迁<u>明太祖</u>神主事。}是又集<u>纲目</u>之大成，读史者可无不足征之患矣。

一、是编考年月以定事系，一年之朔望既准，乃考定干支日分，排入月纬中，择其事之宜系者，提之为纲，日之所不能定者则系以"是月"，月之所不能定者，则系以"是春""是夏"之等，又不能定则系以"是岁"，凡此仍编年例也。通鉴既成，乃即其提为纲者，义取简明，不主褒贬，撰为目录，亦仿<u>温公</u>例，标明纪中卷数，以便阅者检寻。惟<u>温公</u>不系月，年经国纬，著其朔闰于上方；此则以朔闰为主，仍依年经月纬例，取天文、五行之见于志、传者，按日分系，以此考证<u>明纪</u>中月日，朗若列眉。其大小建偶有参差，则阙其朔。义主记事，即精要语亦不尽载也。此则例之稍为变通者。

一、是编考异，俱依胡身之注通鉴例散著本事下，惟篇幅所限，不得不删繁就简。而二十余年精力，实始于参证群书，考其同异，有疑则阙，择善而从，去取既明，然后敢下笔编次。原稿加详，有不尽入之考异中者，别成考证十二卷，不嫌重复也。

一、史家之例，叙而不断，然直书其事而得失劝惩寓焉。故考其事之本末，则其事之是非自见；听其言之公私，则其言之诚伪自见；观其人之与居与游，则其人之清流浊流自见；若必欲臧否而短长之，非史事也。史评自有专书，四库书别为一类。班、范以后，所有论次，皆入赞中；温公"臣光"云云，系之本事下，间采他人评论。是编亦仿其例，而恭录御批及明鉴后按、三编发明居多。其他论列及鄙见所及者，亦附入之。

一、史记、汉书皆有后序，自明其著书之义例。温公通鉴无序，以宋神宗御制序在前也。钱大昕答冯集梧书，谓"古来纪传编年之书，只有本人自序，未有他人代为之序者，盖史以寓褒贬，其用意所在，惟著书人可以自言之"。按温公通鉴，原有释例，凡三十六事，出于其曾孙伋之所辑，见四库书提要中。释例即著书用意之所在，不须自序，亦更不敢求他人作序也。

与朱莲洋明经论修明通鉴书_{同治壬戌}

　　前奉来书，有石屋注史之役，闻之不禁狂喜！方欲条答，适有催租败兴之事，执笔中止。今更论之。

　　明史初稿系万季野，其后横云山人成之。季野当鼎革之际，嫌忌颇多，其不尽者，属之温晒园，别成绎史。弟年来校证贵池书，搜辑明季野史无虑数百种，以明通鉴无书，慨然欲辑之。涑水通鉴，如祸水、冰山等语，皆自野史得来，若谓野史不可信，则三史何尝无采自野史而折衷之者，安见登之正史遂无传闻之误乎！若以恩怨而言，则修史之初，半系先朝遗老，亡臣子孙，其中或以师友渊源，或因门户嫌隙。近阅明季稗史，参之官书，颇有本传所记铮铮矫矫，而野史摈之不值一钱，亦有野史所记其人之本末可观，而正史贬抑过甚者，岂非恩怨之由！贵在知人论世者折中一是耳。执事欲补注，势不得不兼采稗野，旁及诸家文集、说部之书，而同异得失之间不能无辨，遂有一事非累幅不能了者。莫如择野史之确然可信者，参之明史及明史纪事本末等书，入之正文，而以杂采稗乘疑信相参者，夹行注于其下，是即裴松之注三国志之例，亦即贵乡彭文勤公五代史补注之例也。拙撰明通鉴，采野史者不过十中之一二，而其为世所传而实未敢信者，俱入之考异中，其正史有未敢信而删之者，亦入之考异中。四库书提要谓温公特创此例，自著一书以明其去取之故，故较之三国志裴注又加择焉。

前明一代关系之大事，非通鉴不足以经纬之，而庚申、建文二事，正史多不具。然历代帝王，无以诞生之年得号者。此盖如谶纬相传，不知其何所自来而已。当元顺帝在位之日，千喙一词，至于权衡、余应，皆元末、明初人，焉有自述其先朝而妄加诬蔑者！况"庚申君"三字，已明见太祖诏旨，后又著其六更之谶于通鉴博论中。此当援钱虞山、万季野及后来全谢山各家引证之书而补之，一也。

建文出亡，从亡、致身二录虽不可信，而明人野史，汗牛充栋，无以惠帝为自焚者。自焚之语，仅见永乐实录，盖即指后尸为帝尸事也。惠帝之是死是逊，且不必论，而从亡之一百余人，最著者四十余人，岂皆子虚乌有！其不可信者，如袈裟剃刀藏于铁匣，即有其事，亦从亡诸臣藉神道以耸听耳。至于复还大内，则杨行祥冒名被系，锢死狱中，已见正统实录，而王弇州诸人亦已辩之。今宜芟其不可信而信其所可信，此当据明史纪事本末逊国之前一段，而参之郑端简、朱文肃之纪载，阙其逊位以后而补其为僧以前事，二也。

英宗北狩，除正史外，如北使录、否泰录、北狩事迹、天顺日录诸书，亦与正史大致符合，惟于忠肃不谏易储及薛文清不救忠肃为后世疑案。不知揆时度势，人臣有不能得之于其君者，故先主东行，武侯追念法正，盖自度其不能而言之，徒以偾事。况忠肃当日，又安知其无造膝之陈，引裾之泣乎！文清之于忠肃，亦知不可挽回，一经讼冤，则寸磔便成铁案。此正其救忠肃之苦心，通儒如黄南雷尚不能知，何况其他！是宜检郎氏七修类稿皇史宬一段，及御批三编论易储一条补入之，三也。

　　大礼之议，杨、毛未必皆是，张、桂未必全非。然张、桂之罪，在尊孝宗为皇伯考，浮于逆祀之夏父，而实自杨文忠“考孝宗以兴献为皇叔父”之二语启之。世宗之继统在武宗，祢武宗而祖孝宗，此有三传鲁僖公之铁案在，何至引宋濮议之不相类者，而令武宗之统绝，孝宗之世紊。至论濮议之涑水、伊川皆当世两大儒，千秋而下，岂能为之回护，谓其称濮王皇作考为有典耶？伯父、叔父，乃天子谓其臣下之词，而加之于所生则不伦。毛大可大礼一议，醇杂参半，记事之体，不宜妄下雌黄，而言之是非，人之邪正，亦宜稍有断制，四也。

　　江陵当国，功过不奄。訾之固非，扬之亦非。明史所载，似不如纪事本末之据事直书，为得其实。至于结冯保，构新郑，固不能为之词。而至援高拱自撰之病榻遗言，则直是死无对证语。高、张二人易地为之，仍是一流人物。今但取正史可信者书之，而闰月顾命等词，一律删汰，以成信史，五也。

卷首　与朱莲洋明经论修明通鉴书

妖书之狱，史不载忧危竑议之大略，亦似渗漏。至二次妖书，全无影响，直是沈一贯门客所捏造以构归德、江夏者，而会审皦生光一案，亦不似梃击之详。是宜取酌中志、先拨志始及毛大可之彤史拾遗记，节录其要，以成信谳，六也。

三案本末，后人悉付之疑案，实则梃击非疑案也。张差之非风颠，千真万确，故明史于王之寀一传，全录供词，破例载入。此似出四明特笔，而读者犹不能无疑。及检孙退谷春明梦余录，则福清当日修光宗实录时，曾亲质之张司寇，即张问达。司寇身在局中，亲谳是狱。又，朝邑方訾其为调停风颠者，而其答福清，一则曰"千真万真，之寀所言无一不实"，又言"风颠饰词，焉有持梃入东宫而出自风颠者"。据此数语，并见叶文忠集。则当日原奏调停，似出万不得已，而问达亦以此得罪矣。夫梃击既非风颠，则主使之人，凿凿可据。光庙寝疾，郑贵妃在旁，又济以同恶之李选侍，红丸一事，安得不令人疑！既而宫车晏驾，闭门不纳群臣，及至请见东宫，又被牵衣阻之，宜杨、左移宫之请不俟终日矣。今叙三案，必须详明首一案以间执后世訿訿之口，七也。

三案无关于逆奄，而与争三案之人为仇者，推刃于逆奄以报之。首翻梃击者，杨维垣也；首翻移宫者，贾继春也；合三案为一以成要典之诬者，霍维华也。三人之恶不减崔、倪，而奸险过之。乃逆案中概从末减，明史所载，亦多不实不尽。如以杨为殉难，是不实也。贾之本传，叙其前疏而遗其后疏,是不尽也。今宜检两朝从信录,撮其三疏之大略,著之于篇,明正其罪,八也。

逆案凡三易而后定:元年大计,一也;南北两察,二也;爰书定案,三也。倪文正两疏,是阴阳消长之一大关键,卒之正不胜邪,长垣见用,华亭、长山被黜,遂使乌程、韩城一辈人一手障日,翻案之渐,实萌于此。此宜博采剥复、先拨二书及烈皇小识所载,以昭明季信史,九也。

甲申之变,正史语焉不详,所记殉难诸臣,亦多遗漏。宜博采北略、绎史、绥寇纪略及甲申以后之野史,必使身殉社稷之大小臣工,悉取而登之简策,以劝千秋忠义,十也。

举此十事以概其余,则执事补注及鄙人通鉴之役,岂可一日缓哉!定本尚俟异日,姑先举其草创之大略,为共从事于明史者商之,惟鉴不宜!

莲洋,名航,高安人,中道光戊子副车。芷汀孝廉舲,其从弟也。芷汀之弟茂才舫,号芳洲,俱从事于明史。年来所购,凡坊间所未见者,都自其九芝仙馆中借钞,而芳洲同预于校雠之役者二年。又,山阴平景孙观察步青,时任江西粮储。所辑明季、国初,为增补考正数十事,其要者俱入考异中,并识之。

明通鉴前编卷一

江西永宁知县当涂 夏　燮 编辑

前纪一 起玄黓执徐（壬辰），尽著雍掩茂（戊戌），凡七年。
太祖

元至正十二年（壬辰、一三五二）

1 春，二月，定远人郭子兴起兵于濠州。闰三月，甲戌朔，明太祖往归之。

太祖，姓朱氏，讳元璋，字国瑞。先世家沛，徙句容，再徙泗州。父世珍，始徙濠州之钟离。生四子，太祖其季也。以元天历元年戊辰九月丁丑生。母陈氏。方诞之夕，赤光烛天，里人望见，惊以为火，辄奔救，至则无有，异之。比长，姿貌雄杰，志意廓然。至正四年甲申，里中大饥疫，父、母、兄相继殁，贫不能葬，里人刘继祖与之地，始克葬于凤阳。

太祖时年十七，无所依，乃入皇觉寺为僧。逾月，游食合肥，道病，辄见二紫衣人与俱护视之，病已，遂不见。凡历光、固、汝、颍诸州，三年复还寺。

当是时,元政不纲,盗贼四起。颖人刘福通奉韩山童,假宋后起汝、颖间;罗田人徐寿辉僭帝号,与其将倪文俊等起蕲、黄间;而黄岩人方国珍已先起海上。于是子兴与其党孙德崖等亦拥兵袭濠州,据之,攻掠郡县。天下大乱。

太祖时年二十五,【考异】明史本纪,子兴起兵于濠州,太祖时年二十四。按太祖以元天历戊辰生,推至是年壬辰,当二十五,又上文言"至正甲申太祖年十七",自甲申十七推至壬辰,亦二十五。又,太祖崩,年七十一,则"四"字误也。谋避兵,卜于神,去留皆不吉。乃曰:"得无当举大事乎?"卜之,吉,大喜,遂入濠州。抵门,门者疑为谍,执见子兴。子兴奇其状貌,与语,大悦,留置左右,为亲兵长。久之,甚见亲爱,凡有攻伐,必召与谋,命之往辄胜。子兴自是兵益盛。

初,宿州人马公,与子兴为刎颈交。马公卒,属以季女,子兴因抚之为己女。至是欲以妻太祖,子兴次妻张氏复趣之,曰:"今天下乱。君举大事,正宜收召豪杰。吾见朱某诚异人,可与共功业,慎勿弃之,以资他人用。"子兴意遂决,乃妻以马公女,是为孝慈高皇后。

2 秋,九月,元师大破李二于徐州。

二,萧县人,时号"芝麻李",——因岁饥,家有芝麻一仓,尽以济人,故名。维时元兵数为徐寿辉所败,二乃与其党彭大、赵均用乘间攻徐州,据之。至是元丞相托克托旧作脱脱。大败其众,二走死,彭大、赵均用遂率溃众奔濠州。【考异】明史本纪及郭子兴传皆作"彭大",诸书作"彭早住"。徐氏通鉴后编辩证,谓早住乃彭大之子。元史顺帝纪,至正十七年,书"赵君用及彭大之子早住同踞淮安",明其时彭大已死而早住代之。盖彭大之死,即在至正十三年，与均用相吞并，<u>明实录</u>误作"早住死"，其实十三年之死者，即<u>彭大</u>也。故<u>元史</u>于十二年奔<u>濠</u>，书曰"<u>老彭</u>"，<u>老彭</u>，即<u>彭大</u>也。<u>大</u>以十一年与<u>李二</u>、<u>赵均用</u>同踞<u>徐州</u>，十二年败后，与<u>均用</u>奔<u>濠州</u>。遂有<u>均用</u>执<u>郭子兴</u>及<u>太祖</u>率<u>兴</u>二子求救于<u>彭大</u>之事，皆据<u>早住</u>之父言之。语详<u>毕尚书续资治通鉴</u>考异中。<u>明史</u>改<u>早住</u>为<u>彭大</u>，亦据<u>后编</u>，今从之。

初，<u>子兴</u>起<u>濠</u>，同事<u>孙德崖</u>等四人，与<u>子兴</u>而五，各称元帅，不相下。四人日事剽掠，<u>子兴</u>意轻之，四人浸不悦，合谋倾<u>子兴</u>。而<u>子兴</u>多家居不视事，<u>太祖</u>乘间说曰："彼日益合，我益离，久之必为所制。"<u>子兴</u>不能从。

及是<u>大</u>与<u>均用</u>至，<u>德崖</u>等以其故盗魁，有名，乃共推奉之，使居己上。<u>大</u>有智数，<u>子兴</u>与之厚而薄<u>均用</u>。<u>德崖</u>等乃潜诸<u>均用</u>曰："彼知有<u>彭</u>将军耳，不知有将军也。"<u>均用</u>怒，乘间执<u>子兴</u>，幽于<u>德崖</u>家。<u>太祖</u>方在<u>淮北</u>，闻难归，亟率<u>子兴</u>二子诉于<u>大</u>，<u>大</u>曰："我在，谁敢尔！"乃偕<u>太祖</u>诣<u>德崖</u>家，破械出之，使人负以归。<u>子兴</u>由是得免。

3 是冬，元将<u>贾鲁</u>以兵围<u>濠州</u>。

时<u>徐州</u>已平，丞相<u>托克托</u>班师还，留<u>鲁</u>追讨余寇，且谋复<u>濠</u>也。<u>太祖</u>乃请释前憾，合力拒之。

4 是岁，<u>徐寿辉</u>连陷<u>湖广</u>、<u>江西</u>诸郡县，遂破<u>昱岭关</u>，陷<u>杭州</u>，别将<u>赵普胜</u>等陷<u>太平</u>诸路，势大振。然无远志，所得多不能守。

而<u>刘福通</u>初起，奉<u>韩山童</u>为号，元遣吏捕<u>山童</u>，诛之，其子<u>林儿</u>，与母<u>杨氏</u>逃匿<u>武安</u>山中。<u>福通</u>遂据<u>朱皋</u>，破<u>罗山</u>、<u>上蔡</u>、<u>真阳</u>、<u>确山</u>，犯<u>叶</u>、<u>舞阳</u>，陷<u>汝</u>、<u>宁</u>、<u>光</u>、<u>息</u>，众至十余万，元兵不能御。

時二軍皆以紅巾為號，而壽輝據蘄水為都，國號天完，建元始平。

十三年（癸巳、一三五三）

1 夏五月，壬午，元將賈魯卒于濠州軍中，元兵遂解圍去。太祖得間歸里中，募民兵七百人至濠，子興喜，署為鎮撫。而是時彭、趙所部多暴橫，子興力弱不能制，太祖憂之。

2 是冬，彭大、趙均用皆僭稱王，子興及德崖等為元帥如故。太祖度濠事不可為，乃以所部兵屬他將，而獨與徐達、湯和等二十四人謀略定遠，取滁陽。

達時年二十二，和長于太祖，皆濠人也。達在子興部下，獨識太祖，一見語合，和亦初從子興，以功授千戶，至是並歸心于太祖。方南至定遠，道中遇病還，病已，復率達等行。【考異】通鑑輯覽書太祖起事，系之至正十三年之末，蓋下滁州張本也，明史本紀亦系之十三年，若畢氏宋元通鑑，則直于十三年七月書太祖取滁陽及道遇李善長事。按元史，賈魯圍濠州在至正十二年十二月，魯卒于軍中在十三年五月，元紀系之五月壬午，則在望後也。魯卒而濠圍始解，圍既解而後太祖始得歸里募兵。畢鑑謂以六月朔至濠，已失其實。蓋欲遷就取滁州之前一月，而不知取滁州實十四年之七月。檢吳朴龍飛紀略及谷氏明史紀事本末皆同。明史本紀及三編不過牽連並記，而輯覽系之十三年之末者，承上起下之書法，本無舛誤。而畢氏編年之體，直書之于十三年之七月，是據紀略、紀事二書之月分而改其年分，尤舛誤矣。且畢氏考異于十四年彭、趙陷盱、泗，引辯證云："洪武實錄于甲午七月克滁陽之下，書云：'未逾月，彭早住、趙均用邀上將兵守盱、泗'云云。"然則甲午七月之克滁州，證之實錄，固明明在至正十四年。今據實錄，參紀略及紀事本末書之。○彭、趙稱王，據畢氏考異引明實錄辯證云："滁阳王庙碑，言二姓称王亡壬辰奔濠之时，与实录异。以高帝纪梦考之，则云'明年元将贾鲁死，城围解。当年冬，彭、赵僭称王'。'当年冬'者，癸巳之冬也。以时势言之，二姓虽草僭窃，亦当在元兵解围之后，而不在自滁奔濠之日，当以实录为正。"按辩证之说是也。庙碑因彭、赵奔濠，牵连并记，非太祖自述之语前后矛盾也。且二姓称王，即太祖不欲留濠之张本，其同在十三年之冬明矣，今宜从实录。

3 是岁，元遣使招谕方国珍。

国珍自至正八年为怨家所告，遂与其兄国璋、弟国瑛、国珉亡入海，聚众数千人，劫运艘，梗海道，寻寇温州。元以博啰特穆尔^{旧作孛罗帖木儿。}为江浙行省左丞，督兵讨之，兵败，被执，乃遣大司农达实特穆尔^{旧作达识帖睦迩。}招之降。会汝、颍兵起，元募舟师守江，国珍疑惧，复叛，袭台州，元兵击退之。复亡入海，使人潜至京师赂诸权贵，仍许之降，授国珍徽州路治中。国珍不听命，仍拥船千艘，在海中阻绝运道。

先是元谕江浙行省左丞特哩特穆尔^{旧作帖哩帖木儿。}议招抚，浙东元帅府都事刘基持不可，曰："国珍首乱，赦之无以惩后。"左丞称善，闻于朝，进基行省都事。至是国珍以赂故授官，遂坐基擅持或福，夺职，羁管绍兴。自是国珍益不可制。——基，青田人。

4 泰州白驹场盐丁张士诚反。

士诚有弟三人，并以操舟运盐为业，缘私作奸利，颇轻财好施，得群辈心。常鬻盐诸富家，富家多陵侮之，或负其直不酬，而弓手丘义更窘辱之。士诚忿甚，即率诸弟及壮士李伯昇等十八人杀义，并灭诸富家，纵火焚其居，入旁近场,招少年起兵。时诸丁方苦重役,遂共推士诚为主。

初陷泰州,元高邮守李齐谕降之,复叛,杀元行省参政赵琏,陷兴化,结寨德胜湖,有众万余,元遣人以万户告身招之,不受。至是绐杀齐,袭据高邮,自称诚王,僭号大周,建元天祐。

十四年(甲午、一三五四)

1 太祖率诸将徐达等南徇地至定远。

有张家堡者,集民兵三千人为驴牌寨,孤军乏食。太祖欲因其饥,抚而降之,选骑士费聚等从行。聚觇其兵盛,请益人,太祖曰:"多无益,只取疑耳。"直前行,下马渡水而往,谕以恩信。其帅许诺,请留物为券,太祖立解佩囊与之,卒犹豫不至。乃简兵三百人薄营,诱执其帅。众惧,请焚其垒,悉降之。

时定远人缪大亨者,集民兵二万,屯横涧山,元授为义兵元帅,又遣张知院共督之。太祖既得驴牌之众,命花云率之,夜袭其营,知院败走。遣人说大亨,悉率所部来降。于是军声大振。——云,怀远人,貌伟而黑,骁勇绝伦,从行二十四人中之一也。【考异】毕氏通鉴记收兵定远事于十三年,今据龙飞纪略,改入十四年。太祖以是年七月下滁州,则收兵在春夏间,今并系之秋七月克滁州前。○横涧山之屯,明史本纪以为张知院。纪事本末以为缪大亨,毕氏通鉴从之。证之明史缪大亨传,言"大亨初为元义兵,与张知院同守横涧山"。据此,则义兵为大亨所收集,而元又遣张知院督之也。今并书之。"二万",诸书或作"三万",今据本纪。

2 太祖将自定远谋取滁州,道遇定远人李善长,与语,悦之。尝从容询天下当何时定，善长对曰："秦乱，汉高祖起布衣，豁达大度，知人善任，不嗜杀人，五载遂成帝业。今元政不纲，天下土崩瓦解。公濠产，距沛不远，山川王气，公当受之。法其所为，天下不足定也。"太祖称善，遂留为记室，参预机谋。【考异】明史本纪："道遇定远人李善长，与语，大悦，遂与俱攻滁州，下之。"善长传但云"迎谒"，其下亦云"从下滁州"。据此，则"道中"者，即定远至滁阳之路。从下滁阳，则迎谒在略定远之后，取滁州之前。毕氏通鉴皆系之至正十三年，今改入十四年。其事当在春、夏间，并叙入是年七月前。

3　秋七月，太祖自将攻滁州，使花云为前锋，以数骑导大军行，猝遇贼数千，云聲铍翼太祖，拔剑跃马。冲突而过。贼大惊，皆曰："此黑将军勇甚，其锋不可当也!"大军继进，遂克滁阳，因驻师焉。

4　是月，朱文正、李文忠先后来归。

文正者，太祖兄子；文忠，姊子也。文正奉母避乱，在途与太祖相失。文忠母死，其父携之，走乱军中，频死者数矣，至是俱至，谒太祖于滁阳，太祖喜甚。文忠年方十四，牵上衣而戏，太祖曰："外甥见舅如见母也。"

时有沐英者，定远人，方十岁，父母俱亡，太祖怜之，令高后育之为子，遂与文忠俱赐姓朱。【考异】诸书记文正、文忠来归，皆在太祖取滁州之后，或系之七月，或系之八月，然(取)〔皆〕在至正十四年也。毕鉴误系克滁州于十三年，而文忠来归，仍入之十四年。不知文忠至滁之年，即太祖取滁州之年，毕鉴枝误也。

5　太祖既下滁州，分兵收沿山诸寨，皆降之。

时彭、赵在濠并为王，数(有争相)〔争权相〕斗。大中流矢死,均用欲并其部曲,专很益甚。大子早住,代领其众,为均用所持,乃谋挟郭子兴攻盱眙、泗州,将害之。

太祖时在滁,遣人说均用曰:"大王昔困彭城,投于濠,郭公开门而纳之,以有今日。今不思报德,反听细人言,自翦羽翼,失豪杰心,窃为大王不取也。且郭公即易与,其部曲犹有强者,杀之,得无后悔乎?"均用闻太祖兵甚盛,惮不敢发。太祖又使人赂其左右,子兴用是得免,乃率其所部万余,就太祖于滁州。【考异】毕氏通鉴书彭、赵陷盱、泗于十四年之六月,此恰不误,惟以为克滁州之次年,而不知克滁州之同在十四年也,辩已见前。至彭、赵称王,乃十三年濠围既解之后,是年则彭大已死而早住代之,毕氏又误以十三年之称王者即是早住,亦误也,今并刊改。○盱、泗之陷,诸书有以为张士诚之兵,故毕氏引实录辩证之说,谓"士诚方起高邮,攻扬州,岂能遽及盱、泗? 其为濠兵无疑也。"按明史子兴传,言"赵均用胁子兴以攻盱、泗。太祖既取滁州,乃遣人说均用以免",今据之。

6 是冬,元托克托与张士诚战于高邮城外,大败之。【考异】明史本纪,士诚败于高邮在十月,毕鉴在十一月,今统系之是冬。

时濠兵方据六合。托克托遣兵围之。事急,濠兵遣使求救于滁州。郭子兴与其帅有隙,怒不发兵。【考异】明史本纪,"分兵围六合",未详据六合者为何兵。据毕鉴,是年九月,濠州兵陷六合县,证之子兴传,所谓"与其帅有隙"者,即指赵均用、孙德崖辈也,今从之。太祖曰:"六之与滁,唇齿也。六合破,滁岂得独存,可以小憾而废大事乎!"

时元兵号百万,诸将莫敢往,太祖自率师趋六合,与耿再成守瓦梁垒。元兵攻垒,日暮垂陷,诘朝再攻,则完垒如故,寻设伏诱败之。然度元兵势盛,且再至,乃还所获马,遣父老具牛酒犒师,谢元将曰:"守城,备他盗耳。奈何舍巨寇，戮良民！"元兵引去，城赖以完。

托克托既破士诚，军声大振，会中谗，遽解兵柄，于是江淮乱益炽。

7 郭子兴之至滁也，太祖谨事之，敕诸军禀其号令，称滁阳王。而子兴性悍直少容，方事之殷，辄就太祖取进止，倚如左右手，事已，更信谗疏之，凡太祖左右任事者，悉召之去。又欲收李善长置麾下，善长涕泣自诉，不肯从。

自是征讨之权，太祖皆不得预，屡出战，不敢当先，子兴谓其无勇。使与诸将出御敌，敌至，诸将皆反走，太祖从容击却之，所向披靡，子兴亦内愧。

而诸将自外归，皆有所献，太祖所至禁剽掠，有得即分之麾下，遂一无所献，子兴浸不悦。高皇后知之，乃悉所有遗子兴次妻张氏，张喜，由是疑衅渐释。

8 是岁，太祖取滁阳，除人范常，杖策谒军门。太祖夙知其名，与语，意合，留置幕下，有疑辄问，常悉以实对。

又得二将，曰邓愈，曰胡大海，皆虹县人也。愈据临濠，承父兄没，众推领军事，年甫十六。每战，必先登陷阵，军中咸服其勇。太祖起滁阳，愈自盱眙来归，授领军总管。大海长身铁面，智力过人。闻太祖起，走谒滁阳，命领军为先锋。

又定远冯氏兄弟二人，曰国用，曰国胜，自幼俱喜读书，通兵法，元季结寨自保。太祖略地至妙山，国用、国胜偕来归，甚见亲信。太祖尝从容询天下大计，国用对曰："金陵龙蟠虎踞，帝王之都，先拔之以为根本。然后四出征伐,倡仁义,收人心,勿贪子女玉帛,天下不足定也。"太祖大悦,俾居幕府。

十五年(乙未、一三五五)

1 春,正月,滁兵乏粮,诸将议所向,太祖曰:"困守孤城,诚知非计。今惟和阳可图,然城小而坚,可以计取,不可以力攻也。向所得庐州寨兵三千,使为前导,令皆椎髻左衽,衣青衣,佯为北军。以四驼装载货物,而声言庐州兵送使者入和阳赏赉将士,和人必开门纳之。因别以兵万人,皆衣绛衣继其后,约相距十余里。候青衣兵薄城,举火为应,绛衣兵即鼓行而前,破之必矣。"子兴从其计,使张天祐将青衣兵,赵继祖为使者前行,耿再成将绛衣兵继其后。

天祐,子兴妻弟也。行至陡阳关,和阳父老以牛酒出迎。天祐兵从他道就食,举火稍迟。再成意其已入城中,遂率众直抵城下,元兵亟闭门,缒将士出战。再成败,中矢走。元兵追至千秋坝,日暮,收兵还,而天祐适至,与元兵遇,亟击败之。追至小西门,缒梯尚在,汤和乘之而登,将士继之,遂克和州。

再成败归,谓天祐等必已陷没,子兴恐。俄又报元兵入滁,遣使招降,子兴亟召太祖与谋。太祖趣呼使者入,以计慑而遣之,乃议收集散卒,仍规取和阳,比至则天祐已据城矣。是时镇抚徐达、参谋李善长率骁勇先行,太祖继至,遂入城中,抚定其民,民皆按堵。

2 太祖既得和州,子兴檄之总军事。时诸将皆子兴部曲,不相下,惟汤和奉命唯谨,李善长亦委曲调护之。

太祖欲以计服诸将,秘其檄,期旦日会听事。时席尚右,诸将先入,皆踞右。太祖故后至,就左,比视事,剖决如流,诸将多瞠目不能发一语,始稍稍诎。乃议分工甓城,期三日。太祖先成,诸将皆后,于是太祖始出檄,南向坐,语诸将曰:"奉主帅命总诸公兵。今甓城皆后期,如军法何!"诸将皆皇恐谢。

所部兵多不戢,范常言于太祖曰:"得一城而使人肝脑涂地,何以成大事!"太祖乃切责诸将,悉搜军民所掠妇女还其家,民大悦。

3 三月,元兵十万攻和州,太祖以万人拒守,间出奇兵击之,元兵数败,多死者,乃解去。

而是时元太子图沁,旧作秃坚。枢密副使弁珠玛,旧作绊住马。民兵元帅陈埜先,分屯新塘、高望、鸡笼山等处,阻我饷道,太祖率诸将击走之。

4 濠州旧帅孙德崖乏粮,率所部就食和州,太祖纳之。子兴故与德崖隙,闻之怒,自滁至和,德崖亦不自安,谋引去。前军已发,而德崖留视后军。太祖送其先发者。行三十里,忽城中走报,滁军与德崖斗,德崖为子兴所执。太祖大惊,策骑欲还,而先发之众遽拥太祖行,数里,遇德崖弟,欲加害,有张某者力止之。于是传言太祖亦被执,子兴闻之,如失左右手。徐达请挺身往代,太祖得脱归。子兴憾德崖甚,将甘心焉,以太祖故,勉释之。德崖既去,达亦免归。

5　是月，子兴以德崖故悒悒病卒，太祖代领其军。

先是，刘福通物色韩林儿，得之砀山夹河，迎立为皇帝，又号小明王，建都亳州，国号宋，建元龙凤。以杜遵道、盛文郁为丞相，福通为平章。遣人招滁、和诸将，惟张天祐往。至是天祐自亳归，赍丞相檄授子兴子天叙为都元帅，天祐右副元帅，太祖左副元帅。太祖慨然曰："大丈夫宁能受制于人耶！"不受。【考异】据明史林儿传，僭号改元在是年二月，太祖本纪系之三月郭子兴卒之下，盖因檄授天叙等牵连并记也。时张天祐至亳，亳中始知子兴已卒，故檄授子兴之子。毕氏通鉴入之四月，今据明史本纪系之三月子兴卒下。○诸书皆云"子兴卒，太祖代领其军。"证以是年正月"子兴檄太祖总军事"之语，则代领其军，即出自子兴之遗命可知也。毕鉴则言"子兴卒，诸将推子兴子天叙为元帅。时孙德崖以宿将代统其军，天叙恐不能制，乃以书邀太祖为己助"云云，此盖因龙凤檄中有"授天叙为都元帅"之语而致误。其实滁、和乃太祖自取，子兴方往依之。子兴既没，太祖代总其军，天叙拥空名而已。若孙德崖已去，即令再至，诸将亦必不推子兴之仇而与之共事也，今仍据明史纪传。既，念林儿势盛可倚藉，因奉宋龙凤年号以令军中。

论曰：大丈夫不受制于人，太祖之志可见矣。然不受其官爵，则何以犹奉其年号哉！况奉其年号，则固禀其正朔矣。若谓其势盛可倚，则大丈夫不受制于人者，又岂肯因人以成事！若谓十二年之久，使命不通，军书不报，彼林儿（因）〔固〕无能为，而刘福通方凭藉宋号，以为奇货之居，肯使太祖之阳奉其名而阴收其利哉！然则实录但言"太祖奉年号"而其余皆不及者，讳之也。

予谓太祖之不受副元帅,则以子兴之子天叙为都元帅,不欲受制以掣军事之肘而已。若自下太平、集庆后,林儿固已檄之为平章,为丞相,而吴国公虽系诸将所奉,亦必称龙凤之制以授之。——辨见考证中。

惟是太祖起兵,不藉林儿尺寸之力,而徒奉其年号,则已失之,又岂有奉其年号而不受其封拜者乎!若使不奉林儿,则异日瓜步沉舟,亦与友谅之中流矢,士诚之缢弓弦,同为帝王之驱除而已,何至以廖永忠一狱,启千古之疑,终为盛德之累哉!予是以惜太祖此举不能慎之于始也。

6 夏,四月,怀远人常遇春来归。

遇春貌奇伟,勇力绝人,猿臂善射。初从刘聚为盗,察聚终无成,闻太祖在和阳,往觇之。未至,困卧田间,梦神人披甲拥盾呼曰:“起,起,主君来!”惊寤而太祖适至,即迎拜,屈事之。无何,自请为前锋,太祖不许。固请,乃曰:“能相从渡江乎?取太平后,事我未晚也。”

7 太祖驻和阳久,城中数乏粮,与诸将谋渡江,无舟楫。会巢湖有廖永安、俞通海及赵普胜,拥众万余,水军千艘。当元季盗起,通海之父廷玉,率通海兄弟及永安等结水寨以御寇,而是时元将左君弼据庐州,数为所扼。五月,丁亥,遣通海间道纳款。太祖喜曰:“方谋渡江,而巢湖水军适至,此天赞我也!”亲往收其军。

永安迎于巢湖,其弟永忠,年方少,从兄后,太祖顾之曰:“汝亦欲富贵乎?”永忠对曰:“获事明主,扫平寇乱,垂名竹帛,是所愿耳。"太祖嘉之。

壬辰,太祖登舟,出湖口,至桐城闸。有元兵中丞曼济哈雅,旧作蛮子海牙。集楼船扼之于马肠河口,普胜中叛,通于元。永安等请以舟师屯黄墩,先攻曼济哈雅。会天大雨,水涨,遂从小港纵舟出。敌船高大,进退不利,而永安、通海等素习水战,操舟若飞,再击再败之。遂出大江,至和州,于是渡江之策始定。

8 六月,太祖率诸将渡江。廖永安请所向,太祖曰:"牛渚前临大江,敌难为备,攻之必克。从此北取采石,定太平,则集庆可图也。"乙卯,乘风引帆,直达牛渚。太祖亟趣军士鼓勇径趋采石。

时元兵皆阵于矶上,舟距岸且三丈许,莫能登。常遇春飞舸至,太祖麾之前,应声挺戈跃而上,大呼跳荡,守者披靡。诸军从之,遂拔采石,沿江诸垒望风迎降。

维时诸将以和州饥,欲取资粮而归,太祖谓徐达曰:"渡江幸捷,若舍而归,再举必难,江东非吾有也。"乃悉断舟缆,放急流中,舟皆顺流东下,谓诸将曰:"太平甚近,当与公等取之。"遂自官渡向太平,直薄城下,纵兵急攻。元兵战不胜,平章、金事皆弃城走。丙辰,克之,执万户纳克楚。旧作纳哈出。太平路总管靳义出东门赴水死,太祖曰:"义士也。"令棺葬之。

先期命李善长为戒饬军士榜,及入城,揭之通衢。一卒违令,立斩之,城中肃然。

9 太祖之至太平也,当涂陶安,举元乡试,方避乱家居,与耆儒李习率父老出迎。安见太祖，谓习曰："龙姿凤质，非常人也。我辈今有主矣！"

至是太祖召安语时事，安因献言曰："方今四海鼎沸，豪杰并争，攻城屠邑，互相雄长。然其志皆在子女玉帛，非有拨乱救民安天下之心。今明公率众渡江，神武不杀，以此顺天应人而行吊伐，天下不足平也。"太祖曰："吾欲取金陵，如何？"安对曰："金陵帝王之都，龙蟠虎踞，限以长江之险。若据其形胜，出兵以临四方，何向不克！此天所以资明公也。"太祖大悦，礼之特厚。

于是改太平路曰府，置太平、兴国翼元帅府，自领元帅事。以李善长为帅府都事，汪广洋及安皆为帅府令史，参幕府事，仍称宋龙凤年号。【考异】据明史本纪"置太平、兴国翼元帅府，自领元帅事"，是此时之元帅，曰兴国，曰太平，惟太祖一人，而郭天叙、张天祐皆不预焉。无论林儿之檄，太祖之果受与否，而是时已自置元帅府，则龙凤亦将如其所自置者授之矣。而毕氏通鉴删去"太平、兴国翼元帅"之语，然则下文所谓"帅府都事""帅府令使"者，果何人之帅府乎？又云："时三帅虽共府署事，而运筹决策皆出自太祖。"据此，则似太祖仍与天叙、天祐为三帅，而太祖仍居左副元帅之任，一国三公，此必不然者也。再检毕鉴，是年九月，郭天叙、张天祐攻集庆，不克而死，下书云："二帅俱没，诸将遂奉太祖为都元帅"，此盖迁就上文"三帅共府署事"之语。不知滁、和皆太祖自取，不藉濠兵尺寸之力。故林儿檄之为左副元帅犹且不受，曾谓既取太平，仍推天叙为都，天祐为右，待二人没而后自为之？此尤不然者也。今据明史本纪。〇陶安参幕府事，语见本纪，而不言所授何官。证之安传，则云"留参幕府，授左司员外郎"。此沿野史之误也。今检陶学士集，集首载"龙凤四年十月，札付都事陶安"。龙凤四年，乃至正十八年，安授都事，则其进左司员外及郎中，皆四年十月以后事。考明史职官志，行省都事正七品，员外正六品，郎中正五品，是员外正都事之进阶,而都事之下则令史也。是年克太平,授李善长为都事,汪广洋为令史。都事、令史,皆幕府之僚属,则安之所授,亦必令史之官。明年克金陵,应升都事,而其年学士以忧归。故太平府志谓"学士以至正十八年(即龙凤之四年)服阕授行省都事",正与集中"龙凤四年札授都事陶安"之语合,而至于进左司员外及郎中,又在龙凤四年十月以后可知也。又,证之集首所载刘辰国初事迹,言"克太平,授安令史,后升都事"云云,则本纪所云"参幕府事"者,乃授之令史,非员外也,今据之。以李习为太平知府,——习时年八十余矣。

是时太平四面皆元兵。元将曼济哈雅、阿噜辉旧作阿噜灰。等以巨舟截采石,闭姑孰口,而义兵元帅陈埜先与蕲人康茂才,以数万水陆之师,分道寇城下。太祖遣徐达、汤和、邓愈逆战,别出奇兵自后夹击之,遂设伏禽埜先以归。

10 秋七月,陈埜先至,太祖解其缚而释之。埜先问:"生我何为?"太祖曰:"天下大乱,豪杰并起。胜则人附,败则附人尔。既以豪杰自负,岂不知生尔之故!"埜先曰:"然则欲我军降乎?此易尔。"乃为书招其军,明日,皆降。

曼济哈雅等见埜先败,不敢复进攻,率其众还屯峪溪口。

11 八月,太祖命镇抚徐达等分道徇溧水、溧阳、句容、芜湖,皆下之。诸将谋进攻集庆路。

而埜先既发书招其众降,自悔失计,及闻攻集庆,谋脱归。太祖召之至,语之曰:"人各有心。从元从我,不相强也。"纵之还。

埜先复收余众,屯于板桥,阴与元行台御史大夫福寿合,乃为书报太祖,历言长江进兵不易及晋、隋取东南持久之难。太祖知其诈，以书报之曰："历代之克江南者，皆以长江天堑，限隔南北，故须会合舟师，方克成功。今吾渡江，据其上游，扼其咽吭，岂晋、隋当日形势所可同年语邪！"埜先卒不从。

12 九月，郭天叙、张天祐帅诸军进攻集庆，埜先自板桥驰至，与元兵合，天叙、天祐皆战死。埜先追袭至葛仙乡，为乡民所杀，其从子兆先复收其众屯方山，与哈雅犄角以窥太平。【考异】本纪但云"子兴子天叙"，而据子兴传，言"子兴三子，长子前战死，次天叙、天爵。"是天叙乃子兴次子，毕氏通鉴以天叙为子兴长子。又陈兆先，本纪作"埜先从子"，纪事本末及毕鉴皆作"埜先子"，今从明史。

13 冬，十二月，壬子朔，太祖释元万户纳克楚北归。

纳克楚者，元故太师穆呼哩裔孙也。旧作木华黎。初获时，待之甚厚，而纳克楚居常郁郁不乐。至是太祖召语之曰："为人臣者，各为其主，况尔有父母妻子乎！"遂纵之归。

14 是月，元师大败刘福通于太康，遂围亳州，福通挟林儿走安丰。

十六年（丙申、一三五六）

1 春，二月，壬子朔，张士诚遣其弟士德陷平江路，并陷湖州、松江、常州诸路。改平江曰隆平府，士诚自高邮徙都之，毁承天寺佛像为王宫。【考异】毕氏通鉴言："元史月而不日，徐氏后编据太祖实录书于是月之朔，今从之。"

2 丙子，太祖自将攻元曼济哈雅于采石，大破之。

时哈雅以舟师屯据采石，我军辎重皆在和州，江道中梗。太祖令常遇春以奇兵分其势，自将正兵与之战，战则出奇兵捣之,纵火焚其舟舰,哈雅仅以身免。自是扼江之势遂衰。

3 三月,辛巳朔,太祖督诸将攻集庆路,水陆并进。至江宁镇,攻破陈兆先营,尽降其众凡三万六千人。禽兆先,寻释之。

一时降者多疑惧不自安,太祖命简其骁健者,得五百人,使居帐下。是夕,令入宿卫,环榻而寝,悉屏左右,独留典亲兵冯国用一人侍卧榻旁,太祖解甲酣寝达旦,众心始安。

庚寅,进兵围集庆。国用率五百人先登陷阵,大败元兵于蒋山,入其郭。元御史大夫福寿督兵出战,数败,力不能支。城破,犹督兵巷战,坐伏龟楼指麾左右。或劝之走,叱而射之,曰:"吾为国家重臣,城亡与亡,尚安往哉!"顷之,兵四集,遂遇害。元参政伯嘉努、旧作伯家奴。达噜噶齐旧作达鲁花赤。达尼达斯"斯",旧作"思"。亦死之。又有治书侍御史贺方,以文学名,同时殉焉。【考异】诸书但记福寿之死,余皆不载。证之明史陈友定传,言"明兵攻集庆,福寿战死于兵,参政伯家奴,达鲁花赤达尼达思皆战死"。又检毕鉴,有达尼达斯而轶去伯嘉努。又,治书侍御史贺方,明史亦佚之,今据增入。

曼济哈雅遁归,与张士诚合。康茂才欲奔镇江,追及之,遂率其众降,凡得军民五十余万。

太祖入城,召官吏、父老谕之曰:"元失其政,所在纷扰。今我之来,为民除乱耳,其各安堵如故。贤人君子有能相从立功者,吾礼用之。旧政有不便者,吾除之。吏毋贪暴殃吾民。"民乃大喜。

改集庆路曰应天府。置天兴、建康翼统军大元帅府，以廖永安为统军元帅。辟儒士夏煜、孙炎、杨宪等十余人。葬元御史大夫福寿以旌其忠。

4　太祖既定金陵，欲发兵取镇江，虑诸将不戢士卒为民患，乃佯怒，数诸将之纵军士者，欲置之法，都事李善长力救，乃解。

寻命徐达为大将军，委以东下之任，戒之曰："吾自起兵，未尝妄杀。卿宜体吾心，戒戢士卒，城下之日，毋焚掠杀戮。有犯命者，处以军法，纵者罚毋赦！"

达顿首受命行。

丙申，攻镇江，丁酉，克之。元苗军元帅杨鄂勒哲_{旧作杨完者}。出走，守将段武、平章定定战死。达等自仁和门入，号令严肃，城中晏然。寻分兵徇金坛、丹阳，皆下之。

改镇江路曰江淮府，命达及汤和为统军元帅，镇守其地。已，复改江淮府曰镇江府。

5　夏，六月，太祖命总管邓愈率邵成、华云龙等攻广德路，下之，改曰广兴府，以愈为广兴翼统军元帅镇守。

6　秋，七月，己卯朔，诸将奉太祖为吴国公，以元御史台为公府。是时宋龙凤亦遣人称制授太祖平章政事、右丞相。【考异】诸书所记，皆有"行丞相事及平章政事"之语，证之太祖自撰朱氏世德碑，言龙凤降制，赠其祖已二曰中书右丞相，考曰平章右丞相，其为克集庆所授太祖之官爵可知也。徐氏后编则并以江南行省亦系宋置，具详考证中。按太祖既用龙凤年号，则无论太祖自称及诸将所奉，皆称龙凤制行之，既得天下，史臣讳言之耳。后编云云，非无据也。

于是置江南行中书省，太祖自总省事。以李善长、宋思颜为参议,李梦庚、郭景祥、侯元善、杨元杲、孔克仁、陶安、阮弘道、王恺、栾凤、夏煜等数十人为左右司郎中、员外、都事、令史等官。寻又置江南行枢密院,以徐达、汤和同金枢密院事。置帐前亲军,以冯国用为总制都指挥使。复置左、右、前、后、中五翼元帅府及五部都先锋。置提刑按察司,以王习古、王德为佥事。【考异】据明史宋思颜传,“省中官数十人,思颜与李善长为首,其次则李梦庚、郭景祥等”云云。又据明史纪事本末,“授李梦庚、陶安等为左右司郎中、员外、都事等官”。据此,则参议之下有此数等,即此数十人所授之官秩也。安以克太平授令史,则克金陵应进都事,而明史安传“以克太平授员外,克金陵进郎中”云云,皆误也,辨见前。

7 太祖之下集庆也,虑张士诚在平江,梗我东道,乃遣儒士杨宪通好,贻士诚书曰:“昔隗嚣称雄于天水,今足下擅号于姑苏,事势相等,吾深为足下喜。睦邻守境,古人所贵,窃深慕焉。自今信使往来,毋惑谗言以生边衅。”士诚得书,以太祖比之隗嚣,不悦,留宪不报。

初,常州有奔牛镇人陈保二者,聚众乡里,皆以黄帕裹首为识,号“黄包军”。及徐达克镇江,保二降。未几,士诚胁之叛,令以舟师助攻镇江。是月,达等邀击于龙潭,大破之。士诚复寇宜兴,守将耿君用以争栅中槊死,宜兴入于士诚。

太祖闻之,谕达等曰:“张士诚起于负贩,谲诈多端。今来寇镇江,是其交已变。宜速出军毗陵,先发制之。”达等乃率师攻常州,不克下,请益师,太祖复遣兵三万往助之。

8 征元人秦从龙于镇江。

从龙，洛阳人，仕元为校官，累迁江南行台侍御史。会兵乱，避居镇江。徐达之东下也，太祖语之曰："镇江有秦元之者，材器老成，城下之日，当为吾访之。"至是达得之，还报，太祖喜甚，命朱文正赍文绮造其庐聘焉。既至，太祖迎之于龙江。居从龙于西华门外，事无大小悉咨之。从龙每以笔书漆简，问答甚密。太祖呼为先生而不名。

9　九月，戊寅，太祖如镇江谒孔子庙。分遣儒士告谕乡邑，劝农桑。寻还应天。

10　是月，徐达、汤和等进兵攻常州，士诚遣将来援。达语诸将曰："士诚师甚锐，不可当，吾当以计取之。"乃于距城十八里之地，分设伏兵奇兵以待之，而自督大师与之战。锋既交，王均用率铁骑横冲其阵。阵乱，反走，遇伏兵突起，大败之，禽其张、汤二将。士诚始惧。【考异】毕氏通鉴系围常州于七月，纪事本末系之九月。证之明史本纪："七月，士诚引兵攻镇江，徐达败之，进围常州，不下。"是围常州始于七月，而败士诚之兵及获其张、汤二将，皆七月以后事也。毕鉴言"达攻常州，请益师，太祖遣兵三万往助之"，则与本纪"攻常州不下"之语合。青兵往返，必需时日，则攻士诚兵当在九月，而士诚以十月请和，其为败后可知也。至太祖贻士诚书，乃在下集庆后，取镇江前，毕鉴系之六月乙亥，是也。纪事本末系乙亥贻书于九月下，是年九月亦无乙亥，此舛误也。今分系攻常州于七月，并叙贻书在前事，其败士诚兵，仍系之九月。○获张、汤二将事，见明史徐达及张士诚传，但张、汤二将不著其名。据龙飞纪略、皇明通纪、纪事本末，皆以是年所获之张将即士诚之弟士德也，故纪事本末又言"十月复败士诚弟士信于旧馆，禽其骁将汤元帅。"是张、汤二将，诸书皆以为张士德、汤元帅。而证之明史徐达传，言"明年克常州，徇宜兴，使前锋赵德胜下常熟，禽士诚弟士德"，又，赵得胜传亦云："攻常熟，禽张士德。"据此，则士德被禽乃十七年下常熟时，非是年所获张、汤二将中之张将可知，而土德被禽乃在常熟，并非常州，又可知也。辑览亦据明史系禽张士德于十七年三月克常州后。则诸书以十六年所获为土德者，因张、汤二将之语而臆度以为张士德，误矣。若傅氏明书，则于攻常州下书云："禽其弟土德并其张、汤二将军"，则是获两张将矣。又证以十月所获之张德，岂非三张将乎？毕鉴删去"获张、汤二将"之语，但于是冬记禽张德事，而仍系禽张士德于十七年下常熟时。予谓张德单名偶同，野史遂误以为土德，因而展转淆讹，则以为土德之外又有张德，今从明史列传，余皆不取。

11 冬，十月，戊申，张士诚遣其下孙君寿奉书至建康请和，愿岁输粮二十万石，黄金五百两，白金三百斤，以为犒军之费。太祖答书，责其归我杨宪，岁输五十万石，且曰："大丈夫举事，宜赤心相示，浮言夸词，吾甚厌之！"士诚得书，复不报。

12 十一月，士诚诱我新附兵七千人叛而相应，遂围徐达于牛塘。达勒兵与战，不克，副帅常遇春亟率廖永安、胡大海自外来援，夹击，大破之，余兵奔入城。士诚复遣其(兵)〔将〕吕珍潜入常州拒守，达等复进军围之。

13 十二月，宁国长枪元(师)〔帅〕谢国玺攻广兴，邓愈击败之，俘其总管武世荣，获甲士千余人。寻遣裨将费子贤分徇武康、安吉等县。

14 是岁，徐寿辉将倪文俊，建伪都于汉阳，迎寿辉居之。文俊为丞相，专制国事。

时有陈友谅者，沔阳渔家子也。本谢氏，祖赘于陈，因从其姓。少读书，略通文义。有术者相其先世墓地，曰法当贵，友谅心窃喜。尝为县小史，非其好也。寿辉兵起，友谅往从之，依文俊麾下为簿掾，从战，数有功，至是亦进领兵元帅。

十七年（丁酉、一三五七）

1　春，二月，丙午朔，遣耿炳文自广德进攻长兴。炳文，君用子也。君用既死，令炳文袭其父总管职，领其军。

　　时张士诚遣其将赵打虎以兵三千迎战，炳文败之，追至城西门，打虎走湖州。戊申，克之，禽其守将李福安等，获战船三百余艘。

　　长兴据太湖口，陆通广德，与宣、歙接壤，为江、浙门户。太祖得其地，大喜，改曰长安州。立永兴翼元帅府，以炳文为总兵都元帅，守之。

2　徐达等围常州既久，吕珍入城，城中粮颇足，以诱叛军入，因之兵多粮少，不能自存。达等攻之益急，珍宵遁。

　　三月，壬午，克常州，改常州路曰常州府。立长春枢密院，进达佥枢密院事，以汤和为枢密院同佥，统兵镇守。【考异】纪事本末作"三月戊午"。按是年二月丙午朔，戊午乃二月十三日，三月无戊午也。毕氏通鉴作"壬午"，今从之。

3　夏，四月，统军元帅徐达、常遇春等攻宁国，长枪元帅谢国玺弃城走，守将拜布哈、旧作别不华。杨仲英等闭城拒守。城小而坚，攻之久不下，遇春裹创而战。太祖闻之，丁卯，亲至宁国督师，命造飞车，前编竹为重蔽，数道并进。布哈、仲英见事急，开门迎降，遂克之。百户张文贵"张"，一作"朱"。杀其妻妾，自刎死。禽其元帅朱亮祖，得军士十余万，马二千匹。【考异】据明史本纪"四月丁卯，自将攻宁国"，则太祖以四月丁卯至宁国也。纪事本末、毕氏通鉴皆同，惟通鉴辑览系之五月。盖是时攻宁国久不下，太祖以丁卯至，已在四月下旬，是则辑览据其克宁国之月书之耳。拜布哈之降见本纪，杨仲英之降见辑览，今并书之。

亮祖，六安人，【考异】诸书及毕鉴皆作"六合人"，明史亮祖本传，则云"六安人"，证之明一统志同，今据之。元授义兵元帅，太祖克太平，来降，令仍旧官。寻叛去，数与我军战，军士为所获者六十余人，遂入宣城，据之。达等围宁国，亮祖突围战，遇春被创而还，诸将莫敢前。至是太祖亲督战，始获之，缚以见，问曰："今何如？"亮祖对曰："是非得已。生则尽力，死则死耳。"太祖壮而释之，令立功自赎。【考异】据明史亮祖传，言"太祖克宁国，禽亮祖，喜其勇悍，赐金币，仍旧官，居数月，叛归于元"，下文始叙其据宣城及克宁国被执之事。按亮祖自克宁国降太祖后，并无叛归于元之事。证之纪事本末，言"亮祖初为义兵元帅，太祖克太平，来降，寻叛去"云云。然则亮祖初次被禽，盖在克太平时，传中"宁国"二字，乃"太平"二字之误也。亮祖以克太平被禽而降，不久即叛，当在太祖取金陵之前，故传言"太祖方取建康，未暇讨"也，今据纪事本末改正。又，传言"我军士为亮祖所获者六千余人"，按太祖彼时取太平、金陵，兵力强盛，亮祖即勇悍，不应军士被获至六千余人之多，纪事本末作"六十余人"，为得其实，今从之。

4 五月，乙亥，张士诚遣其左丞潘原明、元帅严再兴寇长兴，屯上新桥。守将耿炳文击败之，生禽数百人。原明等遁去，部将费聚复追至琐桥，败之。自是士诚不敢犯长兴者四年。

5 己卯，命两淮分院副使张鉴、同金何文正率兵攻泰兴。士诚遣兵来援，元帅徐大兴、张斌击败之，禽其将杨文德，遂克泰兴。

6 是月，诸将下水阳。

时俞通海、张德胜皆以功授行枢密院判，遂率舟师略太湖马迹山，降士诚将钮津等，东趋洞庭山，舣舟胥口。会吕珍兵猝至，诸将欲避其锋。通海不可，曰："彼众我寡，退则情见势诎，不如击之。"乃身先士卒，敌矢如雨，中其右目，不为动。徐令帐下士被己甲立船上督战，敌以为通海也，不敢逼，徐引去。由是通海一目遂眇。

7　六月，遣分院判官赵继祖、元帅郭天禄、镇抚吴良等率兵取江阴。张士诚兵捿秦望山以拒我师，继祖等就攻之。会大风雨，敌兵奔溃，我军遂据其山。明日，己未，进攻城西门，庚申，克之。擢良为分院判官，督兵守之。

江阴密迩士诚，去姑苏仅百余里，控扼大江，实当东南要冲。未几，太祖复命(长)〔良〕弟祯增兵协守，并谕良曰："江阴，我东南之屏蔽。汝约束士卒，毋外交，毋纳逋逃，毋贪小利，毋与争锋，保境安民而已！"良奉命，谨修守备，敌至辄击走之。

8　秋，七月，徐达徇宜兴，使前锋赵德胜攻常熟。

时张士德守御城中，达戒德胜曰："张九六狡而善斗，若使之胜，则其锋愈不可当，唯宜以计取之。"——九六者，士德小字也。

丙子，德胜师次城下。士德迎战不利，遇伏，马蹶，遂为德胜所禽。丁丑，克之。

士德善战有谋，能得士心，浙西地皆其所略定，既被禽，士诚大沮。

9　广兴元帅邓愈移镇宣州，太祖命与右翼胡大海进攻徽州路。先下绩溪，遂逾岭抵新安。元守将巴斯尔布哈旧作八思尔不花。及建德路万户吴讷等拒战，皆败之。庚辰，克徽州路，布哈遁走。讷与阿噜辉、李克膺等退守遂安，大海引兵追及于白际岭，复击败之，讷自杀。

改徽州路曰兴安府，进愈行枢密院判官，统兵守之。【考异】纪事本末言"讷等自杀"。按是时自杀者惟讷一人，见明史陈友定传中。若阿噜辉以明年为李文忠击败于万年街，是阿噜辉以此时遁去，无自杀之事，今删去"等"字。"讷"，一作"纳"。

初，元翰林院待制郑玉被征，辞疾不赴，家居，与门人讲学著书。愈等既克新安，欲要致之。玉曰："吾岂事二姓者耶？"因被拘留。久之，亲戚故旧携具饷之，玉从容尽欢，且告以必死状。明日，具衣冠北向再拜，自缢而卒。——玉字子美，歙县人。【考异】玉以至正十七年殉节，见元史忠义传中。毕鉴克徽州下遗之，今增入。

10 八月，徐达、常遇春、康茂才袭江阴马驮沙，克之。

11 是月，张士德至建康，太祖以礼待之，供帐毕具，以俟其降，士德不食不语。其母闻之，令士诚岁馈粮十万石，布一万匹，请释士德归，太祖不许。士德以身絷，事无所成，遣人间道贻士诚书，俾降于元，遂不食而死。【考异】毕氏通鉴考异引后编辩证曰："实录载士德被诛，而刘辰国初事迹云'不食而死'。今考陈基祭文云：'能厉声骂贼，而不能食不义之食'，则以为'不食（为）〔而〕死'者是也"。按士德被诛，此实录正名之书法。证之士诚传，亦云"士德在金陵，竟不食死"，今从之。

是时士诚累败，势日窘，乃使元中丞曼济哈雅为书，请降于元浙江丞相达实特穆尔。达实知其反覆，不可，苗帅杨鄂勒哲固劝，乃许之，承制授士诚太尉。士诚虽奉元正朔,而城池、甲兵、钱谷,皆自据如故。

12 <u>胡大海</u>既克<u>徽州</u>,进攻<u>婺源</u>。会<u>元苗</u>帅<u>杨鄂勒哲</u>,率兵十万,谋复<u>徽州</u>。

时城中新附,守备未完,而<u>大海</u>又分兵入<u>婺</u>,守备单弱。<u>邓愈</u>乃激厉将士,于门待之,<u>苗</u>兵疑不敢入。<u>大海</u>在<u>婺</u>闻之,兼程而进,遂合<u>愈</u>兵,内外夹击,大败之,<u>鄂勒哲</u>遁走。杀其镇抚<u>吕才</u>,禽其裨将<u>董旺</u>、<u>吕昇</u>等,遂分兵徇<u>休宁</u>、<u>婺源</u>等县。【考异】败<u>苗</u>兵事,<u>毕鉴</u>系之七月,<u>纪事本末</u>系之十一月朔。按<u>苗</u>兵谋复<u>徽州</u>,必在七月之后,是时城守单弱,以之当十万之师,利在速战,是年九月有闰,必无持久将及半年之理。又证之<u>邓愈传</u>,击走<u>苗</u>兵后,始下<u>休宁</u>、<u>婺源</u>,而<u>婺源</u>之降,已在是年之九月,则败<u>苗</u>兵在九月之前、七月之后可知也。今系之是年八月之末。

13 九月,癸酉,<u>婺源州</u>元帅<u>汪同</u>,与守将<u>特穆尔布哈</u>旧作<u>帖木儿不花</u>。不协,偕总管<u>王起宗</u>、<u>黟县</u>万户<u>叶茂</u>、<u>祁门</u>元帅<u>马国宝</u>诣<u>胡大海</u>降。甲戌,<u>江浙</u>平章<u>夏章</u>等亦来降。

14 丙戌,<u>费子贤</u>攻<u>武康</u>,败其守将<u>潘</u>万户,斩首百余级,遂下之。

15 是月,<u>天完</u>将<u>倪文俊</u>谋弑其主<u>徐寿辉</u>,不果,自<u>汉阳</u>奔<u>黄州</u>。

<u>文俊</u>之专政也,<u>陈友谅</u>居其下,心不平,至是遂袭杀<u>文俊</u>,并其众,自称宣慰使,寻为平章政事。

时<u>太祖</u>略定东南,欲规取<u>江西</u>。而<u>寿辉</u>虽弱,<u>友谅</u>方强,遂为战争之劲敌云。

16 冬,十月,壬申,遣中翼元帅<u>常遇春</u>、同佥<u>廖永安</u>等,会合舟师,自<u>铜陵</u>进取<u>池州</u>,又命亲军舍人<u>李文忠</u>领兵策应永安。去城十里，而遇春已率吴祯舟师直薄城下，水陆合攻，自辰至巳，破其北门，遂入其城。执守将洪元帅，斩之，并禽其副将魏寿、徐天麟等。薄暮，陈友谅以战舰百余艘来逆战，复大败之，遂克池州。【考异】据诸书所记，洪元帅乃天完守将，而薄暮以舟师逆战者即友谅也。毕鉴以为官军，似洪元帅仍是元之守将。不知徐寿辉是时连陷湖广、江西诸郡县，虽未必能守，而池州为必争之地，上以规取安庆，下以规取太平。是时余阙所守，不过安庆，而太平、金陵已为太祖所有，友谅安得不急争，池州一路能复为元将所守耶？又证之明史友谅传，言"太祖取太平，与为邻，友谅陷元池州，太祖遣常遇春击取之，由是数相攻击"云云。然则此时池州已先为友谅所陷，而太祖之克，似非取之于元也。今但书守将洪元帅。

17 甲申，太祖阅兵于大通江，命元帅缪大亨率兵攻扬州路，降青军元帅张明鉴。

初，明鉴聚众淮西，以青布为识，号"青军"，又以善长枪，号"长枪军"，由含山、全椒转掠六合、天长，至扬州。元镇南王博啰布哈旧作孛罗普化。镇扬州，招降之，以为濠、泗义兵。逾年，食尽，明鉴谋拥王作乱，王走死淮安，明鉴遂踞城，屠居民以食。大亨言于太祖，谓"贼饥则易抚，强则难制。且明鉴骁鸷可用，无为他人得。"太祖以为然，命大亨督兵攻之。至是降，得其众数万，马二千匹，悉送其将校妻子于建康。

改扬州路曰淮海府，置淮海翼元帅，寻复改曰扬州府，置江南分枢密院，进大亨为同金枢密院事，总制扬州、镇江。

大亨为政，宽厚不扰，而治军严肃，禁暴除残，民甚悦之。未几卒。后太祖过镇江，叹息，遣人祭其墓。【考异】克扬州纪事本末系之九月，皇明通纪系之十一月，今从明史本纪。

18 十二月，己丑，太祖下令释囚，以干戈未宁，人心初附故也。

19 是岁，徐寿辉将明玉珍，陷蜀之重庆路，踞之。

玉珍，随州人，世习农，颇以信义为乡人所服。初，闻寿辉兵起，集乡兵千余人，屯随州之青山寨，结栅自固。未几，寿辉招之降，令以义兵元帅守沔阳。久之，率舟师掠粮川、峡间，因乘间溯夔而上，至是遂袭破重庆。

元右丞旺扎勒图旧作完者都。出走，已而复会平章垎克达、旧作朗革歹。参政赵资，屯嘉定之大佛寺，谋复重庆。玉珍遣其将万胜御之。复分兵陷成都，寻又陷嘉定，执旺扎勒图等三人以归，欲降之，皆不屈，遇害，时谓之“三忠”。于是蜀中大乱。

十八年（戊戌，一三五八）

1 春，正月，丙午，陈友谅陷安庆，元淮南行省左丞余阙死之。

先是阙固守安庆，倚小孤山为屏蔽，命义兵元帅胡巴延旧作伯颜。统水军戍守。友谅自上流引军直捣而下，巴延与战四日夜，败还。敌追薄城下，阙遣兵扼之于东、西二门，简死士奋击，败之。贼恚甚，乃树栅起飞楼临城阙，分遣诸将扞御，昼夜不得息。贼增兵来攻，至是赵普胜军东门，友谅军西门，饶州祝寇军南门，四面蚁集。阙徒步提戈,为士卒先,分遣部将督二门之兵,自以孤军血战,斩首无算,而阙亦被十余创。日中,城陷,火起。阙知不可为,引刀自刎,堕清水塘中。妻伊伯氏,旧作耶卜。子德生,女福童,皆赴井死。守臣韩建,一家被害,同官死者数十人。城中民相率登城楼,自捐其梯,曰:"宁俱死此,誓不从贼。"焚死者以千计。

阙号令严信,与下同甘苦。然稍有违令,即斩以徇。尝病不视事,将士皆吁天,求以身代,阙强衣冠而出。尝出战,矢石乱下如雨,士卒以盾蔽阙,阙却之曰:"尔辈亦有命,何蔽我为!"故人争用命。稍暇,即注周易。率诸生诣学会讲,立军士门外以听,使知尊君亲上之义,有古良将风烈。或欲挽之入翰林,阙以国步艰危,辞不往。其忠君爱国之心,盖所素定云。

事闻,赠淮南江北行省平章,追封豳国公,谥忠宣。【考异】据元史余阙传,言城陷之日,则至正十八年正月丙午也。证之宋文宪余左丞传,丙午为正月初七日,是月庚子朔也。惟据元史传中,陈友谅攻安庆,始于十七年之十月,而所记壬戌、癸亥,皆十一月干支。据顺帝本纪,十一月辛丑朔,壬戌为十一月二十二日,癸亥二十三日,是十月无壬戌、癸亥也。又自壬戌、癸亥以下,年月不分,干支倒误。今皆不取,但据陷安庆之月日书之,而追叙去年攻小孤山之事,系以"先是"二字。○余阙之谥,毕氏通鉴考异引钱辛楣之说,谓"诸书所载互异。程国儒序青阳集,云'谥文忠,追封夏国公。'张绅以为'初封夏国公,谥忠愍,改赠豳国公,谥忠宣。'丁鹤年又称'余文贞公'。宋景濂手定元史,而集中余左丞传亦作'文忠',未审孰得其真,改谥之说近是。"今按元史本传作"封豳国公,谥忠宣",而考之宋文宪余左丞传,则云"谥忠愍,追封夏国公",并无"谥文忠"之语,疑钱氏误记也。考文宪洪武圣政记,记"太祖表章余阙,令有司立祠肖像"云云。疑改谥忠宣,当是洪武初年事,而修元史者据书之，文宪传中"忠悫"之语，仍据元谥也。今从元史。

2　庚戌，邓愈克婺源州，元守将特穆尔布哈死之，士卒降者凡三千余人。又分兵徇高河垒，下之。【考异】据元顺帝本纪作"正月庚戌"，徐氏后编系之乙卯。

3　是月，张士诚遣兵攻常州。汤和击走之。

4　二月，乙亥，太祖以水军元帅康茂才为都水营田使，谕之曰："今军事方殷，度支为急。理财之道，莫先于农。今命尔此职，分巡各处，修筑堤防，专掌水利，俾高无患干，卑不病潦，务在宣泄得宜。大抵设官为民，非以病民。若但使有司增设馆舍，迎送奔走，所至纷扰，无益于民而反害之，非吾委任之意也。"

5　是月，行省枢密院同金廖永安、院判俞通海等攻江阴之石牌戍。

初，石牌民朱定，贩盐无赖，导张士诚由通州渡江，遂陷平江。以定为参政，而遣元帅栾瑞戍石牌，以通舟师往来。

太祖既取江阴，命永安等击之。瑞拒战，行枢密院判桑世杰奋戈跃马，陷阵而死。永安等直前奋击，遂拔其戍，禽定、瑞等，尽获其海舟。太祖复进吴祯为天兴翼副元帅，仍助良守江阴。

6　李文忠以舍人将亲军，骁勇冠诸将。既下池州，遂别攻青阳、石埭、太平、旌德，皆下之。

是月，败元院判阿噜辉于万年街，复败苗兵于於潜、昌化，进攻淳安。夜，袭洪元帅，降其众千余。授帐前左副都指挥，兼领元帅府事。

7　三月,己亥朔,<u>太祖</u>命提刑按察司、佥事分巡郡县,录囚,凡笞罪者释之,杖者减半,重囚杖七十,其有赃者免征,武将征讨之有过者皆宥之。

于是左右或言:"去年释罪囚,今年又从末减,用法不宜太宽。"<u>太祖</u>曰:"自丧乱以来,民初离创残以归于我,正宜抚绥之。况其间有一时误犯者,宁可尽法乎!大抵治狱以宽厚为本,而刑新国则宜用轻典。执而不变,非时措之道也。"

8　丙辰,<u>邓愈</u>、<u>胡大海</u>,由<u>徽州昱岭关</u>会合<u>李文忠</u>攻<u>建德路</u>,克之。<u>元</u>守将<u>布哈</u>等弃城遁走,父老<u>何良辅</u>等率众降。

改<u>建德路</u>曰<u>严州府</u>,命<u>文忠</u>统兵镇守。【考异】克<u>建德路</u>,<u>纪事本末平吴</u>条下作"三月丙申"。按<u>顺帝纪</u>,是年三月己亥朔,"丙辰,<u>大明</u>兵取<u>建德路</u>。"丙辰为三月十八日,是月无丙申也。<u>毕氏通鉴</u>亦作"丙辰",今从之。

9　夏,四月,己巳,<u>陈友谅</u>陷<u>池州</u>。

时<u>巢湖</u>叛将<u>赵普胜</u>方归<u>友谅</u>,<u>普胜</u>故骁勇,号"<u>双刀赵</u>"。<u>友谅</u>既得<u>安庆</u>,遣<u>普胜</u>据<u>枞杨</u>,为水寨以窥<u>池州</u>,守将<u>赵忠</u>被执,遂陷焉。

10　丁丑,<u>元</u>苗帅<u>杨鄂勒哲</u>攻<u>建德</u>,以苗、獠数万,水陆奄至。<u>李文忠</u>将轻兵破其陆军,取所馘首浮巨筏上,水军见之,惧而遁。<u>鄂勒哲</u>复来犯,<u>文忠</u>会<u>邓愈</u>共击,克之,禽其将<u>李副枢</u>。凡前后降溪峒兵三万。【考异】<u>纪事本末平吴</u>卷内,言"<u>张士诚</u>率苗、獠水陆奄至城下"。证之<u>明史李文忠</u>、<u>邓愈</u>传,但言苗兵,不及<u>士诚</u>,<u>士诚</u>传亦无之。且是时<u>士诚</u>与<u>完者</u>不睦,是年八月即谋杀之,不应此时与<u>完者</u>合攻<u>建德</u>也。今仍据<u>明史</u>列传书之。<u>鄂勒哲</u>退屯<u>乌龙岭</u>。逾月,复击败之。

11 是月,陈友谅陷江西之龙兴路。

12 五月,刘福通破汴梁,因迎韩林儿都之。

陈友谅连陷江西瑞州、吉安、抚州诸路,又遣其部将康泰、赵琮、邓克明等分寇福建邵武路。【考异】"赵琮",毕鉴作"邵宗",今据元史本纪。

13 六月,癸酉,李文忠率兵下浦江县。

浦江义门郑氏,举家避兵山谷间,文忠重其累世雍睦,访得之,悉送还家,禁兵士侵犯。

14 甲午,张士诚遣兵寇常熟,廖永安与战于福山港,大破之,追至狼山,获其战舰而还。

15 秋,七月,郭天爵伏诛。

天爵,子兴第三子也。天叙战没,林儿复授天爵为中书右丞。时太祖势日盛,进平章,为吴国公,天爵失职怨望,谋不利于太祖,遂被诛。子兴后遂绝。【考异】事见子兴传,不著年月。毕氏通鉴系之是年七月,盖据徐氏后编本之洪武实录也,今从之。

16 八月,元苗帅左丞杨鄂勒哲被杀。

初,江淮既乱,元兵屡败,议者以为苗兵可用,遂自湖广招至。累破士诚兵于嘉兴、杭州,积功升左丞。然苗性贪残好杀,所过屠戮无遗,郡县苦之。士诚既降,欲以前憾图鄂勒哲。而江浙行省丞相达实特穆尔,亦浸厌鄂勒哲骄横不可制,乃阴定计,月士诚兵围之。鄂勒哲乘城拒战十日,力尽,自经死。士诚自此益无所惮,寻遣兵据杭州、嘉兴,达实拥空名而已。

17 九月,丁酉,杨鄂勒哲部将员成、蒋英、刘震等,率所部诣<u>李文忠</u>降,且言其部下<u>李福</u>等三万余人在<u>桐庐</u>,皆愿效顺。<u>文忠</u>请于<u>太祖</u>,自往抚之。【考异】<u>杨完者</u>被杀,<u>纪事本末</u>系之九月。然丁酉请降,在<u>完者</u>既死之后。证之<u>本纪</u>,是年九月丁酉朔,则<u>完者</u>之死在八月明矣。今从<u>毕鉴</u>。

18　是月,<u>陈友谅</u>陷<u>赣州路</u>,元<u>江西</u>行省参政<u>全普谙萨里</u>旧“谙”作“庵”,“萨”作“撒”。及总管<u>哈纳齐</u>旧作<u>哈海赤</u>。死之。

　　时<u>江西</u>下流诸郡,皆为<u>友谅</u>所据,<u>普谙萨里</u>乃与<u>哈纳齐</u>戮力同守。<u>友谅</u>遣将围其城,使人胁之降,<u>普谙萨里</u>斩其使,环甲登城拒守,凡四月,兵少食尽,遂自刎。<u>哈纳齐</u>守<u>赣</u>尤有功,城陷,语贼将曰:“与汝战者我也,毋杀我民,请速杀我!”遂遇害。

19　冬,十月,进<u>胡大海</u>枢密院判官,令率兵攻<u>兰溪州</u>。

　　<u>大海</u>先至<u>婺州</u>之<u>乡头</u>,禽元万户<u>赵布延布哈</u>,旧作<u>伯颜不花</u>。平其五垒。壬申,进攻<u>兰溪</u>。【考异】<u>后编</u>作“辛未”,今据<u>元史本纪</u>。元兵千人出战,败之,执元廉访使<u>赵秉仁</u>等。分兵守其要害,遂进攻<u>婺州</u>。

20　甲戌,大将军<u>徐达</u>、平章<u>邵荣</u>克<u>宜兴</u>。

　　先是<u>达</u>等攻<u>宜兴</u>,久不下,<u>太祖</u>遣使谓曰:“<u>宜兴</u>城小而坚,猝未易拔。闻其地西通<u>太湖</u>口,<u>张士诚</u>饷道所由出,若以兵断其饷道,彼军士内乏,破之必矣。”乃遣总管<u>丁德兴</u>分兵遏<u>太湖</u>口,而<u>达</u>等并力攻城,遂克之。

　　是役也,同知枢密院事<u>廖永安</u>率舟师从焉。既克<u>宜兴</u>,<u>永安</u>乘胜深入<u>太湖</u>,遇<u>士诚</u>将<u>吕珍</u>,与战不利,舟胶浅失援,遂被执。<u>永安</u>长于水战,所至辄有功,<u>士诚</u>爱其材勇,欲降之,不可,遂被拘留。<u>太祖</u>欲以所获将士三千人易永安,士诚以土德故,不从。

　　永安被囚凡八年,卒于平江。太祖遥授行省平江政事,封楚国公。后吴平丧归,太祖迎祭于郊。既定天下,追赠赐谥,复官其从子昇为指挥佥事。

21　以杨国兴为右翼元帅,令守宜兴。

　　国兴劳来安集,民多归之。遂城宜兴,三月,完之。士诚水陆来寇,辄为国兴所败,逡巡遁去。

22　十一月,辛丑,立管领民兵万户府。

　　谕行中书省臣曰:"古者寓兵于农,有事则战,无事则耕,暇则讲武。今兵争之际,在因时制宜。所定郡县,民间武勇之材,宜精加简拔,编缉为伍,立民兵万户府领之。俾农时则耕,闲则练习,有事则用之。事平,有功者一体升擢,无功者还复为民。如此,则民无坐食之弊,国无不练之兵,以战则胜,以守则固,庶几得寓兵于农之意。"

23　胡大海攻婺州,久不克。甲子,太祖命徐达还应天,与李善长居守,自率马步水军元帅常遇春及亲军都指挥使杨璟兵凡十万,往征之,由宁国道徽州。

　　召儒士唐仲实,问:"汉高帝、光武、唐太宗、宋太祖、元世祖平一天下,其道何由?"对曰:"此数君者,皆以不嗜杀人,故能定天下于一。今公英明神武,驱除祸乱,未尝妄杀。然以今日观之,民虽得所归而未遂生息。"太祖曰:"君言是也。我积小而费多,取给于民,甚非得已,恒思所以休息之,曷尝忘也!"

　　又闻前学士休宁朱升名,邓愈复荐焉。召问之,对曰:

"高筑墙,广积粮,缓称王。"太祖悦,命参帷幄。

24　是月,陈友谅陷福建之汀州路。

25　十二月,太祖师至兰溪。

　　有和州人王宗显,避乱,寓居严州,胡大海荐其学行,召见之。太祖悦,曰:"此吾乡人也。"令其先往婺州觇敌。宗显至近城五里,有旧识吴世杰,语以城中守将不相能状,还报,太祖悦,曰:"吾得婺州,当以汝为知府。"

　　是时元行枢密院判官舒穆噜宜逊,旧作石抹宜孙。分治处州,其母及弟厚逊旧作厚孙。皆在婺,闻大军至兰溪,宜逊泣曰:"义莫重于君亲。食禄而不事其事,是无君也,母在难而不赴,是无亲也。无君无亲,尚可立天地哉!"时方与参谋胡深、章溢等造师子战车数百两,遣深率以行,而自率精锐万余出缙云以应之。

　　深至松溪,太祖语诸将曰:"松溪山多地狭,车不可行。若以精兵要之于厄,可立破也。援兵破,则城可计日下矣。"翼日,遣胡德济诱深兵于梅花门外,纵击,大败之。——德济,大海之养子也。深闻败遁去,城中势益孤。

　　甲申,克婺州,元浙东廉访使杨惠、达噜噶齐僧珠旧作僧住。死之,禽元将特穆尔赉斯旧作帖木儿烈思。及舒穆噜厚逊等。既入城,首下令禁戢军士剽掠,民皆安堵。

　　改婺州路曰宁越府。寻复改曰金华府。

26　丙戌,置中书分省于婺州。【考异】明史本纪不载置中书分省事,毕鉴据后编书之,纪事本末同。按汤潜庵史稿本纪,书"丙戌置中书分省"。丙戌为克婺州之第三日,置省当在是时,今据之。

　　召郡儒士许元、叶瓒玉、胡翰、汪仲山、李公常、金信、徐孽、童冀、戴良、吴履、孙履、张起敬及兰溪吴沈凡十三人，皆会食省中。日令二人进讲，敷陈治道。已，又闻金华范祖幹、叶仪名，召之至。祖幹持大学以进，令剖陈其义，太祖称善，与仪并授咨议。寻置官属，以宗显知宁越府，王兴宗为金华知县。——兴宗，故隶人，从太祖久，以其勤廉能断，擢用之。

又命宗显开郡学，辟叶仪及金华宋濂为五经师，浦江戴良为学正，兰溪徐源及吴沈为训导。自兵兴，学校久废，至是始闻弦诵声，无不欣悦。【考异】据明史本纪"辟范祖幹、叶仪、许元等十三人"，证之文苑戴良传，言"命良与胡翰等十二人"，是连良数之，正十三人也。又证之吴沈传，言"召沈及同郡许元等十三人"，（名皆见上。）有戴良、胡翰在内，而无范祖幹、叶仪之名。考二传之文，详略不同，而所谓"十三人"者，堪以互证。若如本纪增入范祖幹、叶仪，则岂非十五人乎？意范、叶二人，或召在先，或召在后，抑或二人已授咨议，不入分讲之列，皆未可知。今十三人之名，皆据沈传备书之，而别叙范祖幹、叶仪二人于下。

方太祖之下婺也，先一日，城中人望见城西有五色云如车盖，以为异，后知为太祖驻师地，民望益归之。至是太祖入城，首发仓粟振贫民，下令禁酒。选宁越七县富民子弟充宿卫，号"御中军"。有女子曾氏，自言能通天文，诳说灾异惑众，太祖以为乱民，命戮于市。于是民皆悦服。

27　戊子，太祖遣典签刘辰招谕方国珍。

时国珍据庆元、温、台等路，太祖既克婺州，谋规取浙东郡县，乃遣辰往，谕以祸福，令纳地请降。辰至庆元，国珍使人饰二姬以进，辰叱而却之。【考异】据明史方国珍传，太祖遣主簿蔡元刚招谕国珍，不言刘辰，而证之辰传，则记其奉使至庆元及叱却进姬之事。意当日遣使,有正有副,不止辰一人,而诸书所记,又有陈显道者,今据辰传。又,毕氏通鉴亦作"刘辰",盖据辰所撰国初事迹云云,故诸书皆据之。

明通鉴前编卷二

江西永宁知县当涂 夏 燮 编辑

前纪二 起屠维大渊献（己亥），尽昭阳单阏（癸卯），凡五年。
太祖

1　春，正月，乙巳，太祖既克婺州，将以次徇浙东未下诸路，集诸将谕之曰："克敌以武，戡乱以仁。吾比入集庆，秋毫无犯，故一举而定。今新克婺州，正宜抚绥，使民乐于乡附，则彼未下诸路，亦必闻风而归。吾每闻诸将下一城，得一郡，不妄杀人，辄喜不自胜。盖为将者能以不杀为武，岂惟国家之利，即子孙实受其福。"

2　乙卯，方国珍遣使奉书于太祖。

方刘辰之至庆元也，国珍与其下谋曰："方今元运将终，豪杰并起。惟江右号令严明，所向无敌，今又东下婺州恐不能与抗。况今与我为敌者，西有吴，南有闽，莫若姑示顺从，借为声援，以观其变。"于是遣使随辰来，进黄金五十斤，白金一百斤，文绮百匹，太祖复遣镇抚孙养浩报

前编卷二 前纪二 太祖 元至正十九年（一三五九）

39

之。【考异】诸书记国珍奉金币及献地遣子为质,并系之三月丁巳,毕鉴则正月遣使,三月遣子,分为两次。证之明史国珍传,遣子为质,在孙养浩报书之后,是前次遣使随辰来,后次遣子随养浩来,灼然为二事也。今从毕氏分书之。〇诸书所记国珍语,皆云"西有张士诚,南有陈友定。"按友定是时在闽,不过一总管耳,至正二十一年,破陈友谅将邓克明于汀州,始迁左丞,又三年始受平章,开省延平,此时安得便与国珍为敌!故明史国珍传别据他史,改云"西有吴,南有闽。"西指士诚,南指友谅。盖友谅在江西,去国珍尚远,迨十八年遣人入闽,破汀州,逾年陷杉关,攻邵武、延平诸郡,则逼近浙东。国珍所谓与我为敌者,乃正指友谅,野史讹"谅"为"定"耳,今从国珍传。

3 庚申,枢院胡大海攻诸暨州,守将先期宵遁。万户沈胜以城降,既而复叛,大海击败之,生禽四千余人。

改诸暨曰诸全州。【考异】元史顺帝纪,系大明攻诸暨州于甲午之下,辛丑之前。明史太祖纪作"庚申"。按是年正月甲午朔,庚申二十七日也。诸书皆作"庚申",今从之。

4 是月,乐平儒士许瑗谒太祖于婺州。

瑗以元末两举于乡,皆第一,会试不第,至是见太祖曰:"方今元祚垂尽,四方鼎沸,足下欲扫平僭乱,安定黎民,非延揽英雄,难以成功。"太祖曰:"予用英雄,有如饥渴,方广揽群策,救民涂炭,共成康济之功。"瑗曰:"如此,天下不难定也。"太祖喜,留参军事。已,复授瑗为太平知府。

时又有诸暨人王冕者,辟地隐九里山,尝仿周官著书一卷,曰:"持此遇明主,伊、吕事业不难致也。"太祖下婺州,物色得之,置幕府,授谘议参军。冕自谓得行其志,未几,病卒。

5 二月,甲子朔,张士诚大举兵入寇江阴,艨艟蔽江而下。枢院判官吴良与其弟祯谋曰:"彼众我寡,宜分道设奇以御之。"时士诚将苏同金方驻君山,指麾进兵,良令祯出北门迎战,潜遣元帅王子明率壮士驰出南门夹击,大破之,禽其将士五百人,杀溺死者甚众,敌遂宵遁。

6 癸酉,平章邵荣攻湖州,士诚将李伯昇敛兵退守,攻之,不克,乃还屯临安。伯昇复来攻。荣设伏败之。

7 三月,甲午,赦大逆以下。

8 丁巳,方国珍遣郎中张本仁以温、台、庆元三路来献,且以其次子关为质。太祖曰:"古者虑人不从,则为盟誓,盟誓不信,易而为质子。此衰世之事,吾岂蹈之!夫质以释疑,不疑何质!"乃厚赐关而遣之。然国珍方觇士诚胜负,仍阴持两端不决。

9 是月,陈友谅由信州略衢州,复遣其将赵普胜寇宁国太平县,总管胡惟贤遣万户陈允、义士汪炳等击败之,获其粮万余石。普胜复寇青阳、石埭等县,金院张德胜与战于栅江口,破走之。

10 陈友谅将赵普胜既陷池州,遣别将守城,而自据枞阳水寨。时太祖方经略浙东,虑其乘下游之势以窥太平、应天,命徐达会院判俞通海舟师亟攻之,遂大破普胜栅江营。普胜弃舟陆走。

夏,四月,癸酉,达等遂复池州,禽伪将洪钧等,尽获其巨舰艨艟。太祖闻之,大喜,进达奉国上将军、同知枢密院事,通海金枢密院事,令乘胜亟攻安庆。

11 是月,张士诚遣兵寇常州,汤和击败之。寻士诚复攻建德,驻兵<u>大浪滩</u>,<u>李文忠</u>遣部将<u>何世明</u>率精锐出<u>乌龙岭</u>,循<u>屯口</u>而上,击破之。<u>士诚</u>复遣兵屯<u>分水岭</u>以窥<u>建德</u>,<u>世明</u>复击走之,斩首五百余级。

12 <u>胡大海</u>既克<u>诸全</u>,<u>太祖</u>令移兵攻<u>绍兴</u>,不下。

亲军都指挥<u>冯国用</u>卒于军,时年三十六。<u>太祖</u>哭之恸,归其丧。既定天下,追赠<u>郢国公</u>,赐谥。【考异】据<u>纪事本末</u>,系此事于三月之末,言"<u>太祖</u>自将取<u>绍兴</u>,以<u>冯国用</u>守之,<u>国用</u>卒于军,<u>士诚</u>复遣兵陷<u>绍兴</u>"。按<u>太祖</u>亲征<u>绍兴</u>,<u>本纪</u>不载,证之<u>冯国用传</u>,但言"攻<u>绍兴</u>,卒于军",既不言取<u>绍兴</u>,亦无从<u>太祖</u>往征之语。又证之<u>士诚传</u>,言"<u>士诚</u>数以兵攻<u>常州</u>、<u>江阴</u>、<u>建德</u>、<u>长兴</u>、<u>诸全</u>,辄不利去。而<u>太祖</u>遣<u>邵荣</u>攻<u>湖州</u>,<u>胡大海</u>攻<u>绍兴</u>,<u>常遇春</u>攻<u>杭州</u>,亦皆不能下"。据此,则攻<u>绍兴</u>既未下,而所遣之将为<u>胡大海</u>,<u>太祖</u>未尝亲征也。<u>大海传</u>亦但言其"自<u>诸全</u>移兵攻<u>绍兴</u>,再破<u>士诚</u>兵",亦不言其取<u>绍兴</u>也。又证以是年五月<u>太祖</u>召<u>大海</u>守<u>宁越</u>,谕以<u>绍兴</u>为<u>士诚</u>将<u>吕珍</u>所据,是<u>绍兴</u>彼时并未下,非既下而复陷也。<u>毕氏通鉴</u>系之四月,但叙<u>大海</u>再破<u>士诚</u>兵,不言其下,而<u>国用</u>卒于军中,正在是时,<u>毕氏</u>亦遗之。今据<u>国用传</u>增入,而删去"<u>太祖</u>亲征"语。

13 五月,辛亥,<u>太祖</u>将还<u>应天</u>,召<u>胡大海</u>于<u>绍兴</u>。既至,谕之曰:"<u>宁越</u>为<u>浙东</u>重地,必得其人守之。吾以尔为才,故特命之,其<u>衢</u>、<u>处</u>、<u>绍兴</u>进取之宜,悉以付尔。<u>宋巴延布哈</u>旧作<u>伯颜不花</u>。在<u>衢</u>,其人多智略;<u>舒穆噜伊逊</u>守<u>处州</u>,善用士;<u>绍兴</u>为<u>士诚</u>将<u>吕珍</u>所据。数郡密迩<u>宁越</u>,宜与<u>常遇春</u>同心协力,伺间取之。此三人皆劲敌,未可轻也。"仍命左司员外<u>侯原善</u>、都事<u>王恺</u>、管勾<u>栾凤</u>综理钱粮军务事。未几,有导<u>大海</u>再攻<u>绍兴</u>,请为内应者,<u>太祖</u>知其诈,命法司拷问,则<u>士诚</u>间也,遂并其家属诛之。

14 六月,壬戌朔,<u>太祖</u>还<u>应天</u>。

15　甲子，张士诚将吕珍围诸全，大海自宁越率兵援之。珍堰水灌城，大海夺堰，反以灌珍。珍势蹙，乃于马上折箭誓解兵，大海许之。都事王恺曰："贼狡猾难信，不如因而击之。"大海曰："彼果来，吾有以待之。且言出而背之，不信；既纵而击之，不武。"遂引兵还。

16　陈友谅之弟友德率兵围信州。元江东廉访使巴延布哈德克津_{旧作伯颜不花的斤}。自衢引兵来援，与镇南王子大圣努、_{旧"努"作"奴"}。枢密判官席闰、参谋该里丹_{旧作海鲁丁}。等共入城守，凡六阅月。粮尽，军民唯食草苗茶纸，既尽，括靴底煮食之；又尽，则罗掘鼠雀及杀老弱以食，然犹出兵屡却贼。

是月，伪将王奉国来攻城，昼夜不息者逾旬，德克津登城麾兵拒之。已而士卒力疲不能支，万户顾马儿以城叛，城遂陷。

闰出降，大圣努、该里丹皆死之。德克津力战不胜，遂自刎。部将蔡诚，尽杀妻子，与蒋广奋力巷战，诚遇害。广为奉国所执，爱其勇，欲降之，广曰："我宁为忠死，不为降生。汝等一草中盗耳，吾岂屈汝乎！"奉国怒，磔广于竿，广大骂而绝。义兵陈受，亦被禽不屈，贼焚之。

初，德克津之赴援也，自念天子司宪，不忍坐视信州危急，所不忍者有太夫人在。即入拜其母鲜于氏曰："儿今不得事母矣。"母曰："尔为忠臣，吾即死何憾！"德克津乃命其子额森布哈_{旧作也先伯花}。奉其母间道入闽，以江东廉访使印送行御史台，遂力守孤城而死。事闻，元赠官，谥曰桓毅。

17 秋,七月,故濠党赵均用被杀。

初,均用与彭大之子早住,既陷盱眙、泗州,遂自泗州寇淮安,陷之。以至正十七年据淮,均用称永义王,早住称鲁淮王。未几,均用失淮,奔山东。会刘福通之党毛贵,连陷山东诸路,据益都,声势大振,均用往依之。既而互相猜忌,均用遂袭杀贵,据益都,欲并其众。贵党续继祖闻之,自辽阳入益都,遂杀均用,由是其党互相仇敌。彭早住不知其所终。【考异】彭早住为彭大之子,毕氏据实录辩证之说是也。然彭、赵称王,则在十三年濠围既解之后,未几大死,早住代之,然无名号也。据元史顺帝纪,则称永义、称鲁淮者,乃在十七年踞淮安时,毕氏遂移之十四年,似彭大在时未尝称王,而称王实始于早住,与元、明二史皆不合,今不从。余详前卷考异中。

18 八月,庚午,命朱文逊、秦友谅攻无为州,陷之。——文逊,太祖义子也。

19 是月,元陕西行省左丞察罕特穆尔旧作帖木儿。率兵攻汴梁,复之。

察罕系出北庭,其祖父徙河南,为颍州沈丘人,居平慨然有大志。及汝、颍兵起,奋义起师,沈丘子弟愿从者数百人,与信阳州罗山人李思齐,同设奇计袭破罗山县。事闻,元授察罕为汝宁府达噜噶齐,知府事,于是集义兵得万人,自成一军,数讨贼有功。十七年,以援陕西报捷,行台御史王思诚言于朝,请令察罕专守关、陕,仍许便宜行事,从之,于是授陕西行省左丞,并以思齐为四川左丞。

至是谋复汴梁,率归、亳、陈、蔡之师,水陆并下,又大发秦、晋兵会汴城下,围之三月。侦知汴梁城中食且尽,乃与诸将分门而攻。夜,率将士鼓勇登城,斩关而入,遂拔之。刘福通奉韩林儿从数百骑出东门遁走,退保安丰。不旬日,河南悉定,献捷元京。以功拜河南行省平章政事,兼知河南行枢密院事,陕西行台御史中丞,仍便宜行事。诏告天下。

　　察罕乃以兵分镇关、陕、荆、襄、河、洛、江、淮,而重兵屯太行,营垒旌旗,相望数千里,于是遂谋大举以复山东。

　　20 九月,癸巳,奉国上将军徐达、佥院张德胜等克潜山。

　　达等既克无为州,遂自州登陆,夜,至浮山寨,败赵普胜别将于青山,追至潜山。友谅遣参政郭泰渡沙河逆战,德胜复大破之,斩泰,遂拔潜山,命将守之。

　　21 乙未,陈友谅杀其将赵普胜。

　　先是普胜据安庆,诸将攻之,不克。佥院俞廷玉卒于军中。诸将患之,太祖曰:"普胜勇而寡谋,友谅骄而忮功,若用间以离之,一夫之力耳。"

　　时普胜有门客,数为普胜画策,见亲任,乃使人阳与客交而阴间之。又致书与客,故误达普胜,客见疑,不自安,遂来归,尽得普胜阴事,乃重以金币啖客,潜往友谅所间普胜。普胜不知,见友谅使者,辄自言其功,悻悻有德色,友谅遂忌之。至是愤潜山之败,疑普胜贰于己,乃诈以会师为期,自江州猝至。普胜不虞见图,且烧羊出迎于雁汊。甫登舟,友谅遂执而杀之,并其军。

　　22 丁未,同佥枢密院常遇春克衢州。

先是遇春攻衢，建奉天旗，树栅围其六门，造吕公车、仙人桥、长木梯、懒龙爪，拥至城下，高与城齐，欲乘之以登，又穴地攻其大西门。元守将宋巴延布哈等悉力捍御，以束苇灌油烧吕公车，架千斤秤钩懒龙爪，用长斧斫木梯，筑夹城以防穴道。遇春攻之凡两月余，不能克。至是以奇兵掩其不意，突入南门瓮城，毁其战具，城中遂慑。院判张斌度不能守，潜出小西门迎降，宋巴延布哈不知，尚督兵拒战。俄而城中火起，我师入城，众遂溃。总管马浩赴水死，宋巴延布哈被执。【考异】马浩死，见明史陈友定传。毕氏通鉴"马浩"作"冯浩"。

改衢州路曰龙游府，寻改曰衢州府。进遇春金枢密院，以王恺为衢州总制。

23 是月，张士诚复遣兵寇常州，汤和遣统军元帅吴复督兵出忠节门奋击，大败之。院判吴良复遣万户聂贵、蔡显率众出间道，歼其援兵于无锡之三山，守将莫天祐遁去。【考异】毕氏通鉴系之十月，今据纪事本末。又，是时攻常州，非江阴也，证之明史吴复、吴良传皆同。毕鉴作"江阴"，今不从。

24 冬，十月，太祖遣浙东分省博士夏煜授方国珍福建行省平章，其弟国瑛参政，国珉枢密分院金事，各给符印，仍以所部兵马城守，俟命征讨。

煜既至，国珍欲不受，业已降；欲受之，恐见制；乃诈称疾，自言"老不任职"，唯受平章印诰而已。

是时元亦以国珍为江浙行省平章政事，征海运粮于张士诚，令国珍治运岁漕十万石于京师。【考异】据明史本纪系之十月。毕鉴作"九月甲寅"，盖据煜奉使月日也。

25 十一月,金院胡大海,与枢判耿再成合兵攻处州。

初,再成从太祖取婺州,为前锋,太祖命屯兵于缙云之黄龙山以遏敌冲,谋取处也。黄龙四面陡绝,再成树栅其上。元处州守将舒穆噜尹逊遣兵分据要害,而令元帅胡深守龙泉以拒我师,时将二皆怠弛,无斗志。会大海出军抵樊岭,再成与之合,连拔桃花岭、葛渡二寨,进薄城下。伊逊战败,弃城走,将士皆溃（败）〔散〕。壬寅,遂克处州。

大海分兵略定诸县,遣使谕深曰:"吾王天授也。士之欲立功名者,不以此时自附,将谁与戮力！且去年尔战则败,今年我不战而胜,天意亦可见矣。"深然之,遂以龙泉、庆元、松阳、遂昌四县先降,余相继下之。以再成统兵镇守句容,孙炎为总制。太祖素知深名,召见,授左司员外郎,遣还处州,招集部曲以俟征讨。

26 戊申,陈友谅遣兵陷福建之杉关。

27 十二月,甲子,张士诚以分水之败,复遣其将据新城、三溪结寨,数出寇掠,李文忠遣元帅何世明击之,斩其将陆元帅、花将军等,焚其垒。自是士诚不敢窥严、婺。

28 初,陈友谅破龙兴,徐寿辉欲徙都之,友谅恐其来不利于己,遣人尼其行。至是友谅据江州,寿辉遂引兵发汉阳,次州城下。友谅阳遣使出迎,而阴伏兵于城西门外,寿辉既入,门闭,尽杀其部属。居寿辉于江州,自称汉王,置官属。自是事权一归友谅,寿辉拥虚位而已。

29 是岁,陈友谅遣兵入闽,寇邵武、汀州,元总管陈友定御之,战于黄土寨,尽虏其部众,伪将邓克明遁去。

友定，一名有定，福清人。至正十二年，盗起海上，汀州判蔡公安募人击之。友定时以明溪驿卒，好谈军事，公安奇之，授为黄土寨巡检，从讨延平、邵武诸山寇，平之，积功擢为清流县尹。为人沉勇，喜游侠，众惮服之。至是行省授为总管，以御寇功奏闻，友定名始著云。

二十年（庚子、一三六〇）

1 春，正月，己亥，夏煜自庆元还应天，言方国珍奸诈状，非兵威无以服之，太祖曰："吾方致力姑苏，未暇与校。"乃遣都事杨宪、傅仲章复往谕之曰："吾始以汝豪杰识时务，故命汝专制一方。汝顾中怀叵测，欲觇我虚实，则遣侍子；欲却我官爵，则称老病。夫智者转败为功，贤者因祸成福，及今能涤心改过，则三郡之地庶几可保，其审图之！"国珍得书，不省。

2 是月，以冯国胜为帐前都指挥使，典亲军。

先是国用卒，子诚幼，而国胜先已积功为元帅，太祖乃命袭其兄职。国胜后更名宗异，最后始以胜名。

3 二月庚申，元福建行省参政袁天禄以福宁归附，请降。

时友谅兵入杉关，群盗窃发，闽中大扰。天禄见国势不振，闻太祖师下浙东，方国珍降，乃遣古田县尹林文广以书纳款，而福清州同知张希伯亦遣人请降。太祖皆纳之，赐书褒谕。【考异】福宁请降，明史本纪系之正月，无日，明史稿系之二月，亦无日。惟潜庵史稿书"二月庚申"，与纪事本末平闽条下合。按是月戊午朔，庚申为二月初三日，是明史本纪据其遣人纳款之月，亦无不合。惟汤氏兼具日分，毕鉴同，今从之。

4　三月，戊子朔，征刘基、宋濂、章溢、叶琛至建康。——溢，龙泉人；琛，丽水人。

　　先是太祖下婺州，召见濂，而是时基、溢、琛尚在处州元舒穆噜伊逊幕中，故太祖谓"伊逊善用士"。及胡大海克处州，基已先弃官归，而溢与琛自伊逊败后，避入建宁，大海乃并濂荐之。时郎中陶安亦屡为太祖道四人之贤，太祖因遣使以书币征之。孙炎方总制括苍，承命招基，使者再往返，不起。寻以宝剑赠炎，炎作诗贻基，谓"剑当献之天子，斩不顺命者，我人臣，岂敢私受！"封还之。卒为基开陈天命，而安赠基及濂劝驾之诗踵至，于是与溢等同至京师。

　　至是太祖召见，喜，赐坐，劳之曰："我为天下屈四先生。"因问："今天下纷争，何时定乎？"溢对曰："天道无常，惟德是辅，惟不嗜杀人者能一之。"太祖称善。基陈时务十八策，悉嘉纳焉。

　　濂长基一岁，皆起东南，负重名。基雄迈有奇气，而濂自命儒者，以文学受知，皆备顾问，太祖为筑礼贤馆处之。

　　一日，从容问安曰："此四人者，于汝何如？"对曰："臣谋略不如基，学问不如濂，治民之才不如溢、琛。"太祖多其能让云。【考异】伯兄戣甫撰陶学士年谱，证以集中有送孙伯融赴括苍诗，又有寄刘伯温宋景濂二公诗，中有"东山好慰苍生望，南国邦容皓发安"之语，以其时考之，则至正十九年太祖征基等四人，而先生为之劝驾也。又，二十年，四人既至，集中有喜伯温景濂辈至诗，有"撼才要济邦家用，为治当调鼎鼐和"及"当朝辅佐侔伊、吕，汗简芳名耿不磨"之语，盖以命世期之也。当太祖起兵之初，中原未定，刘、宋诸老佚处浙东，隐而不出，先生远道贻诗，殷殷趣驾，其后云集帝都，卒成王业，史以征聘属之孙炎，推荐归之李善长，而不知先生启蛰之功尤不可没。予谓太祖得此四人,独以问安,则安与此四人相知之深,其数称道于太祖之前可知也。集中所载,皆当日之实录,今据增之。若孙炎封还赠剑之事,据明史炎传,又逊志斋集孙伯融传同。

时李文忠亦荐诸儒许元、王天锡及义乌王祎,元即婺州所召十三人中之一也,并见征用,置之馆中。而祎以文章名世,太祖雅爱重之。【考异】"王天锡",皇明通纪、纪事本末皆作"黄天锡",今据明史王祎传。

5 是月,召常遇春于杭州。

遇春之出师也,太祖戒之曰:"克敌在勇,全胜在谋。昔关侯号万人敌,为吕蒙所破,为无谋也。尔宜深戒之!"及攻杭州,战不利,故召还,仍命从徐达攻安庆。

6 夏,五月,丁亥,徐达、常遇春等败陈友谅于池州。

赵普胜之死也,枞杨水寨不能守,达等遂拔之。友谅盛兵来援,声言出安庆,遇春策其必攻池州,乃与达谋,伏锐兵于九华山下,而以羸弱守城。明日,友谅兵果至,直造城下,锋锐不可当。须臾,城上扬旗鸣鼓,伏兵悉起,缘山而出,循江而下,绝其归路,城中出兵夹击,大破之,斩首万余级,生禽三千人。

遇春曰:"此劲旅,不杀,将为后患。"达不可,以状闻,而遇春辄以夜掩杀过半。太祖令使者亟还,谕勿纵杀,绝归附心。使者返,仅存三百人,太祖闻之,不怿,乃命达尽护诸将兵,禁妄杀者。【考异】纪事本末作"四月",今据明史本纪。其日分据潜庵史稿。

7 是月,陈友谅挟徐寿辉东下,攻太平。守将行枢密院判花云率麾下三千人结阵迎战,元帅朱文逊力战,死之。

友谅攻城三日，不能拔，乃引舟师薄城西南，士卒缘舟尾攀堞而登，闰月丙辰朔，陷之。

贼缚云，云奋身大呼，缚尽裂，起夺守者刀，杀五六人，骂曰："贼奴！尔缚吾，吾主行至，斫尔为脍也！"贼怒，碎其首，缚云于舟樯，丛射之，云至死骂贼不绝口。院判王鼎，知府许瑗，俱被执不屈死。

云自濠州隶麾下，每战辄立奇功，因命宿卫，常在左右。至是以太平为建康上游重地，命云守之，遂死于难，年三十九。

方云之与贼战也，势急，其妻郜氏祭家庙，挈三岁儿泣语家人曰："城破，吾夫必死，吾义不独生。然不可使花氏无后，若等善抚之！"云被执，郜赴水死。侍儿孙氏，瘗毕抱儿行，被掠至九江。孙夜投渔家，脱簪珥，属养之。及汉兵败，孙复窃儿走。渡江，遇溃军夺舟弃江中，浮断木入苇洲，采莲实哺儿，七日不死。夜半，有老父自称雷老，挈之行。逾年，达太祖军中，孙抱儿拜泣，太祖亦泣，置儿膝上，曰："将种也。"命赐雷老衣，忽不见。

太祖赐儿名炜，及长，累官水军卫指挥佥事。追封云东丘郡侯，瑗高阳郡侯，鼎太原郡侯，立忠臣祠，并祀之。炜传五世，请于朝，追赠郜贞烈夫人，孙安人，立祠致祭。

【考异】据明史本纪，"闰五月丙辰"，花云传亦云"闰五月"。三编、辑览皆系之五月。据友谅攻太平之月分，牵连并记。盖以五月攻，闰月陷也。丙辰为闰五月之朔日，证之云传，友谅攻城三日不得下，则来攻在五月明矣。今分别书之。

8　戊午，陈友谅弑其主徐寿辉而自立。

友谅既陷太平,亟谋僭伪号,乃进驻采石矶,遣部将佯白事寿辉前,乘间持铁挝击杀之。遂以采石五通庙为行殿,称皇帝,改元大义。以邹普胜为太师,张必先为丞相,张定边为太尉。会大风雨,群臣班沙岸称贺,不能成礼。方遣使约张士诚同入寇,士诚以连败,龌龊不敢应。于是友谅欲乘胜攻应天,江东大震。

初,刘基见太祖,留参军事,从容问征取计,基对曰:"士诚自守虏,不足虑。今友谅方劫主胁下,据我上游,宜先图之。陈氏既灭,张氏亦孤,一举可定。然后北向中原,王业可成也。"太祖大悦曰:"先生有至计,勿惜尽言!"

会友谅将东下,诸将献计者,或议降,或议奔据钟山,基独张目不言。太祖召入内问计,基对曰:"主降及奔者可斩也!"太祖曰:"先生计安出?"对曰:"贼骄矣,待其深入,伏兵邀取之,易耳。且天道后举者胜,以逸待劳,何患不克!取威制胜以成王业,在此举矣。"太祖意益决。

时诸将议先复太平,太祖曰:"不可。彼居上游,舟师十倍,我猝难复也。"或请太祖自将迎击,太祖曰:"不可。彼以偏师缀我,而全军趋金陵,半日可达,吾步骑急难引还。百里趋战,兵法所忌,非策也。"

乃驰谕胡大海以兵捣信州牵其后,而密召指挥康茂才语之曰:"汝与友谅雅游,吾欲以计速之来,非汝不可。可亟作书遣使约降为内应,且给以虚实,使分兵三道以弱其势。"茂才应声曰:"诺。"时参政李善长在侧,曰:"今方忧寇来,何为诱致之?"太祖曰:"迟则二寇将合,为害益大,何以支！今先破此贼，则东寇胆落矣。"善长称善。

友谅得茂才书，大喜，问使者曰："康公安在？"曰："守江东桥。"问："桥何如？"曰："木桥。"乃与酒食，遣之还，令归语茂才，"至则呼老康为验。"太祖闻使者归，喜曰："贼入吾彀中矣！"乃命善长亟撤江东桥，易以铁石。

友谅果引兵东。于是常遇春率帐前五翼军三万人，伏石灰山侧，徐达陈兵南门外，杨璟屯兵大胜港，张德胜等以舟师出龙江关，太祖亲督军卢龙山以待。

乙丑，友谅率舟师泊大胜港，杨璟整兵御之。港狭，仅容三舟入，友谅令引退，直出大江，径趋江东桥，见桥皆石甃，知已受绐，乃连呼老康，无应者。亟率舟师趋龙江，先遣万人登岸立栅，势甚锐。时太祖预戒山上："左右各偃赤帜、黄帜一，约以寇至举赤帜，兵交则举黄帜。伏兵见黄帜即起，诸军应之。"会烈日，张盖督兵。友谅至龙湾，众欲战。太祖曰："天且雨，诸军辄食，会当乘雨击之。"须臾，果大雨。雨少止，赤帜举，士卒竞进拔其栅。友谅方麾众争栅，太祖命发鼓举黄帜，遇春等伏兵起，徐达兵亦至。于是水军张德胜、朱虎等率舟师毕集，内外夹击，汉兵大溃。其乘舟遁者，值潮落舟胶，杀溺死者无算，生禽七千余人，获巨舰百余艘，战船数百。

友谅乘别舸脱走，院判张德胜以舟师追至慈湖，焚其舟。又追之采石，友谅复麾兵迎战，德胜陷阵，死之。指挥廖永忠、冯国胜等大呼而入，右副元帅华云龙捣其中坚。奇兵元帅王铭突阵入，被敌兵攒搠，伤其颊，铭三出三入，杀伤过当,遂大败之。友谅遁还江州。

徐达乘胜攻太平,守太平者闻友谅败,皆无固志,遂复之。【考异】据元史顺帝纪,友谅弑伪主徐寿辉于太平路,在五月丁亥朔之下,又云,"已而回驻于江州。"按明史本纪,陷太平在闰五月丙辰,弑寿辉无日。潜庵史稿作"戊午",是陷太平之第三日也。又,龙湾之败,明史及史稿皆作"乙丑",去戊午仅七日。是月丙辰朔,乙丑初十日也。元史误以为前五月,因有"回驻江州"之语。若龙飞纪略、纪事本末等书皆作"闰五月丙辰陷太平"。而其下叙采石僭号之后,率众还江州,又自江州引兵东下,此误也。戊午尚在采石,乙丑便败,若还至江州,然后东下,安得有往返七日,神速如此!况还江州系上溯之程,又值南风司令,必不然也。盖友谅在采石时,初意欲约张士诚入寇,及得康茂才书,则以速趋金陵为得计,而太祖遣茂才绐之,亦正恐其久则与士诚合而欲其速来,故其败不过数日间。证之明史纪传,并无"回至江州"之语,则野史仍沿元史顺帝本纪之误也,今不取。○复太平,取安庆,皆在大破友谅之后。潜庵史稿以为"乘胜"者是也。纪事本末系复太平于辛酉,辛酉去戊午仅三日,正友谅在采石谋东下之时,故是时诸将有先复太平之议,而太祖以为不可,此可见矣。今从史稿、明史,系于闰月乙丑之后。

9 丁卯,置儒学提举司,以宋濂为提举,太祖命长子标从受经学。

10 戊寅,胡大海克信州路。

先是大海奉命捣信州,遣元帅葛俊往,道过衢州,总制王恺亟止之,至金华,谓大海曰:"广信为友谅门户,彼既倾国入寇,宁不以重兵为守!非大将统全军临之不可。"大海然之,乃亲率兵攻信州。至灵溪,城中步骑数千出迎战,大海击败之。督兵攻城,守者不能支,众溃,遂克之。【考异】纪事本末系之六月戊寅。按戊寅乃闰五月二十三日,六月无戊寅也。盖据元史顺帝纪,而纪中本无日。今从毕鉴。

改信州曰广信府。

11　六月辛亥,筑太平城。

　　初,太平城西南俯瞰姑溪,故为陈友谅舟师所陷,至是常遇春移筑,去姑溪二十余步,增置楼堞,守御遂完。

12　壬子,元舒穆噜伊逊攻庆元,不克,死之。

　　初,伊逊既失处州,以数十骑出走,至建宁,欲图恢复,而所至人心已散,知事不可为,叹曰:"处州,吾守地也。今势穷无所往,不如仍还处州,死亦为处州鬼耳!"遂以兵攻庆元,耿再成击败之。伊逊众溃,走竹口,欲还福建,道经桃花坑,为乡兵所邀击,伊逊力战死。

　　总制孙炎以闻,太祖嘉其尽忠死事,遣使祭之。【考异】明史,伊逊败死系之六月无日。今据潜庵史稿。

13　是月,诸军追友谅至池州,遂克安庆。

　　先是有赵普胜部将张志雄者,率兵从友谅东下,颇以普胜故怏怏,及龙湾之败,遽率众来降,因献取安庆之策,遂克之。太祖命佥院赵仲中守之。【考异】据明史赵庸传,仲中,即庸之兄也。明年,张定边复陷安庆,仲中弃城奔还,太祖斩之。纪事本末作"伯仲"。惟毕氏通鉴作"余元帅",皇明通纪作"俞伯仲",俟考。

14　秋,七月,乙丑,浮梁守将于光降。

　　光,徐寿辉旧将也,闻友谅弑寿辉,寻败,遂率众击走汉将,取饶州,遣使降于邓愈。愈遂移镇饶州。

15　九月,戊寅,徐寿辉将欧普祥降。

　　普祥守袁州。友谅弑寿辉,征兵于普祥,普祥遂叛,乃以袁州来降。友谅遣其弟友仁攻之,普祥击败其众,遂禽友仁。友谅惧,与之约和,始释友仁归。

16　是月,张士诚遣其将吕珍、徐义等率舟师自太湖入陈渎港,分三路寇长兴,耿炳文击败之,获甲仗舟舰甚众。

寻士诚复遣兵寇诸全,守将袁实战死。

17 冬,十二月,复遣夏煜以书谕方国珍曰:"福基于至诚,祸生于反覆,隗嚣、公孙述故辙可鉴。大军一出,不可虚词解也。"国珍虽不省,然始稍稍惧。

二十一年(辛丑、一三六一)

1 春,正月,癸丑朔,江南行中书省设御座,奉小明王行庆贺礼。参谋刘基怒曰:"彼牧(监)〔竖〕耳,奉之何为!"不拜。太祖召基入,问之,基遂陈天命有在。太祖大感悟,乃定西征之计。【考异】事见明史基传。然传言"岁首",当在二十年败陈友谅之后。传中记其不拜小明王,叙于友谅东下之前,标以"初"字,牵连并记,本非编年之体,然据此为二十年之岁首,则彼时基尚未至,何缘有斥为牧竖之语? 故皇明通纪、纪事本末皆系之二十一年之正月朔者近之。若毕氏通鉴系之至正二十四年,未知何据。惟时太祖已平友谅,击走士诚兵于安丰,以林儿归,居之滁州,遂以二十四年正月即吴王位。无论彼时不得有奉小明王之事,即谓中书省循前例仍设御座,而林儿之为牧竖,人皆知之,何待基之斥而后知其无能耶! 惟郎瑛七修类稿以为即至正二十年龙湾之捷后事,盖奏捷行庆贺礼也。征之诚意伯集首行状所载,谓"友谅既败,中书省设御座,将以明年正月朔奉小明王行庆贺礼",正与明史传中语合,而史家牵连记事,偶倒置耳,然非二十四年之正月则无疑也,今不取。

2 辛酉,以邓愈为中书参政,仍佥枢密院事,总制各翼军马。

3 二月,甲申,始立盐茶课,令商人贩鬻以资军饷。

4 己亥,置宝源局,定钱钞法。【考异】明史本纪作"乙亥"。按是年二月癸未朔,有己亥,无乙亥也。潜庵史稿作"己亥"。而明史系之二月甲申之下，则“乙”字乃“己”字之误。今据史稿。

5　三月，丁丑，改枢密院为大都督府，以朱文正为大都督，节制中外诸军事，参议宋思颜参军事。

6　元泗州守将薛显以城降。

初，赵均用据徐州，以显为元帅，守泗州。均用既死，显遂以泗州来降，授观军指挥使，使从征江西。

7　戊寅，方国珍遣使来谢，且饰金玉马鞍以献，太祖命却之。谕曰：“今有事四方，所需者人材，所用者粟帛，其他宝玩，非所好也。”

8　夏，四月，辛巳朔，以李善长兼领大都督府司马，进行省参知政事。

9　五月，甲戌，命胡大海移镇金华。

时大海既克信州，使其子德济守之，友谅遣其将李明道进攻，据草坪镇以遏浙东援兵。大海至婺，遣部将缪美率兵来援，而贼已保玉山。德济将夏德润拒战，不克，死之。明道遂进围信州。

10　六月，李明道围信州急，胡德济以兵少，闭城固守，遣人求援于大海。大海即率兵由灵溪以进，德济乃引兵出城，与明道战。大海纵兵夹击，丙午，大破之，禽明道及其宣慰王汉二。

初，汉二有兄曰溥，安仁人，仕友谅为平章，守建昌。太祖命将攻之，不克，又遣院判朱亮祖击于饶之安仁港，亦失利，而太祖必欲招之降，以绝友谅之援。至是大海禽其弟，遂送之行省李文忠。文忠令汉二为书以招溥，复送之建康,太祖命仍其旧职,用为向导,以取江西。

11 秋,七月,甲子,以范常为太平知府,谕之曰:"太平,吾股肱郡,其民数困于兵,宜令得所。"常以简易为治,兴学恤民。官廪有谷数千石,请给民之种者,秋稔输官,公私皆足,民亲爱之。

12 太祖视事东阁,时天热,坐久,汗湿衣,左右更衣以进,皆经浣濯者。参军事宋思颜进曰:"主上躬行节俭,真可示法子孙,惟愿终始如一。"太祖嘉其直,赐之币。他日又言:"句容虎为害,既捕获,宜除之。今豢养民间,何益!"太祖然之,即命杀虎,分其肉饲百官。【考异】事见明史思颜传。证之洪武宝训,在是年七月甲子,今据之。

13 壬申,友谅将张定边复陷安庆。

守将赵仲中遁归,太祖怒,按以军法。常遇春以渡江勋旧,请赦其死,太祖曰:"将不能坚守城池,败则逃之,不杀,何以惩后!"乃诛仲中,而官其弟庸行枢密佥事。

14 八月,己卯,太祖遣使通好于元平章察罕特穆尔。

时察罕谋复山东,舆疾抵陕、洛,大会诸将议师期,分兵五道,水陆并进。而自率铁骑渡孟津,逾覃怀而东,复冠州、东昌。遣其子库库特穆尔旧作扩廓帖木儿。捣东平。

东平伪丞相田丰者,刘福通之党也,据山东久,军民附之,察罕乃先遗书,谕以逆顺之理,丰遂降,从大军东讨。一时群贼皆在济南,察罕分遣奇兵由间道出贼后,南略泰安,逼益都,北徇济阳、章丘及濒海郡邑,乃自将大军渡河,大破贼党,鲁地悉定。

太祖闻之，欲徐察其所为以觇其变。而是时察罕方攻益都未下，太祖乃决计先讨陈友谅。

方李明道之降也，太祖询以友谅虚实，乃言："友谅自弑徐寿辉后，将士离心，政令不一，骁勇如赵普胜，又忌而杀之，虽有众，不足恃也。"太祖乃召诸将谕曰："友谅弑主僭号，犯我近疆，殒我名将，观其所为，不灭不已。尔等各厉士卒以从！"于是命徐达、常遇春等先发。

15 庚寅，太祖亲御龙骧巨舰，率舟师乘风溯流而上。戊戌，师次安庆。敌坚守不战，乃以陆兵疑之，寻命廖永忠、张志雄以舟师拔其水寨。攻城，自旦至暮不下。刘基请弃安庆，径趋江州，直捣友谅巢穴，太祖然之。〔考异〕据明史本纪，"戊戌克安庆"。而龙飞纪略云"攻安庆不拔，至是冬始拔安庆"。陈氏通纪、纪事本末，皆云"克江（舟）〔州〕，旋师攻安庆，下之"。又证之明史基传，亦云"攻安庆自旦至暮不下，基请弃趋江州"云云。今谓江州之役，制胜全在舟师，故破其水寨，基请疾趋以掩其不意，岂待城之下哉！今于戊戌下删去"克安庆"语，仍据基传。遂率舟师西上。过小孤，友谅将丁普郎、傅友德率所部来归。

友德，宿州人，初从刘福通之党，自山东入蜀，归明玉珍。玉珍不能用，率所部走武昌从友谅，无所知名，常郁郁不乐。至是闻太祖来，喜曰："吾得真主矣！"太祖一见奇之，擢为将，使从常遇春徇地。

壬寅，次湖口。遇友谅舟师出江侦逻，击败之，乘胜直薄江州。友谅大惊，以为神兵自天而下，仓猝不能军。

维时廖永忠以舟师前导，见州城临江，守御甚固，乃预度城高下，造桥于船尾，名曰"天桥"，以船乘风倒行。桥傅于城,我师攀堞而上。癸卯,克江州。友谅挈妻子夜奔武昌。

甲辰,进拔南康,分兵徇蕲、黄、黄梅、广济,皆下之。

16 九月,辛亥,友谅将王溥以建昌来降,太祖命溥仍守建昌。

是月,友谅守将余干吴弘、龙泉彭时中、吉安曾万中、孙本立等,闻友谅败,皆遣使约款,请以城降,乃遣行省参政邓愈徇临川、抚州,后翼元帅赵德胜徇瑞州、临江等郡。

17 冬,十月,张士诚闻我军西上,遣其将李伯昇寇长兴,众十余万,水陆并进。城中兵少,不能御。太祖在江州,遣诸将陈德华、高费聚等分三路兵往援,皆不利。耿炳文婴城固守,副元帅刘成出战死。

于是敌复围城,结九寨,为楼车下瞰城中,取土石填濠堑,放火烧水关。城中昼夜应敌,凡月余,内外不相闻,复遣人求援于江州。

18 十一月,戊午,太祖闻长兴围急,命行省参政常遇春亟率兵往援。

19 己未,邓愈克抚州。

时友谅将邓克明据城拒守,愈驻师于临川之平塘,遣吴弘进攻抚州,败之。克明佯遣使通款于愈,愈知其无降意,由间道卷甲夜驰二百里,比明,入其郛。克明单骑出南门走,自度不得免,乃诣愈降。愈留克明于军中,令其弟志明还新淦,收其故部曲。克明因请诣太祖于江州,愈以兵送之,中途,克明复遁归新淦。

20 甲戌,常遇春兵至长兴。李伯昇素(单)〔惮〕遇春,弃营遁。遇春追击,俘斩王千余人,太祖闻之,不悦。

21 诸将还师攻安庆,下之,命遇春甓其城。

时太祖谕取龙兴,友谅伪行省丞相胡廷瑞守之。太祖遣使招谕,使以城降。廷瑞闻友谅败,亦内惧。十二月,己亥,廷瑞遣使郑仁杰诣九江纳款,具言:"将校部曲,请勿解散改属他人",太祖有难色。刘基蹴所坐胡床,太祖悟,报以书曰:"仁杰至,言足下有效顺之诚,此足下明达也;又恐分散所部,此足下过虑也。吾起兵十年,奇才英士,得之四方多矣。有能审天时,料事几,不待交兵,挺然委身来者,皆推赤心以待,随其才仟使之。兵少则益之以兵,位卑则隆之以爵,财乏则厚之以赏,安肯散其部曲,使人自危疑,负来归之心哉!且以陈氏诸将观之,如赵普胜骁勇善战,以疑见戮,猜忌若此,竟何所成!近建康、龙湾之役,所获长张、梁铉诸人,用之如故,视吾诸将恩均义一。长张破安庆水寨,铉等攻江北,芊膴厚赏。此数人者,自视无复生理,尚待之如此,况如足下以完城来归者邪!得失之机,间不容发,当早自为计!"——长张,即志雄也。——廷瑞得书,意释,乃遣部将康泰诣江州请降。【考异】胡廷瑞以龙兴降,明史本纪系之二十二年正月,据其迎降及太祖至龙兴之月日也。太祖既得江州,即遣人招谕廷瑞,故诸书多系之八九月间。至廷瑞遣郑仁杰及太祖贻书事,毕鉴系之是年十二月己亥,证之明史稿,亦分书之,但稿中无日耳。己亥乃十二月二十一日,今据之。

二十二年(壬寅、一三六二)

1 春,正月,辛亥,胡廷瑞以龙兴降。

乙卯，<u>太祖</u>发<u>江州</u>。己未，次<u>樵舍</u>，<u>廷瑞</u>遣人赍<u>陈氏</u>所授丞相印及军民粮储之数来献。辛酉，<u>太祖</u>如<u>龙兴</u>，<u>廷瑞</u>率行省僚属<u>祝宗</u>、<u>康泰</u>等迎谒于<u>新城门</u>。

壬戌，<u>太祖</u>入城，首谒<u>孔子庙</u>，开仓库，振贫乏，悉除<u>陈氏</u>苛政，放<u>友谅</u>所蓄麋鹿于<u>西山</u>。民大悦。

改<u>龙兴</u>曰<u>洪都府</u>。

时<u>袁</u>、<u>瑞</u>、<u>临江</u>、<u>吉安</u>等府皆相继下。【考异】<u>太祖</u>如<u>龙兴</u>，<u>明史本纪</u>书"正月乙卯"，<u>潜庵史稿</u>书"正月壬戌"，盖一据其发<u>江州</u>之日，一据其至<u>南昌</u>之日也。<u>樵舍</u>事见<u>明史胡美传</u>，<u>毕氏通鉴</u>系之己未，而<u>元史顺帝纪</u>，书"正月庚申，<u>大明取江西龙兴诸路</u>。"以次第考之，<u>毕鉴</u>所记干支皆不误，今据之。据<u>顺帝纪</u>，是年正月戊申朔，则辛亥为正月初四日，以后皆可考也。

₂ 二月，<u>太祖</u>还<u>应天</u>，命<u>邓愈</u>以行省中书参政镇<u>洪都</u>。

₃ 癸未，<u>金华苗兵</u>作乱，行中书省参政<u>胡大海</u>、郎中<u>王恺</u>死之。

初，苗帅<u>杨鄂勒哲</u>死，其部下<u>蒋英</u>、<u>刘震</u>、<u>李福</u>等自<u>桐庐</u>来归，<u>大海</u>喜其骁勇，留置麾下，待之不疑。至是三人谋叛，以书通<u>衢</u>、<u>处</u>苗帅<u>李祐之</u>等，约以月之七日起事。

是日，<u>大海</u>晨在分省署中，<u>英</u>等入，请观弩于<u>八咏楼</u>。<u>大海</u>出，遣其党遮跪马前，诉<u>英</u>等将杀己。<u>大海</u>未及答，反顾<u>英</u>，<u>英</u>出袖中椎击<u>大海</u>，中脑仆地，又杀<u>大海</u>子<u>关住</u>及总管<u>高子玉</u>。

时<u>恺</u>方佐<u>大海</u>治省事，其帅多德<u>恺</u>，欲拥之而西，<u>恺</u>正色曰："吾守土，义当死，宁从贼耶！"遂杀<u>恺</u>及其子<u>寅</u>，掾史<u>章诚</u>亦死之。【考异】据<u>明史本纪</u>，苗兵作乱，系之二月辛未，证之<u>元史顺帝纪</u>，二月丁丑朔，是月无辛未也。<u>纪事本末</u>言"<u>英</u>等约<u>衢</u>、<u>处</u>苗帅以是月七日起事",以丁丑朔推之,七日当为癸未。<u>潜庵史稿</u>系之是年二月癸未,是<u>明史</u>"辛"字为"癸"字之误明矣,今据<u>潜庵史稿</u>改正。

<u>大海</u>善用兵,而严于纪律,尝自诵曰:"吾武人,不知书,惟知三事而已:不杀人,不掠妇女,不焚毁庐舍。"以是军行,远近争附,及死,闻者无不流涕。后追封<u>越国</u>公。<u>太祖</u>既定天下,复赐谥。<u>大海</u>等七人赐谥事见后。

初,<u>太祖</u>克<u>婺州</u>,禁酿酒,<u>大海</u>子首犯之,<u>太祖</u>怒,欲行法。时<u>大海</u>方征<u>越</u>,<u>王恺</u>请勿诛以安<u>大海</u>心,<u>太祖</u>曰:"宁可使<u>大海</u>叛我,不可使我法不行。"竟手刃之。及<u>关住</u>被杀,遂无后云。

<u>恺</u><u>当涂</u>人。以克<u>太平</u>,召为掾,累官至郎中,善谋断。常白事不听,却立户外,抵暮不去,<u>太祖</u>怪问之,<u>恺</u>谏如初,卒从其议。

后赠奉直大夫、飞骑尉,追封<u>当涂</u>县男。

4　丁亥,<u>处州</u>苗帅<u>李祐之</u>、<u>贺仁德</u>一作"得"。遥应<u>金华</u><u>蒋英</u>等,相继作乱,杀行省枢密院判<u>耿再成</u>。总制<u>孙炎</u>、知府<u>王道同</u>、元帅<u>朱文刚</u>皆死之。

<u>再成</u>方与客对饭,闻变上马,收战卒,不及二十人,迎战,不克,骂曰:"贼奴!国家何负汝,乃反耶!"贼攒槊刺<u>再成</u>,<u>再成</u>挥剑连断数槊,中伤坠马,大骂不绝口死。<u>炎</u>等三人皆被执,置之空室,胁之降,不屈。<u>仁德</u>燔雁,斗酒啖<u>炎</u>,<u>炎</u>且饮且骂。贼怒,拔刀叱<u>炎</u>解衣,<u>炎</u>曰:"此紫绮裘,主上所赐,吾当服以死。"遂与<u>道同</u>、<u>文刚</u>皆遇害。

<u>再成</u>持军严,士卒出入民间,蔬果无所取。<u>炎</u>谈辨风生,雅负经济,有诗名。

后再成追封泗国公,炎赠丹阳县男,命建像再成祠,与道同、文刚皆祔祀。——文刚,太祖养子名柴舍者也。

5　金华之乱,典(吏)〔史〕李斌怀省印缒城走严州,告变于李文忠,文忠遣元帅何世明、掾史郭彦仁等率兵讨之。至兰溪,蒋英等惧,乃驱掠城中子女西走,降于张士诚。

大海养子德济闻难,引兵奔赴,文忠亦率将士至,镇抚之,民乃定。

6　辛卯,拓江西洪都城。

先是太祖既定洪都,相度形势,以旧城西南临水,不利守御,命移入三十步,又以东南空旷,复展二里余。至是成之。

7　壬寅,命平章邵荣率兵讨处州苗。

8　三月,癸亥,降人祝宗、康泰叛。

先是洪都之降,廷瑞主之,宗与泰浸不悦。及太祖还应天,以廷瑞从,廷瑞度二人必叛,密言于太祖。时上将徐达方追友谅于武昌,营于汉阳之沌口,太祖发使诣洪都,令宗、泰率所部兵往湖广从达听征调。二人舟次女儿港,遂以其众叛。遇商人布船,因掠其布为旗号,进劫洪都。是日暮,至城下,发鼓举火,攻破新城门。都事万思诚、知府叶琛皆被执,不屈,死之。

邓愈闻变,仓猝以数十骑出走,数与贼遇,从骑死且尽。愈窘甚,连易三马,马辄踣,最后遇养子马乘之,始得夺抚州门出,洪都遂陷。愈奔趋应天,太祖以其功多,弗罪也。

寻遣使诣汉阳,命达等还师讨之。

9　是月,明玉珍陷云南。

初,玉珍据蜀,闻徐寿辉为陈友谅所弑,谋讨之,命以兵塞瞿塘,绝不与通。立寿辉庙于城南隅。遂自称陇蜀王,至是拓地至滇。参谋刘桢,谓西蜀自古形胜之地,劝其建都称号,以系人心,玉珍善之,乃僭称皇帝于重庆,国号夏,建元天统。【考异】明史本纪系玉珍称帝于三月,无日。通鉴辑览则于是年三月书玉珍陷云南,五月称陇蜀王,至二十三年正月始称帝,盖据元史顺帝纪。毕鉴据平夏录,改入是年三月己酉,今检平夏录云"三月戊辰",并非"己酉"。盖玉珍陷云南在三月甲寅,则称帝在甲寅之后者似之。若作己酉,则似先称帝,后陷云南,未知毕氏何据,抑偶误记平夏录,而以"戊辰"讹作"己酉"欤?至其称陇蜀王,据平夏录在至正二十年,友谅弑寿辉之后,证之明史玉珍传,亦云"至正二十年,友谅弑寿辉,玉珍与之绝,自立为陇蜀王",然则明史纪、传,皆本之平夏录也,今从之,亦系于三月之末,并追叙称王事。

10　婺州之乱,张士诚遣其弟士信乘间率兵万余围诸全。守将谢再兴,预遣将设伏城外,自引兵出战。战既合,伏起,大败之,禽其将士千余人。士信愤,益兵攻城,再兴度不能支,告急于李文忠。

时金华叛寇初定,而严州逼近敌境,处州又为叛苗所据,文忠自度兵少,不能应援,闻邵荣讨处州之兵将至,文忠乃揭榜义乌古朴岭,扬言"平章邵荣引兵五万出江右,右丞徐达引兵五万出徽州,约会金华,刻日抵诸全。"士信兵见之,大惊,谋夜遁。会胡德济自信州率兵来援,与再兴分门而守。夜半,令诸军蓐食,率死士开门突击。贼众惊溃,士信遂脱围遁去。

11 夏,四月,己卯,平章邵荣率诸军复处州。

先是李文忠闻处州乱,遣将屯兵于缙云山中。会耿再成子天璧,方奉命征发苗兵,中途闻变,遂驰至文忠所,得再成旧部朱绚等,会荣攻之。荣率元帅王祐、胡深等烧其东北门,军士乘城入,李祐之自杀。贺仁德战败,走缙云,耕者缚之,槛送建康伏诛。处州遂平。

方二郡之煽乱也,衢州兵谋翻城应之,守将夏毅惧甚。会刘基丁母忧归,过衢州,迎之入城,一夕遂定。

事闻,授文忠浙东行省左丞,总制严、衢、处、信、诸全军事。【考异】克处州,坐鉴系之己丑,今据明史本纪。又,纪事本末作"癸酉",按四月丙子朔,癸酉则三月也。盖处州以三月攻,四月复,故诸书所记互异。

12 甲午,徐达复洪都,祝宗、康泰俱败。宗走新淦依邓克明,后为志明所杀。志明,克明之弟。泰走信州,为追兵所获,送建康,太祖以廷瑞甥,特宥之。廷瑞以避太祖字,改名美。

13 五月,丙午,太祖念洪都重地,非骨肉重臣不可守,乃以大都督朱文正统副元帅赵德胜、亲军指挥薛显同、参政邓愈镇之。

德胜攻陈友谅将于南昌之西山,破其寨,俘斩三千余人。

14 是月,元陈友定复汀州路。

先是友谅将邓克明复寇汀州,友定击败之,迁左丞。至是命守汀州,进参知政事,行省平章雅克布哈,旧作燕只不花。拥虚位而已。

15　六月，戊寅，元平章察罕特穆尔遣使报书太祖，言"已奏朝廷，授以行省平章事"，太祖不答，谓左右曰："察罕徒以甘言诱我耳。且以书来而不反我使者，其情伪可见也。今张士诚据浙西，陈友谅据江汉，方国珍、陈友定又梗于东南。天下纷纷，未有定日，惟徐以俟之。"

16　是月，察罕以攻益都久不下，遂为叛将田丰、王士诚等所害。

初，丰之降也，察罕推诚待之，数出入帐中。及丰既谋变，乃请察罕行观营垒，左右皆以为不可往，察罕曰："吾推心待人，安得人人而防之！"左右请以力士从，又不许。至是察罕从轻骑十一人，行至丰营，士诚遂刺之，与丰走入益都。众乃推察罕子库库特穆尔为总兵官，复围益都。

事闻，元赠察罕河南行省左丞相，追封忠襄王，谥献武。寻授库库特穆尔中书、平章政事，兼知河南、山东行枢密院事。

库库，姓王，小字侱保，察罕甥也，养以为子。至是力图报仇，与益都兵战，生禽六百余人，斩首八百余级。

太祖闻察罕死，叹曰："天下无人矣！"【考异】明史本纪系察罕被杀于报书之下，是同月事匕。证之元史顺帝纪，乃六月戊子，则去报书时仅十日耳。库库败益都之兵，系之己亥，仍是六月之下旬，今并系之是月下。

17　平章邵荣，自克处州归，骄蹇有异志，与参政赵继祖谋伏兵为变。秋，七月，丙辰，事觉，伏诛。

太祖自起兵，所任将帅最著者，徐达、常遇春与荣为三，而荣尤宿将善战。太祖以勋旧，欲宥其死，遇春直前曰："人臣以反名，尚何可宥，臣义不与共生。"太祖乃饮荣酒,流涕而戮之。自此益爱重遇春。

18 八月,癸巳,<u>陈友谅</u>将<u>熊天瑞寇吉安</u>,守将<u>孙本立</u>战败,走<u>永新</u>。<u>天瑞</u>复攻破<u>永新</u>,执<u>本立</u>,杀之,遂陷<u>吉安</u>。<u>友谅</u>遣其知院<u>饶鼎臣</u>守之。【考异】<u>纪事本末</u>系之是年十二月,盖因<u>朱文正</u>之复<u>吉安</u>牵连并记也。<u>潜庵史稿</u>,陷<u>吉安</u>在八月癸巳,今据之。

19 冬,十月,戊子,<u>池州</u>元帅<u>罗友贤</u>,据<u>神山寨</u>作乱,谋通<u>张士诚</u>,杭、歙震动,命<u>常遇春</u>率兵讨之。【考异】<u>纪事本末</u>作“十一月”,他书皆作“十月”。证之<u>毕氏通鉴</u>,则十月戊子也,今从之。惟<u>毕鉴</u>是月壬寅朔,“寅”字乃“申”字之误也。<u>元史顺帝纪</u>,十月壬申朔,且<u>毕鉴</u>系癸卯朔于九月,则十月为壬申朔尤可证,盖“寅”字转写误也。

20 辛卯,设关市批验所官,主通百货,盐十分而税其一,他物十五分税一。

21 十一月,乙巳,<u>元</u>平章<u>库库特穆尔</u>复<u>益都</u>,<u>田丰</u>等伏诛。

<u>库库</u>既袭父职,身率将士,誓不共之仇,奋力攻城。贼悉众拒守,乃遣壮士穴地通道而入,遂克之,尽诛其党,取<u>田丰</u>、<u>王士诚</u>之心以祭其父。庚戌,遣<u>关保</u>以兵复<u>莒州</u>,<u>山东</u>悉平。

庚申,<u>元</u>诏授<u>库库特穆尔</u>太尉,余官并如故,将校士卒论赏有差。

初,<u>察罕特穆尔</u>平<u>山西晋</u>、<u>冀</u>之地,而是时<u>河南</u>行省平章<u>博啰特穆尔</u>,以捍蔽京(帅)〔师〕,移兵镇<u>大同</u>,因欲并据<u>晋</u>、<u>冀</u>,遂与<u>察罕</u>兵争,<u>元</u>帝屡下诏令罢兵,终不听。及<u>察罕</u>克<u>汴梁</u>,平<u>山东</u>,兵势日盛,朝廷方倚之以为安。及其没也,<u>库库</u>复修其职,振其军,于是东至<u>淄</u>、<u>沂</u>,西逾<u>关</u>、<u>陕</u>,皆晏然无事,乃驻兵于汴、洛,令以次进兵江、淮。而博啰特穆尔复数以兵争晋、冀,朝廷虽屡解谕之,而仇隙日深。

22 十二月,丁亥,大都督朱文正遣兵复吉安,饶鼎臣出走,遂以参政刘齐、陈海同、李明道、曾万中、粹中共守之,以朱叔华知府事。

23 太祖威名日重,元帝乃遣户部尚书张昶等赍龙衣、御酒、八宝顶(冒)〔帽〕、荣禄大夫、江西行省平章政事(使)宣〔命〕诏书,航海至庆元。盖方国珍之计,欲两以为功也,乃遣其检校燕敬报太祖,太祖不之答。

敬还,国珍惧,乃送昶于福建元平章雅克布哈所。时左丞王溥在建昌,闻之,以告,太祖命溥�之,昶遂偕郎中玛哈木特旧作马合谋。至建康。时太祖已闻察罕死,遂不受,杀玛哈木特,以昶才,留之,并授以官。

元库库特穆尔既还河南,遣尹焕章致书于太祖,并归我使人。

24 宁海布衣叶兑,以经济自负,闻太祖已定宁越,规取张士诚、方国珍,而察罕恃其兵强名顺,欲招太祖为助,兑乃列一纲三目,言天下大计。

其略曰:"愚闻取天下者,必有一定之规模,韩信初见高祖,画楚、汉成败,孔明卧草庐,与先主论天下三分形势者是也。今之规模,宜北绝李察罕,南并张九四,抚温、台,取闽、越,定都建康,拓地江、广,进则越两淮以规中原,退则画长江而自守。夫长江天堑,所以限南北也。金陵古称龙蟠虎踞,帝王之都,诚宜建都于此,守淮以为藩屏,守江以为门户,如高祖之关中,光武之河内。以此为基,藉其兵力资财,以攻则克,以守则固,百察罕能如我何哉!且江之所备,莫急上流。吴、魏所争,在蕲春与皖,即今江州之境。今义师已克江州,足蔽全吴。况自滁、和至广陵皆吾有,又足以遮蔽建康,襟带江州,匪直守江,兼可守淮矣。张氏倾覆,可坐而待,淮东诸军,亦将来归,北略中原,李氏可并,孙权不足为也。今闻察罕妄自尊大,致书明公,如曹操之招孙权。窃以元运将终,人心不属,而察罕欲效操所为,事势不侔。宜如鲁肃计,鼎足江东以观天下之衅,此其大纲也。

至其目有三:张(元)〔九〕四之地,南包杭、越,北跨通、泰,而以平江为巢穴。昔田丰说袁绍袭许以制曹公,李泌欲先取范阳以倾禄山,殷羡说陶侃急攻石头,以制苏峻,皆先倾敌巢穴。今欲攻张氏,莫若声言掩取杭、嘉、湖、越,而大兵直捣平江。平江城固,难以骤拔,则以锁城法困之。锁城者,于城外矢石不到之地,别筑长围,环绕其城。长围之外,分命将卒,四面立营,屯田固守,断其出入之路。分兵略定属邑,收其税粮以赡军中。彼坐守空城,安得不困!平江既下,巢穴已倾,杭、越必归,余郡解体,此上计也。

张氏重镇在绍兴,悬隔江海,所以数攻而不克者,以彼粮道在三江、斗门也。若一军攻平江,断其粮道,一军攻杭州,绝其援兵,绍兴必拔。所攻在苏、杭,所取在绍兴,所谓"多方以误之"者也。绍兴既拔,杭城势孤,湖、秀风靡,然后进攻平江,犁其心腹,江北余孽,随而瓦解,此次计也。

方国珍狼子野心，不可驯狎。往年大兵取婺州，彼即奉书纳款；后遣夏煜、陈显道招谕，彼复狐疑不从；顾遣使从海道报元，谓江东委之纳款，诱令张昶赍诏而来，且遣韩叔义为说客，欲说明公奉诏。彼既降我，而反欲招我降元，其反覆狡狯如是，宜兴师问罪。然彼以水为命，一闻兵至，挈家航海，中原步骑无如之何。彼则寇掠东西，捕之不得，招之不可。夫上兵攻心，彼言杭、越一平，即当纳土，不过欲款我师耳。攻之之术，宜限以日期，责其归顺。彼自方国璋之殁，自知兵不可用。又，叔义还，称我师之盛，气已先挫，今因陈显道以自通，正可胁之而从也。事宜速，不宜缓。宣谕之后，更置官吏，拘集舟舰，潜收其兵权以消未然之变，三郡可不劳而定。福建本浙江一道，倚山濒海，兵脆城陋。两浙既平，彼心计浙江四道，三道既已归附，吾孤守一道安归哉！下之，一辩士力耳。如复稽送款，则大兵自温、处入，奇兵自海道入，福州必不支。福州下，旁郡迎刃解矣。威声已震，然后进取两广，犹反掌耳。"

太祖奇其言，欲留用之，兑力辞，赐银币袭衣以归。后数岁，太祖削平天下，其规模次第，大略如兑言。【考异】事见明史叶兑传。毕氏通鉴系之是年六月察罕遣使下，按兑书中已有张昶至庆元及方国珍遣人说太祖奉诏之语，则在是年十二月以后所上可证也。今改系之昶奉使至金陵之后。

二十三年（癸卯、一三六三）

1　春，正月，壬寅朔，以汤和为中书左丞。

2　丙寅，太祖遣都事汪河报书于元库库特穆尔，并送其使人尹焕章归汴。

3 初,太祖命诸将分军于龙江等处屯田,惟康茂才积谷充牣,他皆不及。二月,壬申朔,谕诸将曰:"屯田数年,未见功绪。惟康茂才所屯,得谷一万五千余石,以给军饷,尚余七千石。分地均而所得有多寡,由人力勤惰不齐耳。今宜督军及时开垦,以尽地利。庶几兵食充足,国有所赖。"

4 癸酉,张士诚发兵攻安丰,以吕珍为前锋,士信率大兵继之。

珍至安丰,围其城。久之,城中乏食,刘福通遣人告急于建康。太祖曰:"安丰破,则士诚益张,不可不救。"时方召刘基至京,基谏曰:"汉、吴伺隙,吴,即士诚。见后。未可动也。"不听。

未几,珍破安丰,杀福通。

5 戊寅,移置浙江行省于严州。

时士诚屡寇诸全,李文忠应援不及,于是徙省治于严,留总制徐司马守金华。——司马,太祖养子,名马儿者也。

6 是月,陈友谅将张定边复陷饶州。

时守将于光与吴弘等不协,都昌盗江爵等乃导定边等入寇,仓猝无备,皆出走,惟理问穆燮死之。郎中杨宪走还建康。

7 三月,辛丑朔,太祖率右丞徐达、参政常遇春等援安丰。

时吕珍水陆连营,据城树栅,外掘重堑。会左右军失利,阻于堑,不得出,太祖命遇春以兵横击其阵,三战三捷,俘斩无算。庐州左君弼出兵助珍，遇春又击败之，珍、君弼皆遁去。以韩林儿归，居之滁州。

复命达等移师讨庐州。达等既去，元将珠展、旧作竹贞。实都旧作忻都。遂乘间入安丰。

是月，太祖还应天。

8　闰月，处州总制胡深言："关市之征，旧例二十取一，今令盐货十取其一。税额过重，则商贩不通，军储缺乏。且使江西、浙东之民艰于食用。又他物十五分取一，亦恐稍重，请仍循二十取一之例。"从之。

9　是月，太祖自撰朱氏世德碑，遣官祗诣凤阳、泗州告祭先陵，并称龙凤制，赠三代右丞相、平章政事、吴国公。【考异】此据郎氏七修类稿所载，朱氏世德碑盖太祖自撰也。碑中称"龙凤九年三月十四日，降制赠曾祖、祖及考"云云，又言"以闰三月十一日祗诣先垄，焚香告祭"云云，正至正二十三年之闰三月也。洪武实录不载，盖既得天下讳之耳，今叙入。

10　夏，四月，陈友谅闻太祖援安丰，果大举兵入寇洪都。

先是友谅自忿其疆土日蹙，乃治巨舰，高数丈，外饰以丹漆。上下三级，级置走马棚，下设板房为蔽，置橹数十，其中、上、下人语不相闻。橹箱皆裹以铁。载其家属百官，空国而至，兵号六十万。壬戌，薄城下，友谅欲以大舰乘水涨傅城而登。至是城移去江三十步，舰不得近，乃大为攻具，势甚张。

都督朱文正与诸将谋分门拒守，于是参政邓愈守抚州门，金院赵德胜等守宫步、士步、桥步三门，指挥薛显守章江、新城二门，元帅牛海龙、赵国旺、许珪、朱潜、程国胜等守琉璃、澹台二门。文正居中节制,自将精锐二千往来策应。

11 乙丑,诸全守将谢再兴叛,降于张士诚。

初,再兴有心腹二人,常往来贩鬻杭州,太祖怒其泄军事,禽二人,诛之。召再兴赴应天,别遣参军李梦庚总制诸全,已,复遣再兴归。至是愤梦庚出己上,遂作乱,杀知州栾凤,执梦庚赴绍兴,降于张士诚。总管胡士明,弃妻子,单骑走应天。时左丞李文忠闻变,遣同金胡德济屯兵五指山下,自将精骑二千往来援应。

凤高邮人,知诸全,有能声。被杀时,其妻王氏以身蔽凤,并杀之。已而梦庚亦不屈死。太祖以再兴数有功,叛非其志,故凤与梦庚皆不得恤。

12 丙寅,陈友谅攻抚州门。其兵各载竹盾如箕状以御矢石,并力攻城,坏二十余丈。邓愈以火铳击退其军,随树木栅,贼争栅,朱文正督诸将死战,且战且筑,通夕复完。于是总管李继先及海龙、国旺、珪潜等皆先后战没。

13 五月,己巳朔,友谅分遣诸将陷吉安。时值守将李明道与曾万中兄弟不协,谋为内应,遂开门纳汉兵。参政刘齐、朱叔华被执。

寻陷临江,同知赵天麟被执。

癸酉,分陷无为州,知州董曾死之。

14 谕置礼贤馆,集刘基、陶安等诸人讲论经史。

15 丙子,友谅复攻新城门。指挥薛显,将锐卒开门突战,斩其平章、副枢各一人,敌兵乃退。百户徐明被执,死之。

明有胆略，尝出劫友谅营，获其良马以归，故见杀。

16　六月，辛亥，友谅增修攻具，欲拔栅自水关入，朱文正遣壮士以长槊迎刺之，敌夺槊更进。乃命锻铁戟铁钩，穿栅复刺，敌复来夺，手皆灼烂不得进。友谅见城中备御万方，坚不可拔，乃欲以计胁之，命执吉安、临江被获之刘齐、朱叔华、赵天麟以徇于城下。文正等不为动，三人者亦不屈死之。【考异】明史本纪、潜庵史稿皆记刘齐等四人之死于五月。证之纪事本末，则刘齐、朱叔华、赵天麟三人者，皆死于南昌城下，盖执之以徇城，不屈，又杀之，欲以胁城中之降也，此似得之。考南昌忠臣之祀，独此三人在殉难下五人之数，而董曾不预，盖曾非死于南昌者，故别祀之。若刘、朱、赵三人，皆江西守土之官，又以其同死于南昌城下，故得入南昌忠臣(祀)〔祠〕中。今据纪事本末书之。

乃复遣兵攻宫步、土步二门。金院赵德胜，暮坐城门楼指麾士卒，弩中腰膂，镞深入六寸，拔之出，叹曰："吾自壮岁从军，伤矢石数矣，无重此者。丈夫死无所恨，恨不能扫清中原耳。"言毕而绝，年三十九。后追封梁国公，复赐谥。

洪都被围久，内外隔绝。文正遣千户张子明走应天告急。子明取渔舟夜从水关出，潜至石头口，宵行昼止，凡半月始至。太祖问："友谅兵势何如？"对曰："友谅兵虽盛，战死亦不少。今江水日涸，巨舰将不利，又师久粮乏，援兵至，必可破也。"太祖曰："汝归语文正，但坚守一月，吾当自取之。"子明还，至湖口，为友谅兵所执。友谅曰："若能诱之降，非但不死，且富贵。"子明阳许之，至(诚)〔城〕下，大呼曰："主上令诸公坚守，大军行至矣。"友谅怒，杀之。

时徐达、常遇春方围左君弼于庐州，州三面阻水，君弼自城上为钓桥，谋夜劫达等营，击败之，遂入城敛兵拒守，凡三月不克。至是太祖遣人谕曰："为庐州而失南昌，非计也。"于是达、遇春皆解围还。

17 秋，七月，癸酉，太祖自将救洪都，祃牙于龙江。凡舟师二十万，刻期并发，达、遇春及枢院冯国胜、俞通海、右丞廖永忠等及儒臣刘基、陶安、夏煜等皆从。【考异】明史夏煜传，言"太祖亲征陈友谅，儒臣惟刘基与煜侍，草檄赋诗。"今证之陶学士集，有康郎山应制诗。又龙江阅兵诗序云："癸卯七月，阅兵龙江，臣安忝侍从。"又，大明铙歌曲引云："安忝侍从，亲睹大战于彭蠡湖。"据此，则儒臣侍从，安固预焉，今据学士集增入。

癸未，师次湖口，先遣指挥戴德以一军屯于九江口，复以一军屯南湖嘴，以遏友谅归师。又遣人调信州之兵扼之于武阳渡，防其奔逸。

18 陈友谅围洪都凡八十五日，闻太祖至，即解围，东出鄱阳湖逆战。太祖率诸将由松门入湖，丁亥，与友谅师遇于康郎山。

太祖见友谅列巨舟当前，顾谓诸将曰："彼巨舟首尾连接，不利进退，可破也。"乃命舟师排十一队，火器弓弩，以次鳞列。戒诸将："近寇舟，先发火器，次弓弩，及其舟则短兵击之。"

戊子，徐达、常遇春、廖永忠等进兵薄战。达身先诸将，击败其前军，杀一千五百人，获一巨舰还。俞通海复乘风发火炮，焚寇舟二十余艘，杀溺死者甚众。徐达等搏战良久，火延及达舟，敌乘之，达扑火更战。太祖亟遣舟援，达力战,敌乃退。

俄,友谅骁将张定边直前犯太祖舟,舟胶于沙,汉兵绕三匝。我军左右奋击,身先捍蔽,定边不得前。于是指挥韩成首以冲锋堕水死,元帅宋贵、陈兆先继之,万户程国胜继之,皆陷阵死焉。事急,遇春飞矢射定边,通海、永忠复飞舸夹击,定边负重创,始遁去。太祖舟甫脱,而遇春舟亦胶浅,亟麾兵救之。值诸舟骤进,水涌乃解。会日暮,太祖命鸣钲收军,集诸将申明约束。又虑张士诚乘虚入寇,命徐达还守应天。

是役也,诸将皆殊死战。而程国胜者,先以守抚州门被创落水,得不死,复从太祖御友谅于湖东,卒死之。而南昌城中先以阵亡抚州门闻,故豫章、康山两祀之云。【考异】
诸书皆言“康郎山忠臣之祀凡三十五人”,证之明史赵得胜传,言“凡赠公一人,侯十二人,伯二人,子十五人,男六人”,实三十六人也,盖明史传中言“三十五人”者,除程国胜数之故。传末复记“国胜守南昌,与牛海龙夜劫友谅营,海龙中流矢死,国胜(泗)〔泅〕水得脱,抵金陵,从太祖战鄱阳。张定边直前犯太祖舟,国胜与韩成、陈兆先驾舸左右奋击,太祖舟脱,国胜等绕出战舰后,援绝,力战死。而南昌城中谓国胜已前死,故豫章、康山两祀之”云,此事本之朱善所撰国胜神道碑。盖国胜至金陵一节,惟太祖知之,故南昌城中谓其已死,遂入之豫章忠臣中,后经太祖更正,改祀国胜于康郎山,特命朱善述其事于碑中。而野史但据实录三十五人之语,遂遗国胜,又见豫章更正祀典,去国胜之名,遂两遗之。毕氏道鉴于康郎山之战,不知据明史赵德胜传考其颠末,特以国胜已死于抚州门,不应更有死于康郎山之程国胜,故不知据何野史而增入万国胜之名,实所不解。惟龙飞纪略、七修类稿所载康郎山之祀三十六人,连程国胜数之,为得其实,今据之。

19 己丑,太祖命鸣角,师毕集,乃亲布阵,复与友谅战。

友谅悉巨舟连锁为阵，旌旗楼橹，望之如山。我舟小，不利仰攻，<u>太祖</u>亲麾之不前，右师却，命斩队长十余人，犹不止。

元帅<u>濠</u>人<u>郭兴</u>谏曰：“非人不用命，舟大小不敌也。此非火攻不可。”<u>太祖</u>然之，命<u>常遇春</u>等分调渔舟，载荻苇，置火药其中。至晡，东北风起，命以七舟束草为人，饰以甲胄，各持军器，若斗敌状，令敢死士操之，备走舸于后。将迫敌舟，乘风纵火，风急火烈，须臾而至，焚其水寨数百艘，烟焰涨天，湖水尽赤，死者大半，<u>友谅</u>弟<u>友仁</u>、<u>友贵</u>及其平章<u>陈普略</u>等皆焚死。师乘之，又斩首二千余级。

<u>友仁</u>，即所称“五王”也，眇一目，有智略，枭勇善战，至是死，<u>友谅</u>为之夺气。<u>普略</u>，即“新开陈”也。

先是我军方对敌，忽院判<u>张志雄</u>舟樯折，为敌所觉，以数舟攒兵钩刺之，<u>志雄</u>窘迫自刭。枢院同知<u>丁普郎</u>，从援<u>南昌</u>有功，又从入湖，至是战不利，身被十余创，首脱，犹植立舟中不仆，持兵若战状。<u>太祖</u>闻而义之。时元帅<u>余昶</u>、右元帅<u>陈弼</u>、<u>徐公辅</u>皆同日战没，并祀<u>康郎山</u>忠臣庙。

初，<u>太祖</u>所乘舟樯白，<u>友谅</u>觉，谋并力来攻。<u>太祖</u>知之，庚寅夜，令诸舟尽白其樯，旦视莫能辨，敌益骇。

20 辛卯，<u>太祖</u>复联舟与<u>友谅</u>战，自辰至巳不决。<u>太祖</u>方坐胡床指麾，<u>刘基</u>侍侧，忽跃起大呼，趣<u>太祖</u>急更舟，仓猝徙别舸。坐未定，<u>汉</u>兵飞炮奋击，所御舟立碎。<u>友谅</u>乘高见之方喜甚，而<u>太祖</u>麾舟更进，皆失色。<u>廖永忠</u>、<u>俞通海</u>等以六舟深入缀<u>汉</u>军，若起若没，<u>友谅</u>初无所见，我军亦愕眙，意已陷没。须臾，六舟绕<u>汉</u>舟而出，势如游龙，诸将见之,勇气百倍,呼声震动,波涛立起。于是环攻汉舰,杀其士卒殆尽,而操舟者犹不知,尚呼号摇橹如故,已而焚其舟,皆死。至午,友谅兵大败,弃旗鼓甲仗,浮蔽湖面。通海等还,太祖劳之曰:"今日之捷,诸君之力也。"

时张定边见战不利,欲挟友谅退保鞋山,而我军已先截罂子口。友谅不得出,乃敛舟自守,不敢更战。是日,移舟泊柴棚,去敌五里许,遣人挑战,敌不敢应。诸将欲退师,少休士卒。太祖曰:"两军相持,先退非计也。"通海以湖水浅,请移舟扼江上流,而基亦密言,期以金木相犯日决胜,太祖从之。时水路狭溢,舟不得并进,恐为敌所乘,至夜,令舟置一灯,相随渡浅,比明,皆衔尾至,乃泊于左蠡。友谅亦移舟出泊渚矶,相持者三日。

友谅有左、右金吾二将军,咨之计。其右金吾曰:"今战不利,出湖实难。莫若焚舟登陆,直趋湖南,谋为再举。"左金吾曰:"今虽不利,而我师尚多。戮力一战,胜负未可知,何至自焚以示弱!万一舍舟登陆,彼以步骑蹑我,进不及前,退失所据,一败涂地,岂堪再举耶!"友谅犹豫不决。既而曰:"右金吾言是也。"于是左金吾闻之,惧及祸,遂率所部来降,右金吾见势急,亦率所部降。

友谅既失二将,兵益衰,太祖乃倚舟贻之书曰:"吾欲与公约从以安天下。公失计,肆毒于我,我是以下池阳,克江州,奄有公龙兴十一郡。今犹不悔,复启兵端,一困于洪都,再败于康郎,杀其弟侄,残其兵将,捐数万之命,无尺寸之功。此逆天理、悖人心之所致也。公乘尾大不掉之舟,顿兵敝甲，与吾相持，逞其狂暴之性，正宜亲决一战，何至徐徐随后，若听吾指挥者，无乃非丈夫乎？公早决之！"

友谅得书，怒，留使者不遣。犹建金字旗，周回巡寨，令所获我将士尽杀之。太祖闻之，命悉出所俘友谅军，视其伤者，赐药疗之，悉遣还，下令曰："自今但获彼军，皆勿杀。"又令祭其弟侄及将士之战死者。

师出湖口，命遇春、永忠诸将统舟师横截湖面，邀其归路，又令一军立栅于岸，控湖口者旬有五日，友谅不敢出。

21　八月，太祖复移友谅书曰："昨吾船对泊渚溪，尝遣使赍记事往，不见使回，公度量何浅浅哉！丈夫谋天下，何有深仇！江、淮英雄，唯吾与公耳，何乃自相吞并！公之土地，吾已得之，纵欲力驱残兵来死城下，不可再得也。即公侥幸逃还，亦宜却帝号，坐待真主。不然，丧家灭姓，悔之晚矣。"友谅忿恚不答。乃分兵克蕲州、兴国。

友谅食尽，遣舟掠粮于都昌，朱文正使人燔其舟。友谅益失据，进退狼狈，谋奔还武昌，乃率楼船百余艘趋南湖嘴，我军辄列栅江南、北岸，阻遏不得前。

是月，壬戌，友谅计穷，乃冒死突出，欲由湖口绕江下流而遁。太祖麾诸军邀击，以火舟火筏冲之，追奔数十里。自辰至酉，战不解，至泾江口，泾江之兵复击之。

未几，有降卒来奔，言"友谅在别舸中，流矢贯睛及颅而死"。诸军闻之，大呼喜跃，益争奋，禽其太子善儿、平章姚天祥等。明日，平章陈荣等悉舟师来降，得士卒五万余人。惟张定边乘夜以小舟载友谅尸及其次子理奔还武昌。

复立理为帝,改元德寿。

太祖既平汉,顾谓刘基曰:"不听卿言,致有安丰之行。使友谅乘我之出,建康空虚,顺流而下。我进无所成,退无所归,大事去矣。今友谅不攻建康而围南昌,计之下者,不亡何待! 友谅亡,天下不足定也。"【考异】太祖两致友谅书,见明史友谅传。按初次移书在七月,二次移书则八月也。是年七月戊辰朔,辛卯为二十四日,又相持数日,则七月已尽。计友谅之死在八月壬戌。是年八月丁酉朔,壬戌则二十六日也。中间太祖初致书之后,又相持旬有五日,则二次致书之在八月中明矣,今叙于八月壬戌之前。

22 九月,丁卯朔,太祖发湖口,壬申,还应天。论功行赏,赐常遇春、廖永忠田,余将士金帛有差。

壬午,命李善长、邓愈留守应天,复率常遇春、康茂才、廖永忠、胡美等亲征陈理于武昌。

23 诸全叛将谢再兴,以张士诚兵犯东阳。左丞李文忠率兵御之,以行省郎中胡深为先锋。是日,遇贼于义乌,击败之,再兴遁去。

深建议,以"诸全为浙东屏蔽,失之,则衢州不支"。文忠然之,乃度地去诸全五十里,于五指山下筑新城,分兵戍守。太祖初闻再兴叛,急驰使谕文忠,别为城守计,至则工已竣,嘉深,赐之名马。

未几,士诚将李伯昇大举入寇,兵号六十万,顿于城下,不可拔,乃引去。

24 是月,张士诚乘太祖西征之间,胁元江浙丞相达实特穆尔,求请封王,达实不得已为闻于朝,至再三,不报。士诚遂自称王,改国号曰吴,即姑苏治宫室,置官属。

时士诚尚奉元正朔，元遣使征其粮，不与。淮省郎中俞思齐言于士诚曰："向为贼，不贡犹可，今为臣，其可乎？"士诚怒，抵案扑地而入。思齐知不可为，弃官归，遂杜门谢病以卒。

郎中参军事陈基，以谏止士诚称王，士诚欲杀之，不果，已而超授内史，迁学士。凡飞书、走檄、碑铭、传记，多出其手。基每以为忧，而未能去也。

25 冬，十月，壬寅，太祖至武昌，马步舟师水陆并进。命常遇春分兵四门，立栅围之，又于江中联舟为长寨以绝其出入之路。分兵徇汉阳、德安。于是湖北诸郡皆降。

26 十二月，丙申朔，太祖发武昌，命常遇春总督诸将守营栅，谕之曰："彼犹孤豚，处牢中久，困当自服。若来冲突，慎勿与战。但坚守营栅以乘其敝，无患其城之不下也。"

甲寅，太祖至应天。戊午，阅武于鸡笼山。

明通鉴前编卷三

江西永宁知县当涂 夏 燮 编辑

前纪三 起阏逢执徐（甲辰），尽柔兆敦牂（丙午），凡三年。
太祖

元至正二十四年（甲辰、一三六四）

1 春，正月，丙寅朔，<u>李善长</u>、<u>徐达</u>等率群臣奉<u>太祖</u>即吴王位。

先是诸臣以功德日隆，屡表劝进。<u>太祖</u>曰："今戎马未息，创夷未苏，天命难必，人心未定。若遽称尊号，诚所未遑，俟天下大定，行之未晚。"<u>善长</u>等固请，万许之。建百官，置中书省左右相国，以<u>善长</u>为右相国，<u>达</u>为左相国，<u>常遇春</u>、<u>俞通海</u>为平章政事。立子标为世子。仍以龙凤纪年，下教称"令旨"。【考异】<u>毕</u>氏<u>通鉴考异</u>云："<u>明祖</u>尊奉<u>龙凤</u>，见于<u>明</u>人纪载者，皆称'皇帝圣旨'，'吴王令旨'。<u>钱辛楣</u>据<u>陶学士集</u>首所载<u>龙凤</u>十年二月十二月令旨各一通，即<u>至正</u>之二十四年也。"今按<u>潜庵史稿</u>，"<u>至正</u>二十四年正月，<u>太祖</u>即吴王位，下教弖令。"而自此至二(一)〔十〕六年，所有教谕皆称"令"，曰"此<u>太祖</u>奉<u>龙凤</u>正朔之确证"，今从之。

谕善长等曰:"建国之初,首在正纲纪。元氏昏乱,纪纲不立,主荒臣专,威福下移,由是法度不行,人心涣散,遂致天下骚动。今将相大臣,宜以为鉴,协心图治,毋苟且因循,取充位而已。"

又曰:"礼法,国之纪纲,礼法立则民志定,上下安。建国之初,此为先务。吾昔起兵濠梁,见当时主将,皆无礼法,恣情任私,纵为暴乱,由不知驭下之道,是以卒至于亡。今吾所任将帅,皆同功一体之人,自其归心于我,即与之定名分,申约束,故皆禀号令,无敢异者。尔等为吾辅相,当守此道,无谨于始而忽于终也!"

2 二月,乙未朔,太祖以武昌围久不下,复亲往视师。

辛亥,至武昌,趣攻城。城东有高冠山,汉兵据其上,俯城中可瞰也,亟命夺之。诸将相顾莫敢前。傅友德率数百人一鼓先登,矢中颊洞胁,不为动,卒夺焉。

敌有骁将陈同金,突抽矟驰入中军帐下。太祖坐胡床,疾呼曰:"郭四,为我杀之!"——郭四者,兴之弟英也。——英持枪奋臂一呼,应手而殒。太祖曰:"尉迟敬德不汝过也!"解战袍赐之。

陈理、张定边见事急,潜遣卒缒城走岳州,告其丞相张必先使入援。至是必先引兵至洪山,去城二十里,太祖命常遇春率精锐,乘其未集击败之,遂禽必先。必先骁勇善战,军中呼为"泼张",敌方倚以为重,及被禽,缚至城下示之曰:"汝所恃者泼张,今已为我禽,复何恃!"必先亦呼定边曰:"吾已至此,兄宜速降。"定边气索不能言。

后数日，太祖复遣友谅旧臣罗复仁入城，谕理使降。——复仁，吉水人，初事友谅，知其无成，遁去，遂从太祖。——因请曰："主上推好生之德，惠此一方，使陈氏之孤得保首领，而臣不食言，臣虽死不恨矣。"太祖曰："吾兵力非不足，所以久驻此者，欲待其自归，免伤生灵耳。汝行，必不误汝。"复仁至城下号哭，理惊，召之入，复相持哭。哭已，问故，复仁谕以太祖意，辞旨恳切。时陈氏诸将，无右定边者，定边亦知不可支。

癸丑，陈理肉袒衔璧，率定边等诣军门降。理见太祖，俯伏战栗，莫敢仰视。太祖见其幼弱，起，挈其手曰："吾不尔罪，勿惧也！"令宦者入其宫，传谕友谅父母，凡府库储蓄，悉令自取之，遣其文武官僚以次出门，妻子资装皆俾自随。

师围武昌凡六阅月而降。士卒无敢入城市，晏然不知有兵。城中民饥困，命给米振之，召其父老抚慰。民大悦。于是汉、沔、荆、岳郡县皆相继降。

乙卯，置湖广行中书省，以枢密院判杨璟为参政。

初，友谅之从徐寿辉也，其父普才止之，不听，及贵，往迎之，普才曰："汝违吾命，吾不知死所矣。"普才五子：长友富，次友直，又次友谅，又次友仁、友贵。鄱阳之役，友仁、友贵皆前死，至是理败，悉送之应天。

3 叛将李明道，闻太祖定武昌，惧而走，剪髯发，逃之武宁山中。有识之者，缚送武昌，太祖数其反覆之罪，诛之。

4 是月，以陶安为黄州知府。

时<u>黄州</u>初下，<u>太祖</u>思得重臣镇之，曰："无逾<u>安</u>者。"遂有是命。【考异】<u>安</u>守<u>黄州</u>，<u>龙飞纪略</u>系之<u>至正</u>二十一年，<u>陈氏通纪</u>系之二十年，皆误也。且是时未平<u>友谅</u>，何缘便下<u>黄州</u>？今据<u>学士集</u>，有是年二月令旨。

5　三月，<u>乙丑</u>，<u>太祖</u>至<u>应天</u>。

丙寅，封<u>陈理</u>为<u>归德侯</u>。

6　<u>丁卯</u>，置起居注给事中。

7　<u>戊辰</u>，以中书左丞<u>汤和</u>为平章政事。

时<u>和</u>守<u>常州</u>，率元帅<u>吴福兴</u>以舟师徇<u>黄杨山</u>，遇<u>张士诚</u>水军，击败之，禽其千户<u>刘文兴</u>等，获风船六艘，故有是命。

8　<u>己巳</u>，谕中书省臣曰："郡县官年五十以上者，虽练达政事，而精力就衰。宜令有司选民间俊秀年二十五以上，资性明敏，有学识才干者，辟赴中书，与年老者参用之，待老者休致而少者已熟于事。如此，则人才不乏而官使得人。其宣布此意，令有司知之！"

9　<u>庚午</u>，<u>江西</u>行省以<u>陈友谅</u>镂金床进。<u>太祖</u>观之，谓侍臣曰："此与<u>孟昶</u>七宝溺器何以异！一床工巧若此，其他可知。<u>陈氏</u>父子穷奢极靡。焉得不亡！"命毁之。

10　初，<u>太祖</u>平各路，皆置翼军，总以元帅，至是罢诸翼元帅府，置十七卫亲军指挥使司。

11　<u>辛未</u>，<u>太祖</u>御西楼，有军士十余人，自陈战功以求升赏，<u>太祖</u>谕曰："尔从我有年，才力勇怯，我纵不知，将尔者必知之。尔有功，予岂遗尔，尔无功，岂可妄陈！且尔曹不见<u>徐相国</u>邪？今贵为元勋。其同时相从者，犹在行伍。予亦岂忘之？以其才智止此，不能过人故耳。尔曹苟能黾勉立功,异日爵赏,我岂尔惜！但患不力耳。"于是军士乃不敢复言。

12 夏,四月,甲午朔,<u>太祖</u>退朝,与郎中<u>孔克仁</u>论前代成败,因曰:"<u>秦政</u>暴虐,<u>汉高帝</u>起布衣,以宽大驭群雄,遂为天下主。今元政不纲,群雄蜂起,皆不知修法度以明军政,此其所以无成也。"

又曰:"今天下用兵,<u>河北</u>有<u>博啰特穆尔</u>,<u>河南</u>有<u>库库特穆尔</u>,即扩廓帖木儿。<u>关中</u>有<u>李思齐</u>、<u>张良弼</u>。然有兵而无纪律者,<u>河北</u>也;稍有纪律而兵不振者,<u>河南</u>也;道路不通,馈饷不继者,<u>关中</u>也;<u>江南</u>则唯我与<u>张士诚</u>耳。<u>士诚</u>多奸谋,尚间谍,御众无纪律。我以数十万之众,修军政,任将帅,俟时而动,其势有不足平者。"<u>克仁</u>对曰:"主上神武,当安天下于一,今其时矣。"

13 丙申,命建忠臣祠于<u>鄱阳湖</u>之<u>康郎山</u>,祀<u>丁普郎</u>、<u>张志雄</u>、<u>韩成</u>、<u>宋贵</u>、<u>陈兆先</u>、<u>余昶</u>、<u>昌文贵</u>、<u>王胜</u>、<u>李信</u>、<u>陈弼</u>、<u>刘义</u>、<u>徐公辅</u>、<u>李志高</u>、<u>王咬住</u>、<u>姜润</u>、<u>石明</u>、<u>王德</u>、<u>朱鼎</u>、<u>王清</u>、<u>常德胜</u>、<u>王凤显</u>、<u>丁宇</u>、<u>王仁</u>、<u>汪泽</u>、<u>王理</u>、<u>陈冲</u>、<u>裴轸</u>、<u>王喜仙</u>、<u>袁华</u>、<u>史德胜</u>、<u>常惟德</u>、<u>曹信</u>、<u>逯德山</u>、<u>郑兴</u>、<u>罗世荣</u>,并前战<u>抚州门</u>未死,复从战<u>康郎山</u>而死之<u>程国胜</u>,凡三十六人。又命建忠臣祠于<u>南昌府</u>,祀<u>赵德胜</u>、<u>李继先</u>、<u>许珪</u>、<u>赵国旺</u>、<u>牛海龙</u>、<u>张子明</u>、<u>张德山</u>、<u>夏茂成</u>、<u>徐明</u>、<u>朱潜</u>、_{以上十人,皆死于<u>友谅</u>攻<u>南昌</u>之难者。}<u>刘齐</u>、<u>朱叔华</u>、<u>赵天麟</u>、_{以上三人,皆陷<u>吉安</u>、<u>临江</u>执至<u>南昌</u>城下而死者。}<u>叶琛</u>、<u>万思诚</u>,_{以上二人死于<u>祝宗</u>、<u>康泰</u>之难者。}凡十有五人,并追封赠勋爵有差。【考异】<u>康郎山</u>之祀

三十六人,连程国胜数之,见上。至豫章之祀,据明史赵德胜传言,"立忠臣祠于豫章,并祀十四人,以德胜为首。"所云"十四人"者除德胜数之,文义甚明。而诸书所记,皆据"十四人"之语,于是纪事本末遗去赵国旺,郎氏七修类稿,遗去朱叔华,又有赵德昭,无赵国旺,或一人而二名欤?毕氏通鉴于康郎山作"三十五人",遗去程国胜,又于南昌作"十四人",遗去赵国旺,皆沿旧史之误。不知赵国旺之死,已于抚州门之战记其与李继先等同在战死中,何以南昌之祀,未及详考而遗之?今悉据明史赵德胜传所载十五人及三十六人之名,详析书之。○又按潜庵史稿,亦云"丁普郎等三十五人,赵德胜等十四人",盖亦据明史传中语,而不知其一除赵德胜数之,一除程国胜数之。传中所载,逐人逐事皆有考核,并不误也。

14 乙巳,太祖闻诸功臣家僮有横肆者,召徐达、常遇春等谕之曰:"尔等从我,起身艰难,成此功勋,匪朝夕所致。比闻尔等所畜家僮,乃有恃势骄恣,逾越礼法。小人无忌,不早惩治之,他日或生衅隙,宁不为其所累!宜速去之,如治病当呕除其根。若隐忍姑息,终为身害。"

15 丙午,中书省言:"湖广行省所属州县,故有铁冶。方今用武之际,非铁无以资军用,请兴建炉冶以备鼓铸。"从之。

16 丁未,命左相国徐达率兵取庐州。左君弼闻达至,惧不敌,走入安丰,留部将殷从道、张焕等守城,达督兵围之。

17 己酉,命中书省:"凡商税三十取一,多者以违例论。改在都官店为宣课司,府、州、县官店为通课司。"

18 壬戌,命江西行省置货泉局,设大使、副使各一人。颁大中通宝大小五等钱式,使铸之。

19 是月,平章俞通海等率兵略刘家港,败张士诚兵,禽其院判朱琼等。

20 中书省进宗庙祭享及月朔荐新礼仪。太祖览毕，悲不自胜，谓宋濂、孔克仁曰："吾昔遭世艰苦，饥馑相仍，当时二亲俱在，吾欲养而力不能给。今赖天地之佑，化家为国。而二亲不及养。追思至此，痛何可言！"因命并录皇考、妣忌日，岁时享祀以为常。

21 五月，丙子，太祖御白虎殿阅汉书，问起居注宋濂、郎中孔克仁曰："汉治不三代者，何也？"克仁对曰："王霸杂故也。"太祖曰："谁执其咎？"曰："在高祖。"太祖曰："昔高祖创业，遭秦灭学，燔诗书，未遑礼乐。孝文令主，正当制礼作乐以复三代之旧，乃逡巡未遑，使汉业终于如是。帝王之道，贵不违时。三代之王，有其时而能为之，汉文有其时而不为，周世宗则无其时而欲为之者也。"又问克仁："汉高起徒步为万乘主，所操何道？"对曰："知人善任使。"太祖曰："项羽南面称孤，仁义不施而自矜功伐。高祖知其然，承以柔逊，济以宽仁，卒以胜之。今豪杰非一，我守江左，任贤抚民以观天下之变，若徒与角力，则猝难定也。"

【考异】此与上论前代戎败事，皆见克仁传。纪事本末一系之四月，一系之五月，盖五月论汉治，兼有宋濂在传也。证之皇明宝训，则论汉治在五月丙子，今从之。

22 六月，戊戌，湖广溪峒长官向思明等纳款。思明，元所授湖广安定宣抚使也。

初，陈友谅据湖、湘间，诸苗畏其强，友谅又啖之以利，往往资其兵力，为之驱使。及友谅既败，太祖进克武昌，湖南诸郡，望风归附。于是思明以元授宣抚使印来，上请改授，乃命仍置安定等处宣抚司二，以思明及其弟思胜为之。

又置怀德军民宣抚司一，统军元帅二，其他各溪峒皆置长官，于是降者踵至。

23 太祖谓廷臣曰："治国之道，必先通言路。夫言，犹水也，欲其长流。水塞则众流障遏，言塞则上下壅蔽。"

戊午，复谕廷臣曰："国家政治得失，生民之休戚系焉。君臣之间，各任其责，不宜有所隐避。若隐蔽不言，相为容默，既非事君之道，于己亦有不利。自今宜各尽乃心，直言毋隐。"

24 秋，七月，丁丑，徐达、常遇春克庐州。

时州城被围三月，众皆饥困不能战，张焕与贾丑潜通款于达，（谓）〔请〕攻东门，约为内应，于是进兵亟攻之。城中诸军悉救东门，焕乃断吊桥，开西门，纳我兵入城。执其部将吴副使并左君弼母妻及子，皆送建康。以指挥戴德守之。

25 己卯，左君弼部将许荣以舒城降，仍命荣守之。

改庐州路曰府。置江淮行省，命平章俞通海摄省事镇之。

兵革之际，民多逃匿，通海日加招辑，为政有惠爱，复业者众。

26 是月，元博啰特穆尔举兵犯阙。

初，御史大夫罗达锡，旧作老的沙。与知枢密院事图沁特穆尔旧作秃坚帖木儿。得罪于元太子，太子欲诛之，乃奔大同，为博啰所匿。帝以罗达锡母舅故，欲寝其事，而太子不可。时丞相绰斯戬、旧作搠思监。宦者布木布哈旧作朴不花。附太子,必欲穷究其事,帝无如之何。会库库特穆尔驻太原,与博啰构兵,屡败之,太子方倚以为重,乃下诏诬博啰与罗达锡等谋不轨,削其官职,夺其兵,命库库率兵讨之。博啰不受诏,遂举兵犯阙,索绰斯戬、布木布哈,杀之,至是又合图沁特穆尔兵再犯京师。

前军抵居庸关,库库遣部将白索珠旧作锁住。以万骑入卫,与战于龙虎台,不利,遂奉太子奔太原。于是博啰入朝,诏以为中书左丞相,仍谕以"与库库特穆尔各弃宿忿,弼成大勋",皆不听。【考异】据元史顺帝纪,初次犯阙在四月,至七月又合兵犯阙,库库与战不利,乃奉太子奔太原,辑览则系之四、五两月。今据元史牵连记之。

27 八月,壬辰朔,常遇春、邓愈等徇江西上流未附州县,率兵讨新淦之沙坑、麻岭、牛陂诸寨,平之,执叛将邓志明送建康,与其兄克明皆伏诛。

28 乙未,命徐达会参政杨璟徇荆、湘诸路。

29 戊戌,常遇春、邓愈等复吉安。

先是,遇春次吉安,遣人语饶鼎臣曰:"吾今往取赣,可出城一言而去。"鼎臣不敢出,遣其幼子出见。遇春坐而饮之酒,遣之告曰:"归语而父:将欲何为,匿而不出?吾往矣,不能为尔留,可善自为计!"鼎臣惧,即夜,弃城走,明日,遂下之,乃引兵趋赣州。

30 是月,张士诚使人面数元江浙丞相达什特穆尔过失,勒令自陈老疾避位,又言"丞相之任非士信不可",士信即逼取其所掌符印,自为江浙行省左丞相,徙达什于嘉兴,幽锢之。

士诚又讽行台为请于朝，使即真王，元御史大夫布哈特穆尔旧作普化帖木儿。不从。乃使人至绍兴索行台印章，布哈封其印，置之库，曰："我头可断，印不可与！"又迫之登舟，曰："我可死，不可辱也！"从容更衣赋诗，仰药而死。达什闻之曰："大夫且死，吾何生为！"亦仰药死。

士诚遂专有江浙，委政于士信。士信既为江浙丞相，乃广建第宅，蓄声妓，恣荒淫。每出师，不问军事，辄携樗蒱蹴踘，拥妇女酣宴。宠信黄敬夫、蔡彦夫、叶德新三人，皆谄佞憸邪，日事蒙蔽，一时有"黄菜叶西风"十七字谣。——西风，谓建康兵也。

太祖闻之，谓诸臣曰："吾诸事经心，法不轻恕，尚且有人欺我。张九四终岁不出门，不理政事，有不败者乎！"——九四者，士诚小字也。【考异】黄、蔡、叶，三人姓，借"菜"为"蔡"也。明史张士诚、徐达传皆同，而三人姓名，皆具士诚传中。诸书多作"王蔡叶"，而毕氏通鉴，前作"黄"，后作"王"，尤矛盾不合也。十七字谣，见明史五行志，曰："丞相做事业，专用黄菜叶。一朝西风起，干鳖。"

31　九月，辛巳，命中书省绘塑功臣像于卞壶、蒋子文庙，以时遣官致祭。其南昌及康郎山、处州、金华、太平府各功臣庙，亦令有司依时致祭。其未褒赠者，论功定拟以闻。

32　甲申，徐达、杨璟等率师进攻江陵，故汉平章姜珏诣达乞降，且曰："当死者珏耳，百姓无辜。"达善其言，下令禁兵侵扰。列郡闻之，皆望风归附。

乙酉，遣裨将傅友德徇夷陵，故汉守将杨以德率耆民出降。乃改江陵路曰荆州，夷陵曰峡州。寻徇潭州。

湘乡土酋易华，集少壮，据黄牛峰十余年，至是达使招降之。又,故汉归州守将杨兴,亦以城降,达以兴为千户,守州城。

33 是月,方国珍弟明善攻平阳。

初,温州土豪周宗道据平阳,数为明善所逼,乃率众诣处州参军胡深降。深率兵援,击败之,遂下瑞安。

于是谋进兵温州,国珍惧,请输岁币银二万两,太祖许之,乃谕深班师还。

34 冬,十月,常遇春等围赣州久不下。太祖谕之曰:"熊天瑞困守孤城,如笼禽阱兽,复何能为!但恐戒破之日,杀伤过多耳,当以保全生民为念。昔邓禹不妄诛戮,子孙世昌,此可为法。向者鄱阳之战,友谅既败,生降其兵,至今为我用。苟得城,无民,将安用之!"

时天瑞拒守益坚,其子元震窃出觇兵势,遇春亦乘数骑出。元震猝遇之,初不知。既,遇春还,始知之,复来袭。遇春遣壮士挥双刀击之,元震奋铁挝以拒,且斗且却,遇春曰:"壮男子也!"舍之去。

35 张士诚遣其弟士信寇长兴永兴卫,指挥耿炳文、指挥同知费聚击败之,获其将宋兴祖。

36 十一月,辛酉,置湖广提刑按察司。

37 张士信愤长兴之败,再益兵入寇,围其城。

时太祖命平章汤和自常州往援,辛巳,与士信战,自巳至申不解,杀伤相当。耿炳文自城中出,内外夹击,大败之,俘其士卒八千余人而还。

炳文守长兴凡八年。大小数十战,战无不克,故士诚迄不得逞。

38 是月，湖广土官覃垕、夏克武来降。

39 十二月，庚寅朔，徐达克辰州。

时辰州为故汉左丞周文贵所据，达先遣指挥张彬击之。文贵部将张川拒之于白云关，彬败之，文贵弃城走，遂克辰州。

又分遣傅友德攻衡州，守将邓祖胜弃城退保永州，于是衡州亦下。

40 丙辰，新淦邓仲谦作乱，袭破州治，杀知州王真，江西大都督朱文正遣参政何文辉、指挥薛显等讨之。——仲谦，志明从子也。【考异】王真，潜庵史稿"真"作"贞"。

41 是月，太祖复与库库特穆尔通好，贻书曰："博啰犯阙，古今大恶，此正阁下正义明道不计功利之时也。然阁下居河南四战之地，承颍川新造之业，而博啰寇犯不已，虑变之术，诚(未)〔不〕可以不审。阁下何靳一介之使，渡江相约？予地虽不广，兵虽不强，然春秋恤交之义，常切慕焉。且乱臣贼子，人人得而诛之，又何彼此之分哉！英雄相与之际，正宜开心见诚，共济时艰，毋自猜阻！"库库得书，留使者不报。【考异】致库库书，毕鉴系之是月己巳。按是月庚寅朔，无己巳也，疑"己"字为"乙"字之误。今不书日。

二十五年(乙巳、一三六五)

1 春，正月，己巳，平章常遇春、参政邓愈等克赣州。

时熊天瑞被围凡五阅月，粮尽，乃遣子元震出降。寻天瑞亦肉袒诣军门,尽献其地,遇春送天瑞于应天。

太祖闻遇春不杀,喜甚,遣使褒谕之曰:"予闻仁者之师无敌,非仁者之将不能也。今将军破敌不杀,捷至,予为将军喜,虽曹彬之下江南,何以加兹! 将军能广宣威德,保全生灵,予深有赖焉!"

先是天瑞据赣,常加赋横敛民财,太祖命悉罢之,并免去年秋粮之未输者。

元震,本姓田氏,为天瑞养子,善战有名。遇春喜其才勇,荐之,授指挥,后复姓田氏。【考异】克赣州,明史本纪、潜庵史稿及诸书皆作"正月己巳"。是年正月己未朔,己巳乃十一日也。毕氏通鉴系之己未,疑误也。友谅传言"天瑞拒守五越月",邓愈传亦云"五月克之",盖遇春以去年九月至赣也。遇春传作"六月",今不从。

壬申,遇春进师南安,遣麾下逾岭南招谕韶州诸郡之未下者,于是故汉韶州守将张秉彝及南雄守将孙荣祖,各籍其兵粮来降,遇春令指挥王玙守南雄,秉彝守韶州。

时左相国徐达亦徇宝庆路,克之,于是靖州军民安抚司及诸长官司皆来降,湖、湘悉定,达与遇春皆振凯还。

2 进邓愈江西行省右丞。

愈时年二十八,兵兴诸将早贵者,李文忠外,愈其一也。行军最严;善抚降附。方自赣还军至吉安时,饶鼎臣走据安福,愈遣兵讨之,部卒掠其男女千余人。安福州判官潘枢告愈曰:"将军奉扬天威以除祸乱,渠魁未殄而良民先被其害,非吊伐之义也。"愈立起惊谢,趣下令,"掠民者斩!"大索军中,所得子女尽出之。枢因闭置空舍中,自坐舍外,煮糜粥食之,卒有谋夜劫取者,愈鞭之以徇。枢因悉护遣还其家，民大悦。

愈还，至富州，复讨山寨，平之。

3　参政何文辉、指挥薛显等讨新淦邓仲谦，斩之。

4　甲申，大都督朱文正以罪被执归。

初，文正从渡江有功，太祖问以“若欲何官？”文正对曰：“叔父成大业，何患不富贵！爵赏先及私亲，何以服众！”太祖善其言，益爱之。

及江西平，文正功居多。太祖赏诸将，念文正前言知大体，锡功尚有待也，文正遂不能无少望。性素卞急，至是益暴怒无常，任掾吏卫可达夺部中子女。按察使李饮冰，奏其骄侈缺望，太祖遣使诘责，文正惧，饮冰益言其有异志。太祖即日登舟，疾驶至南昌城下，遣人召之，文正仓卒出迎，太祖泣谓之曰：“汝何为者？”遂载与俱归。至应天，马后力解之，曰：“儿特性刚耳，无他也。”群臣请置于法，太祖曰：“文正固有罪，然吾兄止此一子，若置之法则绝矣。”宋濂进曰：“主上体亲亲之谊，置之远地，则善矣。”乃免文正官，安置桐城。未几卒。

文正子守谦，时方四岁，太祖抚之曰：“尔父倍训教，贻吾忧。尔他日长成，吾封爵尔，不以尔父废也。”命马后育之。

5　乙酉，阅将士，命镇抚率军士分队习战，胜者赏银十两，其伤而不退者，亦以其勇敢赏之，仍赐之医药。

谕曰：“刃不素持，必致血指；舟不素操，必致倾覆；若弓马不素习而欲攻战，鲜不败者，故使汝等练之。今勇健若此,临敌何忧不克! 爵赏富贵,惟有功者得之。"

顾谓起居注詹同等曰:"兵不贵多而贵精,多而不精,徒累行阵。近闻军中募兵,多冗滥者,吾时为式之,冀得精锐以待用也。"又谓同曰:"孙武杀吴王二宠姬以教兵,此司马迁好奇之论也。夫以吴国之众,岂无数十百人与武习兵,乃出宫人试之! 且当时武欲试其能,亦何必妇人哉!"

6 二月,己丑朔,陈友定侵处州,参军胡深率兵往援,友定闻深至,遁去。深追至浦城,守将拒战,深击败之,遂下浦城。

7 辛丑,命千户夏以松守临江,张信守吉安,单安仁守瑞州,宋炳守饶州,并属江西行省节制。又命参军詹元亨总制辰、沅、曲靖、宝庆等州郡,听湖广行省节制。

8 丙午,张士诚遣其司徒李伯昇,率马步舟师二十万逾浦江,报诸全之怨也。

伯昇挟叛将谢再兴攻诸全之新城,造庐室,建仓库,预置州县官属,为持久必拔之计。又分兵数万,据城北隅,遏我援师。行省参政胡德济坚壁拒之,告急于严州行省左丞李文忠,文忠令指挥张斌率兵出浦江,遥为声援。

士诚又以兵自桐庐溯钓台,窥严州,文忠命以舟师拒之,分署诸将,各为备御居守,自率指挥朱亮祖等驰救。

丁巳,去新城二十里而军。德济潜使人告"贼势盛,宜少避其锐以俟大军",文忠曰:"以众则彼胜,以谋则我胜。昔谢玄以兵八千破苻坚百万,兵在精,不在众也。"乃下令曰:"彼众而骄,我少而锐。以锐当骄,一战可克。且其辎重山积，此天以富汝曹也。勉之！"

诘朝，军方食，候卒告敌至。文忠悉精锐张左右翼，使元帅徐大兴、汤克明等将左军，严德、王韶等将右军，而自以中军当敌冲。会胡深遣耿天璧以援师至，文忠军益奋。与诸将申约束，即横槊引铁骑数十，乘高驰下，直出阵后，冲其中坚。敌以精骑围文忠数重，矛屡及膝。文忠大呼，手格杀其骁将数人，所向皆靡，左右军乘之，德济亦率城中将士鼓噪而出。士诚兵大溃，逐北十余里，斩首以万数。文忠命收兵会食，遣朱亮祖、张斌追殄余寇，燔其营落数十，获伪同金韩谦等六百人，甲士三千，马八百，委弃辎重铠仗如山，收旬日不尽。伯昇、再兴仅以身免。

太祖闻捷，大喜，召文忠、德济入京，赐御衣、名马，寻擢德济行省右丞。

9 三月，辛巳，平章常遇春至应天，太祖御戟门颁赏，劳将士。【考异】此据毕氏通鉴所记，明史本纪则但有"四月庚寅命常遇春徇襄、汉诸路"之语，而不言其"还至应天"。证之遇春本传，则云"自赣州还，定安陆、襄阳"，似遇春无还至应天之事。今按遇春以正月平赣，若不还应天，则襄阳之行不应迟至四月。盖振凯还应天以三月，至四月复出。毕氏盖据实录，今从之。

10 癸未，起居注宋濂乞归省金华，太祖赐金币遣之。

濂侍左右，太祖尝召讲春秋左氏传，进曰："春秋乃孔子褒善贬恶之书，苟能遵行，则赏罚适中，天下可定也。"太祖一日御端门口，释黄石公三略，濂曰："尚书二典、三谟，帝王大经大法毕具，愿留意讲明之！"已，论赏赉，复曰："得天下以人心为本，人心不固，虽金帛充牣。将焉用之！"太祖悉称善。

至是濂还家,进表谢,复致书世子,勉以孝友敬恭,进德修业。太祖览书,大悦,召太子为谕书意,赐札褒答,并令太子致书报焉。【考异】据明史濂传,讲春秋以下二事,皆系之乙巳告归之前。证之文集行状,讲春秋则壬寅八月事,乃至正二十二年也,论三略则乙巳正月事,即是年之正月也。王圻续文献通考亦系之至正二十五年正月,濂即以是年三月告归,今牵连并记之告归之下。

11　夏,四月,己丑朔,参军胡深进攻建宁之松溪,克之,获陈友定守将张子玉。太祖闻之,喜曰:"子玉骁将,禽之则友定破胆。乘势攻之,理无不克。"

深既下松溪,留元帅李彦文安辑其众,因请发广信、抚州、建昌三路之兵规取八闽。【考异】纪事本末"四月乙丑"。按是月己丑朔,无乙丑也,"乙"字当为"己"字之误,今从毕氏通鉴。太祖遣广信指挥朱亮祖由铅山,建昌左丞王溥由杉关,会深齐进。

12　庚寅,命常遇春徇襄、汉诸路。

太祖尝与徐达等论襄、汉形势曰:"安陆、襄阳,跨连荆、蜀,乃南北之襟喉,英雄所必争之地,今置不取,将贻后忧。况沔阳新附,城中人民多陈氏旧卒,壤地相连,易于煽动。譬之树木,安陆、襄阳为枝,沔阳为干,干若有损,枝叶亦何有焉! 今宜增兵守沔阳,庶几不失其宜。"至是始命遇春往取之。

13　五月,庚申,广信指挥王文英率师趋铅山,次佛母岭,遇陈友定之兵,击走之。

14　乙亥,平章常遇春攻安陆,克之,禽其守将任亮。以沔阳卫指挥吴复守安陆。

己卯,进攻襄阳,【考异】明史本纪作"乙卯",误也。是月无乙卯。今据潜庵史稿作"己卯"。守将弃城遁。遇春追击之,俘其众五千。伪金院张德、罗明以毂城降,送之建康。

先是遇春既行,太祖复命江西右丞邓愈领兵继其后,谕之曰:"凡得州郡,汝宜驻兵以抚降附。若襄阳未下,则令遇春分兵半集沔阳,半集景陵,汝居武昌,使声援相应,以遏寇之奔轶。"愈奉命行,寻授愈湖广平章,使镇襄阳。

又调浙东提刑按察使章溢为湖广按察佥事,太祖复以书谕愈曰:"汝戍襄阳,宜谨守法度。山寨来归者,兵民悉仍故籍,小校以下悉令屯粮,且耕且战。汝所戍地邻库库,若汝爱加于民,法行于军,则彼所部皆将慕义来归,如脱虎口就慈母。汝其勉之!"愈于是披荆棘,立军府营屯练卒,拊循招徕,威惠甚著。

溢至湖广。以荆、襄初平,多废地,请分兵屯田,且以控制北方,太祖从之。

15　是月,浙东元帅何世明败张士诚兵于新溪,又败之于柴溪。胡深等兵至浦城,亦败陈友定兵于浦城之南。

16　六月,丁酉,克安福州,饶鼎臣弃城走茶陵。

先是,邓愈遣兵攻安福,不克,太祖复命元帅王国宝会江西参政何文辉讨之,至是始下。

17　壬子,参军胡深进兵攻乐清,克之,禽方国珍镇抚周清等送建康。

时朱亮祖等已至闽,深遂会兵攻崇安、建阳,克之。进攻建宁,时陈友定将阮德柔婴城固守。军次城下,亮祖欲攻之，深觇氛祲不利，谓亮祖曰："天时未协，将必有灾。"亮祖曰："天道难知。山泽之气，变态无常，何足征也！"迫深进兵，深犹持不可。德柔以兵四万屯锦江，逼深阵后，亮祖督战益急。深不得已，遂引兵鼓噪而进，破其二栅。德柔悉精锐扼深军，围之数重。日已暮，深突围出，伏兵忽起，马蹶，被执。友定素重深，礼遇之。深因盛称太祖神圣威武，天命有归。且援窦融归汉故事以喻友定。友定虽不听，亦无杀深意。会元使至，督趣之，遂遇害。

深久莅乡郡，驭众宽仁，用兵十余年，未尝妄戮一人。太祖尝问宋濂曰："深伊如人？"濂曰："文武才也。"太祖曰："然。浙东一障，吾方倚之。"

比伐闽，有星变，太祖曰："东南必折一良将。"至是深果应之。太祖闻报，深加悼惜，遣使祭，追封缙云郡伯。

18 乙卯，下令课民种桑。"凡农民田五亩至十亩者，栽桑、麻、木棉各半亩，十亩以上者倍之，其田多者，率以是为差。有司亲临督率，不如令者有罚。不种桑，使出绢一匹，不种麻及木棉，出麻布、棉布各一匹。"

19 是月，以儒士滕毅、杨训文为起居注，谕之曰："吾见元大臣门下士，多不以正自处，唯务诪谀以求苟合。见其人所为非是，不相与正救，及其败也，卒陷罪戾。尔从徐相国幕下，久而无过，故授尔此职，宜尽心所事，勿为阿容！"

又曰："起居之职，非专事纪录而已，要在输忠纳诲，致主于无过之地，而后为尽职。吾平时于百官所言，一二日外，犹寻绎不已。今尔在吾左右，不可不尽言也！"

复命毅、训文集古无道之君若夏桀、商纣、秦始皇、隋炀帝所行之事以进,曰:"吾观此者,正欲知其丧乱之由以为鉴戒耳。"

20 秋,七月,丁巳朔,命降将张德山归襄阳,招谕未附山寨。

21 初,故汉守将周安,闻友谅亡,即以永新归降,行省即遣安守之。及讨安福饶鼎臣,安疑而复叛,仍结诸山寨拒守。太祖命平章汤和移师讨之,克其十七寨,禽伪官三十余人,围其城。【考异】汤和讨永新山寨,毕鉴叙于正月,据其下令之月也,实则和之进兵在七月。明史本纪不书,据潜庵史稿,以为七月丁巳。纪事本末同,惟连叙斩周安事于下,乃牵连并记之体,实则斩周安,克永新,皆闰十月事也。证之明史汤和传,言"和围永新凡五阅月",则是以七月攻,闰十月下,正与"五阅月"之语合,故史稿别书克永新于闰十月戊辰,今从之。

22 庚申,故汉左丞周文贵之党复攻陷辰溪,总制辰、沅等州事、参军詹允亨遣兵讨之。

23 甲子,太祖复贻元库库特穆尔书,令还我使者汪河,不报。

24 壬午,置太史监,以刘基为太史令。【考异】明史本纪不载,历志则始于吴元年上戊申历。然是时刘基为太史院使,不云"太史令"也。证之职官志,言"明初置太史监,吴元年改监为院,秩正三品,即院使也。"据此,则初名太史监,设太史令,后改为太史院,乃设院使。故潜庵史稿系设太史监事于是年七月壬午,毕氏通鉴同,盖皆据洪武实录也。若基传言"吴元年以基为太史令,上戊申大统历",此牵连记之,实则吴元年改授基为太史院使也。今分书之。

25 是月,元博啰特穆尔等伏诛。

先是库库特穆尔以兵攻大同,取之,元太子乃趣大举以讨博啰。无何,博啰幽皇后,索元帝所爱女子。帝怒,欲图之。

于是威顺王子华善_{日作和尚}受密旨,谋于士人徐士本,结壮士金诺海_{旧作金珲海}等六人,挟刀衣中,立延春门东排仗内。会博啰入奏事,壮士突前,以刀斫中其脑,六人者遂攒杀之。罗达锡被执,图沁特穆尔遁,寻被禽,皆伏诛。

明日,遣使函博啰首诣太原,诏太子还京,并命库库特穆尔扈从入朝。

26 令:"从渡江士卒,被创废疾者养之,死者归其妻子。"

27 八月,周文贵复攻辰州,千户何德率轻骑直抵其寨,败之。文贵走保麻阳。德追击,又败之,文贵遁去。

28 九月,丙辰朔,置国子学,以故集庆路学为之。

29 是月,元库库特穆尔至京师,诏授太尉、中书左丞相,录军国重事,兼知枢密院事。

30 蜀明玉珍遣其参政江俨通好。太祖命都事孙养浩报之。

时玉珍取云南失利,诸将暴掠不能制,太祖复以书戒之。

31 冬,十月,戊戌,太祖以张士诚屡犯疆场,将举兵讨之,下令曰:"士诚启衅多端,袭我安丰,寇我诸全,连兵构祸,罪不可逭。今命大军致讨,止于渠魁,在彼军民,无恐无畏,毋妄逃窜以废农业。已敕大将军约束官兵,有虏掠者,以军律论。"

辛丑,命左相国徐达、平章常遇春、胡美及同知枢密院冯国胜、左丞华高等,率马步舟师水陆并进,规取淮东、泰州等处。

时士诚所据郡县,南至绍兴,与方国珍接境,北有通、泰、高邮、淮安、徐、宿、濠、泗,至济宁与山东相距。太祖谋先取通、泰诸郡,剪其羽翼,然后专事浙西。故命达总兵,以次取之。

32 乙巳,徐达兵趋泰州,浚河通州,遇士诚兵,击败之,驻军海安坝上。丁未,进兵围泰州新城,击败士诚淮北援兵,获其元帅王成。

己酉,士诚复遣淮安李院判援泰州,常遇春击败之,禽万户吴聚等。遣人谕城中降,伪将严再兴、夏思忠、张士俊等拒守不下,益兵围之。

33 饶鼎臣既走茶陵,复合浦阳群盗于南峰山寨,时出侵掠。癸丑,遣元帅王国宝等击败之,鼎臣遁去。

34 信州盗萧明率兵攻饶州。

时陶安自黄州移守饶,集诸父老,谕以"粮实城坚,但能坚守数日,援兵至,可破也。"因与千户宋炳亲率吏民分城拒守,选勇健为游兵,昼夜巡捍,而请救于江西行省。

安登城谕贼曰:"尔众,吾民也,反为贼用,得毋失计乎?"皆唯唯。贼众登城,安命射之,矢下如雨,贼不敢逼。越三日,行省援兵至,遂大败之。萧明遁去,禽其伪招讨都海万户袁胜,斩之。

诸将欲屠从贼者,安不许,曰:"民为所胁,奈何杀之!"

太祖闻之，赐诗褒美，州民建生祠祀之。【考异】明史本纪不载，证之陶安传，则以为陈友定之兵。按友定时据建宁，未必远至饶州，图取江西之地，故诸书皆以为信州盗者近之。潜庵史稿亦云"信州贼萧明"，盖信、闽连界，友定方强，或萧明等假其旗帜以入寇，亦未可知。证之学士集首所载刘辰国初事迹，亦但云"寇至攻城"而已。又明史书"十一月信州盗陷婺源"，证之诸书，即萧明也。此必自饶败遁，饶、婺连界，故复有寇婺之事。今据潜庵史稿及毕鉴。

35 闰月，乙卯朔，江阴水寨守将康茂才亟遣人报曰："张士诚以舟师四百艘出大江，次范蔡港，别以小舟于江中孤山往来出没，请为之备。"

太祖揣知其情，谕达等曰："寇初非有攻江阴直趋上流之计，不过分驻舟师，设诈疑我，使我陆战之兵还备水寨。我兵既分，彼又将弃水趋陆，捣吾之虚，此一诡策也。又闻常遇春出海安七十余里击寇，寇兵不过万人，此非有抗我大军之势，不过欲诱之深入。去泰州既远，彼必潜师以趋海安，使我军势分，首尾衡决，不及救援，此又一诡策也。兵法'致人而不致于人'，尔宜审虑！使至，即令遇春驻师海安，慎守新城，以逸待劳，何患不克！泰兴以南并江寇舟，亦宜备之！"

己未，太祖亲至江阴茂才水寨，觇察军情。

36 戊辰，平章汤和克永新，执周安送建康，斩之。

37 庚辰，徐达、常遇春克泰州，禽士诚守将严再兴等。

捷闻，命达等以便宜守城，亟乘胜徇未下诸郡县。于是遣千户刘杰分兵徇兴化，士诚守将李清战败，闭城拒守。士诚复遣将援清，杰击走之。

38 是月，元封库库特穆尔为河南王。

时巴咱尔旧作伯撒里。为右丞相，累朝旧臣，而库库以后生晚出，与之并相，居两月，即请南还视师。

是时中原虽无事，而江、淮、川、蜀，皆非元所有。太子屡请出督师，元帝难之，至是特封库库，命总天下兵，而代之行。于是库库分省以自随，官属之盛，几与朝廷等。寻还河南，欲庐墓终丧，左右咸以为受命出师，不可中止，乃复北渡，居怀庆，又移居彰德。

39 十一月辛卯，徐达进攻高邮。太祖恐其深入敌境，不能策应诸将，乃命冯国胜率所部节制高邮，俾达还军泰州，图取淮安、濠、泗。

会士诚兵寇宜兴，达渡江击败之，俘其士卒三千余人。

40 甲午，元帅王国宝邀击饶鼎臣，败之。鼎臣中弩死，余党遂溃。

41 是月，信州盗萧明自饶州败走，复寇婺源，知州白谦力不能御，怀印出北门赴水死。

42 十二月，张士诚遣兵八万寇安吉。

初，广德翼元帅费子贤，从邓愈下武康、安吉，遂筑城守之，士诚兵数来犯，辄败去。至是命张左丞盛兵来攻，而子贤所部仅三千人，坚壁拒守，设车弩城上，射杀其枭将二人。乙卯，解围去。子贤以功进指挥同知。【考异】毕氏通鉴言费聚败士诚寇安吉之兵，误也。证之明史聚传，言"聚从征淮安、湖州、平江有功"。所谓从征湖州者，乃从耿炳文守长兴，御士诚叠次寇长兴之兵，非安吉也。子贤乃专守安吉之将，明史附金兴旺传中，言"子贤取武康、安吉，筑城守之，士诚兵数来犯，辄败去。最后张左丞以兵八万来攻，子贤仅三千人，守甚固,设车弩城上,射杀其枭将二人'云云,即指此事也。纪事本末、潜庵史稿皆作"子贤",今并据明史子贤传叙入。至子贤败士诚之兵,史稿系之是月乙卯,乃十二月初二日也,毕鉴误作"十二月庚子朔"。庚子乃十一月十七日,盖是年十一月甲申朔也。士诚之兵以十一月庚子来攻安吉,至十二月乙卯始败去,义当如此。但庚子非十二月,尤非十二月之朔,此则舛误之尤甚者,今据潜庵史稿。

43　左丞相徐达,自宜兴还兵攻高邮,士诚遣其左丞徐义由海道入淮援之。义怨士诚,以为驱之死地,屯昆山、太仓等处,三月不进。

44　是岁之夏,元思南宣慰使田仁智遣其都事杨琛归款,并纳元所授宣慰使印。太祖喜曰:"仁智僻处遐荒,世长溪峒,乃能识天命,先来归诚,可嘉也!"俾仍为思南道宣慰使,授琛思州等处宣抚使,给以三品银印。

其秋,思州宣抚使田仁厚亦遣使献其所守地,命改宣抚司为思南、镇西等处宣慰司,亦以仁厚为宣慰使。

二十六年(丙午、一三六六)

1　春,正月,癸未朔,张士诚以舟师驻君山,又出马驮沙,凡数百艘,将溯流由江阴以窥镇江,枢密院判吴良与其弟指挥吴祯严兵以待。

太祖亲率大军,水陆并进。比至镇江,士诚焚瓜洲,掠西津而遁,太祖命良会都督副使康茂才出江追之。比至浮子门,士诚以五百艘遮海口,乘潮来薄。良与茂才督诸军力战,敌舟首尾相失,遂大败之。其弃舟登岸者,预伏一军于江阴之山麓,悉掩击殆尽,获卒二千。

是役也，茂才以水寨制胜，而良自江阴来，且守且战。太祖劳军至，周巡壁垒，叹曰："良，今之吴起也！"

良守江阴十年，捍御有方。训将练兵，常如寇至。暇则延儒士，兴学校，修屯田。太祖尝嘉其"保障一方，使我无东顾之忧"，命宋濂等为诗文美之。

辛卯，太祖还应天。【考异】明史本纪但云"康茂才追败士诚"，不及吴良，毕鉴亦但云"吴守将以闻"，守将，即良也，而亦不言其追士诚之事。惟纪事本末则专叙良兄弟之功，并追士诚于浮子门亦归之于良，不及茂才，皆两失之。今参之二书，并记其功。至士诚始窥江阴，虽太祖下令亲征，而良之守御有方，故士诚旋即遁去，惟追之于浮子门，则茂才之功居多耳。观于太祖至江阴劳军，周巡壁垒，比其功于吴起，以此观之，良之功固不可没也。

2　是月，命中书省录用诸司劾退官员。

省臣傅瓛等言："今天下更化，庶务方殷，诸司官吏，非精勤明敏者不足以集事。"太祖曰："不然。人之才能，各有长短，故致效亦有迟速。夫质朴者多迟缓，狡猾者多便给。便给者虽善办事，或伤于急促，不能无损于民；迟缓者虽于事或有未逮，而于民则无所损也。"于是有劾退仍起用者。

又命按察司佥事周桢等"定拟按察事宜，条其所当务者以进"，谕之曰："风宪纪纲之司，唯在得人，则法清弊革。人言神明可行威福，鬼魅能为妖祸。尔等能兴利除害，辅国裕民，此即神明；若阴私诡诈，蠹国殃民，此即鬼魅也。凡事当持大体，毋沽名买直，以察察为名，苛刻为能，则风宪之职举矣。"

3　二月，癸丑朔，湖广参政张彬败周文贵于辰州。

4　丁卯，四川容美峒宣抚使田光宝，遣其弟光受等以元所授宣抚敕印来归。<u>太祖</u>以<u>光宝</u>为<u>四川行省</u>参政,兼<u>容美峒</u>等处军民宣抚使,仍置安抚元帅治之,并立<u>六平台</u>、<u>宜麻寨</u>等十寨长官司。

5 <u>处州青田县</u>山贼连<u>福建陈友定</u>兵攻<u>庆元</u>。

时<u>章溢</u>擢授<u>浙东</u>按察副使,<u>溢</u>辞,请仍为佥事。既至,值<u>胡深</u>入<u>闽</u>陷没,<u>处州</u>动摇,<u>溢</u>宣布诏旨,诛首叛者,余党悉定。至是召旧部义兵,分布要害,贼至,遂击走之。

6 己巳,置<u>两淮</u>都转运盐使司,所领凡二十九场。

7 初,<u>徐达</u>援<u>宜兴</u>,<u>太祖</u>命<u>冯国胜</u>统兵围<u>高邮</u>。

<u>张士诚</u>将<u>俞同佥</u>〔毕鉴"俞"作"余"。〕诈遣人乞降,约推女墙为应。<u>国胜</u>信之,夜,遣指挥<u>康泰</u>率数百人先入城,敌闭门,尽杀之。<u>太祖</u>怒,召<u>国胜</u>,决大杖十,令步诣<u>高邮</u>。<u>国胜</u>惭愤力攻。

适<u>徐达</u>自<u>宜兴</u>还,癸酉,<u>达</u>请以指挥<u>孙兴祖</u>守<u>海安</u>,<u>常遇春</u>督水军为<u>高邮</u>声援,<u>太祖</u>从之。复遣使谕<u>达</u>曰:"<u>士诚</u>起自<u>高邮</u>以有<u>吴</u>、<u>越</u>,此其巢穴也,大军攻之,彼必来救。今闻<u>徐义</u>已入海,或由<u>射阳湖</u>,或由<u>瓠子角</u>,或出<u>宝应</u>趋<u>高邮</u>,不可不备!"又令<u>达</u>驻师<u>泰州</u>以防贼窥<u>海安</u>。

8 辛巳,下令禁种糯稻。

其略曰:"曩以民间造酒醴,糜费米麦,故行禁酒之令。今春米麦价稍平,然不塞其源而欲遏其流,不可也。其令农民今岁无得种糯,以塞造酒之源。"

9 是月,伪<u>夏明玉珍</u>卒,子<u>昇</u>自立。

10 三月,庚寅,<u>徐达</u>自<u>泰州</u>进兵,会<u>冯国胜</u>等攻<u>高邮</u>,丙申,克之,戮伪将俞同金等。俘其将士,命悉遣戍沔阳、辰州,仍给衣粮。

丁未,太祖谕达,令乘胜取淮安。其余兵马,悉令常遇春统领,守泰州、海安,为江上应援。

时孙兴祖守海安,防御甚严。会士诚兵自海口来侵,击败之,禽伪彭元帅,获其将士二百余人。

11 是月,命中书省严选举之禁。凡府县每岁荐举,得贤者赏,滥举及蔽贤者罚。

12 初,元李思齐与察罕特穆尔同起义师,齿位相等。至是库库特穆尔总天下兵,檄调关中四军。——四军者,思齐及张良弼、图鲁卜、旧作脱列伯。孔兴也。思齐得檄,大怒,骂曰:"我与若父同乡里,今乳臭小儿黄发犹未退,乃欲总兵调我耶!"于是良弼遂首拒命。孔兴、图鲁卜等,亦皆恃功怀异,请别为一军,莫肯统属。

库库叹曰:"吾奉命总天下兵,而镇将皆不受调遣,何平贼为!"乃遣关保、和尔齐旧作虎林赤。以兵西攻良弼于鹿台,而思齐与良弼合,自是东西构兵不解。

13 夏,四月,丙辰,徐达兵至淮安。闻徐义舟师集马骡港,夜,率兵往袭之,破其寨,义泛海遁去。

我军进薄城下,士诚中书左丞梅思祖等,封府库,籍甲兵,开门迎降,并献所部四州。太祖嘉其知命保民,授大都督府副使,命指挥蔡先、华云龙守其城。

14 戊午,徐达由瓠子角进兵攻兴化,克之,淮地悉平。

15 命平章韩政取濠州。

濠自郭子兴弃后，孙德崖亦死，士诚将李济窃据守之。太祖命李善长招之以书，不报。太祖曰："濠州，吾桑梓之邦，今为张士诚所据，是我有国而无家也！"即命政督指挥顾时以云梯炮石攻其水裓洞月城，又攻其西门。城中不能支，庚申，济及知州马麟出降，太祖甚悦。

壬戌，遣人赍书谕宿州吏民，以"谊属乡邻，不忍遽兴师旅。凡我父老，宜重体此意。"

时守将陆聚，为元枢密院同知，自脱脱败芝麻李于徐州，彭大等奔濠，聚抚辑流亡，缮城保境，寇不敢犯。至是闻徐达经理江、淮，遂以徐、宿二州降。值太祖谕至，率众归诚。太祖喜，以聚为江南行省参政，仍命守徐州。

16 甲子，太祖发应天，将幸濠州省陵墓，命博士许存仁、起居注王祎从行。——存仁，金华元儒谦子也。

时陆聚遣兵略定鱼台，以次徇邳、萧、宿迁、睢宁，皆下之。

丁卯，太祖至濠州。念祖考葬时，礼有未备，乃询改葬典礼服制于存仁等，皆以仪礼"改葬缌"对。太祖犹以为轻，命有司制素冠白缨衫绖，皆以粗布为之。

时有言"发祥之地，灵秀所钟，不宜启迁以泄山川之气"，太祖然之，乃令增土培其封，置守冢二十家。里人刘英、汪文，与太祖故旧，召至，相劳苦，并以守冢事属焉。——汪文，即太祖自制皇陵碑所谓"汪氏老母"者，文其子也。

17 戊辰，濠州父老经济等谒见，太祖与之宴，极欢，谓济等曰："吾去乡十有余年,艰难百战,乃得归省坟墓,与父老子弟复相见,今苦不得久留欢聚为乐。父老幸教子弟孝弟力田,毋远贾。滨淮郡县,尚苦寇掠,父老善自爱。"济等皆顿首谢曰："久苦兵争,不遑安处,微吾王之威德不及此。"

18 初,太祖既定淮地,遣使谕左相国徐达曰："闻元将珠展领马步兵万余,自柳滩渡入安丰,其部将漕运,自陈州而南,给其馈饷。亟宜遣兵绝其粮道,俾远来之众,师不宿饱,野无所掠,然后选刘平章、薛参政部下骑卒五百,并庐州之兵与之速战,一鼓可克也。不然,事机一失,为我后患。"

于是达等率马步舟师三万余人,进兵安丰。辛未,薄城下,分遣韩政等以兵扼其四门。乃于东城龙尾坝潜穿其城二十余丈,城坏,遂克之,实都、珠展、左君弼等皆出走。我师追奔十余里,获实都及裨将贾元(师)〔帅〕而还,珠展、君弼并走汴梁。日晡,珠展复率师来援,政等再与战于南门外,大败之。珠展遁去,追至颍,获其运船以归。遂置安丰卫,留指挥唐胜宗守之。

19 戊寅,太祖将还应天,谒辞墓。召汪文、刘英,赏以绮帛米粟,曰："聊以报宿昔相念之德。"又语诸父老曰："乡县租赋,已令有司勿征。一二年间,当复来相见也。"

20 五月,甲申,太祖至应天。【考异】明史本纪、潜庵史稿皆作"壬午"。按戊寅太祖将还应天,中间尚有辞墓及召汪文等赏劳之事。毕鉴系之甲申者近之。壬午,据元史本纪为五月朔日。

庚寅,命有司遍求古今书籍以充秘府。

21 秋,七月,丁未,太祖以淮东诸郡既平,遂议讨张士诚,召中书省及大都督府臣佐计。

右丞相李善长对曰："张氏宜讨久矣。然其势虽屡屈而兵力未衰，土沃民富，又多积储，恐难猝拔，宜俟衅而动。"太祖曰："彼淫昏益甚，生衅不已，今不除之，终为后患。且彼疆域日促，长淮东北之地，皆为我有，我以胜师临之，何忧不拔！况彼败形已露，岂待观隙邪！"

左丞相徐达曰："张氏骄淫，暴殄奢侈，此天亡之时也。其所任骁将，如李伯昇、吕珍之徒，皆龌龊不足数，徒拥兵众，为富贵之娱耳。其居中用事者，黄、蔡、叶三参军辈，皆迂阔书生，不知大计。臣奉主上威德，率精锐之师，声罪致讨，三吴可计日定也。"太祖喜曰："诸人局于所见，独尔合吾意，事必济矣。"于是命诸将简士卒，择日出师。

22 是月，太祖复遣使贻元库库特穆尔书，告以"拘我使者，不足为利而反足为害"，仍不报。

23 八月，庚戌朔，命拓应天城。

初，旧城西北控大江，东尽白下门。距钟山既阔远，而旧内在城中，因元南台为宫，稍卑隘。太祖乃命刘基等卜地，定作新宫于钟山之阳。在旧城东白下门之外二里许，增筑新城，东北尽钟山之阳，延亘周围凡五十余里。【考异】明史本纪"八月庚戌"，纪事本末作"庚申"。按是月庚戌朔，庚申为八月十一日。今从明史。

24 辛亥，命左相国徐达为大将军，平章常遇春为副将军，率兵二十万讨张士诚。

太祖亲御戟门誓师，谕诸将佐曰："城下之日，毋杀掠，毋毁庐舍，毋伐丘垄。士诚母葬平江城外，毋侵毁。"皆再拜受命,遂为戒约军中事,令人给一纸。

将发,召问诸将曰:"此行用兵当何先?"遇春对曰:"逐枭者必覆其巢,去鼠者必熏其穴。此行宜直捣平江,破其巢穴,其余城邑,可不劳而下矣。"太祖曰:"不然。湖州张天骐,【考异】"天骐",毕氏通鉴作"天麟",今从明史。杭州潘原明,为士诚臂指,平江既蹙,二人必并力救之。今不先分其势而遽攻平江,若天骐出湖州,原明出杭州,援兵四合,难以制胜。不若出兵先攻湖州。使其疲于奔命。羽翼既披,则平江势孤,可立破也。"遇春犹执前议,太祖乃屏左右,密语达、遇春曰:"吾欲遣熊天瑞从行,俾为吾间也。天瑞之降,非其本意,心常怏怏。适来之谋,戒诸将勿令知,但云直捣姑苏。天瑞知之,必叛而输之于张氏,如此则堕吾计中矣。"

癸丑,达等率诸军发龙江。辛酉,师至太湖。己巳,遇士诚援兵于港口,败之,禽伪将尹义、陈旺,遂次洞庭山。癸酉,进至湖州之毗山,又击败伪将石清、汪海,禽之。士诚驻军湖上,不敢战,将遁,适指挥熊天瑞果叛降士诚。

甲戌,师至湖州之三里桥,伪右丞张天骐分兵三路以拒我师,伪参政黄宝当南路,院判陶子实当中路,天骐自当北路,伪同金唐杰为后继。达进兵,分派遇春攻宝,王弼攻天骐,而自出中路与子实战,别遣骁将王国宝率长枪军直扼其城。遇春与宝战,宝败,走入城,城下吊桥已断,不得入,复还力战,遂被擒,于是天骐、子实皆不敢战,敛兵而退。

士诚又遣司徒李伯昇来援,由荻港潜入城,我军四面围之。伯昇及天骐闭门拒守,达遣国宝攻其西门,自以大军继之。子实及伪同佥余德全等出战,复败走。

士诚又遣其伪平章朱暹、同佥吕珍等及其五太子者率兵六万来援,屯城东之旧馆,筑五寨自固。时平章汤和自常州来,与达、遇春等分兵营于东阡镇南姑嫂桥,连筑十垒以绝旧馆之援。

时士诚婿潘元绍驻兵乌镇东,为吕珍等声援,达遣兵乘夜袭之。元绍遁,遂填塞沟港,绝其粮道。——原绍,原明弟也。

士诚见事急,亲率兵来援,复败之于皂林。

25 是月,元以陈友定为福建行省平章政事。

友定自败胡深后,有胜兵万人,益发取诸州县,遂尽有福建八郡之地,开省延平。时张士诚、方国珍等各据一方,岁漕粟大都,辄不至。而友定事朝廷未尝失臣节,岁输粟数十万石,海道辽远,至者尝十之三四。元帝嘉之,下诏褒美,故有是命。

友定粗涉书史,数招致文学知名士,置之幕府。然颇任威福,所属有违令者,辄承制诛窜不绝。

漳州守将罗良,心不平,以书责之曰:“郡县者国家之土地,官司者人主之臣役,而仓廥者朝廷之外府也。今足下视郡县如家室,驱官僚如圉仆,擅廪廥如私藏,名虽报国,实自为身家。不审足下将欲为郭子仪乎,抑欲为曹孟德乎?”友定大怒,竟攻漳,杀良,并良妻子及其弟罗三。一时如福清宣慰使陈瑞孙，崇安令孔楷，建阳人詹翰，皆以拒友定不从被杀。于是友定威震八闽。

26 九月，己卯朔，士诚复遣其同金徐志坚，以轻舟出东阡镇觇我师，欲攻姑嫂桥，遇常遇春，与战。会大风雨，天晦冥，遇春令勇士乘划船数百突击之，遂禽志坚，得众三千余人。

27 乙未，命行省左丞李文忠自严州率师攻杭州，指挥华云龙自淮安率师攻嘉兴，以牵制张士诚。

28 乙巳，左丞廖永忠，参政薛显，将游军驻湖州之德清，遂克之，获船四十艘，禽伪院判钟正及叛将晋德成。

29 张士诚自徐志坚败，甚惧，遣其右丞徐义至旧馆觇形势。常遇春以兵扼其归路，义不得出，乃潜遣人约张士信出兵与旧馆兵合战，士诚又遣赤龙船亲兵援之。义甫得脱，与潘原绍率赤龙船兵屯于平望，别乘小舟潜至乌镇，欲援旧馆。遇春由别港追袭之，至平望，纵火焚其赤龙船，众军溃走。自是旧馆之援遂绝。馈饷不继，多出降者。

30 周文贵复攻掠辰州诸郡，湖广参政杨璟率兵进讨，又分遣指挥副使张胜宗讨湘乡之贼，斩其帅易华。

31 冬，十月，壬子，常遇春兵攻乌镇，徐义、潘原绍皆败走。追至昇山，破其平章王晟六寨，余军奔入旧馆之东壁。伪同金戴茂乞降，许之。是夕，晟亦降。

32 甲子，李文忠率指挥朱亮祖、耿天璧攻桐庐，降伪将戴元帅。复遣袁弘、孙虎徇富阳，禽伪同金李天禄，遂合兵围余杭。

33 戊寅，徐达复攻昇山水寨。顾时引数舟绕出敌船，掩其不意，率壮士跃入敌舟，大呼奋击，余舟竞进薄之。伪五太子盛兵来援，遇春兵为之稍却。薛显率舟师直前奋击，烧其船，敌众大败，五太子及朱暹、吕珍等以旧馆降。遇春谓显曰："今日之战，皆将军之功，吾不如也。"

五太子者，实士诚之养子，本姓梁，短小精悍，能平地跃起丈余，善没水。朱暹、吕珍，亦皆善战，士诚倚之。至是闻其降，为之夺气。

34 先是达等所获将士，悉执以徇于湖州城下，城中大震。

十一月，甲申，又以降将吕珍、王晟等徇州城下，谕其司徒李伯昇出降。伯昇在城上呼曰："张太尉养我厚我，何忍负之！"抽刀欲自杀，左右抱持，不得死，语之曰："援绝势穷，不降何待！"伯昇俛首不能言。会张天骐等以城降，伯昇不得已亦降。

35 辛卯，李文忠攻余杭，下之。

先是，文忠兵至城下。伪守将谢五者，再兴弟也，文忠遣人语之曰："尔兄以李梦庚小隙归张氏，非尔谋也。今尔若降，不死，且得富贵。"于是谢五率其弟侄五人出降。

文忠进兵杭州，未至，士诚平章潘原明惧，遣其员外郎方彝诣军门纳款，文忠曰："吾兵适来，胜负未可知，而遽约降，得无欲以计缓我乎？"对曰："天兵如雷霆，当之者无不摧破。诚念百万生灵，为之请命耳。"文忠留宿帐中，明日，遣还报，而驻兵以待。

原明乃籍土地钱粮并士诚所授诸印，又执叛将蒋英、刘震出降,伏谒道左。以女乐导迎,文忠叱去之。壁丽谯,下令曰:"擅入民居者死!"一卒借民釜,立斩以徇,城中帖然。得兵三万,粮二十万。执元平章努都、长寿等,与蒋英、刘震皆送应天。

原明,泰州人,与士诚俱起盐徒。元军围高邮,士诚与十八人突围出走,原明及李伯昇、吕珍三人与焉。三人相继降,士诚益孤立矣。

36 庚子,克绍兴,伪同佥李思忠降,命驸马都尉王恭、千户陈清、李遇守之。

辛丑,华云龙克嘉兴,伪守将宋兴降。

37 大将军徐达等既克湖州,引兵至南浔,伪元帅王胜降。至吴江,伪参政李福、知州杨彝降。

壬寅,师次苏州城南鲇鱼口,击伪将窦义,走之。值都督副使康茂才自湖州来,遇士诚兵于尹山桥,击败之。茂才持大戟督战,覆其将士,焚其官渎战船千余艘。

癸卯,合兵围平江。达军葑门,遇春军于虎丘,郭兴军娄门,华云龙军胥门,汤和军阊门,王弼军盘门,张温军西门,康茂才军北门,耿炳文军城东北,仇成军城西南,何文辉军城西北,四面筑长围困之。又架木塔,与城中浮图对。筑台三层,下瞰城中,名曰"敌楼"。每层施弓弩火铳于其上,又设襄阳炮击之,城中震恐。

有杨茂者,无锡莫天祐部将也,善泅水。天祐潜令入姑苏与士诚相闻,逻卒获之于阊门水栅,缚送大军,达释而用之。时平江城坚不可拔,天祐阻兵无锡,为士诚声援。

达因纵茂出入往来，得其彼此所遗蜡书，悉知士诚、天祐虚实。

遣指挥茅成攻娄门，成中流矢死。

38 甲辰，李文忠送元平章努都、长寿等至应天，太祖以其朝臣，命有司给饩廪，归之于元。

诛蒋英、刘震，命悬胡大海像，刺英等心血祭之。

以潘原明全城归顺，民不受锋镝，仍授平章，其官属皆仍旧职，听李文忠节制。

寻授文忠江浙行省平章政事。文忠至是始命复李姓。

39 先是，征儒士熊鼎、朱梦炎至应天，居之宾馆。太祖令集古事质直语以教公卿子弟，名曰公子书。又以民间农工商贾子弟多不读书，宜以其所当务者，直词详说，为务农、技艺、商贾书，使各通知大义，可以化民成俗。是月，书成，进御，赐鼎等人白金五十两及衣帽靴袜等物。

40 十二月，乙卯，永宁县贼饶一宁作乱，江西行省遣指挥毕荣讨之，禽其元帅王子华，余党悉平。【考异】毕氏通鉴作“十二月乙卯朔”，误也。是年九月己卯朔，十月己酉朔，毕鉴误作“辛亥朔”，实则辛亥乃十月三日也。十二月戊申朔，乙卯为十二月初八日。毕氏此数月干支多误。

41 陈友定守建宁将阮德柔，遣使来纳款。

42 韩林儿在滁州，太祖命廖永忠迎归应天，行至瓜步，沉之于江。林儿既卒，始命以明年为吴元年。

群臣请建宫阙，太祖以国之所重，莫先庙社，命有司以次营建。

是月，甲子，太祖告事山川。

己巳，典营缮者以宫室图进，凡有雕琢奇丽者，即命去之。

论曰：韩林儿之卒也，本纪但书其卒，而于林儿传中则并存或说，谓"太祖命廖永忠迎林儿归应天，至瓜步，覆舟，沉于江"云。又永忠传言："林儿在滁州，遣永忠迎归应天。至瓜步，覆其舟死，帝以咎永忠。"由或说观之，似瓜步之沉，太祖实授意焉。由帝咎永忠之言观之，似永忠实有擅弑之罪，于是遂以为八年永忠赐死之张本。及太祖晚年，命宁王权编辑通鉴博论，于至正二十六年大书曰："廖永忠沉韩林儿于瓜步。大明恶永忠之不义，后赐死。"据此，则出自太祖特书之笔以为万世戒。然则当日永忠自瓜步归，何难明正其罪而诛之邪？

予谓永忠之沉林儿，与黥布之弑义帝事绝类，太祖殆欲避项羽之名而慕汉高之义，遂使永忠无淮南之反而蹈黥布之诛，不亦千古之大疑案乎！

夫大丈夫不受制于人，因林儿之势盛而用其年号，此太祖之一失也。平友谅之后，既称吴王，即当建国，必待林儿既死而后称吴元年，此太祖之再失也。沉林儿于建国之后，犹得曰卧榻之旁岂容他人鼾睡，今建国于沉林儿之后，是代之也，代之而何以自解于夺之之名乎？十二年中，无北面之事，无尺寸之倚，而徒奉其年号以令军中，一旦改之则为无名，因之则将终事，此林儿之所以卒不免也。

观史所记,永忠邀封公爵,正自以其瓜步之功,是有挟而求也。以太祖之猜忌功臣,永忠即无沉舟之事,亦终与冯胜、傅友德等先后赐死。今不正其罪于建国之初,而归其狱于赐死之后,又命宁王书之博论中,是欲盖而弥彰也。

伏读御批明鉴云:"明祖闻副元帅之檄,谓大丈夫宁能受制于人,固已中情流露,瓜步沉舟之事,未必尽诬"云云,实春秋诛意之书。予谓当刘文成斥林儿为牧竖时,太祖固已心颔之矣。惜文成不能于平汉之后上劝进之书,则当日君臣之两失也。

43 是岁,伪夏明昇以父丧遣使告哀,已,又遣使来聘,太祖亦遣侍御史蔡哲往报之。

哲至蜀,尽图其山川险易以献,太祖览而善之。

44 方国珍恃元屡晋官爵,辄骄横不奉命,畏太祖之逼,许以三郡献,终不纳土,又请输岁币,亦不至。太祖屡遣使诘责,阳奉阴拒。太祖曰:"姑置之,待我克平江,欲奉正朔晚矣。"

明通鉴前编卷四

江西永宁知县当涂 夏　燮 编辑

前纪四　强圉协洽（丁未），尽一年。
太祖

前编卷四　前纪四　太祖　元至正二十七年（一三六七）

123

元至正二十七年吴元年（丁未、一三六七）

1　春，正月，【考异】毕氏通鉴，是年"正月癸巳朔，吴王始称吴元年"，误也。按去年十二月甲子告事山川，则已下令以明年为吴元年矣。至其即吴王位，则已在至正二十四年之春，故明史本纪及诸书，于是年正月记事，并无"癸巳下令称吴元年"之语。且是年二月丁未朔，正月之朔，若大建则丁丑，小建则戊寅，癸巳乃正月之中旬，毕氏作"癸巳朔"，尤舛误也。今仍据明史本纪，书称吴元年于去年十二月之下。乙未，谕中书省曰："太平、应天诸郡，吾创业地，供亿最劳。昔在军中乏粮，空腹出战，归得一食，虽甚粗粝，食之亦甘。今尊居民上，饮食丰美，未尝忘之。况吾民居于田野，所业有限，而又供需百出，其何以堪！"戊戌，下令免太平租二年，应天、镇江、宁国、广德各一年。【考异】明史本纪"戊戌谕中书省"云云，明史稿作"乙未"，潜庵史稿"戊戌令曰"，据此，则乙未万据其谕中书省之日，戊戌则下令之日也，今分记之之。

2　庚子，松江府嘉定州守臣王立忠等诣徐达军降。

时平章俞通海从达克湖州后,分兵徇太仓州,约束军士,秋毫无犯,民大悦,争献牛酒迎道左。于是昆山、崇明等县皆望风归附,通海遂从达等进围平江。

3 辛丑,谕中书省臣曰:"古人祝颂其君,皆寓儆戒之意。适观群下所进笺文,颂美之词过多而规戒之言罕见,非古者君臣相告以诚之道。今后笺文,但令平实,勿以虚辞为美也。"

4 癸卯,副指挥戴德攻沅州,围其城六日,守将李胜出降。遂下之。【考异】克沅州,潜庵史稿系之戊戌下,今从元史顺帝纪,"围城六日",则是以戊戌攻,癸卯下也。

5 甲辰,复与元库库特穆尔书。

初,太祖遣汪河,被留不报,复遣钱桢,亦如之。乃复告以"今日事势,张思道操刃于潼关,李思齐抗衡于河间,俞宝蓄变于肘腋,王信生衅于近郊,连兵构祸,首尾牵制。若复弃我旧好,拘我使臣,则是内外交攻,兵连祸结,阁下之境必将土崩瓦解矣。"库库仍不悟。

会元趣库库南征,而库库畏江南强盛,不得已遣其弟托音特穆尔旧作托音帖木儿。及部将摩该旧作貔高。驻兵济宁、邹县等处,名为保障山东,因以遏南军入北之路,覆命元帝曰:"此为肃清江淮张本也。"

至是太祖知其无意南征,乃复责其拘使不还之罪曰:"若能遣汪河、钱桢等还,岂惟不失前盟,亦可取信天下。不然,是又开我南方之兵,为彼后时之战,阁下虽深谋如莽、操,诡计如懿、温,英雄满前,何以取生? 古云:'功被天下，守之以逊；富有天下，守之以谦。'况其为臣者乎！惟审思之！"——思道，即良弼，以字行者。俞宝、王信，皆据山东之地，合从张、李者也。【考异】据明史库库传，言"太祖七致书，皆不答。"其可考者，至正二十三年正月遣汪河报书，一也；二十四年十二月贻库库书，言博啰犯阙事，二也；二十五年七月责送汪河还，三也；二十六年七月再责送使者，四也；是年正月三责送使者，五也；又是年九月送元神保大王至京师，贻库库书，六也；七次致书，当在即位以后。今按明史本纪，但记二十三年汪河报书之事，而是年九月，亦但言致书元主，不及库库，惟潜庵史稿所载特详，但略去二十四年一次耳。今按二十四年之书，系约共讨贼 不及汪河，至二十五年，始责送汪河。以后凡三贻书责送使者，而是年书中之词，则又兼及钱桢，是桢当为二十五年所遣，今并叙入。

是月，李思齐、张良弼等会于含元殿基，推思齐为盟主，以拒库库之师。

6 二月，丁未朔，元库库特穆尔遣左丞李二寇徐州，驻陵子村，参政陆聚、指挥傅友德御之。友德度兵寡不敌，遂坚壁拒守。诇其出掠，乃以步骑二千溯河至吕梁，登陆击之，刺其骁将韩乙，余众败去。友德度李二必益兵复至，亟还城，开门出兵，阵于野外、卧戈以待，约闻鼓声则起。二果至，鼓而破其前锋，余众大溃，多溺死者，遂禽二，获其将士二百余人，马五百匹。

太祖闻捷，谓都督庲臣曰："此盖库库之游兵，欲以此饵我，使我将骄兵惰，掩吾不备。古人之戒，正在于此。善战者知己知彼，察于未形。可语安丰、六安、临、徐、濠、邳守将严为之备。"寻进友德江淮行省参知政事。

7 壬子，温州茗洋降贼周瑞卿叛，【考异】"瑞"，潜庵史稿作

"遂"。浙东佥事章溢遣其子元帅存道,合平阳、瑞安总制孙安兵讨之,斩瑞卿,获其党六十余人。

8　癸丑,置两浙都转运盐司于杭州,设三十六场。

9　是月,大将军达以平江久不下,遣人自军中来请事。太祖手书慰劳之曰:"将军自昔相从,忠义出自天性,沉毅有谋,用能戡乱定难。虽古豪杰何以加兹!今所请事,多可便宜行者,而识虑周详,不欲造次,诚邦家之福,社稷之庆。然将在外,君不御,古之道也。自今军中缓急,惟将军便宜行之。"达得书,遂檄各路进兵。

时太祖以平江围久不下,复以书遗士诚,劝以全身保族,如汉窦融、宋钱俶故事。士诚得书,卒不报。【考异】达自平江军中来请事,语见明史达传,纪事本末系之是年二月之下,诸书皆不载。按达檄各路进兵,俞通海自太仓以兵来会,而通海之卒在四月,则进兵在三月。以此推之,遣人至金陵请事,纪事系之二月者是也。惟通海之卒,纪事牵连并记。证之潜庵史稿,则其卒在四月乙卯,其围平江中创归金陵,当在三月也,今分月书之。

10　江西行省遣兵会湖广行省千户徐兴攻平江濑寨,镇抚杨五以寨降。

11　参政陆聚遣兵攻宿州,禽其佥院邢瑞。

12　三月,丁丑,设文武科取士。

13　壬午,江西行省参政杨璟克澧州。戊子,思、沅两界军民安抚使黄元明以其地内附。又用参军詹永亨言,授黔阳县前元帅蒋节为靖州安抚使,俾讨平山寨,且耕且守。

14　丁酉,颁科举取士式。

令曰:"应文举者,察其言行以观其德,考之经术以观其业,试之书算骑射以观其能,策之经史时务以观其政事。应武举者,先之以谋略,次之以武艺。俱求实效,不尚虚文。然此二者,必三年有成。有司预为劝谕,俟开举之岁,充贡京师。"【考异】据明史太祖本纪,但云"始设文武科取士",而下令之文,见龙飞纪略、纪事本末等书。又证之明史选举志,亦云"使有司劝谕民间秀士及智勇之人以时勉学,俟开举之岁,充贡京师"云云,据此,则是年仅颁科举取士之令,未尝开科试士也。而考之陶学士知新近稿中,有与员外黄观澜、李彦章试士西掖诗云:"王业兴家国,人才荐庙堂。风檐留暑刻,冰鉴照毫芒。列坐清仪肃,终篇耿论昌。愿言登用者,一一是贤良。"又次黄观澜韵,有云:"右掖苍柏阴,挥笔司文柄。"按东、西掖在午门之左、右,吴元年始建宫殿,则集中云"试士西掖"者,王是年三月事也。草创之初,设官需才,故其时仅就东南人士,命安等试之于廷,此正明初设科取士之滥觞也。既试之后,复颁科举定式,以为三年后各省通行之例。故诸书所记,有系之三月丁丑者,有系之三月丁酉者,盖一据其试士之日,一据其下令之日,未可据令中之语而以为是年未尝开科取士也。今分书之,仍叙下令原文而附识于此。

15　夏,四月,丙午,上海县民钱鹤皋作乱,据松江。

先是松江既平,即令王立忠守府事,已,太祖又遣荀玉珍代之。会大军檄征砖礨城,鹤皋不奉令,遂结士诚故元帅府副使韩夏秦、施仁济纠众三万余人攻松江。通判赵傲仓猝不能御,同妻子赴水死,玉珍弃城走,贼追杀之。

鹤皋遂自称行省左丞,伪署官属,令其子遵义率小舟数千走苏州,欲归士诚以求援。徐达遣指挥葛俊讨之,兵至连湖荡,见遵义之众皆操农器,知其无能为也。乃于荡东西连发十余炮,贼皆惊溃,溺死者众,遂复松江。获鹤皋,槛送大将军,斩以徇。

施仁济等脱走,率其党五千余人入嘉兴,劫库藏军需而出。<u>海宁卫</u>指挥<u>孙虎</u>等率兵追击,悉禽之。

16 乙卯,行省平章<u>俞通海</u>卒。

先是大将军橶<u>通海</u>会围<u>平江</u>,行至<u>灭渡桥</u>,击败<u>士诚</u>兵。进捣<u>桃坞</u>,中流矢,创甚,乃遣将以兵会<u>达</u>,身归<u>应天</u>。<u>太祖</u>幸其第视病,病革,<u>太祖</u>呼谓曰:“平章知我来问疾乎?”<u>通海</u>已不能语,<u>太祖</u>挥泪而出。至是卒,年三十八。后追封<u>虢国公</u>,赐谥。【考异】通海之卒,惟潜庵史稿有月日,今据之。

17 己未,<u>方国珍</u>入贡,复阴泛海,北通<u>库库</u>,南交<u>陈友定</u>。<u>太祖</u>遗书责<u>国珍</u>,数其十二过,且征贡粮二十万石,曰:“克<u>杭</u>有日,何负约如故也?<u>张士诚</u>与公接壤,取公振落耳,所不敢者,以谁在邪?吾旦暮下<u>姑苏</u>,奄至公境,背城一战,亦丈夫矣。不然,去之入海,亦一策也;然自古未有老海上者。公审思之!”<u>国珍</u>惧,与其弟侄将佐谋。郎中<u>张本仁</u>曰:“<u>江左</u>方图<u>张氏</u>,胜负未可知,彼安能越境而致于人!”<u>刘庸</u>曰:“<u>江左</u>多步骑,奈吾海舟何!”独幕下士<u>丘楠</u>力争之,曰:“此皆非主福也。唯知可以决事,唯信可以守国,唯直可以用兵。昔者<u>江</u>、<u>淮</u>之间,豪杰并起,人人莫不欲帝,然分鼎足者,<u>汉</u>与二<u>吴</u>耳。<u>友谅</u>敢战不怯,尚死<u>九江</u>。<u>张</u><u>吴</u>区区,如窦中鼠,败可知已。<u>江左</u>法严而军威,诸将所过,秋毫无犯,所得府库,还封识之以奉其主。且业已并<u>汉</u>,势复兼<u>张</u>。公经营<u>浙东</u>十余年矣,不能越三郡,不以此时早决,不可谓知;既许之降,抑又背焉,不可谓信;彼之征师,则有词矣,我实负彼,不可谓直。幸而扶服请命,庶几可视<u>钱俶</u>乎!”<u>国珍</u>不能用。

18　丁卯，<u>李文忠</u>请调兵戍沿海州县。

19　是月，谕起居注<u>詹同</u>曰："国史贵直笔，善恶皆当书之。昔<u>唐太宗</u>观史，虽失大体，然命直书<u>建成</u>之事，是欲以公天下也。朕平日言行，是非善恶，汝等皆宜直书，不宜隐讳，庶使后世观之不失其实。"

20　五月，己丑，<u>湖广</u>行省遣兵讨<u>平江花阳</u>山寨，禽其贼首<u>王世明</u>。

21　己亥，初置<u>翰林院</u>，设学士等官，以<u>陶安</u>、<u>潘庭坚</u>为翰林院学士。

　　<u>庭坚</u>，亦<u>当涂</u>人，初以<u>安</u>荐，召为帅府教授，寻守<u>浙东</u>，至是，与<u>安</u>并召。未几，<u>庭坚</u>以老告归。

　　时征集诸儒议礼，以<u>宋濂</u>方家居，乃命<u>安</u>充议礼总裁官。【考异】<u>明史本纪</u>、传，云"初置翰林院"，不言设官及召<u>陶安</u>等事，证之<u>职官志</u>，是时初置翰林院，秩正三品，谓学士也。又证之<u>安</u>传，言"<u>吴元年</u>初置翰林院，首召<u>陶安</u>为学士，时征诸儒议礼，命充总裁官"，<u>学士集</u>所载国史同。又<u>潘庭坚</u>传，言"<u>庭坚</u>与<u>三恺</u>守<u>浙东</u>，<u>太祖</u>为<u>吴王</u>，设翰林院，与<u>安</u>同召为学士。"据此，则<u>安</u>与<u>庭坚</u>，皆首召之人也，今增入，并据传补充议礼总裁之事。此事<u>坐鉴</u>失载。

22　是月旱，命减膳素食。

　　令曰："予以布衣定<u>江右</u>十有三年，中原之民，流离颠顿，无有所归。<u>徐</u>、<u>宿</u>、<u>濠</u>、<u>泗</u>、<u>寿</u>、<u>邳</u>、<u>海安</u>、<u>襄阳</u>、<u>安陆</u>等郡县及自今新附之民，皆复田租三年。"

23　太史令<u>刘基</u>，以旱故请决滞狱，<u>太祖</u>即命<u>基</u>平反之。未几，雨澍。<u>基</u>因请立法定制以止滥杀，又以荧惑守心，请下诏罪己，皆从之。【考异】荧惑守心及旱请决滞狱，<u>明史基传</u>皆以为<u>吴</u>

元年事。证之<u>诚意伯行状</u>,但云"某月某日",故<u>明史天文志</u>亦不载。今因五月旱牵连并记,系之是月之末。

24 <u>徐达</u>等围<u>平江</u>数月,<u>士诚</u>坚守不出。

六月,已酉,<u>士诚</u>欲突围决战,觇城左方,见我军严整,不敢犯。乃遣<u>徐义</u>、<u>潘元绍</u>潜出西门,转至<u>阊门</u>,神武卫指挥<u>杨国兴</u>战死。<u>义</u>等将袭<u>常遇春</u>营,<u>遇春</u>觉其至,分兵北濠,截其兵后,遣军与战。良久未决,<u>士诚</u>复遣其参政率兵千余助之,自出兵<u>山塘</u>为援。<u>山塘</u>路狭,塞不可进,麾令稍却。<u>遇春</u>拊元帅<u>王弼</u>背曰:"军中皆呼尔为猛将,能为我取此乎?"时<u>弼</u>在军有"双刀王"之称,应曰:"诺!"即驰铁骑挥双刀往击之。敌小却,<u>遇春</u>率众乘之,遂大败其军,人马溺死于<u>沙盆潭</u>者甚众。<u>士诚</u>有勇胜军号"十条龙"者,皆善为盗者也,<u>士诚</u>每厚赐之,令被银铠锦衣,出入阵中。是日亦败,溺死<u>万里桥</u>下。<u>士诚</u>马惊堕水,几不救,肩舆入城,计忽忽无所出。

时降将<u>李伯昇</u>,知<u>士诚</u>势迫,欲说令归命,乃遣客诣<u>士诚</u>告急。<u>士诚</u>召之入,曰:"尔欲何言?"客曰:"吾为公言兴亡祸福之计,愿公安意听之!"<u>士诚</u>曰:"何如?"客曰:"公知天数乎?昔<u>项羽</u>喑呜叱咤,百战百胜,卒败死<u>垓下</u>,天下归于<u>汉</u>。何则?此天数也。公初以十八人入<u>高邮</u>,<u>元</u>兵百万围之,此时如虎落阱中,死在朝夕。一旦<u>元</u>兵溃乱,公遂得提孤军,乘胜攻击,东据<u>三吴</u>,有地千里,甲士数十万,南面称孤,此<u>项羽</u>之势也。诚能于此时不忘<u>高邮</u>之厄,苦心劳志,收召豪杰,度其才能,任以职事,抚人民,练兵马,御将帅,有功者赏,无功者罚,使号令严明,百姓乐附,非但三吴可保，天下不足定也。"士诚曰："足下此时不言，今复何及！"客曰："吾此时虽有言，亦不得闻也。何则？公之子弟亲戚将帅，罗列中外，美衣玉食，歌童舞女，日夕酣宴。提兵者自以为韩、白，谋画者自以为萧、曹，傲然视天下不复有人。当此之时，公深居内殿，败一军不知，失一地不闻，纵知亦不问，故遂至今日。"士诚叹曰："吾亦深恨无及，今当何如？"客曰："吾有一策，恐公不能从也。"士诚曰："不过死耳。"客曰："死而有益于国家，有利于子孙，死固当；不然，徒自苦耳。且公不闻陈友谅乎？跨有荆、楚，兵甲百万，与江左之兵，战于姑孰，鏖于鄱阳，友谅举火欲烧江左之船，天乃反风而焚之，兵败身丧。何则？天命所在，人力无如之何。今公恃湖州援，湖州失；嘉兴援，嘉兴失；杭州援，杭州又失；而独守此尺寸之地，誓以死拒。吾恐势极患生，一旦变从中起，公此时欲死不得，生无所归。故吾为公计，莫如顺天之命，自求多福，遣一介之使，疾走金陵，陈公所以归义救民之意，开城门，幅巾待命，亦不失为万户侯，况曾许以窦融、钱俶故事邪！且公之地，譬如博者，得人之物而复失之，何损！"士诚俯首沉虑良久，曰："足下且休，待吾熟思之。"然卒狐疑莫能决也。

25　壬子，士诚复率兵突出胥门，锋甚锐。遇春御之，兵少却。士诚弟士信，方在城楼上督战，忽大呼曰："军士疲矣，且止。"遂鸣钲收军。遇春乘势掩击，大破之，追至城下，复筑垒绕其城。自此士诚不敢复出。

时徐达所辖四十八卫，令将士每卫取所制襄阳炮昼夜轰击。士信方张幕城上，踞银椅，与参政谢节等会食。左右方进桃，未及尝，忽飞炮碎其首而死。

26　戊辰，大雨，群臣请复膳。太祖曰："虽雨，伤禾已多，其赐民今年田租！"

27　癸酉，命朝贺罢女乐。

28　是月，遣送元降人努都、长寿等北归。

初，元前户部尚书张昶，奉使至应天，太祖留之，授官参知政事。然昶外示诚款，心怀归计，与杨宪、胡惟庸等皆相善。昶有才辩，智识明敏，熟于前代典章，凡江左建置制度，多出其手，裁决如流，事无停滞，太祖雅重之。

其后见元事日蹙，而太祖威德日隆，阴使人上书颂功德，且劝太祖及时行乐。太祖疑之，以语刘基曰："是欲为赵高也。"基曰："然。必有使之者。"太祖不欲穷治，但斥之，焚其书而已。昶复劝太祖重刑法，多陈厉民之术，用意多不测。太祖虽不听，而昶既被留，元帝犹擢用其子。

会努都等北归，昶阴奉表元帝，且寓书其子询存亡。值杨宪往候，于昶卧内得其稿，奏之，命大都督府按其事。昶书八字于牍曰："身在江南，心思塞北。"太祖惜其才，欲赦之，既见所书牍词，曰："彼意决矣。"遂诛昶。

29　秋，七月，乙亥朔，太祖御戟门阅雅乐，自击石磬。起居注熊鼎言"八音唯石声最难和。"太祖曰："乐以人声为主，人声和即八音谐矣。"鼎曰："乐不外求，在于君心。君心和，则天地之气和，而乐亦无不和矣。"太祖深然之。

时学士朱升审五音，误以宫为徵，太祖哂之。

30 丙子,除郡县官二百三十四人,赐布帛道里费及其父母妻子有差。谕曰:"以养汝廉,俾之奉公,毋渔民以自利也。"

31 甲申,右相国李善长等请曰:"王起濠梁,不阶尺寸,遂成大业。四方群雄,削除殆尽,远近归心。愿早正大位以承天命。"太祖曰:"自古帝王,知天命有归,犹且谦让以俟有德。尝笑陈友谅初得一隅,妄自尊大,骄恣速亡,吾岂能更蹈之!"

32 己丑,雷震宫门兽吻。赦中外罪囚。

33 辛丑,置太常、大理、司农、将作四司。

34 是月,元库库特穆尔部将关保、摩该叛。

先是库库命关保攻张、李不利,乃用孙翥、赵恒之谋,檄摩该一军疾趋河中,渡河捣凤翔,以覆思齐巢穴。而摩该部将多博啰特穆尔之党,行至卫辉,军变,相约胁摩该以叛。

摩该善论兵,先为察罕所信任,关保自察罕起兵以来,勇冠诸军,功最高,至是皆不服,库库遂列其罪状以闻,举兵攻之。

35 八月,癸丑,立圜丘、方丘及社稷坛。坛皆二成,仿汉制也。

36 甲寅,始定乐律。

元末有冷谦者,知音,善鼓瑟,以黄冠隐吴山,至是太祖置太常官属,召谦为协律郎,令协乐章声谱,俾乐生习之。取石灵璧以制磬,采桐梓湖州以制琴瑟。乃考正四庙雅乐,令谦较定音律及编钟编磬等器,及定乐舞之制。乐生用道童,舞生则取军民俊秀子弟充之。

37 丙寅,<u>太祖</u>亲祀山川,还宫。

38 是月,<u>元帝</u>诏太子亲出,总制天下兵马。

初,太子之奔<u>太原</u>也,欲援<u>唐肃宗</u><u>灵武</u>故事自立,<u>库库特穆尔</u>不从。及还京,皇后<u>奇氏</u>遣人谕<u>库库</u>,以重兵拥太子入城,胁帝禅位。<u>库库</u>逆知其意,未至京城三十里,即散遣其军,以数骑入朝,故太子深衔之。

及与<u>李思齐</u>相持经年,帝数遣人谕令罢兵,专事<u>江淮</u>,而<u>库库</u>欲遂定思齐等,然后引军东下,不奉诏,帝亦心忌之。至是命太子总制军务,而分命<u>库库</u>以其兵自<u>潼关</u>以东肃清<u>江淮</u>,<u>李思齐</u>以其兵自<u>凤翔</u>以西进取川蜀,<u>图鲁</u>旧作秃鲁。以其兵与<u>张良弼</u>、<u>孔兴</u>、<u>图鲁卜</u>等取<u>襄樊</u>,<u>王信</u>以其兵固守<u>山东</u>汛地。

诏书方下,而<u>关保</u>、<u>摩该</u>等已构衅称兵。于是太子复用<u>锡喇岱尔</u>、旧作沙蓝答儿。<u>巴延特穆尔</u>旧作伯颜帖木儿。等计,奏立大抚军院,专备<u>库库</u>,又以<u>摩该</u>首倡大义,赐其所部曰"忠义功臣"。是时<u>摩该</u>方袭据<u>卫辉</u>、<u>彰德</u>以窥<u>怀庆</u>,<u>库库</u>闻之,亟率<u>河</u>、<u>洛</u>之兵北渡。于是朝廷下诏黜其兵权,即命<u>摩该</u>讨之。

39 先是<u>方国珍</u>得<u>太祖</u>书,不报,唯日夜运珍宝集巨舰,为泛海计。是月,命参政<u>朱亮祖</u>讨之,戒之曰:"三州之民,疲困已甚,城下之日,毋杀一人!"

40 九月,甲戌朔,太庙成。四世祖各为庙,高祖居中,曾祖居东第一庙,祖居西第一庙,考居东第二庙。【考异】<u>明史本</u><u>纪</u>,太庙成在九月甲戌,<u>毕氏通鉴</u>系之八月己巳,今依<u>明史</u>。

41　辛巳,大将军<u>徐达</u>等克<u>平江</u>,执<u>张士诚</u>。

时围城既久。叛将<u>熊天瑞</u>教城中作飞炮,拆城中木石尽,又毁祠庙民居为炮具。<u>达</u>令军中架木若屋状,承以竹笆,军伏其下,载以攻城,不受矢石。<u>达</u>督将士破<u>葑门</u>,<u>常</u><u>遇春</u>破<u>阊门</u>新寨,遂率众渡桥,进薄城下。伪枢密<u>唐杰</u>登城拒战,<u>士诚</u>驻军门内,令参政<u>谢节</u>、<u>周仁</u>立栅以补外城。<u>唐杰</u>不能支,投兵降,于是<u>周仁</u>、<u>潘元绍</u>等皆降。日晡,<u>士</u><u>诚</u>军大溃,诸将蚁附登城,城破。<u>士诚</u>更使其副枢密<u>刘毅</u>收余兵,尚二三万,亲率之战于<u>万寿寺</u>东街,复败,<u>毅</u>亦降。<u>士诚</u>仓皇归,从者仅数骑耳。

初,<u>士诚</u>屡败,谓其妻<u>刘</u>曰:“我败且死! 若曹何为?”<u>刘</u>曰:“必不负君。”乃积薪齐云楼下,城破,自焚死。

<u>士诚</u>独坐室中,<u>达</u>遣<u>李伯昇</u>谕意。时日已暮,<u>士诚</u>拒户自经,<u>伯昇</u>抉户,令降将<u>赵世雄</u>挽解之,气未绝,复苏。<u>达</u>又遣<u>潘元绍</u>谕之,反覆数四,<u>士诚</u>瞑目不语。乃以旧盾舁之,出<u>葑门</u>,易以户扉,昇至舟中。获其官属平章<u>李行</u><u>素</u>、<u>徐义</u>、左丞<u>饶介</u>等,并元宗室<u>神保大王</u>、<u>赫罕</u>等送<u>应天</u>,而诛<u>熊天瑞</u>。

方城垂下,<u>达</u>先与<u>遇春</u>约中分抚之,先集将士申明上意,令将士各悬小木牌,令曰:“掠民财者死,拆民居者死,离营二十里者死!”及城下,<u>达</u>军其左,<u>遇春</u>军其右,号令严肃,居民晏然。

42 太祖闻平江之捷，命平章胡美取无锡州，仍遣大都督副使康茂才继之。

初，莫天祐据无锡，士诚累表元为同金枢密院事，因以羁縻之。徐达数遣使谕降，俱为天祐所杀。

至是美等攻城，将不支，州人张翼，见事急，率父老谒天祐曰："张氏就缚。纵固守，将谁为？一城生命存亡，皆在今夕，愿熟思之！"天祐沉思良久，许之。翼缒城纳款于美，美曰："城不受兵，皆汝力也。"癸未，天祐出降。

43 徐达遣兵取通州。乙酉，次狼山，其守将率所部降。

44 己丑，朱亮祖驻军新昌，遣指挥严德攻关岭山寨，平之。

45 士诚将至应天，卧舟中不食，比至龙江，坚卧不起。异至中书省，相国李善长与之语，不答。已而士诚言不逊，善长怒。太祖欲全士诚，而士诚竟自缢死，赐棺葬之。

士诚为人，外迟重寡言，似有器量而实无远图。既据有吴中，吴承平久，户口殷实，士诚渐奢纵，怠于政事。又欲以得士要誉，士有至者，无问贤不肖，辄重其赠遗，资以舆马，故士多往趋之。及士信用事，疏简旧将，夺其兵权，由是上下乖疑。凡出兵遣将，当行者辄要求官爵美田宅，即如言赐之，及丧师失地而归，士诚亦不问，或复用为将。其威权不立多类此。士信愚妄，济以骄淫，上下嬉游，卒以亡国。

太祖以其为黄、蔡、叶三参军所误，命骈诛之，并杀潘元绍，磔莫天祐。惟李伯昇、潘原明以先降获宥，命仍故官,已,又命原明以平章守杭州。

改平江曰苏州府。

46 辛卯,置宣徽院。

47 甲午,朱亮祖兵至天台县,尹汤盘降。

丁酉,进攻台州。方国珍出师拒战,亮祖击败之。我指挥严德中流矢死。——德,采石人也。

48 戊戌,遣使送元宗室神保大王及赫罕等九人于元。

又以书与库库曰:“阁下如存大义,宜整师旅听命于朝。不然,名为臣子,而朝廷之权专属军门,纵此心自以为忠,安能免于人议！若有他图,速宜坚兵以固疆土。”时库库方拒元命。太祖知其无他心,而所为不顺,故云。【考异】据明史本纪,“是月戊戌,遣使致书于元主,送其宗室神保大王等北还。”证之诸书,但有再贻库库书,无致书元主之语。检潜庵史稿,亦云“遣使送元宗室等九人于元主,再以书贻扩廓帖木儿”,不言遗元主书,毕氏通鉴同。今据之,删去“致书元主”语。

49 浙西既平,诸将振凯还京师。

辛丑,太祖御戟门论功行赏,封李善长宣国公、徐达信国公、常遇春鄂国公,余进爵赐金帛有差。谕诸将曰:“灭汉灭吴,皆公等力,古之名将,何以加诸！今当北定中原,各努力进取！”明日,入谢,太祖曰:“公等还第,亦置酒为乐乎?”对曰:“荷上恩,有之。”太祖曰:“吾亦欲与公等为一日欢,唯中原未平,非为乐时也。公等不见张氏乎？终日酣饮,宜以为戒！”

50 参政朱亮祖克台州。

初,台州为方国珍弟国瑛所据,闻亮祖至,即欲遁去。

会国珍入庆元,治兵为城守计,遣人谓国瑛"坚守勿去",国瑛乃约束军士,聚众拒守,然士卒多怀惧散亡者。亮祖等亟攻之,国瑛度不能支,以巨舰载妻子,乘夜出兴善门,走黄岩。亮祖遂入城抚定之,分徇仙居诸县,亦下焉。

元台州总管赵琬至黄岩绝粒死。

51 癸卯,新内三殿成,曰奉天、华盖、谨身,左右楼曰文楼、武楼。殿之后为宫,前曰乾清,后曰坤宁,六宫以次序列,皆朴素,不尚雕饰。

命博士熊鼎汇编古人行事可为鉴戒者,书于壁间,又命侍臣书大学衍义于两庑壁间。太祖曰:"以此备朝夕观览,岂不愈于丹青乎!"

是时有言"瑞州出文石,可甃地。"太祖曰:"敦崇俭朴,犹恐习于奢华。尔不能以节俭之道事予,乃导予侈丽耶!"言者惭而退。

52 冬,十月,甲辰朔,太祖谓中书省曰:"军士因战而伤者,不可以备行伍。今新宫成,宫外当设备御,合于宫墙外周围隙地多造庐舍,令寝疾者居之。昼则治生,夜则巡警,皆给衣粮赡之。"

53 遣起居注吴琳、魏观等以币帛求遗贤于四方。徙苏州富民实濠州。

54 丙午,命百官礼仪俱尚左。先是承元制尚右,至是改之。

以右相国李善长为左相国,徐达为右相国。又命定国子学官制,以博士许存仁为祭酒,刘承直为司业。改太史监为院,以太史令刘基为院使。

55 辛亥,敕礼官曰:"自古忠臣义士,舍生取义,身没名存,垂训于天下。若元右丞余阙,守安庆,屹然当南北之冲,援绝力穷,举家皆死,节义凛然。又,江州总管李黼,身守孤城,力抗强敌。临难死义,与阙同辙。褒崇前代忠义,所以厉风俗也,宜令有司建祠肖像,岁时祀之!"

56 壬子,置御史台,以汤和为左御史大夫,邓愈为右御史大夫,刘基、章溢为御史中丞,基仍兼太史院。

太祖谕之曰:"国家所立,唯三大府总天下之政,中书政之本,都督府掌军旅,御史台纠察百司,朝廷纪纲,尽系于此,其职实为清要。卿等当思正己以率下,忠勤以事上,毋徒拥虚位而漫不可否,毋委靡因循以纵奸长恶,毋假公济私以伤人害物。诗云:'刚亦不吐,柔亦不茹。'此大臣之体也。"

57 元帝诏落库库特穆尔太尉、丞相并诸兼领职事,仍前河南王,以汝州为食邑,从行官属,悉令还朝。库库既受诏,即退军屯泽州。

58 甲寅,命平章汤和为征南将军,都督府佥事吴祯为副,讨方国珍于庆元。谕之曰:"尔等奉辞伐罪,毋纵杀戮,当如徐达下姑苏,平定安集,乃吾所愿也。"

时朱亮祖追方国瑛兵至黄岩。国瑛复遁入海。元守将哈尔鲁以城降。

59 命中书省定律令,以左相国李善长为总裁官,参知政事杨宪、傅瓛、御史中丞刘基、翰林学士陶安等为议律官。

初,太祖以唐、宋皆有成律断狱,唯元不仿古制,取一时所行之事为条格,胥吏易为奸弊。自平武昌以来,即议定律。至是台谏已立,各道按察司将巡历郡县,欲颁成法,俾内外遵守,故有是命。

复谕之曰:"法贵简当,使人易晓。若条绪繁多,或一事两端,可轻可重,使贪猾之吏得以因缘为奸,则所以禁残暴者反以贼善良,非法意也。夫网密则水无大鱼,法密则国无全民。卿等宜悉心参究,日具刑名条目以上,吾亲酌议焉。"

60 丙辰,遣使以书遗元李思齐、张良弼等,使息兵解斗,思齐等得书,不报。

61 辛酉,太祖将北伐,谓徐达等曰:"中原扰攘,人民离散。山东则王宣反侧,河南则库库跋扈,关、陇则李思齐、张思道彼此猜忌,元祚将亡,其几已见。今欲北伐,何以决胜?"

常遇春曰:"今南方已定,兵力有余。直捣元都,以我百战之师,敌彼久逸之卒,梃竿可取胜也。都城既克,有似破竹之势,乘胜长驱,余可建瓴而下矣。"

太祖曰:"元建都百年,城守必固。若悬师深入,不能即破,顿于坚城之下,馈饷不继,援兵四集,进不得战,退无所据,非我利也。吾欲先取山东,撤其屏蔽;旋师河南,断其羽翼;拔潼关而守之,据其户枢。天下形势,入我掌握,然后进兵元都,则彼势孤援绝,不战可克。既克其都,鼓行云中、九原以及关、陇,可席卷而下矣。"诸将皆曰:"善!"

62 甲子,命中书右丞柜信国公徐达为征讨大将军,中书平章政事常遇春为副将军,率师二十五万由淮入河,北取中原。

是时名将,必推达、遇春两人,才勇相类。遇春剽疾敢深入,而达尤长于谋略。遇春每下城邑,不能无诛戮,而达所至不扰,获壮士间谍,结以恩义,俾为己用。

至是太祖面谕诸将曰:"征伐所以奉天命,平祸乱,故命将出师,必在得人。师有纪律,战胜攻取,得为将之体者,无如大将军达。当百万之众,勇敢先登,摧锋陷阵,所向披靡,无如副将军遇春。然吾不患遇春不能战,但患其轻敌耳。身为大将,好与小校争能,甚非吾所望也!"

63 是日,又命中书平章胡美为征南将军,江西行省左丞何文辉为副将军,率师取闽,以湖广参政戴德随征,皆命由江西取道入闽。

美行,谕之曰:"汝以陈氏丞相来归,事吾数年,忠实无过,故命汝总兵取福建,左丞何文辉为尔副,参政戴德听调发。二人虽皆吾亲近,勿以其故废军法。吾昔微时,在行伍中,见将帅统驭无法,心窃非之。及后握兵柄,所领一军皆新附之士,一日,驱之野战,有二人犯令,即斩以徇,众皆股栗,莫敢违吾节制。人能立志,何事不可为!闻汝往年尝攻闽中,宜深知其地利险易。今总大军,攻围城邑,必择便利可否,为之进退,无失机宜。克定之功,全赖于汝!"美拜命出。

同日,复命湖广行省平章杨璟、左丞周德兴、参政张彬率<u>武昌</u>、<u>荆州</u>、<u>潭</u>、<u>岳</u>等卫军取<u>广西</u>，<u>文辉</u>至是始复何姓。

【考异】"<u>张彬</u>"，<u>毕氏通鉴</u>作"<u>周彬</u>"。证之<u>明史杨璟传</u>，言"<u>璟</u>帅左丞<u>周德兴</u>、参政<u>张彬</u>将<u>武昌</u>诸卫军取<u>广西</u>"，盖<u>彬</u>是时为<u>湖广</u>行省参政，即二十六年败<u>周文贵</u>于<u>辰州</u>者也。<u>毕氏</u>作"<u>周</u>"，未知何据。

64 <u>乙丑</u>，遣世子<u>标</u>及次子<u>棣</u>往谒<u>临濠</u>诸墓。

谕世子曰："<u>商高宗</u>旧劳于外，<u>周成王</u>早闻无逸之训，皆知小民疾苦，故在位勤俭，为守成令主。儿生长富贵，习于宴安。今出临郡县，游览山川，经历田野，因道途险易以知鞍马勤劳，观间阎生业以知衣食艰难，察民情好恶以知风俗美恶，即祖宗所居，访求父老，问吾起兵渡<u>江</u>时事，识之于心，以知吾创业不易。"

又命中书择官辅导以行，所过郡邑，城隍山川之神，皆祀以少牢。

65 先是平<u>吴</u>之捷，<u>太祖</u>即决计北征，命虎贲左卫副使<u>张兴</u>率勇士千人，赴<u>淮安</u>候师期，又命<u>濠州</u>练习<u>平乡</u>山寨军，会取<u>胶州</u>、<u>东莱</u>，又命<u>江淮卫</u>以兵千人守御<u>邳州</u>。至是，<u>达</u>等出师，<u>太祖</u>先檄谕<u>齐</u>、<u>鲁</u>、<u>河</u>、<u>洛</u>、<u>燕</u>、<u>蓟</u>、<u>秦</u>、<u>晋</u>官民，令速归附。

<u>丁卯</u>，<u>达</u>等师次<u>淮安</u>，遣人招谕<u>元</u>将<u>王宣</u>及其子<u>信</u>。

<u>宣</u>，<u>扬州兴化</u>人，<u>元</u>季为司农掾，治河有功，授招讨使，后从<u>元</u>将复<u>徐州</u>，授义兵都元帅。洎<u>信</u>从察罕破<u>田丰</u>，复令<u>宣</u>父子还镇<u>沂州</u>。

<u>太祖</u>将议北征，以书谕之曰："尔父子数年前与吾书云：'虽在苍颜皓首之际，犹望阁下鼓舞群雄，殪<u>子婴</u>于<u>咸阳</u>，戮<u>商辛</u>于<u>牧野</u>，以清区宇。'今吾整兵取<u>河南</u>，已至<u>淮</u>

安,尔若能奋然来归,相与戮力戡乱,岂不伟哉!"信父子得书,不报,及达至淮安,宣闻之,始惧,达复以书招谕之。

己巳,<u>太祖</u>又以大军进取<u>山东</u>。恐库库弟托音特穆尔乘间窃发,命<u>庐州</u>、<u>安丰</u>、<u>六安</u>、<u>濠</u>、<u>泗</u>、<u>蕲</u>、<u>黄</u>、<u>襄阳</u>各严兵守备。

66 辛未,元<u>沂州王信</u>既得<u>徐达</u>书,乃遣使纳款<u>应天</u>,且奉表贺平<u>张士诚</u>。<u>太祖</u>遣<u>徐唐</u>、<u>李仪</u>等至<u>沂州</u>,授信江淮行省平章政事,麾下官将悉仍旧职,令所部军马听大将军节制。

时<u>信</u>与其父<u>宣</u>,阴持两端,外虽请降,内实修备。<u>太祖</u>知之,乃遣人密谕<u>徐达</u>,勒兵趋<u>沂州</u>以观其变。

67 是月,<u>朱亮祖</u>自<u>黄岩</u>进兵<u>温州</u>,阵于城南七里。<u>国珍</u>令其子<u>明善</u>引兵拒战,<u>亮祖</u>击败之,破其<u>太平</u>寨,追至城下,余兵溃奔入城。<u>亮祖</u>遣部将<u>汤克明</u>攻西门,<u>徐秀</u>攻东门,<u>柴虎</u>将游兵策应。晡时,克其城,<u>明善</u>遁云,<u>亮祖</u>入抚其民。分兵徇<u>瑞安</u>,元守将同金<u>谢伯通</u>降。

68 十一月,<u>癸酉</u>,<u>朱亮祖</u>会<u>吴祯</u>舟师,袭败<u>方明善</u>于<u>乐清</u>之<u>盘屿</u>。

时<u>祯</u>副<u>汤和</u>攻<u>庆元</u>,乘潮夜入<u>曹娥江</u>,抵军厩。会降卒言<u>国珍</u>已遁入海,<u>祯</u>勒兵攻及之<u>盘屿</u>。适<u>泛和</u>自<u>绍兴</u>渡<u>娥江</u>,进次<u>余姚</u>,降其知州<u>李密</u>及<u>上虞</u>县尹<u>沈煜</u>,"煜",毕鉴作"温"。遂进兵<u>庆元</u>城下,攻其西门,府判<u>徐善</u>等率耆老迎降,<u>辛巳</u>,下之。<u>国珍</u>乘海舟遁去,<u>和</u>等率兵追败之,禽伪将<u>方惟益</u>等。还师<u>庆元</u>,分兵徇<u>定海</u>、<u>慈溪</u>等县。

⁶⁹ 壬午,徐达克沂州。

先是徐唐等传太祖谕,令王宣父子以兵从大军征讨,宣阳诺,令信密往莒、密募兵,而遣人诣达诈犒师。使还,宣以兵夜劫唐,欲杀之,唐脱身走达军。达即日率兵抵沂州,亟攻之,都督冯宗异,令军士开坝放水。宣自度不能支,开门降。达令宣为书,遣镇抚孙惟德招信降,信杀惟德,与其兄仁走山西。于是峄、莒,海州及沭阳、日照、赣榆、沂水诸县皆下。

达以宣反覆,并怒其子信杀惟德,执宣,戮之。命指挥韩温守沂州。

⁷⁰ 己丑,命平章廖永忠为征南副将军,会汤和由海道讨方国珍。

⁷¹ 庚寅,太祖复使谕徐达曰:"将军已下沂州,未知兵欲何向?如向益都,当遣精锐将士,于黄河扼其冲要以断援兵,使彼外不得进,内无所恃,我军势重力专,可以必克。如未下益都,即宜进取济宁、济南,二郡既下,则益都以东,如囊中之物,可不攻而自下矣。然兵难遥度,随机应变,自在将军,吾不中制也。"

⁷² 甲午,太祖亲阅郊坛,世子标从,令左右导之农家,遍观服食器具,又指道旁荆楚曰:"古用此为扑刑,以其能去风,虽伤不杀人。古人用心仁厚如此,儿念之!"【考异】诸书多记圜丘、方丘坛成于是月,盖牵连记之耳。其实坛成在八月,世子至濠在十月。此是冬至(连)〔前〕一日,太祖往观之,而世子方自濠归,故兴宗传以为是冬。潜庵史稿系之十一月甲午,据洪武宝训,今从之。

⁷³ 乙未,冬至,太史院进戊申岁大统历。

太祖谓刘基曰："古者以季冬颁来岁之历,似为太迟,今于冬至亦未宜。明年以后,皆以十月朔进。"时所详定,皆出自基及其属高翼之手,太祖命详校而后刊之。

74 己亥,太祖闻立天有滞狱,曰："京师且然,何况郡县!"谕有司"自今依时决遣"。

75 辛丑,徐达攻益都,克之,元平章李老保降,宣慰使巴延布哈、旧作普颜不花。总管胡濬、知院张俊皆死之。遂分徇寿光、临淄、昌乐、高苑,令指挥叶国珍等守之。

初,我军压境,巴延布哈力战以拒。及城陷,巴延还,拜其母曰："儿忠孝不能两全,有二弟,可为终养。"已,乃趋官舍,坐堂上。达素闻其贤,遣人召之再三,不往,既而面缚之。巴延曰："我元朝进士,官至极品。臣各为其主,肯事二姓乎!"遂不屈而死。其妻阿噜珍及二弟之妻,各抱幼子投井死。

李老保,阳武人;又名保保。从察罕起兵,数有功。后为平章,留守益都。至是遂降,达送之应天。

76 壬寅,胡美率师度杉关,略光泽,下之。

77 是月,召浙江按察佥事章溢入朝,命其子存道守处州。太祖谕群臣曰："溢虽儒臣,父子宣力一方,寇盗悉平,功不在诸将下。"

复问溢："征闽诸将何如?"对曰："汤和由海道进,胡美自江西入,必可制胜。然闽中尤服李文忠威信,若令文忠从浦城取建宁,此万全策也。"太祖即命文忠屯浦城。

78 十二月,丁未,都督同知张兴祖至东平,元平章冯德弃城遁，兴祖遣兵追之。东阿参政陈璧等以所部来降。复以舟师趋安山镇，右丞杜天祐、左丞蒋兴降。

兴祖，德胜之养子，本姓汪。以德胜子尚幼，命之嗣职，累有功。至是将卫军从大兵由徐州进取山东。

时有使者宋迪，自山东还，言"兴祖能推诚待人，降将皆乐为之用。"太祖曰："此非良策。闻兴祖麾下有领千骑者，一旦临敌变生，何以制之！"乃遣迪往谕兴祖："今后得降将，悉送以来，勿自留也！"

79 方国珍之入海也，其部将先后来降，汤和复遣人持书招之。国珍穷蹙，乃遣其子明善、明则等纳省、院诸印于军门，至是复遣子明完奉表应天谢罪。太祖怒其反覆，及览表，怜之。表出其臣詹鼎所草，词辩而恭，太祖曰："孰谓方氏无人耶！"锡国珍书曰："吾当以投诚为诚，不以前过为过。"【考异】国珍之降，潜庵史稿系之是月庚戌。毕鉴系之戊申，今从明史本纪。

80 戊申，徐达兵至章丘，元守将右丞王成降。

庚戌，至济南，元平章达多尔济旧作朵儿只。等以城降，命指挥陈胜守之。

81 胡美至邵武，元守将李宗茂以城降。

82 张兴祖兵至济宁，元守将陈秉直弃城遁，兴祖分兵守之。

83 辛亥，太祖遣使谕徐达、常遇春曰："屡胜之兵易骄，久劳之师易溃。能虑乎败，乃可无败；能慎乎成，乃可有成。若一懈怠，必为人所乘，将军其勉之！"

84 方国珍及其弟国珉,率部属谒汤和于军门,得士马舟楫数万计,和遂送国珍及其官属之降者于京师。

先是,朱亮祖克温州,执元浙江行省郎中刘仁本,送之应天,不屈。太祖怒,命数其罪,鞭背溃烂而死。

仁本,国珍同县人,数从名士谢理、赵俶、朱右等赋诗,有称于时。国珍海运输元,仁本实司其事,故其不屈而死,论者以为尽忠于元云。【考异】明史附仁本于国珍传后,并书其爵里姓字。今按仁本虽在国珍幕中,未尝为之参谋。而是时元征张士诚漕于东南,国珍治海运事,仁本所司,乃为朝廷催促输挽,而其始授温州路总管,后进行省郎中,皆元官也。然则其不屈节于明,乃为元抗节,非叛臣之比,不当与降官丘楠、詹鼎等并论也,今分别书之。仁本有文集四卷,姚实甫廉方采入乾坤正气集中。

85 癸丑,中书左丞相李善长率百官奉表劝进,太祖不许。群臣固请,乃曰:"此大事,当斟酌礼仪而行。"

86 丁巳,胡美、何文辉克建阳。

87 先是律令成,颁行天下,凡增损得二百八十五条。太祖复命儒臣作直解,俾人人通晓,官吏不克因缘为奸。至是律令直解成,命颁行,著为令。

88 戊午。元蒲台守将荆玉,邹平县尹董纲、皆诣徐达军降。达以降将郦毅守邹平,指挥张梦守章丘,唐英守蒲台。

89 庚申,命汤和、廖永忠、吴祯率舟师自海道取福州。

辛酉,广信卫指挥沐英破分水关,克崇安县。

90 太祖御新宫,以群臣推戴不已,甲子,祭告于上帝神祇。其略曰:"如臣可为生民主,告祭之日,帝祇来临,天朗气清。如不可者,当烈风异景,使臣知之。"

时善长等进仪卫，太祖见仗内旗有"天下太平皇帝万岁"字，顾善长曰："此夸大之词，非古制也。"命去之。

91 徐达自济南复还益都，进取登、莱州县。己巳，元登州守将董车，莱州守将安然，皆诣大军降。

92 庚午，征南将军汤和克福州。

初，陈友定环城外筑垒为备，每五十步更筑一台，严兵守之。闻我军入杉关，留同金赖正孙、副枢谢英辅、院判邓益以众二万守福州，自率精锐守延平，相为犄角。

时和等自明州海道乘东北风径抵福州，入虎门，驻师南台河口，遣人入城招谕，为元平章库春所杀。我师登岸，将围城，库春出南门逆战，指挥谢德成等击败之，众溃，入城拒守。

是夜，参政袁仁密遣人纳款，我师遂于台上蚁附登城。南门陷，和拥兵入，邓益拒战，不克，死之。赖正孙、谢英辅自西门出走延平，库春等皆怀印绶挈妻子遁去。参政尹克仁赴水死，宣政院使多尔玛<small>旧作朵儿麻</small>。不屈，下狱死。

时元金院拜特穆尔<small>旧作柏铁木儿</small>。居侯官，闻攻城急，叹曰："战守非我所得为，无以报国！"乃积薪楼下，杀其妻妾及二女，纵火焚之，遂自刎。

和入省署，抚辑军民，遣袁仁暨员外郎余善招谕兴化、漳、泉诸路，其福宁等州县未附者，分兵徇之。

93 辛未，命官抚辑山东已下郡县。寻定各县为上、中、下三等：税粮十万石以下为上县，六万以下为中县，三万以下为下县。又以得金华时军食不给，暂增民田租以足用，至是以李文忠请,令免其所增之数。

94 元帝闻山东郡县相继不守,南军日逼,乃诏陕西行省左丞相图噜,总统张良弼、图鲁卜、孔兴各枝军马,以李思齐为副总统,守御关中,抚安军民,图鲁卜、孔兴等出潼关,及取顺便山路渡黄河,合势东行,共勤王事,思齐等皆不奉命。

时太常礼仪院使陈祖仁上书元太子,言:"库库屡上书明其心曲,是犹未自绝于朝廷。且今为国家计,不过战、守、迁三事。以言战,则资其犄角之势;以言守,则望其勤王之师;以言迁,则假其藩卫之力。当此危急之秋,宗社存亡,在于旦夕。不幸一日有唐玄宗仓猝之出,则是以百年之宗社委而弃之,此时即碎首杀身,何济于事! 故敢不顾嫌忌,奉书以闻。"太子不报。

明通鉴卷一

江西永宁知县当涂 夏　燮 编辑

纪一 著雍涒滩(戊申),尽一年。

太祖开天行道肇纪立极大圣至神仁文义武俊德成功高皇帝

洪武元年元至正二十八年。(戊申、一三六八)

1 春,正月,壬申朔,四日,乙亥,太祖祀天地于南郊,即皇帝位。定有天下之号曰明,建元洪武。

2 追尊高祖考曰元皇帝,庙号德祖;曾祖考曰恒皇帝,庙号懿祖;祖考曰裕皇帝,庙号熙祖;皇考曰淳皇帝,庙号仁祖。妣皆皇后。

3 立妃马氏为皇后,世子标为皇太子。

4 以李善长、徐达为左、右丞相。诸功臣进爵有差。

5 丙子,颁即位诏于天下。追封皇伯考以下皆为王。

6 丁丑,大宴群臣于奉天殿。

宴罢,谓御史中丞刘基曰:"尧、舜圣人,处无为之世,犹且忧之。况德匪唐、虞,处天下者,其得无忧乎!朕赖诸臣辅佐之功，尊居天位，每念天下之广，生民之众，万几方殷，中夜思之，辄寝不安寐，忧悬于心。"

7 辛巳，御史中丞刘基、翰林院学士陶安言于上曰："适闻仿元旧制设中书令，欲奏以太子为之。"上曰："取法于古，必择其善者而从之。苟为不善而一概是从，譬犹登高冈而却步，渡长江而回楫，岂能达哉！且吾子年未长，学未充，更事未多，所宜尊礼师傅，讲习经传，博通古今，识达机宜。他日军国重务，皆令启闻，何必效彼作中书令乎！"

时带刀舍人周宗，上书请教太子，上因谓起居注詹同等曰："朕今立东宫官，取廷臣勋德老成兼其职，新进之贤者亦选择参用。夫举贤任才，立国之本；崇德尚齿，尊贤之道；辅导得贤，人各尽职。故连抱之木，必以授良匠；万金之璧，不以付拙工。"同对曰："陛下立法垂宪之意，至深远矣！"

于是以李善长兼太子少师，徐达兼太子少傅。【考异】明史达传及潜庵史稿皆作"少傅"，惟诸王传作"太傅"，误也。按之上下文，师、保、傅皆无加"太"者，今从达传。常遇春兼太子少保。其詹事、左右率府、谕德、赞善、宾客等，并以朝臣兼领。

谕曰："昔周公教成王，告以克诘戎兵；召公教康王，告以张皇六师；此居安虑危，不忘武备。盖继世之君，生长富贵，昵于安佚，军旅之事，多忽而不务，一旦缓急，罔知所措。二公之言，不可忘也。"【考异】置东宫官，明史本纪系之辛巳。纪事本末作"辛丑"，误也。至陶凯请置东宫官属在三年，见明史礼志。盖凯以三年七月为礼部尚书，请置东宫官当在其时。诸书并系之是年正月下，盖牵连并记耳，今分书之。

8 初，皇后马氏，从上军中，躬习劳苦，亲缝将士衣鞋。值岁大歉，上又为郭氏所疑。尝乏食，后窃炊饼怀以进，肉为之焦。居常储糗糒脯脩供上，无所乏绝，而己不宿饱。及贵，上比之芜蒌豆粥，滹沱麦饭，每对群臣述后贤同于唐长孙皇后。退以语后，后曰："妾闻夫妇相保易，君臣相保难。陛下不忘妾同贫贱，愿无忘群臣同艰难。且妾何敢比长孙皇后也。"

至是以诸臣进秩，上欲访后族人官之。后曰："爵禄私外家，非法。且妾家亲属未必有可用之才，一旦骄淫，不守法度，前代外戚之覆败，皆由于此。陛下加恩妾族，厚其赐予，使得保守足矣。若非才而官之，恃宠致败，非妾所愿也。"上遂止。

9 上朝罢，从容谓刘基、章溢曰："朕起淮右，以有天下。战阵之际，横罹锋镝者多，常恻然于怀。夫丧乱之民思治安，犹饥渴之望饮食，若夏驱以法令，譬以药疗疾而加之以鸩，民何赖焉！"溢顿首曰："陛下及此，天下苍生之福也。"

时溢与基同拜御史中丞，廷臣多伺上意，务严苛，溢独持大体。或以为言，溢曰："宪台百司仪表，当养人廉耻，岂恃搏击为能邪！"

10 甲申，诏遣周铸等一百六十四人往浙西核实田亩。

谕中书省臣曰："兵革之余，郡县版籍多亡，过制之取，民多病焉。夫善政在于养民，养民在于宽赋。今遣铸等往定税额，此外毋令有所妄扰。"

是时处州之粮，以军加征至十倍，章溢屡以为言。至是，请定<u>处州</u>七县税粮，视宋制亩加五合，余悉除之。上多<u>刘基</u>功，命<u>青田县</u>勿有加，曰："使<u>刘伯温</u>乡里子孙，世世传为美谈也。"

一日，问<u>基</u>以生息之道，<u>基</u>曰："在于宽仁。"上曰："不施实惠而概言宽仁，亦无益耳。以朕观之，宽民必先阜民之财，息民之力。不节用则民财竭，不省役则民力困，不明教化则民不知礼义，不禁贪暴则民无以遂其生。"<u>基</u>顿首曰："此所谓以仁心行仁政也。"

明通鉴

11 丁亥，上御<u>东阁</u>，<u>陶安</u>、<u>章溢</u>等侍，因论前代兴亡事。<u>安</u>谓："丧乱之源，由于骄侈。"上曰："居高位者易骄，处佚乐者易侈。骄则善言不入而过不闻，侈则善道不立而行不顾，如此者未有不亡。卿之此论，深契予心。"

又与群臣论学术，<u>安</u>进曰："道之不明，邪说害之也。"上曰："邪说之害道，犹美味之悦口，美色之眩目，自非豪杰，鲜不为所惑。<u>战国</u>之时，纵横捭阖之徒，肆其邪说，游说诸侯，人主急于功利，多中其说，往往事未就而国随以亡。夫邪说不去，则正道不兴，天下安得而治！"<u>安</u>曰："陛下所言，可谓深探其本。"上曰："仁义，治天下之本也。<u>贾生</u>论秦之亡，不行仁义之过。夫秦袭<u>战国</u>之余弊，又安得知此！"【考异】<u>明史 安传</u>，两事并记，无月日。证之<u>学士集</u>首所载刘辰<u>国初事迹</u>，作"是月丁亥"，检<u>洪武宝训</u>同，惟<u>宝训</u>论学术别书"癸巳"，今仍据<u>学士集</u>牵连记之。

12 征南将军<u>汤和</u>，既克<u>福州</u>，遣人招谕<u>兴化</u>、<u>漳</u>、<u>泉</u>诸路，其<u>福宁</u>等州县之未附者，分兵徇之，遂进攻<u>延平</u>。

初，上既平<u>方国珍</u>，欲遣使招谕<u>友定</u>。使者至<u>延平</u>，<u>友</u>

定置酒，大会诸将及宾客，杀使者，沥其血酒罍中，与众酌饮之。酒酣，誓于众曰："吾曹并受国厚恩，有不以死拒者，身磔，妻子戮！"及<u>福州</u>之败，<u>友定</u>自率精锐守<u>延平</u>。<u>和</u>复遣人招谕之，不答。【考异】<u>纪事本末</u>言"<u>汤和</u>进兵<u>延平</u>，垂发，先遣使招谕<u>友定</u>。<u>友定</u>杀使者，沥血饮酒，酌众将及宾客。"证之<u>明史友定</u>传，言"<u>太祖</u>发兵伐<u>闽</u>，而别遣使至<u>延平</u>招谕<u>友定</u>"，因有杀使者沥血取饮之事。据此，则<u>友定</u>所杀乃<u>太祖</u>所遣之使者，与<u>纪事本末</u>异。又按<u>明史汤和</u>传，言"<u>和</u>驻师<u>南台</u>，使人谕降，不应"，是谕<u>友定</u>降恰是两次。然当<u>友定</u>执至<u>应天</u>，<u>太祖</u>面诘之，言"杀我<u>胡</u>将军，又不纳使者"云云，按<u>胡</u>将军谓<u>胡深</u>也，事见<u>至正</u>二十五年。<u>太祖</u>责之以杀<u>胡</u>将军，而但言不纳使者，似<u>太祖</u>所遣之使，<u>友定</u>未尝杀也。然则<u>纪事本末</u>言"杀<u>汤和</u>之使"者，亦似不误。盖<u>和</u>使人谕降，或即<u>闽</u>中人，且与朝使有别，故<u>太祖</u>不深诘也。今合两次谕降，并系之是年，仍据<u>明史友定</u>传书之，而附识其异于此。

时平章<u>胡美</u>，左丞<u>何文辉</u>攻<u>建宁</u>，克之，<u>元</u>守将<u>同金达里玛</u>，旧"玛"作"麻"。夜潜至<u>何文辉</u>营纳款。<u>美</u>怒其不诣己，欲屠其城，<u>文辉</u>不可，曰："与公同受命至此，为安百姓耳。今城降而欲以私忿杀人，可乎！"乃止。

壬辰，<u>美</u>等整军入<u>建宁</u>，秋毫无犯，民大悦。执<u>元</u>参政<u>陈子琦</u>送京师，遣指挥<u>费子贤</u>守之。

13 <u>汤和</u>兵至<u>延平</u>，隔水而阵。分一军渡河攻其西门。<u>友定</u>战不利，谋于众曰："敌兵锐，难与争锋，不如持久困之。"乃日夜勒将士击刁斗，被甲偶立，不许更番稍休，守者怨甚。会诸将请出战，不许，数请不已，<u>友定</u>疑其携贰，收<u>萧</u>院判，杀之，于是军士解体，多出降者。围十日，忽军器局火，城中炮声震地。我师乘变，亟攻城，庚子，遂克<u>延平</u>。

<u>友定</u>见事迫，乃与<u>元</u>枢密副使<u>谢英辅</u>、参政<u>文殊哈雅</u>

旧作海（呀）〔牙〕。诀曰："公等善为计，吾一死以报国耳。"退入省堂，按剑仰药饮之。英辅与达鲁噶齐巴哈玛勒，旧作白哈麻。皆具服北向拜，自缢死。哈雅及所部兵争开门迎降。

大军入，趋视友定，气未绝也，舁出水东门。俄，天大雷雨，友定复苏。会友定子自将乐来，自首军门，请从父死，俱械送京师。上面诘之曰："元已亡，若为谁守？杀我胡将军，又不纳使者。今何恁也！"友定厉声曰："死耳，尚何言！"遂并其子诛之。

友定子名海，一名宗海，工骑射。元末，所在盗起，民间起义兵，保障乡里，称元帅者不可胜计，元辄因而官之。其后或事元不终，或去而为盗，惟友定父子死义，时人称完节焉。

友定以农家子起佣伍，目不知书。及据八郡，数招致文学士知名者，如闽县郑定、庐州王翰之属，留置幕下。粗涉文史，习为五字小诗，皆有义理。其子亦喜礼文士，有儒将风。

陈氏既灭，郑定浮海入交、广间，久之，迁居长乐。上即位，征之至，累官至国子助教。

唯王翰自友定败，以黄冠隐栖永泰山中者十年，上闻其贤，强起之，自刭死。

14 平章胡美等进兵克兴化，遣建阳降将曹复畴招谕汀州及宁化、连城等县，元汀州守将陈国珍纳款。于是泉州以南郡县，皆望风归附，惟漳州路达鲁噶齐迪里密实旧作迭里迷失。引佩刀刺喉而死。

时称"闽有三忠",谓陈友定、迪里密实及<u>福州</u><u>拜特穆</u><u>尔</u>也。<u>拜特穆尔</u>,见前纪。

15 以右御史大夫<u>邓愈</u>为征戍将军,率兵略定<u>南阳</u>以北州郡。

16 是月,<u>湖广</u>行省平章<u>杨璟</u>进兵攻<u>永州</u>,<u>元</u><u>全州</u>平章<u>阿思兰</u>遣兵来援,逆击,败之,遂薄州城下。守将<u>邓祖胜</u>出南门拒战,不克,闭城而守,进兵围之。

又分兵攻<u>宝庆</u>,<u>元</u>守卫百户<u>周迪</u>战死,遣官祭之。

17 上既即位,<u>元</u>丞相<u>伊苏</u>旧作<u>也速</u>。上书<u>元</u>主,颇言<u>库库</u>悔悟,<u>元</u>主乃谕之曰:"省<u>伊苏</u>奏卿来意,良用恻然。朕视卿犹子,卿何惑于憸言,不体朕心,隳其先业!今能自悔,固朕所望。其思昔委任肃清<u>江淮</u>之意,即将<u>冀宁</u>、<u>真定</u>诸军,就行统制渡<u>河</u>、直捣<u>徐</u>、<u>沂</u>,康靖<u>齐</u>、<u>鲁</u>,则职任之隆,当悉还汝。但无以<u>摩该</u>为名,纵兵侵暴耳。"

时<u>元</u>太子仍以<u>库库</u>拒命为词,命<u>图鲁</u>、<u>李思齐</u>及<u>关保</u>、<u>摩该</u>合兵讨之。【考异】<u>元</u>主谕<u>库库</u>之语,见<u>元史</u>顺帝本纪,系之<u>至正</u>二十八年正月辛巳。<u>辑览</u>谓尽削<u>库库</u>官爵在谕书后,<u>明史</u>不载,今系之是年正月之末。

18 初,上克<u>集庆</u>、罢诸翼统军元帅,置武德、龙韬等十七卫。后又罢<u>元</u>所设平章、总管等名,定以所部兵五千人为指挥,千人为千户,百人为百户,五十人为总旗,十人为小旗。

至是复用中丞<u>刘基</u>议,更定卫制,大率度要害地,系一郡者设所,连郡者设卫。卫五千六百人,所千一百二十人为千户所,百十有二人为百户所。所设总旗二、小旗十,大小联比以成队伍,抚绥操练,务在得宜。凡有事征伐,则诏总兵官佩将印领之,既还则上所佩印于朝,单身归第,军士亦各归其卫。权皆出自朝廷,不敢有所擅调。

又定取兵之法,有从征,有归附,有谪发。从征者诸将留戍之兵,归附则胜国及僭伪诸降卒,谪发则以罪迁隶为兵者,其军皆世籍。此其大略也。【考异】明史本纪不载,纪事本末系之二月。证之宋文宪洪武圣政记,书"洪武元年正月",且言"出太史令刘基所奏",与基传合,今从之。

19 天下府州县官来朝,陛辞,谕曰:"天下新定,百姓财力俱困,如鸟初飞,木初植,勿拔其羽,勿撼其根。惟廉者能约己而爱人,贪者必朘人以肥己。况人有才敏者或尼于私,善柔者或昧于欲,皆不廉致之也。尔等宜戒之!"

20 二月,壬寅朔,定郊社宗庙礼。

初,学士陶安充议礼总裁官,大祀之礼多出安所裁定,至是与中书省臣李善长等始进其议。

其论圜丘、方丘曰:"王者事天明,事地察。故冬至报天,夏至报地,所以顺阴阳之义也。祭天于南郊之圜丘,祭地于北郊之方泽,所以顺阴阳之位也。

周礼大司乐:'冬日至礼天神,夏日至礼地祇。'礼曰:'享帝于郊,祀社于国。'又曰:'郊所以明天道,社所以神地道。'经典所载,或以社对帝,或以社对郊,是祭社所以亲地。又,书言'敢昭告于皇天后土',是知古曰地祇,曰后土,曰社,皆祭地,则皆对天而言也。此三代之正礼而释经之正说。

自秦立四畤,汉增北畤,遂有五方色帝之名。武帝又增立渭阳五帝、甘泉太乙之祠,而昊天上帝之祭则未尝举行。魏、晋以后,宗郑玄者,以为天有六名,岁凡九祭。宗王肃者,以为天体惟一,安得有六! 一岁二祭,安得有九! 虽因革不同,大抵多参二家之说。又自汉武立后土祠于汾阴脽上,礼如祀天,而后亡因于北郊之外仍祠后土。郑玄又惑于纬书,谓'夏至于方丘之上祭昆仑之祇,七月于泰折之坛祭神州之祇',析而为二,后世又因之一岁二祭。

若夫合祀天地,始于王莽元始间。莽奏罢甘泉泰畤,复长安南北郊,以正月上辛若丁,天子亲合祀天地于南郊。由汉历唐千余年间,皆因之合祭。其亲祀北郊者,唯魏文帝、周武帝、隋高祖、唐玄宗四帝而已。宋元丰中议罢合祭,故政和之专祭北郊者凡四,南渡以后,唯用合祭之礼。元成宗始合祭天地五方帝,已而立南郊,专祀天,泰定中又合祭。文宗至顺以后,唯祀昊天上帝,中间惟仁宗皇庆间议夏至专祭地,未及施行。

今当以经为正,依周制分祭南北郊,冬至则祀昊天上帝于圜丘,以大明、夜明、星辰、太岁从祀,夏至则祀皇地祇于方丘,以五岳、五镇、四渎从祀。”

其论宗庙曰:“周制,天子七庙,而商书曰:'七世之庙,可以观德,'则知天子七庙,自古有之。太祖百世不迁,三昭三穆,以世次比,至亲尽而迁,此有天下之常礼。若周文王、武王,以有功当宗不祧,故皆别立一庙,谓之文世室、武世室,亦百世不迁。

汉每世辄立一庙,不序昭穆,又有郡国庙及寝园庙。

光武中兴，于洛阳立高庙，祀高祖及文、武、宣、元五帝，又于长安故高庙中祀成、哀、平三帝，别立四亲庙于南阳春陵，祀父南顿君以上四世。至明帝，遗诏藏主于光烈皇后更衣别室，后帝相承，皆藏于世祖之庙。由是同堂异室之制，至于元莫之改。

唐高祖尊高、曾、祖、考，立四庙于长安。太宗议立七庙，虚太祖之室。玄宗创制，立九室，祀八世。文宗时，以景帝受封于唐高祖，太宗创业受命，百代不迁，亲尽之主，礼合祧迁，至禘袷则合食如常，其后以敬、文、武三宗为一代，故终唐之世，常为九世十一室。

宋自太祖追尊僖、顺、翼、宣四祖，每遇禘则以昭穆相对，而虚东向之位。神宗奉僖祖为太庙始祖，至徽宗时，增太庙为十室，而不祧者五宗。崇宁中，取王肃说，谓二祧在七世之外，乃建九庙。高宗南渡祀九世，至于宁宗，始别建四祖殿，而正太祖东向之位。

元世祖建宗庙于燕京，以太祖居中，为不迁之祖。至泰定中，为七世十室。

今请追尊高、曾、祖、考四代，各为一庙。庙皆南向，以四时孟月及岁除凡五享。"从之。

安等又言："古者四时之祭，三祭皆合享于祖庙，唯春秋于各庙。自汉而下，庙皆同堂异室，则四时皆合祭。今宜仿近制，合祭于第一庙。"上亲加裁定，命以孟春特祭于各庙，三时及岁除则袷祭于德祖庙。

又定制：大祀圜丘、方丘、宗庙，皆天子亲祀，岁以为常。

21 癸卯，命平章汤和提督海运。时大军北伐，使造舟于明州，运粮输之直沽，以绐军食。

22 以平章廖永忠为征南将军，浙江行省参政朱亮祖为副将军，由海道取广东。

谕之曰："王者之师，顺天应人以除暴乱。朕昔平定武昌，荆、湘诸郡望风款附，常遇春克赣州，南安、岭南数郡亦相继来归。此无他，师出以律，人心悦服故也。两广之地，远在南方，彼此割据，民困久矣。今闻八闽不守，湖、湘已平，中心震慑。若先遣人宣布威德，必有归款迎降者。不得已而举兵，则扼其险要，绝其声援。闻广东要地，惟在广州，广州既下，则循海诸郡可以传檄而定。海南海北，以次招徕，留兵镇守，仍与平章杨璟合兵取广西。肃清南服，在此一举。"

23 丁未，诏以太牢祀先圣孔子于国学，仍遣使诣曲阜致祭。

24 戊申，上亲祀社稷。

先是中书省进社稷仪曰："周制，小宗伯掌建国之神位，右社稷，左宗庙。社稷之祀，坛而不屋，社以祭五土之祇，稷以祭五谷之神。其剚在中门之外，外门之内，尊而亲之，与先祖等。然天子有三社，为群姓立者曰大社，其自为立者曰王社。又，胜国之社屋之，国虽亡而存之，以重神也。后世天子唯立大社、大稷，社皆配以句龙，稷皆配以周弃。汉高祖除亡秦社稷立官，大社大稷一岁各再祀。光武立大社大稷于洛阳,在宗庙之右,春秋二仲及腊,一岁三祀。唐因隋制,并建社稷。玄宗升为大祀,仍以四时致祭。宋制如东汉时。元世祖营社稷于和义门内,以春秋二仲上戊日祭,今宜因之。"

是日,上亲祀社稷,服皮弁服省牲;祭,服通天冠,绛纱袍,行三献礼。

初,上命中书省翰林院议创屋备风雨,学士陶安言:"天子大社,必受风雨霜露。亡国之社则屋之,不受天阳也。建屋非宜。若遇风雨,则请于斋宫望祭。"从之。

论曰:明初议礼,始于吴元年召陶安为翰林学士充议礼总裁。是元年所进者,即安议礼时所定之大祀,而事由中书省,故李善长、傅瓛之名在前,盖瓛时为中书省参知政事也。明史陶安等传赞曰:"明初之议礼也,宋濂方家居,诸仪率多陶安裁定。大祀专用安议,其余参汇众说,从其所长。祫禘用詹同,时享用朱升,释奠耕藉用钱用壬,五祀用崔亮,朝会用刘基,祝祭用魏观,军礼用陶凯,皆能援据经义,酌古准今,郁然成一代休明之治。"

伯兄弢甫陶学士年谱云:"明初以圜丘、方泽、宗庙、社稷、朝日、夕月、先农为大祀,而证之明史,学士所议之大祀,圜丘、方泽、宗庙、社稷而已。圜丘、方泽,用周礼冬夏至分祭。至洪武九年,太祖感斋居阴雨,览京房灾异之说,谓分祀天地,情有未安,乃作大祀殿,定为正月南郊并祀天地,于是天地之分祭者,变而为合祭矣。宗庙则立四亲庙，以德祖为高祖，是德祖即始祖也。嘉靖四年，奉德祖于祧室，则祖之百世不祧者变而祧之矣。社稷则据古礼，异坛同壝，以句龙配社，后稷配稷。至洪武九年，用礼部尚书张筹之议，请合祀社稷，罢句龙、后稷之配而易以仁祖，以成一代之盛典，于是社稷之异坛者变而同坛，祖之不配社者变而配社矣。一代休明之治，不得与明为终始，可胜慨哉！"

按学士议礼，谓社稷之社与郊社之社异。社与郊对举，则天地分祭之本义也；社与稷异名，则社稷异坛之本义也。考洪武元年之制，社稷本为中祀，一以示二社之分，一以明配祖不配祖之异。自九年配以仁祖，而社稷不得不升之上祀，于是先农、朝日、夕月之等反降而为中祀矣。此则议礼之疏也。

夫以仁祖配南郊合祭之社，又以配五土之社，而二社隆杀之义淆矣。社稷同坛，则既以仁祖配社者复以仁祖配稷。而配祀之制，稷与先农本无区别。后稷以配稷，又以配先农，是先农即稷也。以五谷言则曰稷，以农祈言则曰先农。二仲之祭，常祭也，故与社同日。农祈之祭，因祭也，故与稷异名。今以罢句龙、后稷之配，遂并先农之配位而罢之。岂知先农者固始为稷之人，议礼之初，列之上祀，具有精义。今以配祖之故，跻社稷于先农之上，则何以解于逆祀之讥哉！

然则学士议礼，诚为酌古准今，而不谓太祖已及身而尽变之。彼张筹者，固不足论，何以宋文宪之默无一言也！

25 壬子，诏衣冠悉如唐制。

26 癸丑，副将军常遇春克东昌，元平章申荣自经死。茌平等县皆降。

27 甲寅，湖广平章杨璟克宝庆。

先是璟分兵取宝庆，下之，复为陈友谅将周文贵所陷。至是璟遣千户王廷进兵茱萸滩，贼众千余据险拒战，廷击败之，文贵遁走，遂复宝庆。

28 己未，学士陶安等请制五冕，上曰："五冕礼太繁。今唯祭天地宗庙服衮冕，社稷等则服通天冠、绛纱袍，余四冕皆不用。"【考异】明史礼志系之是年，无月日，今纪陶学士集卷首所载国史，作"二月己未"。

29 壬戌，敕赣州卫指挥使陆仲亨等率师会廖永忠取广东。

上谕仲亨等曰："近命平章杨璟等由湖南取广西，廖永忠等由福建取广东，今特命尔等自韶州直捣德庆，三方进兵，为犄角之势，必无不克。广东既平，合兵取广西，先声既振，势如破竹。但当抚辑生民，毋纵杀掠。"

30 乙丑，命中书省定役法。

上以立国之初，经营兴作，恐役及贫民，乃议验田出夫。于是省臣议，"田一顷，出丁夫一人，不及顷者，以别田足之，名曰'均工夫。'"寻编应天十八府、州、江西九江、饶州、南康三府均工夫图册。每岁农隙，赴京供役三十日遣归。其田多而丁少者，以佃人充夫，而田主出米一石资其用。非佃人而计亩出夫者,亩资米二升五合。

上又谕省臣曰:"民力有限而徭役无穷,自今凡有兴作,不获已者,暂借其力。至于不急之务,浮泛之役,宜悉罢之。"

31　丙寅,大将军徐达克乐安。

先是达未至乐安,俞胜纳款,礼而遣之。胜归,复叛。会常遇春克东昌,将会师济南,与达合兵追击胜,败之。距乐安五里,为土河所隔,命军士填坝以进。郎中张仲毅出降,达遣指挥华云龙率兵守之。

32　庚午,命选国子生国琦、王璞、张杰等十余人,【考异】"国琦",潜庵史稿、典汇皆作"周琦",今仍据明史兴宗传。侍太子读书禁中。

琦等入对谨身殿,仪状明秀,应对详雅。上喜,因谓殿中侍御史郭渊友等曰:"者生于文艺习矣。然与太子处,当端其心术,不流浮靡,庶储德亦有裨助。"因厚赐之。

33　三月,辛未朔,命儒臣修女诫。

时朱升方进翰林学士,命总其事,谕之曰:"治天下者,正家为先。正家之道,始于谨夫妇。后妃虽母仪天下,然不可俾预政事。至于嫔嫱之属,不过备职事,侍巾栉,恩宠或过,则骄恣犯分,上下失序。历代宫壶,政由内出,鲜不为祸。唯明主能察于未然,下此多为所惑。卿等其纂女诫及古贤后妃事可为法者,使后世子孙知所持守!"于是升等编录上之。【考异】明史本纪作"三月辛未"。按是年二月小建,故辛未乃三月之朔也。纪事本末作"丁未",二月无丁未,误,今据本纪。

34 杨璟既克宝庆，遣左丞周德兴、参政张彬。率师取全州。壬申，克之，元平章阿思兰遁去。于是道州莫友逊、宁远州李文卿、蓝山县黎元帅相继降。

35 甲申，大将军徐达奏上所获山东土地甲兵之数。

时近臣因进言"山东有银场可兴举者。"上曰："银场利于官者少，损于民者多。今凋瘵之余，岂可以此重劳民力！"不许。

戊子，命中书省给榜抚安山东郡县。并令所在访贤才，凡仕元者，皆予录用。

36 辛卯，彗星出昂北、大陵、天船间，长八尺余，扫文昌，近五车，逾月始没。【考异】元史顺帝纪作"庚寅"，按明史天文志作"辛卯"，又云"己酉乃没"。辛卯则是月二十一日，己酉则四月初九日，潜庵史稿云"十九日乃没"者是也。今据明史天文志，又孙之騄二申野录同。

37 丙申，征戍将军邓愈率襄、汉兵攻唐州，克之。进兵南阳，败元兵于瓦店，逐北抵城下。丁酉，克南阳，禽元史国公等二十六人。

38 徐达引舟师溯河克永城、归德、许州，至陈桥。己亥，左君弼以汴梁降。

初，君弼自唐州走安丰，又自安丰走汴梁，元汴梁守将李克彝使守陈州。上遣使谕以书曰："天下兵兴，豪杰并起，岂惟乘时以就功名，亦欲保全父母妻子于乱世。今足下以身为质而求安于人，既已失策，复使垂白之母，糟糠之妻，天各一方，度日如岁。足下纵不念妻子，忍忘情于老母哉！功名富贵，可以再图，生身之亲，不可复得，幸留意焉！"君弼得书，犹豫不能决，上乃归其母于陈州，君弼感泣。

至是大兵下山东,西指汴、洛,李克彝夜驱军民遁入河南,君弼乃与元将珠展等珠展译见前纪。率所部诣达纳款。

达遣都督佥事陈德守汴梁,率步骑自中滦进取河南。

39 是月,遣官祭告仁祖陵。

40 夏,四月,辛丑朔,蕲州进竹簟,却之。令四方无妄献。
【考异】纪事本末系之三月乙酉,今据明史本纪作"辛丑",盖是年四月之朔也。

41 廖永忠舟师发福州,先以书招谕广东行省左丞何真。

真,东莞人。元末盗起,真聚众保乡里。元至正十四年,县人王成、陈仲玉作乱,真攻之,不克。会惠州人王仲刚,与叛将黄常据惠,真击走常,杀仲刚,以功授广东都元帅,守惠州。海寇赵宗愚陷广州,【考异】赵宗愚,潜庵史稿"赵"作"邵",诸书又有作"邓"者,今据明史列传。真以兵破走之,复其城,擢广东分省参政,寻擢左丞。赣州熊天瑞引兵师数万欲图真,真迎之胥江,天大雷雨,天瑞舟樯折,真乘间击走之,广人赖以完。因举兵再攻王成,诛仲玉,而成卒固守,遂围之,募禽成者予钞十千。成奴缚成以出,真予之钞,命具汤镬趣烹奴,号于众曰:"有奴叛主者视此!"于是缘海之叛者皆降。

时中原大乱,岭表隔绝,有劝真效尉佗故事者,不听。

至是闻上定天下,得永忠书,遂航海趋潮州。永忠至潮,真遣其都事刘克佐籍郡县户口,奉表诣军门。永忠以闻,诏褒真曰:"朕惟古之豪杰,保境安民以待有德,若窦融、李勣拥兵据险,角立群雄间,非真主不屈,朕实嘉之!

今尔<u>真</u>,连数郡之众,乃不烦一兵,不折一镞,保境来归,<u>汉</u>、<u>唐</u>名臣何多让焉!"

是日,<u>永忠</u>至<u>东莞</u>,<u>真</u>率官属迎谒<u>虎头关</u>,遂入<u>广州</u>。<u>元</u>将<u>卢左丞</u>亦降。时分遣指挥<u>陆仲亨</u>等徇<u>英德</u>、<u>清远</u>、<u>连州</u>,皆下之。<u>永忠</u>入城,首禽<u>赵宗愚</u>,数其残暴,斩以徇,<u>广</u>民大悦。遣使驰谕<u>海南</u>、<u>海北</u>诸道,令纳印请降。

事闻,诏<u>真</u>驰驿入朝。谕之曰:"天下纷争,所谓豪杰有三:易乱为治者,上也;保民达变者,次也;负固偷安,身死不悔,斯其下矣。卿输诚纳土,不逆颜行,可谓识时务者。"擢<u>江西</u>行省参知政事。【考异】<u>明史</u>永忠本传,"驰谕九真、日南、朱崖、儋耳等郡",<u>重修三编</u>以为此皆<u>汉</u>郡,非<u>元</u>、<u>明</u>间地名,乃易为"<u>海南</u>、<u>海北</u>诸道",今从之。

42 丁未,祫享太庙,奉<u>懿祖</u>以下皆合祭。<u>德祖</u>妣居中,南向;<u>懿祖</u>妣东第一位,西向;<u>熙祖</u>妣西第一位,东向;<u>仁祖皇考</u>妣东第二位,西向。

先是诏制太庙祭器,上曰:"礼顺人情,可以义起,所贵斟酌得宜,随时损益。近世泥古,好用古笾豆之属以祭其先。夫生既不用,死而用之,甚无谓也!<u>孔子</u>曰'事死如事生,事亡如事存。'其制宗庙器用服御,皆如事生之仪!"

43 戊申,命诸臣图古孝行及身所经历艰难起家战伐之事以示子孙,谕之曰:"朕本农家,祖父皆长者,积善余庆,以及于朕。今图此者,欲令后世子孙知王业之艰难,不敢以富贵骄也。"

44 <u>徐达</u>率大军自<u>虎牢关</u>进次<u>河南</u>塔儿湾,<u>元库库</u>弟<u>托音特穆尔</u>以兵五万阵于<u>洛水</u>北。<u>常遇春</u>单骑突入其阵,敌发二十余骑，攒槊刺之。遇春发一矢，殪其前锋，大呼驰入，麾下壮士从之，敌大溃。脱音收散卒，走陕州，戎军追奔五十余里。

达遂进，营于洛阳城北门，李克彝复走陕西。元梁王阿抡降旧作阿鲁温，辑览译改阿哩衮，今据重修三编。——察罕特穆尔之父也，余皆望风降遁。达遣左丞赵庸守之。

45 壬子，常遇春克嵩州，元守将李知院降。甲寅，入其城，分兵下未附诸山寨。

46 丙辰，禁宦官预政典兵。

上谓侍臣曰："史传所书汉、唐宦官之祸，亦人主宠爱自致之耳。易称'开国承家，小人勿用。'此辈在宫禁，止可使之供洒扫，给使令而已。若使宦官不预政，不典兵，虽欲为乱，其可得乎！"

47 杨璟围永州，久不下，乃命指挥胡海洋等筑垒困之，复造浮桥于西江上，练习军士，示以必克。至是城中食尽援穷，邓祖胜仰药死，参政张子贤等犹率众拒守。百户夏昇缒城诣璟降，因言祖胜死状。璟趣军士四面亟攻之，丁巳，夜三鼓，胡海洋等逾城入，子贤复率众巷战。天明，众溃，子贤与元帅邓思诚等俱就执，获其全城士马。璟调衡州卫指挥同知丁玉守之。于是耒阳等州皆相继降。

48 戊午，元巩县孟夏寨参政李成降。

庚申，福昌知院张兴钧，州守将哈剌鲁，许州右丞谢李，陈州知院杨崇，皆遣人诣大军降。

辛酉，参政傅友德分兵取福昌山寨，元右丞潘莽儿降。

常遇春下汝州，又分兵徇郏县，于是河南悉平。

49　壬戌，都督同知冯宗异克陕州，元脱音特穆尔复遁，以都督同知康茂才守之。

大军徇裕州。守将郭云，以义兵保其城，累迁至平章。时河南郡县皆下，唯云独为元坚守，徐达遣指挥曹谅围之。云出战被执，大将军呵之跪，云植立嫚骂求死。胁以刃，不动。大将军壮之，送之京师，上奇其状貌，释之。

会上方阅汉书，问云："识字否？"对曰："识之。"因授以书，诵其语甚习，上大喜，厚加赏赐。寻用为溧水知县，有政声。

50　诏免山东夏税秋粮。凡中原经兵乱流离失业者，遣使分振之。

51　甲子，上发京师，幸汴梁。

时有言"汴梁居天下之中，宋之故都在焉。"上方欲与大将军谋取元都，遂以视师行，留左丞相李善长、御史中丞刘基居守。

52　丙寅，冯宗异克潼关。

方大军之下河南也，元将李思齐、张思道合兵守潼关，会火焚思道营，思齐移师退守葫芦滩，遣其部将张德钦等驻关。至是闻大军至，思齐弃辎重走凤翔，思道走鄜城。宗异入关，引兵西至华州，元守将望风奔溃。

方宗异克陕州，上遣使谕曰："若克潼关，勿遽乘胜而西。今徐达方有事北方，宜选将守关以遏西路之援，事毕且率所部兵回汴梁。"

53　是月,曲阜孔克坚来朝。

　　克坚,先圣五十五世孙也,元至正间,袭封衍圣公,有荐其明习礼乐者,征为太常同知礼仪院事,以其子希学袭封。未几,克坚迁国子祭酒,寻谢病归。时天下方乱,起为集贤学士、山东廉访使,皆不赴。

　　方大军之定山东也,克坚称疾,遣希学来谒,大将军达送之京师。希学奏父病不能行,上敕谕克坚,云有"称疾则不可"之语。会克坚奉建元诏下,将入朝,行至淮安,闻命皇恐,兼程而进。

　　至是进见于谨身殿,上问其年,对曰:"臣年五十有三。"上曰:"卿年未迈而疾婴之,今不烦尔以官。惟先圣子孙,不可不学,尔子温厚,宜俾之进德修业以副朕怀。"克坚顿首谢。即日,赐宅一区,马一匹,米二十石。明日,复召见,命以训厉族人。因顾侍臣曰:"先圣后裔,宜优礼之,养以禄而不任以事也。"命暂留京师。

54　初置山东行省,以江西参政汪广洋调任山东,参政翰林学士陶安为江西参政。

　　上之即位也,进安知制诰,兼修国史。安事帝十余岁,视诸儒最旧,及官侍从,宠愈渥,御制门帖子赐之曰:"国朝谋略无双士,翰苑文章第一家。"时人荣之。

　　至是以江西参政阙,谕安曰:"朕渡江,卿首谒军门,敷陈王道。及参幕府,裨益良多,继入翰林,益闻说论。江西上游之地,抚绥化导,宜莫如卿。"安辞,上不许,遂之官。

【考异】据安传,擢知制诰兼修国史在是年授江西参政之前,潜庵史稿系之元年正月庚子,证之<u>学士集</u>首册命之文,则同在是年四月,无日,盖一月先后间事也。赐帖子在知制诰时,今并系之四月授<u>江西</u>参政之下。

55 五月,庚午朔,<u>冯宗异</u>请益兵守<u>潼关</u>,谋于大将军<u>达</u>,<u>达</u>曰:"此<u>三秦</u>之门户,目前健将,无如<u>郭兴</u>者。"乃令<u>兴</u>将<u>庆阳卫</u>指挥<u>于光</u>、<u>威武卫</u>指挥<u>金兴旺</u>兵守之。

　　<u>宗异</u>回师至<u>陕州</u>,与<u>达</u>俱还<u>河南</u>。<u>达</u>分遣指挥<u>王臻</u>讨平<u>虢州</u>山寨,指挥<u>丰谅</u>、<u>任亮</u>讨平<u>巩县</u><u>鸡翎山</u>寨并<u>天堂</u>、<u>王山</u>等寨,参政<u>傅友德</u>取<u>凌青</u>、<u>黑山</u>二寨,悉收叛民降之。

56 己卯,征南将军<u>廖永忠</u>、参政<u>朱亮祖</u>等兵至<u>梧州</u>,<u>元达鲁噶齐拜珠</u>旧作<u>拜住</u>。率官吏父老迎降。

　　时<u>元</u>吏部尚书<u>布延特穆尔</u>、旧作<u>普颜帖木儿</u>。<u>张翱</u>,以奉诏便宜行事入<u>广西</u>,行次<u>藤州</u>,大兵适至,募民兵迎战,无应者。既而<u>藤州</u>守将<u>吴镛</u>出降,<u>布延</u>率所部百余人走<u>郁林</u>,<u>朱亮祖</u>勒兵追之,<u>布延</u>战没,<u>翱</u>赴水死。<u>亮祖</u>驻师<u>藤州</u>。【考异】"<u>翱</u>",<u>纪事本末</u>作"<u>翔</u>",今据<u>三编</u>。

57 庚寅,车驾幸<u>汴梁</u>,召大将军<u>达</u>等诣行在。

58 辛卯,改<u>汴梁</u>路曰<u>开封府</u>。

59 副将军<u>常遇春</u>,都督<u>冯宗异</u>,自<u>河南</u>来谒行在,上授<u>宗异</u>为征虏右副将军,留守<u>汴梁</u>。

60 癸巳,置中书分省于<u>开封</u>。

61 甲午,<u>朱亮祖</u>引兵至<u>容州</u>,克之,于是<u>郁林</u>、<u>浔</u>、<u>贵</u>诸郡悉平。寻会<u>杨璟</u>之师于<u>靖江</u>。

62 丁酉,以<u>江西</u>行省左丞<u>何文辉</u>扈从,授<u>河南</u>指挥使,都督同知<u>康茂才</u>留守<u>陕州</u>,<u>任亮</u>守<u>嵩州</u>。

63 六月,庚子朔,<u>徐达</u>朝行在,【考异】据<u>明史本纪</u>,<u>达</u>朝行在在是月庚子,而纪事本末言"五月庚寅召达等,辛卯,常遇春、冯宗异至行在。"是二人之至行在在先,达以在河南部署留守事宜,故迟十日始行也。诸书并系之五月,盖牵连记之耳,今分书之。其徐达至之月日,仍据明史。上置酒劳之,且谋北征,问计,运曰:"臣自平齐、鲁,扫河、洛,王保保逡巡太原,观望不进。及潼关既克,张、李失势西窜,元之声援已绝。今乘势直捣元都,可不战有也。"上据图指示曰:"卿言诚是。然北土平旷,利骑战,宜选裨将提兵为先锋,将军督水陆之师继其后,下山东之粟以给馈饷,使彼外援不及,内溃自生,必可克也。"

　　达复进曰:"使元都克而其主北走,将穷追之乎?"上曰:"元运已衰,行自澌灭,不烦穷兵。出塞之后,固守封疆,防其侵轶可也。"达顿首受命。

64　壬寅,上躬祀开封府诸神,仍遣官祭境内山川。

　　癸卯,徐达辞行在,会副将军之师,议北征。

65　甲辰,元海南、海北道元帅罗福等及海南分府元帅陈乾富等,皆遣使纳款归陈。

66　初,杨璟克永州,先遣左丞周德兴分兵扼靖江险要,绝其声援。大军至,直薄靖江,屯北关,分遣参政张彬屯西关。会朱亮祖自广东来,屯东门象鼻山下,四面围攻,凡二旬不下。璟谓诸将曰:"彼所恃者,西濠水耳,决其堤,破之必矣。"乃遣指挥丘广引兵攻闸口关,杀守堤兵,尽决濠水。水涸,筑土堤五道,傅于堞。城中固守,又两阅月。元守将额尔吉纳旧作也儿吉尼。等势蹙,驱兵出南门战,指挥胡海洋击败之。

　　璟乃阴遣人构其总制张荣,荣以书系矢射璟营,期以是夜降。壬戌,漏二鼓,荣遣其麾下裴观缒城出,备言城中乏食可取状。璟乃给白皮帽百余,俾归为识,约四鼓,从宾贤门入,至期,命诸将率众径进。额尔吉纳闻变仓猝走,追至城东伏波门,禽之。时靖江都事赵元隆、陈瑜、刘永锡,廉访佥事特穆尔布哈,旧作帖木儿不花。元帅约尼图们,旧作元秃蛮。万户董绰哈,旧作董丑汉。府判赵世杰,皆先后力不支自杀。【考异】据诸书所记克靖江事,但言禽也儿吉尼,而自帖木儿不花以下四人之死皆不具,今据明史陈友定传及重修三编补入。

先是张彬攻城,为守者所诟,彬曰:"城下,当悉屠之。"比克城,璟先下令曰:"杀人者死!"彬惧而止,众心遂安。

67 乙丑,诏赐北征将士夏衣。

68 戊辰,廖永忠进兵南宁,元土浪屯田千户宋真执其守将平章耀珠等旧作咬住。遣使降。永忠悉收诸司印,命真守其城,送耀珠至京师。

69 是月,定国子学官制,增设祭酒、司业等官,以太子宾客梁贞兼祭酒掌监事。

70 遣使祭元故平章察罕特穆尔。

71 秋,七月己巳朔,广西左江太平路土官黄英衍,右江田州路土官岑伯颜,遣使赍印诣平章杨璟军纳款。

72 元平章阿思兰,自全州遁后,率余众退保象州,廖永忠遣指挥耿天璧等讨之。师至宾州界,阿思兰遣其部将李左丞拒战,天璧击败之。阿思兰穷迫,乃遣其子僧保诣永忠纳款,许之。

73 征戍将军邓愈克随州,降元右丞王诚。于是叶、舞阳、鲁山等州县皆相继下之。

壬午,分遣指挥吴复讨平牛心、光石、洪山诸叛寨,均、房、金、商之地悉定。

74 戊子,永忠下象州,阿思兰率所部自诣军门,上元所授银印三,铜印三十七。

75 庚寅,命振恤中原贫民。

76 辛卯,上将还京师,大将军徐达等自陈桥入辞。上谕之曰:"中原之民,久苦兵革,朕欲拯之水火,故命卿等北征,非得已也。唯是元之祖宗,入主中国,天实命之。及其子孙,罔恤民艰,始厌弃之。君则有罪,民复何辜! 每观前代革命之际,屠戮如仇,违天虐民,朕不忍也。诸将克城之日,勿房掠,勿焚荡,必使市不易肆,民安其生,凡元之宗戚,宜善待之。庶几上答天心,成朕伐罪吊民之志。"

丙申,上发开封。

77 丁酉,杨璟徇地至郴州,元守将左丞杨以诚诣大军送款。

是时广西悉定,璟自靖江振旅还。

78 是月,带刀舍人周宗上疏,请天下府州县开设学校,上嘉纳之。

79 广东既平,有南海贼冯简等作乱,邑人关敏,倡义击贼,死之。

官兵讨贼既平,以其事闻,上曰:"敏生未授官,而能仗义讨贼,没于王事,朕甚轸之!"诏特赠敏敦武校尉、兵马司副指挥,表其乡曰忠义,命立祠祀之。

80 闰月,己亥朔,大将军徐达、副将军常遇春会师于河阴,遣诸将分道徇河北地。

庚子,右丞薛显、参政傅友德兵至卫辉,元平章龙二弃城走彰德,辛丑,克之。癸卯,至彰德,二复走,降其部将陈同知等。

甲辰,龙二部将杨义卿,以船八十艘来归,遂下磁州。进攻广平,元平章周昱弃城遁,邯郸尹都文玉率父老迎降。进攻赵州,获元将侯金院等。

凡所克城邑,皆遣裨将守之,友德等各率师会于临清。

81 丁未,车驾至京师。

82 己酉,大将军达师次临清,议以水陆之师分道并进,遣人诣东昌檄都督同知张兴祖,诣乐安檄指挥华云龙,皆以师来会。

庚戌,令傅友德率步骑以开陆道。会友德游骑获元将二人,以为向导。又令都督副使顾时浚闸,以通舟师自临清至通州之路。【考异】顾时浚闸通舟师,见明史徐达及时传。而纪事本末乃书朱亮祖勒民夫浚河、知府方克勤祷雨之事,此大误也。克勤授济宁知府乃在洪武四年,至朱亮祖勒民夫浚河,乃洪武八年镇北平事。是时克勤方自京师朝觐归,其年十月罢官,则朱亮祖之至及克勤之祷雨,正八年五六月间事也。且是年亮祖征广西,何尝从大将军北征耶! 今删去,改入洪武八年。

83 癸丑,平章韩政,都督副使孙兴祖,俱以师会临清。大将军达遂率马步舟师刻期北发,命政守东昌并镇抚临清。会副将军常遇春已先驱陷德州,遂合兵取长芦。

戊午,元守将左金院遁,遂克长芦。扼直沽河,得海艘七,比桥以济师。于是遇春与张兴祖各率舟师并河东西以

进,大军统步兵在前,水陆辐凑。元丞相伊苏左次海口,望
风而逃,燕都大震。

84 癸亥,大军至河西务,败元平章之兵,禽其知院等三百
余人。丙寅,遂克通州,元知枢密院事布颜特穆尔旧作卜颜
帖木儿。力战死之。

　　是日,元主闻报,大惧,集后妃太子议避兵北行,曰:
"今日岂可复作徽、钦!"于是诏以淮王特穆尔布哈旧作帖木
儿不花。监国,庆通旧作庆童。为中书左丞相,同守京城。时
左丞相实勒们旧作失烈门。及知枢密院事赫色、旧作黑厮。宦
者赵巴延布哈旧作伯颜不花。皆谏,以为不可行,不听。巴延
布哈恸哭曰:"天下者,世祖之天下,陛下当死守,奈何弃
之! 臣等率军民及诸集赛岱旧作法薛歹。出城拒战,愿陛下
固守京城!"卒不听,遂以夜半开建德门,由居庸关北走。

　　先是元主诏李思齐等东出关,与摩该合攻库库,而令
关保以兵戍太原。库库愤甚,引军据太原,尽杀朝廷所置
官吏,于是元主下诏尽削库库官爵,令诸军四面讨之。时
大军方进兵潼关,思齐等仓皇西遁,而摩该、关保等寻为库
库所禽杀。元主大恐,乃悉复库库官,令与思齐等分道捍
御。诏下而思齐等会诸将于凤翔,总关、陕、秦、陇强兵十
余万,不急国难,犹日与厍库干戈相寻。未及一月而大军
直薄都城,救援不及,以至于亡。

85 是月,诏定军礼。中书省会儒臣议亲征遣将礼奏之。
　　诏征天下贤才至京,授以守令。
　　谕中书省曰:"布衣之士,新授以政,必先养其廉耻,然

后责其成功。定制,自今除府州县官,赐白金十两,布六疋。"

又谕新授北方守令曰:"新附之邦,生民凋瘵,不有以安养之,将复流离失望矣。尔等宜体朕意,善拊循之,毋加扰害,简役省费以厚其生,劝孝励忠以厚其俗。能如朕言,不特民有受惠之实,即汝亦获循吏之名,勉之!"

86 诏免吴江、广德、太平、宁国、和、滁水旱灾租。

87 八月,庚午,徐达等兵至元都,次齐化门,将士填濠乘城而入。达登齐化门楼,执其监国宗室淮王特穆尔布哈、中书左丞相庆通、平章德尔毕什_{旧作迭儿必失}、保赛音布哈_{旧作卜赛因不花}。及右丞张康伯、御史中丞穆辰_{旧作满川}。等,不降,死之,余不戮一人。封府库图籍宝物,令指挥张胜以兵千人守宫殿门,宫人妃主,皆令其宦者护视。禁士卒毋侵暴,吏民安堵,市肆不移。寻下令,凡在元大小诸臣,皆令送告身。

时元翰林待制黄殷仕欲投井,为其仆所守,乃给仆取酒,乘间投井死。左丞丁敬可、郭允中皆死之。

达遣人赴京献捷,仍令薛显、傅友德等分守古北诸隘口。又,所获宣府镇南威顺王子六人。皆送京师。

88 壬申,以京师火灾,四方水旱,诏中书省集议便民事。

89 甲戌,徐达遣人诣东昌,令韩政分兵守广平,又遣华云龙经理故元都新筑城垣。

张兴祖徇永平路,下之。

90 丁丑,始定六部官制。

初,中书省设四部,掌钱谷、礼仪、刑名、营造诸务,至是分吏、户、礼、兵、刑、工为六部,每部设尚书、侍郎等官,仍隶中书省。又各部设郎中、员外郎、主事等官,以资佐理。

91 御史中丞刘基致仕。

初,上幸汴梁,基与丞相李善长居守。基谓"宋、元宽纵失天下,今宜肃纪纲",令御史纠劾无所避,宿卫宦寺有过者,皆启皇太子置之法,人惮其严。中书省都事李彬,坐贪纵抵罪,善长素昵之,请缓其狱,基不听,驰奏,报可,方祈雨,即斩之,由是与善长忤。上归,善长诉"基戮人坛壝下,不敬",诸怨基者亦交谮之。

会上以旱求言,基奏:"士卒物故者,其妻悉处别营,凡数万人,阴气郁结。工匠死,胔骸暴露,吴将吏降者,皆编军户,足干和气。"上纳其言。旬日,仍不雨,上怒。会基有妻丧,遂请告归,许之。

92 己卯,以元都平,下诏:"大赦殊死以下。将士从征者恤其家,逋逃许自首。新克州郡毋妄杀。输赋道远者,官为转运。灾荒以实闻。免镇江租税。避乱民复业者,听垦荒地,复三年。衍圣公袭封并授曲阜知县,如前代制。有司以礼聘致贤士。学校毋事虚文。平刑,毋非时决囚。除书籍田器税。民间逋赋免征。蒙古色目人有才能者许擢用。鳏寡孤独废疾者存恤之。民年七十以上,一子复。他利害当兴革不在诏内者,有司具以闻。"

93 壬午,上幸北京。

初,上欲营都于汴梁,不果。及平元都,下诏曰:"朕观中原土壤,四方朝贡,道里适均,其以应天为南京,开封为北京,朕将以春秋往来巡守。"又命徙北平民于北京。

寻改大都路曰北平府,置六卫。改飞熊卫曰大兴左卫,淮安卫曰大兴右卫,乐安卫曰燕山左卫,济宁卫曰燕山右卫,青州卫曰永清左卫,徐州五所曰永清右卫。留兵三万人,分隶六卫。命都督副使孙兴祖、佥事华云龙守北平。

94 癸未,诏大将军徐达、副将军常遇春率大军往取山西,又授平章汤和为偏将军,与右副将军冯宗异、平章杨璟等从行。

95 甲午,放元宫人。

96 是月,以滕毅为吏部尚书,钱用壬为礼部尚书,杨思义为户部尚书,周桢为刑部尚书。

毅,镇江人。上初平吴,毅以儒士见,留徐达幕下,寻除起居注。吴元年,出为湖广按察使,寻召还。至是擢居吏部。一月,改江西行省参政,卒。

用壬,广德人。元故翰林院编修,奉使至平江,为张士诚所留。大军下淮、扬,来归,累官御史台经历。预定律令,寻佐陶安定郊庙社稷诸仪。至是授为礼官,凡礼仪、祭祀、宴享、贡举诸政,皆专属之,又诏与儒臣议定乘舆以下冠服诸式。时儒生多习古义,而用壬考证,尤为详确云。

思义,未详其籍里。吴元年设司农卿,以思义为之。至是擢居户部,凡请令民间植桑麻及奉诏设立预备仓诸善政,皆其所经画者,时称其能。

桢,江宁人。上平武昌,用桢为江西行省佥事,历大理卿。与李善长、刘基、陶安等定律令,书成,上览之称善。至是遂擢刑部,寻改治书侍御史。

97 初,上将即位,召同知南康府事王祎还,与诸儒臣议礼,寻坐事忤旨,出为漳州府通判。

至是上疏曰:"人君祈天永命之要,在忠厚以存心,宽大以为政。昔周家忠厚,故垂八百年之基;汉室宽大,故开四百年之业。盖上天生物之心,春夏长养,秋冬收藏,其间雷电霜雪,有时搏击肃杀,然可暂而不可常。若使雷电霜雪无时不有,则上天生物之心息矣。臣愿陛下法天道,顺人心。今浙西既平,科敛当减,幸陛下留意焉!"

时上反元政,尚严厉,故祎以为言,上嘉纳之,然不能尽从也。

98 诏征元故官至京师。

99 九月,癸卯,江西行省参政陶安卒。

安前守黄、饶,有政声,擢为监司,益修其职。莅任数月,遂卒于官。病剧,犹草时务十事以上,上览而惜之,亲为文以祭,追封姑孰郡公。

安,字主敬,少敏悟,博涉经史,尤长于易。元至正初,举浙江乡试,授明道书院山长,避乱家居。上克太平,安一见识为真主,慨然以身许之。凡事上十有四年,所陈皆王道,所论皆圣学,故君臣契合,自刘基、宋濂外,罕有其比。若其宠遇不衰,始终一致,则基与濂尚不及也。

初,安入为侍从,信任方专,有御史忌之,言其隐微之过于上,上曰:"朕素知安,安岂有此!且尔何由知之?"对曰:"闻之道路。"上曰:"御史但取道路之言以毁誉人,以此为尽职邪?"命黜之。时中书省臣谓"御史职居言路,有失宜容之。"上曰:"不然。夫植佳木者必去蟫蠹,长良苗者必芟稂莠,任正大者必绝邪人。凡邪人之事上,必先结以小信而后逞其大诈,此人尝有所言,朕不疑而听之,故今日乃敢为此妄言。夫去小人、当如扑火,及其未盛而扑之,则易为力,不则害滋大矣。"卒黜之。【考异】学士之卒,三编书之九月,潜庵史稿书九月壬寅之下。证之学士集,但云"是月戊戌朔",伯兄撰年谱,定为癸卯初六日。又"草时务十事",明史本传作"十二事",今悉据本集书之。御史言安过,洪武宝训在八月甲午,则安卒前一月事也,今牵连记之。

100 癸亥,诏曰:"天下之治,天下之贤共理之。今贤士多隐岩穴,岂有司失于敦劝欤?朝廷疏于礼待欤?抑朕寡昧不足致贤,将在位者壅蔽使不上达欤?不然,贤士大夫,幼学壮行,岂甘没世而已哉?天下甫定,朕愿与诸儒讲明治道,有能辅朕济民者,有司礼遣。"

101 乙丑,副将军常遇春下保定,留指挥李杰守之。丁卯,下中山,以指挥董勋守之。遂率师趋真定,元守将孙平章弃城遁。

达噜噶齐济农实克章,旧作钑纳锡彰。闻大兵已取元都,朝服投崖死。【考异】取真定,达鲁花赤钑纳锡彰死,诸书不载。今据明史陈友定传及三编译改补入。

102 是月,定正旦朝贺之仪。

初,登极朝贺仪注,皆中书省会礼官奏定,至是大略仿之。又定中宫朝贺之仪。

103 冬，十月，戊辰朔，大冯军徐达遣广武卫镇抚刘聚守河间，兼领府事，令右副将军冯宗异、偏将军汤和率师自河南渡河，由武陟取怀夫。庚午，克之，元平章白素珠弃城遁。我军遂逾太行，破碗子关，元兵奔溃。进取泽州，元平章贺宗哲弃城遁。进克潞州，分兵克雄州。

104 丁丑，车驾还京师。

戊寅，以元都平布告天下。

105 甲午，司天监进元所置水晶刻漏，备极机巧，中设二木偶人，能按时自击钲鼓。上览之，谓侍臣曰："废万几之务，劳心于此，所谓作无益害有益也。"命左右碎之。

106 是月，置京畿漕运司，以龚鲁、薛祥为都转运使。

时薛祥转漕河南，夜半，抵蔡河，贼骤至，祥不为动，好语谕散之。上闻，大喜。以方用兵，供亿艰，故设官专职其事。

祥分司淮安，浚河筑堤，自扬达济数百里，徭役均平，民无怨言。时元都方下，官民南迁，道经淮安，祥必多方存恤之。

107 十一月，己亥，诏征天下贤才，特遣起居注詹同、魏观、侍御史文原吉等分行各府州县访求以闻。【考异】明史本纪言，"遣使分行天下"，不言其人。潜庵史稿云"遣文原吉等"，纪事本末云"命学士詹同等十人"。今证之同传，有同与文原吉、魏观等，观传则云"偕詹同、吴辅、赵寿等"，有名者凡五人，重修三编备列之。惟是年十一月建大本堂，有命起居注魏观侍太子读书之事，观传同。其下文云"未几，偕文原吉、詹同等分行天下"，则是二事同在十一月，盖所召有先后之不同耳。今并系之十一月，其干支仍据本纪及潜庵史稿。

108 庚子,冬至,始祀上帝于圜丘。坛二成:第一成昊天上帝,南向,第二成东大明星辰,西夜明太岁,用李善长、陶安等议也。

有司请配祀,上谦让不许,先期亲为文告太庙曰:"历代有天下者,皆以祖配天,臣独不敢者,以臣功业有未就,政治有阙失。去年上天垂戒,有声东南,雷火焚舟击殿吻。早暮兢惕,恐无以承上帝好生之德,故不敢辄奉以配。惟祖神与天通,上帝有问,愿以臣所行善恶奏帝前无隐。候南郊竣事,臣率百司恭诣庙廷,告成大礼,以共享上帝之锡福。"

109 辛丑,建大本堂,取古今图籍充其中,征四方名儒以教太子、诸王。谓太子宾客梁贞、王仪等曰:"范金砻玉,所以成器;尊师重傅,所以成德。朕命卿等辅导太子,必先养其德性,使进于高明。然后于帝王之道,礼乐之教,及往古成败之迹,民间稼穑之事,朝夕与之论说,日闻谠言,使无非僻之干。积久而化,他日为政,自能合道。卿等勉之!"又令广选才俊之士充伴读官。

上时临幸堂中,商榷古今,评论经史。尝御文楼,太子侍,问:"近与诸臣读何史?"对曰:"汉七国事。"问:"曲直安在?"对曰:"曲在七国。"上曰:"此讲官一偏之说。景帝为太子时,以博局杀吴世子,及为帝,又轻听晁错,黜削诸侯,七国之变,实由于此。若为诸子讲此,则宜言藩王当上尊天子,无挠天下公法。如此,则为太子者,知敦睦九族,隆亲亲之恩,为诸子者,知夹辅王室,尽君臣之义。"

110 甲辰，诏以孔子五十六代孙希学袭封衍圣公，进二品秩，赐银印。置衍圣公官属，曰掌书，曰典籍，曰司乐，曰知印，曰奏差，曰书写，各一人。立孔、颜、孟三氏学，曰教授，曰学录，曰学司，各一人。又立尼山、泗水二书院，各设山长一人。复孔氏子孙及颜、孟大宗子孙徭役。又授其族人希大为曲阜世袭知县。

111 癸丑，徐达克赵州。薛显败元脱音特穆尔之兵，师次保定，取七垛寨。

将分兵与汤和、冯宗异等徇山西。会元库库特穆尔遣其骁将哈扎尔旧作韩扎儿。来攻泽州，平章杨璟等往援之。遇元兵于韩店，我师失利，璟大败而返。

方元帝之北走也，库库谋援大都，不及。会元帝至开平，仍趣库库引兵出雁门，由保安径居庸以攻北平。大将军达闻之，谓诸将曰："王保保全师远出，太原必虚。北平孙都督总六卫之兵，足以御之。今我军乘其不备，直捣太原，彼进不得战，退无所依，此兵法所谓批亢捣虚者也。彼若西还自救，此成禽耳。"诸将皆曰："善。"乃引兵径趋太原。

112 癸亥，上手诏召刘基还。

方基之告归也，濒行，奏曰："凤阳虽帝乡，非建都地。王保保未可轻也。"时上方锐意灭库库，又欲营中都，故基言及之。洎闻库库阻大兵，颇思基言，乃手诏叙其勋伐，趣赴京师。基既至，赐赍甚厚。又追赠基祖、父皆永嘉郡公。

【考异】按基以八月告归，越三月即手诏召还。证之基传，"基言王保保未可轻,已而定西失利,库库竟走沙漠,卒为边患",是基之召还,正以此也。然明兵出塞,凡失利两次,一本年韩店之败,一五年大将军定西之败,皆如基言。则当韩店失利,太祖已悟,故亟亟召之也。韩店之败在是月癸丑,去癸亥十日,则正失利奏至之时,今系之本月召还之下,为得其实。

113 十二月,丁卯,徐达率诸军攻太原,克之。

时库库出师,行次保安,闻之,亟还军自救。前锋万骑突至,傅友德、薛显率敢死士数十骑冲却之。副将军遇春言于达曰:"我骑兵虽集,步卒未至。骤与之战,必多杀伤。若夜劫之,可以得志。"达曰:"善!"

会库库部将呼必勒玛旧作豁鼻马。潜遣人约降,请为内应,乃选精骑乘夜衔枚袭之,举火为号,内外相应,大军继进。敌闻鼓噪声,自相惊扰,不战而溃。库库方然烛治军书,仓猝不知所出,跣一足,乘羸马,以十八骑走大同。呼必勒玛以其众降,得兵四万,遂下太原。遇春率轻骑追至忻州,不及,得行人汪河还。库库走甘肃。【考异】据潜庵史稿,汪河还在十月辛卯。按库库据太原,河被拘在彼,至十二月克太原,库库走,始得河归。纪事本末系之十二月克太原之下,今从之。

114 己巳,置登闻鼓于午门外,日令御史一人监之。凡民间词讼冤抑,府、州、县及按察司不为伸理,及有机密重情,许击登闻鼓,由御史引奏。其他户婚、田土及斗殴、军役等件,但许具状赴通政衙门及当该衙门告理,不许径自击鼓。守鼓官不许受状。有军民人等故自伤残恐吓受奏者,由守鼓官校执奏,追究教唆主使之人,一体治罪。其后又移设于长安右门外,六科给事中派一人监之。

115 庚午,徐达遣傅友德、薛显邀击贺宗哲于石州,拔白崖、桃花诸山寨。友德又败元将图鲁卜于宣府。

副将军冯宗异克猗氏，禽元右丞贾成。进攻平阳，禽元右丞李茂等。进攻绛州，禽元左丞田保保等，又分遣裨将陆聚等讨平诸山寨。于是阳曲、榆次、平遥、介休皆以次下，山西悉平。

116 辛未，诏中书省会礼官定官民丧服之制。

时御史高原侃奏言：“京师人民，循习元俗，凡丧葬，设宴会亲友，作乐娱尸，唯较酒肴厚薄，无哀戚之情。流俗之坏至此，甚非所以为治。且京师者天下之本，万民之所取则，一事非礼，则海内之人转相视效，弊可胜言！况送终大事，尤不可不谨，乞禁止以厚风化。”上是其言。

寻又诏中书省定官民房舍服色等第，谕之曰：“昔帝王之治天下，必定礼制，以辨贵贱，明等威，是以汉高初兴，即有衣锦绣绮縠操兵乘马之禁，历代皆然。近代风俗相沿，流于奢侈，闾里之民，服食居处与公卿无异，贵贱无等，僭礼败度，此元之所以失也。宜明立禁条，颁示中外，俾各有所守以正名分。”【考异】定官民丧服制，见明史礼志，盖洪武元年御史高原侃所奏。潜庵史稿、纪事本末皆系之十二月辛未，今从之。

117 壬辰，遣使以书谕伪夏明昇归命。

118 是月，行人汪河至京师。

河奉使库库，被拘六年，上甚嘉之，擢为吏部侍郎，陈西征方略。逾年，改御史台侍御史，后迁晋王左相。居数岁卒。

119 上以东宫师傅皆勋旧大臣，当待以殊礼，命礼官定三师朝贺东宫仪。

议曰："唐制，群臣朝贺东宫，行四拜礼，皇太子答后二拜，三公朝贺，前后俱答拜。今拟凡大朝贺，设皇太子座于大本堂，设答拜褥位于堂中，设三师、宾客、谕德拜位于前，仿唐制行四拜礼，皇太子答后二拜。"从之。

120 是冬，以崔亮为礼部尚书，钱唐为刑部尚书。

亮，稿城人，平吴归附，授中书省礼曹主事，迁济南知府，以母忧归。至是尚书钱用壬请告去，起亮代之。方亮居礼曹时，即位大祀诸礼，多所条画，由是知名。及擢本部尚书，一切礼制，凡用壬先所议行者，亮皆援引故实以定其议，而考证详确过之。

唐，象山人，上即位，以明经对策称旨，特授刑部尚书，以代周桢。

121 是岁，方国珍入朝，上以其谢书恳诚，弗罪也。居数月，授广西行省左丞，食禄，不之官。国珍卒以善终京师。

其时国珍官属降者，皆徙滁州，独赦丘楠，以为韶州知府，嘉其曾劝方氏归诚，识天命也。

詹鼎以代草谢书，为上所赏。鼎，宁海人，有才学，为国珍府都事。判上虞，有治声。既至京，未见用，乃草封事万言，候驾出献之。上为立马受读，欲官之，而为省臣杨宪所沮，盖忌其才也。宪败，除留守经历，迁刑部郎中，坐累死。

122 北征之役，令浙江、江西及苏州等九府运粮三百万石于汴梁，已而大将军又令忻、嵲、代、坚、台五州运粮大同，又令发莱州洋海仓,于是始定于辽东、北平由海运输饷。

123 改太史院为司天监。征元太史张佑、张沂等十四人至京师。

　　有黑的儿者,回回国人也,上询以元定历之官。兼设回回历科。逾年,复召回回司天台官郑阿里等十一人至,于是始定历法,兼设回回司天监。

124 陈友定之灭也,闽中悉定。平章胡美请置延平卫,以部将蔡玉守之。

　　是年,六月,友定故将金子隆、冯谷保等复率众寇延平,玉击败之。追至沙县青云寨,子隆负险拒守。会建宁指挥沐英攻铅山,上命会平章李文忠进兵夹剿,禽子隆、谷保等,诛之,余党遂平。

125 上自为吴王时,命考周礼五辂制。以玉辂太侈,用博士詹同言,常乘皆用木辂。至是即位,有司奏乘舆服御应以金饰,诏用铜。有司复言:"万乘尊严,此小费,不足惜。"上曰:"朕富有四海,岂恡乎此! 第俭约非身先无以率下,且奢泰之习,未有不由小而致大者。"卒不许。

　　一日,上退朝还宫,太子诸王侍,上指宫中隙地谓之曰:"此非不可起亭台馆榭为游观之所,诚不忍重伤民力耳。昔商纣琼宫瑶室,天下怨之。汉文帝欲作露台,惜百金之费,当时国富民安,犹不欲耗中人之产以为一身之娱。尔等宜以为法鉴!"

明通鉴卷二

江西永宁知县当涂 夏　燮 编辑

纪二 <small>屠维作噩(己酉),尽一年。</small>

太祖高皇帝

洪武二年(己酉、一三六九)

1　春,正月,庚子,上御奉天门,召元故臣至京师者入见。

　　上询以元政得失,马翌对曰:"元有天下,以宽得之,亦以宽失之。"上曰:"以宽得之,则闻之矣;以宽失之,未之闻也。夫弦急则绝,民急则乱,居上之道,正宜用宽。元季君臣耽于逸乐,驯至沦亡,失在纵弛,实非宽也。大抵圣王之道,宽而有制,不以废事为宽;简而有节,不以慢易为简;施之适中,则无弊矣。"

　　时元故臣至京师者,惟金溪危素、古田张以宁名最重,素长于史,以宁长于春秋,上皆授为翰林侍讲学士。【考异】三编系召元故官于京师在元年八月,据其征召之年月也。证之危素传,以二年授翰林侍讲学士。纪事本末系之是年正月庚子,今从之。

2　乙巳,诏立功臣庙于鸡鸣山下。【考异】诸书及明史本纪皆作

"鸡笼山",今据三编质实云,"鸡鸣山,一名鸡笼山,在江宁府西北七里。"

上亲定功臣位次,以徐达为首,次常遇春、李文忠、邓愈、汤和、沐英、胡大海、冯国用、赵德胜、耿再成、华高、丁德兴、俞通海、张德胜,吴良、吴桢、曹良臣、康茂才、吴复、茅成、孙兴祖,凡二十一人,死者像祀,生者虚其位。又以廖永安、俞通海、张德胜、桑世杰、耿再成、胡大海、赵德胜七人配享太庙。【考异】功臣二十一人之次,死者像祀,生者虚位。弇州史乘考误云,"前列次序六人,皆王也。其明年为六公。所谓生封公,死封王者,至洪武二十八年而始定,何以预知李善长、冯胜之不终而革之? 是时沐西平一指挥耳,何以预知其有功而列之胡大海之前? 盖塑像虚位诚有之,以后有不克终者不得入。而所定位次,则据永乐初年见在者而言耳。此皆姚、解诸公忽略之过也。"今考二十一人庙祀在洪武二年,其元年以前死者八人,见存者仅十三人耳,当日所定生者虚位之次,必不止此。证之三年所封功臣,凡六公,二十八侯,必多有在虚位之数者。惟此十三人,如中山、开平、岐阳、宁河、东瓯、黔宁、江国、海国、蕲国、黔国、巢国等,皆以功名终,燕山、安国二人死于王事,亦皆有纯而无疵,故其位次至洪武之末而始定,成祖遵而行之,遂为定典。若太祖当日所定之位次,虽不可考,而如韩国,如宋国,如德庆、颍川之等,亦必在生者虚位之列,其为在后删之可知矣。至有删亦必有补,而如黔宁者,则又在后补之数。故王景撰黔宁神道碑,言"王薨之明年,塑像功臣庙,祀以太牢",则其后入可知也。钱牧斋功臣庙考,但见此二十一人中,初封之二十八侯仅见五人,遂疑"生者虚位"之语必无其事。而不知洪武二年原定位次,历经删汰,故弇州以为后定者得之。而史家牵连并记,不考颠末,谓之忽略,宜矣。今仍据明史书之,而附识于此。

3 丁未,享太庙。

始命学士朱升等撰斋戒文,请以大祀七日,前四日戒,后三日斋。上曰:"凡祭祀天地、社稷、山川等神,为天下祈福,宜下令百官斋戒。若自有所祷于天地百神,不关民事者,不下令。"又曰:"致斋以五日、七日,为期太久,人心易怠。止临祭斋戒三日,务致精专,庶可格神明。"遂著为令。

4 庚戌,诏曰:"朕淮右布衣,因天下乱,率众渡江,保民图治,今十有五年。荷天眷佑,悉皆戡定,用是命将北征,齐、鲁之民,馈粮给军,不惮千里。朕轸厥劳,已免元年田租。遭旱,民未苏,其更赐一年。顷者大军平燕都,下晋、冀,民被兵燹,困征敛,北平、燕南、河东、山西今年田租,亦予蠲免。河南诸郡归附,久欲惠之,西北未平,师过其地,是以未遑。今晋、冀平矣,西抵潼关,北界大河,南至唐、邓、光、息,今年税粮悉除之。"

又诏曰:"应天、太平、镇江、宣城、广德,供亿浩繁。去岁蠲租,遇旱惠不及下。其再免诸郡及无为州今年租税。"

5 癸丑,更定太庙时享日期,用清明、端午、七月望、冬至祭之。

6 甲寅,副将军常遇春率师取大同,庚申,克之,元守将珠展弃城走。

时参政傅友德将兵屯朔州,大将军徐达遣参政陆聚分兵守井陉、散关。聚所部皆淮北劲卒,虽燕、赵精骑不及也,达将进兵陕西,故使聚守之。

7 癸亥,遣使赍敕往山西谕诸将曰:"近者御史大夫汤和定浙左,平闽中,平章杨璟靖湖湘,定广西,班师还朝,未有定赏,以大将军等灭元未还故也。于是遣诸偏将仍从北征。杨璟兵出泽、潞,中道与贼相拒,虽少算累军,此亦兵家常事。且太原得此为奇缀,亦分其势。今定左副将军冯宗异居遇春之下,偏将军汤和居宗异之下,偏将军杨璟居和之下,协力同心,剪除余寇。"——宗异,即国胜也,自后始以胜名。【考异】据明史冯胜传,"胜,初名国胜,又名宗异,最后名胜。"今按诸书所记,或称"国胜",或称"冯胜",惟自吴元年从大将军北征后,改书"宗异",则是彼时由国胜更名宗异也。洪武三年大封功臣,始称"冯胜",则传中所云"最后名胜"者是也。此系二年正月诏书之原文,仍以"宗异"称之,则是更名胜者,当在洪武二年之后,三年之前。故潜庵史稿,吴元年及洪武元年、二年,此三年中,俱书"宗异",其为实录之原文明矣。今仍之,(明史胜传诏书之语,因前已叙明,故直书胜之后名,以便省览)特于是月诏书下揭出,自此以后,则皆书"冯胜"云。

8　是月,倭寇山东滨海郡县。

倭,古日本国也。宋以前皆通中国。元兴,遣使招之不至,命将以舟师往征,行至海中,遭暴风而没,终元世不相通。自张氏、方氏之乱相继诛降,诸豪亡命入海,往往纠岛人入寇,至是转掠山东滨海州县。上遣行人杨载诏谕其国,日本王良怀不奉命。自是遂为边患。

9　二月,丙寅朔,上以克元大都,得元十三朝实录。时宋濂方服阕,召还京师,元之故臣亦至焉,乃诏修元史。以左丞相李善长监修,濂及漳州通判王祎为总裁,其他纂修,命广征山林隐逸之士充之。

上谕善长等曰:"元初君臣朴厚,政务简略,与民休息,时号小康。后嗣荒淫,权臣跋扈,兵戈四起,民命阽危。间有贤智之士,忠荩之臣,不获信用,驯至土崩。其间君臣行事,有善有否,贤人君子,或隐或显,诸所言行,亦多可称者。卿等务直述其事,毋溢美,毋讳恶,以垂鉴戒。"

初,元都破,危素时为翰林学士承旨,闻难,趋所居报恩寺,方入井,寺僧大梓力挽起之,曰:"国史非公莫知,公死,是死国史也。"素遂止。大兵迫史库,往告镇抚吴勉辈出之,元实录得无失,至是上访以元兴亡事甚悉。

同时被征之士,有胡翰、汪克宽、宋僖、陶凯、陈基、曾鲁、高启、赵汸、赵埙、谢徽等,凡十六人,皆授翰林院国史编修官。

翰自克婺州来归,至至金陵。时方籍金华民为兵,翰从容进曰:"金华人多业需,鲜习兵,籍之,徒縻饷耳。"上即罢之。授衢州教授,有荐其文章与宋濂、王祎相上下,复征之。克宽,祁门人。祖华,受业饶双峰,得勉斋黄氏之传。克宽承其家学,尤邃于经,四方知名士出其门下者居多。汸,休宁人。从临川虞集游,获闻吴澄之学,通贯诸经,尤长于春秋。凯、基皆临海人,僖,余姚人,启、徽,皆长洲人,同以诗名。埙,新喻人,鲁,新淦人。

时命开局于天界寺,并取元虞集所撰经世大典等书以备参考。

10　庚辰,元丞相伊苏侵通州。

时大军徇山西,北平守兵不满千人,平章曹良臣守之。伊苏以万骑营于白河,良臣自度众寡不敌,谋以计破之,乃于瀬河舟中多立赤帜,亘十余里,伊苏惊遁。良臣出精骑,逐北百余里,元兵自是不敢窥北平。

11　初,御史寻适请行耕藉、享先农礼,上命礼官钱用壬等议,谓:"先农与社异,当以耕藉日祭之。国语:'农正陈藉礼’,<u>韦昭</u>注云:‘祭其神,为农祈也。’<u>汉</u>以藉田之日祀先农,其礼始著,由<u>晋</u>至<u>唐</u>、<u>宋</u>,相沿不废。<u>政和</u>间,命有司享先农止行亲耕礼,南渡后复亲祀。<u>元</u>虽议耕藉,竟不亲行,其祀先农,命有司摄事。今议耕藉之日,皇帝躬祀先农,礼毕,躬耕藉田,以仲春择日行事。”从之。诏建先农坛于南郊,在藉田之北。

壬午,上亲祭先农,配以稷。祭毕,行躬耕礼。是日,宴百官耆老于坛所。

12 是月,以礼部尚书<u>崔亮</u>言,上<u>仁祖</u>陵曰<u>英陵</u>。寻改<u>皇陵</u>,诏立<u>皇陵</u>碑。上手录大略,授侍讲学士<u>危素</u>撰文。【考异】事见<u>元史危素传</u>,碑文即<u>素</u>所撰也,<u>本纪</u>不载。<u>潜庵史稿</u>书“二月乙亥立<u>仁祖</u>陵碑,上陵名曰<u>英陵</u>”,又“是年五月,更<u>英陵</u>曰<u>皇陵</u>”,然则<u>英陵</u>碑即<u>皇陵</u>碑也。此太祖初次命<u>素</u>所撰,至洪武十一年,复行改撰,详<u>郎氏七修类稿</u>。碑首言“儒臣粉饰之文,不足以为后世子孙之戒”,所谓“儒臣”,即是年<u>危素</u>所撰,<u>李善长</u>等所上者也,今分记之。

13 平章<u>杨璟</u>征<u>唐州</u>叛卒,平之。

<u>璟</u>自<u>韩店</u>还,会<u>唐州</u>为<u>邓愈</u>所克,复叛,州中兵乱,贼将老马<u>刘煽</u>聚<u>南阳</u>,郡县相应。大将军<u>达</u>承制遣<u>璟</u>讨之,诛其首恶,余党悉平,遂复<u>南阳</u>。

14 三月,乙未,大将军<u>达</u>渡河,遣副将军<u>常遇春</u>、<u>冯胜</u>等先驱入<u>陕西</u>。

15 丙申,以旱灾,祭告<u>仁祖</u>庙。

丁酉,祈雨,祭风云雷雨山川等神。凡为坛十八,中五坛,上亲行祭告礼,余遣官分献。

16 庚子,大军次<u>鹿台</u>。

时元将李思齐据凤翔,遣部将张德钦等守关中,张思道与图鲁卜、孔兴、龙济民等驻鹿台以捍奉元。闻大兵入关,先三日,思道等由野口遁去。达遣都督佥事郭兴率轻骑直捣奉元,守将弃城走。达统大军继进,泾、渭父老千余迎降。达按兵,遣左丞周凯抚谕城中,乃整军入。

改奉元路曰西安府,留都督佥事耿炳文守之。

大军之至鹿台也,元御史桑图锡里旧作桑哥失里。守关家洞。达遣攻之,力屈,与妻子俱投崖死,检校阿什克布哈旧作阿失不花。自经死,郎中昂克旧作王可。仰药死,【考异】桑图锡里,重修三编作桑噶实哩,昂克作恩克。三原尹朱春与其妻投缳死。

时关中饥,诏户振米三石。炳文守西安,修筑泾阳洪渠十万余丈,民赖其利。

17　癸卯,遇春等次凤翔。

先是上以书谕思齐曰:"足下据秦中之险,虽有张思道专尚诈力,孔兴等自为保守,库库以兵出没其间,然皆非勍敌。足下不以此时图秦自王,已失其机。今中原全为我有,与足下犄角者,皆披靡窜伏,足下以孤军相持,岂可久邪!朕知足下凤翔不守,必将深入沙漠以图后举。非我族类,其心必异,倘中原之众,以塞地荒凉,一旦变生肘腋,妻孥不保。足下本汝南之英,祖宗坟墓所在,深思远虑,独不及此乎!诚能以信相许,幡然来归,当以汉窦融之礼相报,否则非朕所知也。"思齐得书,有降意。其麾下有诱以西入吐蕃者,思齐惑之。丙午,遇春至凤翔,思齐惧,遂奔临洮。

时参政傅友德分兵取凤州,皆克之。

18 癸丑,始置北平行中书省。又以广西初隶湖广,至是全省既平,亦分置焉。

初,庆远既下,诏改为庆远府,行省臣奏言:"庆远地接八番溪峒,所辖南丹、宜山等处,宋、元皆用其土酋为安抚使统之。大军下广西,安抚使莫天护,首来款附,宜如宋、元制录用以统其民,则蛮情易服,守兵可减。"从之。诏改庆远府为庆远南丹军民安抚使,以天护为安抚使同知。逾年,省臣以天护庸弱不能制,仍请设府置卫守其地。

19 戊午,诏工部增益太学斋舍。

20 夏,四月,上以通州被侵,北平之守单弱,丙寅,诏常遇春还师备边,并授浙江行省平章李文忠为偏将军,会遇春出塞,规取上都。

21 大将军徐达会诸将于凤翔,议所向,盖是时思齐在临洮,思道在庆阳也。诸将以思道易取,欲先由邠州取庆阳,然后度陇以攻临洮。达曰:"不然。庆阳城险而兵精,未易猝拔。临洮北界河湟,西控羌、戎,得之,其人足备战斗,物产足佐军饷。今麾以大兵,思齐不西走胡则束手就缚矣。临洮既克,于旁郡何有!"诸将然之。

乃留偏将军汤和守营垒辎重,别遣指挥金兴旺、余思明等守凤翔。遂移师趋陇州,丁卯,克之。寻至秦州马跑泉,元守将吕德、张义遁,追获之,遂克秦州。分遣合肥卫千户王弘将兵五百守陇州,张规鲁将兵千人守秦州。达遂统大军进师巩昌。

22 戊辰，置陕西、山西行中书省。改河南分省为行省。

23 已巳，诏诸王子受经于博士孔克仁，功臣子弟，亦令入学。

克仁侍帷幄最久，上数与论治道谋略，及天下形势，前代兴亡，皆与闻之。已，出知江州。入为参议，坐事死。

24 乙亥，诏定封建诸王国邑之制。

25 徐达师次巩昌，元守将梁子中、汪灵、真保等以城降，遣郭兴守之。趣副将军冯胜进攻临洮。

26 丙子，赐秦陇新附各州县税粮。

27 丁丑，冯胜师至临洮，思齐穷蹙，举城降，胜遣人送大将军营。

捷闻，上即遣使谕达曰："思齐既降，宜进攻庆阳、宁夏。但张思道兄弟多诈，若来降，当审处之，慎勿堕其计中也。"

28 都督同知顾时克兰州，以指挥韩温守之。

乙酉，徐达遣薛显袭走元豫王于西宁，获其部落辎重。

29 是月，淮安、宁国、镇江、扬州、台州各献瑞麦，一茎五穗、三穗者甚众，群臣称贺。上曰："朕为天下亿民主，惟修德召和，使三光平，寒暑时，此为国家之瑞，不以物为瑞也。昔汉武帝获一角兽，产九茎芝，好功生事，卒恒海内空虚。其后神爵、甘露之侈，至山崩、地震，而汉德于是乎衰。由此观之，嘉祥无瑞而灾异有征，可不戒哉！"

已而礼部尚书崔亮奏言："唐六典有大瑞及上、中、下三瑞。大瑞则景星、庆云、麟、凤、龟、龙之属，若岐麦、嘉

199

卷二 纪二 太祖洪武二年（一三六九）

禾,是为下瑞。今拟有大瑞者所司表奏,余则验实绘图以进。"上曰:"卿等所议,但及祥瑞,不及灾异。不知灾异乃上天示戒,所系尤重。今后四方有灾异,无论大小,皆令有司即时奏闻。"

30 五月,甲午朔,日有食之。

31 丁酉,大将军达师至萧关,下平凉。分遣指挥朱明克延安,命守之,遂至庆阳。会张思道闻大军克临洮,惧,走宁夏,至则为库库所执。

达既下平凉,即令汤和守泾州,别遣指挥张焕率骑兵往侦庆阳。时思道留弟良臣守之,焕谕归命。良臣闻思道被执,方惧,辛丑,遣其知院李克仁等籍军民马数请降。达遣右丞薛显率骑兵五千人往,良臣出迎,匐伏道左,示归顺状,显信之。

32 癸卯,始祀地于方丘,有司复请配位,上执不许。固请,乃曰:"俟庆阳平议之。"礼成,仍诣太庙恭谢,如圜丘仪。

上祀方丘,患心不宁,学士宋濂从容言曰:"养心莫善于寡欲。"上称善良久。

33 戊申夕,张良臣复叛,以兵劫薛显营,张焕被执,显受伤走还。达闻,语诸将曰:"上明见万里外,今日之事,果如前言。然良臣之叛,只取灭亡,当与诸公戮力剿之!"

于时冯胜、傅友德闻变,率兵自临洮至泾州,汤和亦以师来会。达恐良臣党羽相扇为声援,乃先遣兵抄其出入,派令俞通源将精骑略其西,顾时略其北,友德略其东,陈德略其南。——通源,通海弟也。——达自统大军趋庆阳,四面围其城。良臣出兵挑战,达麾兵击败之。

34 是月,御史中丞章溢卒。

溢,字三益。弱冠师事王毅,得金华许谦之传,与刘基、宋濂等并召,累官浙江、湖广佥事。元年,上御极,与基并拜是职,能举宪纲,务为宽厚。上尝祀社稷,会大风雨,还,坐外朝,怒仪礼不合致天变,溢委曲明其无罪,乃赏之。

子存道,佐李文忠平闽。闽平,诏存道以所部乡兵从海道北征,溢持不可,上不怿,溢曰:"不得已,则择昔尝叛逆之民籍之为兵,使从北上,一举而恩威著矣。"上喜曰:"孰谓儒生迂阔哉!然非先生一行,无能办者。"溢行至处州,遭母丧,乞守制,不许。乡兵既集,命存道由永嘉浮海而北,再上章乞终制,诏可。溢悲戚过度,营葬,亲负土石,感疾卒。上悼惜,亲撰文,即其家祭之。

35 上追念外家。仁祖妣之父曰陈公,母某氏,上即位,命中都守臣访其墓在盱眙,立祠于太庙之东。追封外大父陈公为扬王,大母某氏王夫人。明年,复即墓次立庙,设祠祭奉祀一人,守冢户二百一十家。上自制扬王行实,命翰林学士宋濂文其碑。

京师庙成,上亲祀之,礼官请御通天冠、绛纱袍,祭毕,召大臣问曰:"朕祭外王父,卿等以为不当服衮冕,何也?"宋濂对曰:"衮冕唯天地宗庙之祭用之,余皆降礼也。"

是日,又追封皇后父马公为徐王,姬王夫人,亦建祠祀。皇后亲奉安神主,祝文称"孝女皇后马氏谨奉皇帝命致祭。"

36　六月,乙丑,副将军常遇春、偏将军李文忠等发北平,
往攻开平,道三河,经鹿儿岭,败元将江文清于锦川。次全
宁,伊苏以兵迎战,败之。进攻大兴州,分千骑为八伏,守
将夜遁,遇伏兵,邀其归路,尽禽之。遂率兵道新开岭,进
攻开平,己卯,拔之。

　　元帝北走,追奔数百里,俘其宗王齐克慎_{旧作庆生。}及
平章鼎珠等,_{旧作鼎住。}凡得将士万人,车万两,马三千匹,
牛五万头,蓟北悉平。

37　辛巳,张良臣遣人往宁夏求援于库库,为大军所获,斩
之。遣参随王敬祖将兵守彭原。

38　初,廖永忠等平定两广,安南国王陈日煃谋遣使纳款,
以元梁王在云南,不果。

　　去年冬,上诏汉阳知府易济招谕之,日煃遣其正大夫
段悌、黎安世等奉表来朝,贡方物。至是达京师,上喜,赐
安南使臣宴。

　　壬午,诏封日煃为安南国王,遣侍读学士张以宁、典簿
牛谅赍敕书往,并赐国王大统历,颁涂金银印。

39　秋,七月,甲午,大将军达遣降将李茂等,将骑兵千人
往隆德、秦安等处招捕诸未附余党,皆平之。

40　己亥,鄂国公常遇春卒于军。遇春自开平还,师次柳
河川,猝遇疾卒,年仅四十。

　　遇春沉骘果敢,善抚士卒,摧锋陷阵,未尝败北。虽不
习书史,用兵辄与古合。尝自言能将十万众横行天下,军

中称"常十万"。长于大将军二岁,数从征伐,听约束唯谨。一时名将,推徐、常为开国元勋。

上闻,震悼。丧至龙江,亲出迎奠。诏礼官议天子为大臣发哀礼,请用宋太宗丧韩王赵普故事,从之。追封开平王,赐谥忠武。寻奉诏,以李文忠领其军,会大将军于庆阳。

41 辛亥,元库库遣其将哈扎尔陷原州,指挥陈寿死之。

徐达闻报,与冯胜、傅友德议,以驿马关当其冲,遣右丞徐礼将兵据之。又遣指挥叶石真守彭原,调指挥韦正守邠州,友德与薛显驻灵州扼之。

胜复与大将军谋曰:"今大军围庆阳,良臣虽困,未能遽下。王保保欲为良臣声援,故令哈扎尔攻原州以解庆阳之急。请移兵逼关以扼原州,彼无所施矣。"达然之。胜遂以其军西临驿马关,去庆阳三十里而军。

是夜,哈扎尔复攻陷泾州。辛酉,冯胜自关引兵往援,击哈扎尔,走之,追至邠州而返。胜仍还屯驿马关,庆阳之援遂绝。

42 八月,丙寅,元兵寇大同。

会李文忠奉诏平庆阳,行次太原,闻大同围急,谓左丞赵庸曰:"我等受命而来,阃外之事,苟利于国,专之可也。今大同甚急,援之便。"遂率兵出雁门,次马邑,败元游兵,禽其平章刘特穆尔。旧作刘帖木儿。

进至白杨门,会天雨雪,驻营,文忠引数骑入山察视,疑其有伏,遽令移前五里,阻水为固。元兵果乘夜劫营,文忠预下令,坚壁不动。质明,敌大至,以二营委之,殊死战,度敌疲,乃出精兵左右击,大破之,禽元将图鲁卜等,凡俘斩万余,穷追至孟克桑_{旧作莽哥仓}而还。

初,元帝之北走也,屯哈里泊之地,_{旧作盖里泊,辑览作噶尔布,今从三编。}诏图鲁卜、孔兴以重兵攻大同,欲图恢复。至是图鲁卜被禽,孔兴走绥德,其部将斩之来降。元帝知事不可为,自此不复南向矣。

图鲁卜俘至京师,上命释之,曰:"彼各为其主耳。"赐之冠服。

43 己巳,命吏部定内侍官制。

上曰:"朕观周礼,阉寺未及百人,后世多至数千,卒为大患。今虽未能复古,亦当为防微之计。此辈所事,不过洒扫、给使令而已。若求善良于中涓,百无一二。用为耳目即耳目蔽,用为腹心即腹心病。驭之之道,但当使之畏法,不可使之有功。有功则骄恣,畏法则检束。"寻又诏:"自今内臣不得知书识字。著为令。"

44 癸酉,元史成。诸儒征召入纂修局者,或授官而归,或不受者,赐金币文绮遣之,惟陶凯、曾鲁后至显官云。

先是所得十三朝实录,唯元统以后之事阙焉。上复遣儒士欧阳佑等十二人往北平、山东采求遗事,时尚未至也。

45 丙子,封王颛为高丽国王。

初,上即位,遣使赐高丽玺书,续又送还其国流人。于是颛遣使表贺,贡方物,且请封。既至京师,上遣符玺郎偰斯赍敕书及金印诰文往封之。

癸未,大将军徐达等克庆阳。

先是大兵围城,守将张良臣出战东门,顾时击败之,复自西门出,冯胜又败之。良臣势蹙,登城呼吕德约降,达不听。外援既绝,音问不通,城中饷尽,至煮人汁和泥咽之。其将姚晖及熊左丞、胡知院等知事不济,开门迎降,达勒兵自北门入。良臣父子俱投井中,命引出,斩之。

良臣骁勇善战,军中呼为"小平章"。有养子七人,皆娴技术,军中又语曰:"不怕金牌张,惟怕七条枪。"——金牌张者,思道之骁将,同走宁夏,被执于库库者也。良臣恃庆阳高而险,又城下有井泉,可据以守,又外借库库为声援,贺宗哲、哈扎尔为羽翼,内以姚晖格斡旧作葛八。等为爪牙,故欲负嵎拒守以图大功,卒至于败。

47 元将贺宗哲,因庆阳之围,欲以牵制我师,乃率精锐攻凤翔。

时指挥金兴旺方自潼关移守凤翔,与知府周焕婴城拒敌。敌编荆为大箕,形如半舫,每箕五人,负之攻城,矢石不能入,投稿焚之辄飐起。兴旺乃令置钩稿中,掷著其隙,火遂炽,敌弃箕走。复为地道薄城,城中以矛迎刺。敌死甚众而攻不已,兴旺与焕谋曰:"彼谓我援师不至,必不敢出。乘其不意而击之,可败也。"潜出西北门奋战,敌少却。

会百户王辂自临洮收李思齐降卒东还,即以其众入城共守。敌拔营去,众欲追之,辂曰:"未败而退,诱我也。"遣骑侦之,至五里坡,伏果发,还师围城。众议欲走,兴旺叱曰:"天子以城畀我,宁可去邪!"以辂所将皆新附,虑生变,乃括城中资蓄，充积庭中，令曰："敌少却，当大犒新兵。"新兵喜，乃协力固守，相持凡十五日。

泊宗哲闻庆阳下，始解围引去，由六盘山遁。达侦知之，遣顾时、薛显、傅友德率万骑驰追，宗哲又以其众掠兰州，冯胜率步骑一万七千道靖宁击之。宗哲渡河遁，胜乃还。于是陕西悉平。

⁴⁸ 庚寅，诏儒臣纂修礼书。

先是上即位，屡敕儒臣编集郊庙、山川等仪及古帝王祭祀感格可垂鉴戒者，名曰存心录。寻又诏郡县举高洁博雅之士年四十以上者，礼送京师。

一时征召之士，首山阴杨维桢，元季隐居松江。上以其前朝老文学，特命詹同奉币诣其门。维桢年已七十余，谢曰："岂有老妇将就木而再理嫁者邪！"未几，上复遣有司敦促，赋老妇谣一章进御，曰："皇帝竭吾之能，不强吾所不能则可，否则有蹈海死耳。"上许之，赐安车诣阙廷，留百有十日。所纂叙例略定，即乞骸骨。上成其志，仍给安车还山。史馆胄监之士，祖帐西门外，宋濂赠诗，以为"不受君王五色诏，白衣宣至白衣还"，盖高之也。

其他征入礼局者，有新喻梁寅，滑县宋讷，天台徐一夔，山阴唐肃，永丰刘干，及周子谅、胡行简、刘宗弼、董彝、蔡深、滕公琰等，凡十八人。而曾鲁以修元史成，赐金帛居首，乞还山。会礼局方开，复命留之。

⁴⁹ 是月，赐伪夏明昇书。

先是上遣人至蜀，责昇贡大木，昇遂遣使修贡。会大

师平关、陕，蜀人震恐。昇丞相戴寿谓昇曰："大明遣将用兵，所向无敌。以王保保、李思齐之强，尚莫能御，况吾蜀乎！"昇将吴友仁曰："蜀非中原之比，设有缓急，据险可守。为今之计，莫若外假修好以缓敌，内修武事以自强。"昇遂从其言。

　　至是使归，上复赐玺书曰："朕历观古有蜀者，如公孙述、李特、王建、孟知祥辈，皆能乘机进取，而善守之道未闻，今足下必图所以善守者而后可耳。远劳致礼，姑以此复。"昇得书，不省。【考异】明昇之贡，本纪系之七月丙辰，纪事本末系之八月。证之潜庵史稿，昇贡在七月，赐书在八月，盖蜀使以七月至，八月归也，今并系之八月之末。

50 诏设京卫军储仓，递增至二十所。又设临濠、临清二仓以利转运。

51 九月，辛丑，诏大将军徐达、偏将军汤和班师还京，以右副将军冯胜留总军事。

52 癸卯，上诏问群臣建都之地，或言"关中天府之国"，或言"洛阳天地之中，汴京亦宋故都"，或言"北平宫室完备"。上以"平定之初，民未休息，供给力役，悉资江南，建业长江天堑，足以立国。临濠前江后淮，有险可恃，有水可漕"，乃诏"以临淮为中都"。

53 戊午，征南将军廖永忠、副将军朱亮祖等还京师，命皇太子郊迎，仍送归第。

54 是月，天寿节，礼部尚书崔亮奏请以圣寿日祭寿星，同日祭司中、司命、司禄，又定以八月望日祭灵昌。逾年，立星辰坛，始罢灵星之祭。

207

55 冬，十月，壬戌朔，上遣平章杨璟至蜀，谕明昇归命。昇牵于臣下吴友仁等之议，不能决。

璟将还，遗昇书曰："古之为国者，同力度德，同德度义，故能身家两全。反是者败。

足下幼冲，席先人之业，不思至计而信群下之言，自以瞿塘、剑阁，一夫当关，万人莫敌，此不达时变之言也。昔之据蜀称盛者，无如汉昭烈，又辅之以孔明，综核官守，训练士卒，然犹朝不谋夕，仅能自保。今足下君臣，以此况彼，相去万万，而欲借一隅之地延命须臾，抑亦不自量矣。

我主上仁圣威武，神明响应，顺附者无不加恩，负固者然后致讨。以足下先人通好之故，不忍加师，数遣使谕意；又以足下年幼，未更事变，恐惑于群议，失远大计，复遣璟面谕祸福；深仁厚德，足下可不重念乎！

且以向者陈、张之辈，窃据吴、楚，造舟塞江河，积粮过山岳，强将劲兵，自谓无敌，然而番湖一战，友谅授首，旋师东讨，张氏面缚。足下视彼何如哉？友谅子窜归江夏，势穷面璧，主上宥其罪愆，剖符锡爵，恩荣之盛，天下所知。今足下无彼之过，而能幡然觉悟，自求多福，则必享茅土之封，保先人之祀，世世不绝，岂不贤且智哉！

若必欲崛强一隅，假息顷刻，鱼游沸鼎，燕巢危幕，祸害将至，恬不自知，恐天兵一临，凡为足下计者，各自便身谋以取富贵。当此之时，老母弱子，将安所归？祸福利害，了然可睹，足下其细审之！"昇终不听。

56 甲戌，甘露降于钟山，群臣危素等请告庙，不许。

先是甘露屡降，上问宋濂以灾祥之故，对曰："受命不于天，于其人；休符不于祥，于其仁。春秋书异不书祥，为是故也。"上曰："然！"

57 辛巳，冯胜以关、陕既定，辄引兵还。上怒，切责之，念其功大，赦勿治，而赏赉金币不能半大将军。

58 辛卯，诏天下府州县皆立学。

谕中书省臣曰："学校之设，名存实亡，兵革以来，人习战斗。朕谓治国之要，教化为先，教化之道，学校为本。今京师虽有太学，而天下学校未兴，宜令郡县皆立学！"

于是定制：府设教授、州设学正、县设教谕各一；俱设训导，府四、州三、县二；生员，府学四十人，州县以次减十；并给学官月俸、师生月廪有差。生员专治一经，以礼、乐、射、御、书、数设科分教，务求实才，顽不率者黜之。【考异】立学事，<u>明史</u>本纪是月辛卯，<u>纪事本末</u>作"辛巳"，今从<u>明史</u>。辛卯盖是月之晦也。

59 是月，遣使赍元帝书，劝其"安分顺天以存宗祀，勿效汉之匈奴、唐之突厥，世为边患，自取灭亡。"不报。

60 十一月，壬辰朔，大将军徐达等还自陕西。

61 乙巳，有事于圜丘，始奉仁祖配。

礼部尚书崔亮，请罢礼成诣太庙躬谢之仪，惟先祭三日诣太庙，以配享告，从之。

上以祭祀省牲，去祠坛甚迩，有所未安，命亮考定古省牲之仪，远神坛二百步。

时亮又奏言："礼行于郊而百神受职，今宜增天下神祇坛于圜丘之东，方泽之匝。"

上又虑郊社诸祭，坛而不屋，或骤雨沾服，以致失容。亮引宋祥符九年南郊遇雨于太尉厅望祭及元经世大典坛垣内外建屋避风雨故事奏之，遂诏建殿于坛南，遇雨则望祭。

亮之援据古今，比傅经义，皆此类也。

初，杨璟自广南还，上问土官黄、岑二氏所辖情形，璟言："蛮、獠顽犷，散则为民，聚则为盗，难以文治。宜临之以兵，彼始畏服。"上曰："蛮、獠性习虽殊，然其好生恶死之心未尝不同。若抚之以安靖，待之以诚，谕之以理，彼岂有不乐从化者哉！"

丙午，上遣中书照磨兰以权赍诏往谕左、右两江溪峒官民曰："朕惟武功以定天下，文德以化远人，此古先哲王威德并施，遐迩咸服者也。眷兹两江，地边南徼，风俗质朴，自唐、宋以来，黄、岑二氏代居其间，世乱则保境土，世治则修职贡，良由其审时知几，故能若此。顷者朕命将南征，八闽克靖，两广平定，尔等不烦师旅，奉印来归，向慕之诚，良足嘉尚！今特遣使往谕，尔其克慎乃心，益懋厥职，宣布朕意，以安居民！"

以权至，两江之民无不慑服，左江黄英衍随遣使奉表贡马，右江岑伯颜亦如之。乃改左江路曰太平府，右江路曰田州府，以英衍、伯颜为知府，世袭。自是朝贡如制。

62 十二月，甲戌，封阿答阿者为占城国王。占城，古越裳地，汉以后改称林邑，其王所居之都城曰占城，因以为号。

先是上遣官以即位诏谕其国，阿答阿者随遣使奉表贡方物,至是达京师。命中书省管勾甘桓会同馆副使路景贤赍诏往封,并赐彩币,颁大统历。

寻又以占城与安南构兵,上命翰林编修罗复仁、兵部主事张福赍敕谕罢兵,两国皆奉诏。

63 甲申,振西安诸府饥,户米二石。【考异】此据明史本纪。证之重修三编,言"二年冬,诏有司正月、二月户给米一石。三年正月,以耆民宋昇等言民多饥死,户部奏请运粟济之。帝曰:'民旦暮待哺。若待运粟,死者多矣。'即命户部主事李亨驰驲往西安、凤翔振之,户加粟一石。"据此,则本纪据初次所振记之也,附注于此。

64 己丑,大赉平定中原及征南将士。时上方欲论功行封,会闻元库库寇兰州而止。

65 庚寅,元库库在甘肃,闻大军南还,乃率兵袭兰州。守将张温等方会诸将谋捍御,而敌兵奄至城下,温等出战,少却,敛兵入城,库库进围之。

时鹰扬卫指挥于光守巩昌,移师往援。行至兰州之马兰滩,猝遇库库兵,战败,被执,驱之至兰州城下,令呼温等出降。比至,光大呼曰:"我不幸被执,公等但坚守,徐大将军行至矣!"敌怒,批其颊,遂遇害。城中闻光言,守益坚。

温善方略,敌初至,语诸将曰:"彼远来未知我虚实,乘间击之,可挫其锐。"自是设奇御敌,屡有斩获。库库围数月不利,闻大军至,乃引去。上以此奇其功,擢大都督府佥事。

方围事之急也,元兵乘夜梯城而登,千户郭佑,被酒不能起,他将巡城者击却之。围既解,温将斩佑,天策卫知事朱有闻争曰:"当其时,将军斩佑以徇众,军法也。今贼已退,诛之无及,徒有擅杀名。"温谢曰:"非君不闻是言。"乃杖佑,释之。上闻而两善焉,并赏有闻绮帛。

66　是岁,征处士陈谟至。

谟,泰和人,邃于经学,旁及子史百家,涉流溯源,要诸至当。元季隐居不仕,而究心经世之务。尝谓:"学必敦本,莫加于性,莫重于伦,莫先于变化气质。至于礼乐、刑政、钱谷、甲兵、度数之详,亦宜讲习。"一时经生学子多从之游。事亲孝,友于弟。乡人有为不善者,不敢使闻。上闻其名,征至京师,召见,赐坐以宠之。学士宋濂、待制王祎请留为国学师,谟引疾辞归。后屡应聘为江浙考试官,著书教授以终。

明通鉴卷三

江西永宁知县当涂 夏　燮 编辑

纪三　上章掩茂(庚戌),尽一年。

太祖高皇帝

洪武三年(庚戌、一三七〇)

1 春,正月,上以元库库特穆尔为西北边患,议大发兵肃清沙漠。癸巳,以丞相信国公徐达为征北大将军,浙江行省平章李文忠为左副将军,都督冯胜为右副将军,御史大夫邓愈为左副副将军,汤和为右副副将军。

时上召诸将问曰:"元主迟留塞外,王保保以孤军犯我兰州,其志欲侥幸尺寸之利,不灭不已。卿等出师,宜何先?"诸将皆曰:"王保保之寇边者,以元主犹在也。若以师直取元主,保保失势,可不战降也。"上曰:"保保方以兵临边,今舍彼而取元主,是遗近而趋远,失缓急之宜,非计之善者。朕意欲分兵二道:一令大将军出潼关,目西安捣定西以取保保,一令左副将军出居庸,至沙漠以追元主,使彼此自救,不暇应援。元主远在塞外,不意我师之至,如孤豚

213

之遇咋虎,取之必矣,此一举而两得者也。"诸将曰:"善!"
遂受命行。

2　壬寅,吏部请谪有罪人于儋崖,上曰:"前代谓儋崖为
化外,以处罪人。朕今天下一家,若有风俗未淳,宜更择良
吏治之,岂可弃之化外!"不许。

3　二月,辛酉,上游后苑,见鹊巢卵翼之劳,喟然叹曰:
"禽鸟劬劳如是,况人母子之恩乎!"令群臣有亲老者许
归养。

时故元镇抚陈兴,被俘来京,恩待甚厚。兴言"有母在
嵩州,年八十余,欲求归养。"即赐之白金衣服而遣之。

4　儒士欧阳佑等自北平采遗事归,乙丑,诏重开史局。
【考异】明史本纪不载续修元史月日,潜庵史稿系之是月乙丑。又,成书在七
月丁亥,证之孙氏春明梦余录同,今据之。仍以宋濂、王祎为总裁,复
征四方文学士朱右、贝琼、朱廉、王彝、张孟兼、高逊志、李
懋、李汶、张宣、张简、杜寅、殷弼、俞寅、赵埙等十四人为纂
修官。

而埙以前修史成未归,复命入局。先后纂修三十人,
两局并预者,唯埙一人而已。

右,临海人,廉,义乌人,二人皆以书成不受官归。琼,
崇德人。彝,嘉定人,师事王贞文,得兰溪金履祥之传,学
有端绪,尝著论力诋杨维桢为文妖,一时闻者异之。汶,当
涂人,博学多才,后除巴东知县,晚年归里,以经学训后进。
宣,江阴人,初以考礼征,寻预修元史,年最少,上亲书其
名,召对殿庭,即日授翰林院编修,呼为"小秀才"。逊志,

萧县人。师贡、师泰、周伯琦等，文章典雅，成一家言。孟兼，浦江人，刘基为上言："今天下文章，宋濂第一，其次即臣基，又次即孟兼。"上颔之。简，吴县人，与杜寅同邑。

又，礼局徐一夔者，工文章，与王祎善，时礼书将成，祎荐之入史局，一夔遗书，自言"不材多病"，又言："史之根柢在日历，而元代不置日历，不置起居注，其于史事固甚疏略。又况顺帝三十六年之事，既无实录可据，又无参稽之书，唯凭采访以足成之，窃恐事未必核，言未必驯，首尾未必穿贯。而向之数公，或受官，或还山，复各散去，仆虽欲仰副执事之望，曷以哉！"遂不至。其后预修日历，书成，将授翰林院，亦以足疾辞，终不仕。

5 癸未，追封郭子兴为滁阳王，妻张氏王夫人。令有司立庙祀之，并以其三子祔祀。

6 戊子，诏访求贤才堪任部职者。

上谕廷臣曰："六部总领天下之务，非学问博洽、才德兼全之士，不足以居之。诚虑有隐居山林或屈在下僚者，其令有司悉心推访以闻！"

7 是月，始行朝日礼于东郊。

先是礼官议："古者祀日月之礼有六，然郊之祭大报天，而主日配以月，此从祀之礼，非正祀也。大宗伯肆类于四郊，兆日于东郊，兆月于西郊。觐礼祀方明，礼日于南门之外，礼月于北门之外，此因事之祭，非常祀也。惟春分朝日于东门之外，秋分夕月于西门之外，此祀之正与常者。盖天地至尊，故用其始而祭以二至。日月，阴阳之义。春分阳气方永,秋分阴气始长,故祭以二分。今宜各设坛专祀,朝日坛筑于城东门外,夕月坛筑于城西门外,朝日以春分,夕月以秋分,星辰则祔祭于月坛。"上谓中书省臣曰:"星辰祔祭,非礼也。"

礼部议:"于城南诸神享祭坛正南向增九间,日月及周天星辰皆于是行礼。朝日夕月用春秋分,星辰则于天寿节前三日。"从之。【考异】明史本纪不载,见礼志,在是年。据潜庵史稿,正月定朝日、夕月礼,二月丙子,朝日东郊,今并系之行朝日礼下。盖二月春分,当行朝日之祭,所云丙子,盖即是月春分节也。

8 初,陶安等议郊祀礼,太岁及风云雷雨诸神皆从祀圜丘。已而上命礼官议专祀,乃定太岁风云雷雨诸天神合为一坛,地祇诸神为一坛。至是复以诸神阴阳一气,流行无间,乃合二坛为一而增四季月将之祀,皆以惊蛰及秋分后三日祭之。

9 诏诸郡县富民入京师,召见,面谕以"孝敬父母,和睦亲族,周恤贫穷",各赐酒食而遣之。

10 北平行省参政华云龙攻下云州,获元平章和尔呼达、旧作火儿忽赤。右丞哈海等。大同卫指挥金朝兴克东胜州,获元平章荆麟等十八人。都督同知汪兴祖克武州、朔州,获元知院马广等。

时张德胜子宣已长,世袭卫指挥同知,于是兴祖始复汪姓。

11 三月,庚寅朔,诏免南畿、河南、山东、北平及浙江、江西、广信、饶州今年田租。

12 壬辰,享太庙,以忠武公常遇春配。

13 丁酉，郑州知州苏琦上书言三事："一，关辅、平凉、北平、辽右，余（冀）〔孽〕未平，调兵转饷，事难猝办，宜屯田积粟为长久计。一，沙漠之地，宜徙其人民分布内地，而择重臣镇守要害以绥靖之。一，垦田开户，宜责之守令，招集流亡，官给牛种，及旷耕耨。"上命中书省采行之。

14 戊戌，蠲徐州、邳州夏税。

15 是月，以滕德懋为户部尚书。

德懋，吴县人，有才辩，器量弘伟。长于奏疏，一时招徕、诏谕之文，多出其手。始自外任召拜兵部尚书，寻改户部。

16 倭寇登、莱，遣莱州府同知赵秩责让之。

17 是春，衍圣公孔克坚以疾告归，上遣中使慰问。疾笃，诏给驿还家，赐白金文绮。舟次邳州，卒。

18 夏，四月，乙丑，封皇子九人：樉为秦王，㭎晋王，棣燕王，橚吴王，桢楚王，榑齐王，梓潭王，杞赵王，檀鲁王，又封从孙守谦为靖江王。

上惩宋、元孤立，乃仍古封建制，择名城大都，豫王诸子，待其壮，遣就藩服，用以外卫边陲，内资夹辅。诸王皆置相傅官属，及护卫甲士少者三千，多至一万数千，皆隶兵部。车服邸第下乘舆一等，公侯俯伏拜谒，内外大臣，礼无与钧。唯列爵不治民，分藩不锡土，与周、汉制稍异焉。

19 大将军达师自潼关出西道。元库库退屯车道岘，左副将军邓愈立栅以逼之。是日，大军出安定。库库驻师于沈儿峪，达进军薄之，隔沟而垒，一日数战。库库昼精兵千余人,由间道潜劫我东南垒,左丞胡德济仓猝失措,一军惊扰。达亟率亲兵击之,斩东南垒将校数人以徇,军中股栗。丙寅,整兵出战,夺沟深入,遂大破库库兵于川北,禽其郯王、济王及国公关思孝、平章哈扎尔等凡一千八百余人,士卒八万,马万五千余匹。库库仅挟妻子数人从古城北遁去,至黄河,得流木以渡,遂奔和林。都督郭英追至宁夏,不及而还。

达以德济失律,械送京师,上念其旧劳,贳之。仍以书谕达曰:"将军欲效卫青不斩苏建,独不见穰苴之待庄贾乎? 德济失律,正宜就军中戮之。今归之朝廷,朝廷必议其功过,彼信州、诸全之功,朕岂得不念乎! 今赦之。惧将军以此缓军法,是用遣使即军中谕意。"

20 丙戌,元帝崩于应昌,【考异】三编据明实录,丙戌乃四月二十八日也。是月己未朔大建,五月己丑朔小建,本纪书"六月戊午朔",推之正合。又,五月癸卯,文忠至应昌,诸书以为五月十五日,亦合。子阿裕锡哩达喇嗣。旧作爱猷识里达腊。

帝讳托欢特穆尔,旧作妥欢帖木儿。以元仁宗延祐七年庚申生于沙漠,相传为宋瀛国公之子。瀛国,宋恭帝也,降元,尚公主。有言其将兴宋室者,世祖欲杀之,以公主故,谪居漠北为僧,奉诏居甘州山寺,娶一回回女子。其年四月,帝生之辰,值明宗出居沙漠,过其地,见寺上有龙文五采,又闻笙镛声,异之,乞以为嗣,遂并载其母以归。泊泰定帝崩,明宗以嫡长当立,迎于北方,行至翁郭察图,旧作晃忽叉。文宗袭位。至顺初,明宗后遇害,乃徙帝于高丽。逾年,又诏天下,谓帝非明宗子,再徙于广西之静江。文宗后悔之,将崩,遗诏立明宗子,令迎帝于静江,而是时大臣雅克特穆尔,旧作燕铁木儿。以曾预篡弑之谋,迟回久之。寻立明宗幼子鄜王,逾月而崩。文宗后坚执遗诏,遂迎帝立之。至元之初,以台官奏"太皇太后非陛下母",遂贬太后及文宗太子雅克特古思,旧作燕帖古斯。寻皆遇害。于是尚书复希旨,谓:"文宗在日,曾言陛下非明宗子。"帝大怒,撤去文宗庙主,并逮当时草诏者。时奎章阁侍书学士虞集方谢病归,令以皮绳拴腰,马尾缝眼,至大都,集取文宗亲改诏草呈上,帝意始释。

　　回回女者,帝即位后追尊其所生母玛里达旧作迈来迪。为真裕云徽后者是也。帝生于延祐庚申,距宋太祖开国之元年为第六庚申。相传宋时宫中以四更末即转六更,盖太祖因陈抟有"怕听五更头"之言而改之,不知"更"之为"庚"也。其后元世祖以第五庚申即位,越十七年而宋亡,又四十三年为第六庚申而帝生,宋祚以续,一时皆称之曰"庚申君"。帝北遁之次年,有太行隐士葛溪权衡,著庚申外史,其事始著。后上诏宁王权编辑博论,有云"瀛国外妇之子,绵延宋末六更之谶。"盖上在当时深悉其事之颠末,故诏书中亦数称"庚申君"云。【考异】按庚申君之为宋后,四库书提要力驳之。而本朝如钱牧斋、万季野,多主宋后之说。全谢山鲒埼亭集,则据其生于塞外及中间文宗徙之高丽,再徙广西,及其后即位追封其生母迈来迪后及以皮绳马尾拴召虞集之事,以为前后无不吻合,非"吕嬴""牛马"之事涉暧昧者比也。予谓此事之颠末,太祖当日早已知之,故其见之诏书中,皆称"庚申君"。又命宁王纂辑通鉴博论,而直揭出"外妇之子"及"六庚"之谶语,似非无稽之传闻可比。今详叙于<u>顺帝</u>崩之下，以存旧说。

21　初，上命侍读学士<u>张以宁</u>封<u>安南</u>，既至而<u>陈日煃</u>先卒。其兄子<u>日熞</u>嗣位，遣其臣<u>阮汝亮</u>来迎，请诰印，<u>以宁</u>不予，<u>日熞</u>乃复遣<u>杜舜钦</u>等告哀请命于朝。

是月，<u>舜钦</u>等至，上素服御<u>西华门</u>引见，命编修<u>王廉</u>往祭赐赙，别遣吏部主事<u>林唐臣</u>往封<u>日熞</u>为<u>安南国王</u>。

<u>杜舜钦</u>之来也，<u>以宁</u>驻<u>安南</u>俟命，其告哀也，<u>以宁</u>实教之，又劝其世子行三年丧，令其国中人效中国行顿首稽首礼。上闻而嘉之，赐玺书，比之<u>陆贾</u>、<u>马援</u>。寻赐御制诗八章。比还，道卒，诏有司归其枢，所在致祭。

22　置<u>弘文馆</u>，以<u>刘基</u>、<u>危素</u>为<u>弘文馆</u>学士。

<u>素</u>时年七十余，上特赐小车，免朝谒。屡赐宴，辄遣内官劝之酒，赐御制诗以示恩宠。<u>素</u>居馆中，一日，上御<u>东阁</u>，闻帘外履声橐橐，问为谁，对曰："老臣<u>危素</u>。"上哂曰："朕谓是<u>文天祥</u>耳！"御史<u>王著</u>，寻希旨论"<u>素</u>亡国之臣，不宜列侍从。"上曰："何不令守<u>余阙</u>祠！"遂谪居<u>和州</u>，逾二岁卒。【考异】<u>危素</u>之谪<u>和州</u>，证之<u>明史</u>本传，在授<u>弘文馆</u>学士时，而置<u>弘文馆</u>在<u>洪武</u>三年四月，故纪事本末系之三年四月下。虽其授官在四月，未必即以四月被谪，要亦牵连并记耳。若<u>素</u>之卒，则<u>宋文宪</u>为撰墓志，乃<u>洪武</u>五年正月二十三日，故志中叙其谪官之事，下云"阅再岁卒"，证之<u>明史</u>本传，亦云"岁余卒"。纪事本末但云"逾年卒"，亦微误也。今据<u>文宪</u>所撰学士墓志书之。

23　上将剖符封功臣，召<u>宋濂</u>议五等封爵，宿<u>大本堂</u>，讨论达旦，历据<u>汉</u>、<u>唐</u>故实，量其中而奏之，上皆嘉纳焉。

24　五月，己丑，大将军<u>达</u>进攻<u>兴元</u>，克之。

<u>达</u>破走<u>库库</u>，乃分遣左副将军<u>邓愈</u>招抚<u>吐番</u>，而自率

所部趋兴元。以参政傅友德为前锋，自徽州南出一百八渡，至略阳，克沔州。分遣指挥金兴旺等由凤翔入连云栈，合攻兴元，元守将刘思忠，知院金庆祥等迎降，留兴旺及指挥张龙守之。大军还西安。

25 甲午，置司农司。

上以中原兵兴以来，田多荒芜，命省臣议计民授田，设官领之。于是设司开府于河南。

26 乙未，诏严宫阃之政。

上以元末宫嫔女谒，私通外臣，或番僧入宫摄持受戒，而大臣命妇亦往来禁掖，淫渎亵乱，遂深戒前代之失，著为令："皇后止治宫中嫔妇事，宫门之外，悉不得预。宫费奏自尚宫，内使监覆之始支部。违者死。私书出外者亦如之。宫人疾，言其状，征药。群臣命妇，非朝贺不见中宫人。君无见命妇礼。"以上皆垂为永制，命子孙世世守之。

27 左副将军李文忠出师，与左丞赵庸率步骑十万出野狐岭，克兴和。进兵察罕诺尔，旧作脑儿。禽元平章珠占。旧作竹贞。【考异】珠占，即珠展，见前纪。旧作竹贞，又作竹昌，而毕氏宋元通鉴误以竹昌、珠展为二人，今改正。次骆驼山，走平章沙布鼎。旧作沙不丁。丁酉，师次开平，元平章沙达哈旧作上都罕。迎降。

时李文忠侦知元帝已崩，遂兼程趋应昌。【考异】据明史本纪、潜庵史稿，皆系文忠下兴和事于是年二月，并叙其进兵察罕脑儿执元平章竹贞之事。按文忠以是年正月奉命北征，统师十万出野狐岭，一月之间便有此捷，不应若是之神速也。计是时文忠与大将军分道，一西一北，而史所记大将军出安定在四月，计文忠之出塞亦当在是时，纪事本末系之五月者近之。盖出野狐岭方至兴和，由兴和进兵至察罕脑儿，过骆驼山至开平，史稿记文忠次开平于五月丁酉,正与<u>纪事本末</u>合。自<u>开平</u>闻元帝崩,兼程趋<u>应昌</u>。计元帝之崩在四月丙戌,<u>文忠</u>之至<u>开平</u>在五月丁酉,自丁酉至癸卯,不过七日,便至<u>应昌</u>。<u>本纪</u>记克<u>应昌</u>于甲辰,盖以癸卯至,甲辰克,亦与<u>纪事本末</u>合。以此推校,<u>文忠</u>之克<u>兴和</u>必在四月明矣,<u>纪事本末</u>入之五月者,牵连并记耳。今记<u>文忠</u>下<u>兴和</u>以后事,统叙于五月癸卯至<u>应昌</u>之前,为得其实。其克<u>兴和</u>以后月日,仍参<u>明史</u>、<u>史稿</u>书之。

28 己亥,诏设科取士。定以三年一举,子、午、卯、酉乡试,辰、戌、丑、未会试,乡试以八月,会试以二月。

又诏定科举格,初场试<u>经义</u>、<u>四书义</u>,二场试论,三场试策。中式者,十日后试以骑、射、书、算、律五事。厥后虽有变更增减,而<u>经义</u>、<u>四书义</u>试之初场,遂为一代永制。盖<u>上</u>及学士<u>刘基</u>所定,仿<u>宋</u><u>经</u>义之例为之,后遂谓之"八股",通名之曰"制义"。

29 癸卯,<u>李文忠</u>师至<u>应昌</u>,元嗣主北遁。甲辰,入其郛,获<u>元</u>帝孙<u>密迪哩巴拉</u>旧作买的里八剌。及后、妃、诸王、官属数百人,并得<u>宋</u>、<u>元</u>玉玺、金宝、玉册、镇圭、大圭、玉斧等,驼马牛羊无算,穷追至<u>北庆州</u>而还。道<u>兴州</u>,禽元国公<u>江文清</u>等,降其兵民三万七千人。至<u>红罗山</u>,又降<u>元</u>将<u>杨思祖</u>之众万六千余人。

维时与大将军先后献捷至京师,上御<u>奉天殿</u>受朝贺。

30 丁未,诏行大射礼。

定制,凡郊庙祭祀,先期行之。命工部制射侯,定以七鹄:天子虎鹄,皇太子熊鹄,亲王豹鹄,文武一品、二品、同三品至五品麋鹄,六品至九品狐鹄,文武子弟及士民俊秀皆布鹄。采自五采以下有差,布鹄无采。其司正、司射等官,皆仿古射礼增损用之。

上又以先王射礼久废,弧矢之事,专习于武夫,而文士多未解,乃诏国学及郡县生员皆习骑射。

31　戊申,有事于方丘,奉仁祖配。

32　辛亥,邓愈克河州,追元豫王于西黄河。于是陕西行省吐番宣慰使何索诺木衮布旧作锁南普。诣军门降,其镇西武靖王伯讷呼旧作卜纳剌。亦率吐番诸部来纳款。自河州以西,朵甘、乌斯藏等部皆归附,征哨所至,极甘肃西北数千里而还。

33　是月,遣使颁科举诏于高丽、安南、占城。

34　大将军之出塞也,都督孙兴祖率燕山六卫之卒以从。师次赛音布拉克川,旧作三不剌川。遇元兵,力战,与燕山卫指挥平定、大兴卫指挥庞禋皆战没于五郎口。海宁卫指挥副使孙虎,师至落马河,及元太尉玛鲁旧作买驴。战,亦死之。

35　上以久旱,祈祷斋戒。后妃躬执爨,皇太子诸王馈于斋所。

36　六月,戊午朔,上素服草屦,徒步至坛,席稿曝日中,夜卧于地,凡三日。

诏赉将士,省狱囚,命有司访求通经术明治道者。

壬戌,大雨。

37　癸亥,上以山川之神不宜加以国家封号,诏曰:"为治之道,必本于礼。考之礼典,如五岳、五镇、四海、四渎,皆自开辟以来受命于上帝,幽微莫测,岂国家封号之所能加!

自唐以来,渎礼不经,莫此为甚。夫礼,所以明神人,正名分,不可以僭差。自今悉依古制,凡岳、镇、海、渎之神,并去前代加封本号,止以山川本名称其神。至历代忠臣烈士,亦依当时初封以为实号,后世谥义之称,皆与革去。惟孔子明先王之道,为天下师以济后世,非有功于一方一时者可比,所有封爵,宜仍其旧。"

38 壬申,李文忠捷奏至,上命仕元者勿贺。

又以庚申君不战而奔,克知天命,谥曰顺帝。上自制祭文,遣使致吊。

癸酉,文忠俘送元皇孙、诸王等至京师。省臣杨宪等,"请以密迪哩巴拉献俘太庙,所得宝器,令百官具朝服以进。"上曰:"宝册藏之库,不必进也。献俘之礼,于古有之,然武王伐殷,用之乎!"宪等对曰:"唐太宗尝行之。"上曰:"太宗是待王世充耳,若遇隋之子孙,恐不尔也。"不许。

又以捷奏多侈词,谓宰相曰:"元主中国百年,朕与卿等父母亦预享其太平,奈何为此浮薄之言!"命亟改之。

乙亥,密迪哩巴拉朝见奉天殿,其母及妃朝见坤宁宫,俱赐以中国冠服。是日,封密迪哩巴拉为崇礼侯,命赐第龙光山上。又以元后妃等久于北方,不能耐暑,食肉饮酪,嗜好各殊,敕中书省臣:"务令饮食起居适宜。若其欲归,即当遣还漠北,勿强也。"

39 丙子,以平元告捷南郊,丁丑,告太庙,颁诏天下,仍遣使赍诏谕高丽、安南、占城。

是日,百官表贺。上谕之曰:"当元之季,君则宴安,臣则跋扈,国用不经,征敛无艺,天怒人怨,盗贼蜂起,天下已非元有矣。朕取天下于群雄,非得之元氏也。向使元君克畏天命,不自暇逸,其臣各尽乃职,罔敢骄奢,天下豪杰,虽欲乘之,其可得乎!"

40 辛巳,诏免苏州逋粮。又徙苏、松、嘉、湖、杭五郡民无田产者往临濠耕种,官给资粮牛种,复三年。一时徙者凡四千余户。

41 是月,倭寇浙江、福建滨海州县。

　　先是,赵秩奉诏泛海,至析木崖,入其境,守关者拒弗纳,秩以书抵良怀,乃入。倭盛兵陈于海岸,秩不为动,为陈大明天子神圣文武。良怀气沮,始奉命遣使称臣纳贡。而是时倭寇已转掠温、台、明州,遂入福建,沿海官兵击败之。【考异】据明史本纪,"是月,倭寇山东、浙江、福建滨海州县",此牵连并记耳。证之明史日本传,"是年三月,遣莱州同知赵秩责让",则彼时寇山东也。秩至日本,责其称臣纳贡,日本国王已从之,而出掠之舟尚在浙江、福建一带,故是年六月复奏报浙、闽入寇事。潜庵史稿记倭寇登、莱在正月,诏谕日本在三月,复记入寇浙、闽于六月,与明史日本传合,今据史稿分书之,并据日本传详其颠末。

42 始定开中盐法。

　　时山西行省上言:"大同粮储,自陵县运至太和岭,路远费烦。请令商人于大同仓入米一石,太原仓入米一石三斗,给淮盐二百斤一小引。商人鬻毕,即以原给引自赴所在官司缴之。如此,则运费省而边储充。"上从其议,召商输粮而与之盐,谓之"开中",其后各行省边境多仿行之。一时盐法边计相辅而行,称善政焉。

43 诏天下郡县设义冢，禁止江西、浙江等处水火葬。

44 初，危素至京师，宴见时，为上言元至元间西僧扬喇勒智旧作扬琏真伽。为江南总摄发宋会稽六陵事，又截理宗颅骨为饮器，后扬喇勒智败，籍入宣政院，以赐所谓帝师者，今其骨犹在。上叹息良久，命北平守将吴勉访得之于西僧汝克鼐旧作汝纳。所，谕有司厝于京城之南高坐寺西北。至是绍兴府以永穆陵图来献，遂敕葬于故陵。【考异】事见明史素传。素以洪武二年至京师，传言明年敕葬故陵，则正洪武三年也。明史稿、潜庵史稿皆据实录系于是年六月下，三编因之，今据补。

45 文忠之出塞也，元宗室四大王遁入静乐岢岚山中，结塞自固。是月，率众寇武州，太原指挥程桂等击败之。追至龙尾庄，获其三大王托郭斯特穆尔旧作脱忽的帖木儿。送京师。

46 秋，七月，丁亥，学士宋濂等续修元史成，上之。

47 丙辰，伪夏明昇将吴友仁率兵三万寇兴元。

时金兴旺以功擢大都督府佥事，仍与张龙率兵三千守城。寻改兴元路曰汉中府。

友仁初至，兴旺击却之。明日，复来攻，兴旺面中流矢，拔矢再战，斩数百人，敌益进。兴旺度众寡不敌，乃敛兵入城。友仁决濠填堑，为必克计。

大将军达自西安闻报，即移师屯益门镇，遣傅友德率三千骑夜袭木槽山，攻斗山塞，令军中人持十炬，连亘山上。友仁惊遁，兴旺出兵蹑之，坠崖石死者无算，友仁自此夺气。

一时兴旺威震陇、蜀，上屡以战守功推之。

48 中书左丞杨宪有罪诛。

初,上以事责丞相李善长,刘基以其勋旧,能调和诸将,上曰:"是数欲害君,君乃为之地邪?吾行相君矣。"基顿首曰:"是如易柱,须得大木;若束小木为之,且立覆。"及善长以眷遇衰,屡请致仕,上意欲相杨宪,以问基,基力言不可,曰:"宪有相才,无相器。夫宰相者,持心如水,以义理为权衡而已无与焉者也。"

宪有才辨,明敏,善决事。然忮刻,有不足于己者,辄以事中伤之。在中书,欲尽易省中故事,凡旧吏皆罢去,更用己所亲信者。

会善长病,上以中书省乏人,召陕西参政汪广洋为右丞。宪专决省事,广洋依违其间,犹不能得宪意,嗾侍御史刘炳劾广洋奉母无状,上切责,放还。已,又奏徙广洋于海南,上不悦,自此益疑宪。是时炳复有所论刻,上觉其诬,下之狱,炳自言受宪指,上积前怒,收宪并炳,诛之,复召广洋还。【考异】杨宪诛在是年七月,明史本纪、潜庵史稿、三编皆同。纪事本末书其事于胡蓝之狱卷内,而追溯其始事云:"洪武二年冬十月,上欲以杨宪为相,问之刘基。基以为不可"云云。证之明史基传,基以元年冬召还,下文记上责李善长即及与基论置相事,皆标"初"字。是太祖早有相宪之意,故与基论及之,并不因李善长之罢而始欲相宪也。盖太祖自即位言浸厌善长,故有易相之议,而是时意在宪等,故咨之于基,基以为不可,遂止,是论置相之时,善长实未尝罢也。而明史基传中,乃谓"善长罢,帝欲相杨宪",则误矣。宪之诛在是年七月,善长罢相在四年正月,其时宪诛已久,则论置柜事当在洪武元二年间基召还之后,纪事本末以为二年十月者,必有据矣。又,证之诚意行状,责善长在吴元年,其论置相在元年召还之后,是时上方眷宪,故有此问。今统记于宪诛之下,而汪广洋、胡惟庸则分别书之。

49 是月,太史奏文星见。

50 以陶凯为礼部尚书。

凯与崔亮同时议礼,各有论建,军礼及品官坟茔之制,皆凯议也。未几,亮卒,凯独任之,遂奉诏定科举之式。

51 八月,己未,都督同知康茂才卒。

茂才从大将军经略中原,取汴、洛,留守陕州。是年,复从征定西,取兴元。还军,道卒,追封蕲国公。子铎,年十岁,入侍皇太子读书大本堂,后袭封蕲春侯,赐谥武康。【考异】茂才卒,据潜庵史稿误书是月乙未于乙丑之前,盖"己"字之误也,今刊正。

52 己卯,礼部尚书崔亮言:"古者四时之祭皆用孟月,其仲、季之月不过荐新而已。既行郊祀,则时享仍宜改从旧制。"从之。于是复定四时之祭皆用孟月,增入岁除为五祭。

53 乙酉,遣使瘗中原遗骸。

54 是月,开乡试科取士,自应天外,凡十一行省皆举之。

京畿乡试,以刘基、秦裕伯为考官,宋濂、詹同等为同考官。

裕伯,大名人,仕元,累官至福建行省郎中。遭乱弃官,避地上海,居母丧尽礼。张士诚据姑苏,遣人招之,拒不纳。吴元年,上命中书省檄起之。裕伯对使者曰:"食元禄二十余年而背之,不忠也。母丧未终,忘哀而出,不孝也。"遂辞。元年,上即位,复征之,称病不出。上乃手书谕之曰:"海滨民好斗。裕伯智谋之士,而居此地坚守不起,恐有后悔。"裕伯拜书,涕泗横流,不得已偕使者入朝。授侍读学士,固辞,不允。寻改待制,迁治书侍御史,遂有是命。

55 九月,儒臣纂修礼书成,上之,赐名曰大明集礼。

其书分五礼:吉礼目十四,嘉礼五,军礼三,宾礼二,凶礼二。益以冠服、车辂、仪仗、卤簿、字学、音乐,凡升降仪节、制度、名数皆具焉。

56 邓愈既克河州,上命指挥韦正守之。

正初至,城郭空虚,骼胔山积,将士咸欲弃去。正曰:"正受命率公等出镇边陲,当不避艰险以报国恩。今无故弃之,遂生戎心,吾与公等死亡无日,妻孥不能相保,毋宁死于王事乎!"于是众皆感激听命。正日夜拊循军民,河州遂为乐土。——正,本姓宁,韦姓养子也,至是始请复姓焉。

57 是秋,青州民孙古朴作乱,袭莒州。

时乌程牟鲁,为莒州同知,城破,被执。贼胁鲁,欲降之,鲁曰:"国家混一海宇,民皆乐业,若等悔过自新,可转祸为福。不然,官军旦夕至,无噍类矣。我守土臣,义惟一死。"贼不敢害,拥至城南,鲁大骂,遂遇害。贼既平,诏恤其家。

58 上以秋日御翔楼,编修高启、谢徽,俱入对称旨,擢启为户部右侍郎,徽吏部郎中。启自陈"年少不敢当重任",徽亦固辞,许之,已,并赐白金放还。

59 冬,十月,丙辰朔,诏儒士更直午门,为武臣及功臣子弟讲说经史,从御史袁凯奏也。

时武臣恃功骄恣,得罪者渐众,凯上言:"诸将习兵事,恐未悉君臣礼。请于都督府延通经古学之士,令诸武臣赴都堂听讲,庶得保族全身之道。"上乃敕台省延名士为之。

60 先是湖广慈利安抚使覃垕,构诸蛮入寇,上命湖广行省平章杨璟讨之。垕诈降,璟使部卒往报,为所执。上遣使让璟,璟进兵而垕遁。

癸亥,上授湖广行省左丞周德兴为征蛮将军,率兵进讨。【考异】明史本纪系覃垕作乱于四月,而不书命讨之事,至十月癸亥,始书"周德兴为征南将军讨垕,垕遁。"证之明史杨璟传,"璟是时为湖南行省平章,命率师往讨,垕诈降,执璟使者,上遣使责让,璟督将士力攻,贼乃遁"云云。据此,则是璟攻垕不克而后命德兴,德兴至而垕已先遁矣。纪中亦不言平垕在何时,证之德兴传,"明年,上命德兴副汤和伐蜀。"是时德兴正在湖广,故纪事本末于四年二月,言"德兴会胡海等取蜀之龙伏隘,夺覃垕温阳关,克之",是攻垕正便道伐蜀之路,德兴既平覃垕,乃从汤和伐蜀。传中言"师还论功,上赏德兴而责和",且追数征蛮事,谓"覃垕之役,杨璟不能克,赵庸中道返,功无与德兴比者。"是则德兴先平覃垕而后伐蜀,纪事本末之月日可据也。今增入平垕事于四年伐蜀前,又于此补入杨璟不克一段,统系之德兴讨垕之下。

61 庚辰,有赤星如桃,起天桴,至垒壁阵,抵羽林军,爆散有声,五小星随之。至上司空旁,发光烛天,忽大如碗,曳赤尾至天仓没。须臾,东南有声。

62 辛巳,遣使遗元嗣君书曰:"近获彻里特穆尔,知为君之旧人,特遣之归,并致朕意。今适元史告成,朕以令先君为三十余年之主,不可无谥以垂后世,用谥曰顺,著之于史。君之子密迪哩巴拉,亦封崇礼侯,岁给食禄,及其来者与之同居无恙。但不知君之为况何如?进退之间,其审图之！"

63　上之将封功臣也，议为铁券，而未有定制。或言"台州
民钱氏家藏有吴越王镠虐赐铁券"，遣使取之，因其制而损
益焉。

其制如瓦，第为七等，公二等，侯三等，伯二等，高广尺
寸递杀有差。外刻历履恩数之详以记其功，中镌免罪减禄
之数以防其过，字嵌以金。每副各分左右，左颁功臣，右藏
内府，有故则合之以取信焉。

64　十一月，壬辰，大将军徐达、副将军李文忠等振凯还京
师，上迎劳于龙江。

甲午，告武成于郊庙。

丙申，大封功臣，命大都督府、兵部录上诸将功绩，吏
部定勋爵，户部备赏物，礼部定礼仪，翰林院撰制诰。

是日，上御奉天殿，皇太子诸王侍，丞相率文武百官列
于丹陛左右。上自定功臣次第，进宣国公李善长为韩国
公，信国公徐达为魏国公，开平王常遇春子茂郑国公，李文
忠曹国公，邓愈卫国公，冯胜宋国公。自汤和中山侯以下，
侯者二十有八人，并赐诰命、铁券。

明日，左右丞相率诸臣入谢，上赐坐华盖殿，从容论取
天下之略曰："朕起乡里，本图自全。及渡江以来，视群雄
所为，徒为民害，张士诚、陈友谅，尤为巨蠹。士诚恃富，友
谅恃强，朕独无所恃，惟不嗜杀人，布信义，行节俭，与卿等
同心共济。初与二寇相持，士诚尤逼近，或谓宜先击之。
朕以友谅志骄，士诚器小，志骄则好生事，器小则无远图，

故先攻友谅。鄱阳之役,士诚卒不能出姑苏一步以为之援。向使先攻士诚,平江坚守,友谅必空国而来,吾且腹背受敌矣。及北定中原,先山东,次河、洛,止潼关之兵,不遽取秦、陇者,以库库特穆尔、李思齐、张思道皆百战之余,未肯遽下。急之则并力一隅,猝未易定,故出其不意,反旆而北。燕都既举,然后西征,张、李望绝势穷,不战而克。然库库犹力抗不屈,向令未下燕都,骤与角力,则胜负之数未可知也。"

己亥,命设坛,亲祭战没将士。

庚戌,有事于圜丘。

辛亥,诏户部:"籍天下户口,置户帖户籍,有司岁计登耗以闻。及郊祀,中书省以户籍陈坛下,荐之天,祭毕而藏之。著为令。"

65 乙卯,封中书右丞汪广洋忠勤伯,弘文馆学士刘基诚意伯。封基制词,比之诸葛亮、王猛云。【考异】封汪广洋、刘基事,明史本纪系之十一月乙卯。证之功臣表,亦云十一月封,盖乙卯乃十一月之晦也。惟潜庵史稿移乙卯于十二月之朔,未知何据。按十二年甲申享太庙,此岁除之祭也。若据史稿则十一月小建,据明史则十二月小建,疑所据明历各不同耳,今从明史。

66 是月,命曹国公李文忠领大都督府事,颖川侯傅友德、延安侯陆仲亨同知都督府事。

67 自吴元年十月至是年十一月,核计军士逃亡者四万七千九百余,乃下追捕之令,立法惩戒。小旗逃所隶三人,降为军。上至总旗、百户、千户,皆视逃军多寡,夺俸降革。其从征在外者,加等示罚。

68 十二月,丙辰,上以太庙时享未足以展孝思,命礼官陶凯等议之。

凯奏言:"古者宗庙之制,前殿后寝。尔雅:'室有东西厢曰庙,无厢有室曰寝。'庙是栖身之处,故在前;寝是藏衣冠之处,故在后。今太庙祭祀,已有定制。请仿宋建钦先孝思殿于宫中之制,在于乾清宫之左别建奉先殿,奉四代神位衣冠,每日焚香,朔望荐新,节序及生忌日,皆致祭如家人礼。"从之。

甲子,始建奉先殿。

69 戊辰,封行省右丞薛显为永城侯。

初,显从大将军达取中原,上谓达曰:"薛显、傅友德,勇略冠军,皆可当一面之任。"及征山、陕还,上以显擅杀胥吏、兽医、火者马军及千户吴富,念其功大,勿问。至是面数其罪,封之,勿予券,谪居海南。分其禄为三:一以赡所杀吴富及马军之家,一以给其母妻,令功过无相掩。

70 初,上遣使访先代帝王陵寝,命各行省具图以进。礼官考其功德昭著者,凡三十有六。

庚午,诏监书秘丞陶谊等往修祀礼,上亲制祝文遣之,并令以时修葺。

71 己卯,赐勋臣田土。

72 壬午,上以日中时有黑子,诏廷臣言得失。自上年十二月甲子日中有黑子,今年九月以后数见之。

先是上疑祭天不顺所致,欲增郊坛从祀之神,礼臣以为汉、唐烦渎,取法非宜,乃止。至是遂下求言之诏。【考异】<u>明史本纪</u>云,"以正月至是月,日中屡有黑子",<u>三编</u>同。证之<u>明史天文志</u>,"二年十二月甲子,日中有黑子",三年九月戊戌、十月丁巳、十一月甲辰并如之。据此,则自去年十二月至本年十一月,黑子凡四见,非月月见也。今据<u>天文志</u>,但书去年十二月黑子见之日分,本年则云"自九月以后数见之"。

73 甲申,享<u>太庙</u>,行家人礼。

74 是月,户部请于<u>陕西察罕诺尔</u>之地置盐课提举司,报可。

75 上念大将军等连年征伐,犯霜露,冒矢石,死生以之,天下既定,宜少休息,诏:"自今或三日或五日一朝,有事则召议之。"

是岁,改司天监曰钦天监,并<u>回回历</u>入焉。凡设科四:曰天文,曰漏刻,曰大统历,曰回回历,置监令少监统之。岁造<u>大统民历</u>、<u>御览月令历</u>、<u>七政躔度历</u>、<u>六壬遁甲历</u>、<u>四季天象占验历</u>、<u>御览天象录</u>,各以其时上。其日月交食,分秒时刻,起复方位,先期以闻。

76 <u>弘文馆</u>之设也,会翰林院编修<u>罗复仁</u>自<u>安南</u>还。<u>安南国王</u>遗以金贝土产甚厚,悉却不受。上闻而嘉之,授<u>弘文馆</u>学士,与<u>刘基</u>同位。

<u>复仁</u>在上前,率意陈得失,尝操南音,上顾喜其质实,呼为"老实<u>罗</u>"而不名。间幸其舍,负郭穷巷,<u>复仁</u>方垩壁,亟呼其妻抱杌奉上坐。上曰:"贤士岂宜居此!"遂赐第城中。寻乞致仕。已,又召至京师,奏减<u>江西</u>秋粮,许之。留三月,赐玉带、铁柱杖、裘、马之等,遣还,以寿终。

77 礼部尚书<u>陶凯</u>,请选人专任东宫官属,罢兼领之职以专责成。上曰:"古者官不必备,惟其贤,朕以廷臣有德望

者兼东宫官，非无谓也。诚虑廷臣与东宫官属有不相能，遂生嫌隙，江充之事，可为明鉴。朕今立法，欲令君臣一心，父子一体，庶几无相构之患。"

论曰：太祖初立太子，以廷臣李善长等兼东宫官属。三年，礼部尚书陶凯请建官属，太祖始以"别设宫僚易生嫌隙"之语告之。予谓以廷臣兼东宫官可也，兼东宫官而遂不置东宫官属则不可。

夫谕德、赞善、宾客、丞率之属，其秩不尊，其望不重，以之辅翼太子，各有其职，而谕教非其任也。古东宫官之最贵者，三师、三少而已。然考之大戴保傅篇云："昔者成王幼，在强襁之中，召公为太保，周公为太傅，太公为太师。保保其身体，傅傅之德义，师道之教训。此三公之职也。于是为置三少，皆上大夫也，曰少保，少傅，少师，此与太子宴者也。"贾谊新书"宴"作"燕"。夫坐而论道，谓之王公。彼三公者，日在王之左右而任之以保、傅、师者。文王世子云："少傅奉世子以观太傅之德行而审谕之。"然则三公之于师、保、傅，盖兼官也，若三少则专官矣，故曰"与太子宴"，谓燕居之地，与太子朝夕居处者也。

今太祖不设三师，但设三少，而三少所兼，自丞相以下，则仍古三公之职，岂能专心于谕教，而反自旷其所司！又况武臣在外，不过被以虚名，何预于东宫之辅导乎！若虑太子监国，别设宫僚，易生嫌隙，则是惩羹而吹齑，因噎而废食也。厥后虽设詹事院，不过坊

235

局之司及出阁讲读之任，既多兼领，亦无常员，而况秩尊望重，亦非师、保、傅之比。故陶凯请选人专任东宫官属，意盖在此。

自太祖立法兼领，于是东宫师傅止为兼衔及加赠之具文。而自成祖时以姚广孝为太子少师，留辅太子，遂为古制之仅见者。然则凯之请罢兼领，未可因太祖之言而轻訾之也。

78 追赠故广东肇庆府经历裴源官加二等。

初，源之任，以公事赴新兴，遇山贼陈勇卿，被执，勒令跪，源大骂曰：“我命官，乃跪贼邪！”遂遇害。

79 遣使以平沙漠诏谕外蕃。

是年，占城、爪哇及西洋、琐里等国皆先后入贡。

明通鉴卷四

江西永宁知县当涂 夏　燮 编辑

纪四 <small>起重光大渊献(辛亥),尽元黓困敦(壬子),凡二年。</small>
太祖高皇帝

洪武四年(辛亥、一三七一)

1　春,正月,丙戌,左丞相韩国公李善长致仕。

善长在中书久,明习故事,裁决如流,上巡幸征讨,皆命居守。凡朝廷议礼、议律、典章、制度、封建、爵赏,事无巨细,悉委善长与诸儒臣会议行之。

当上之大封功臣也,谓"善长虽无汗马之劳,然事朕久,给军食,功甚大。"一时封公者六人,善长位第一,制词比之萧何,褒称甚至。善长外宽和,内多忮刻,比进大国,意稍骄,上亦浸厌之。会善长以疾请,上遂许之。

于是授汪广洋为右丞相,胡惟庸为左丞相。

初,上与刘基论置相,因杨宪,次问广洋,基曰:"褊浅殆甚于宪。"又问惟庸,基曰:"譬之驾,惧其偾辕也。"比宪诛,上复任广洋,而惟庸以曲谨当上意,上数称其才,至是,遂并用之。

2　上遣使谕<u>明昇</u>，欲假道以征<u>云南</u>。<u>昇</u>不奉诏，又遣<u>吴友仁</u>寇边，上乃决计讨之。

<u>丁亥</u>，命<u>中山侯汤和</u>为征西将军，副以<u>江夏侯周德兴</u>、<u>德庆侯廖永忠</u>及<u>营阳侯杨璟</u>等，率舟师由<u>瞿塘</u>趋<u>重庆</u>。又命<u>颍川侯傅友德</u>为前将军，副以<u>济宁侯顾时</u>及都督佥事<u>何文辉</u>等，率步骑由<u>秦</u>、<u>陇</u>趋<u>成都</u>。

诸将陛辞，上复召<u>友德</u>谕之曰："<u>蜀</u>人闻我西征，必悉精锐东守<u>瞿塘</u>，北阻<u>金牛</u>，以扼我师。若出其不意，直捣<u>阶</u>、<u>文</u>，门户既隳，腹心自溃。兵贵神速，患不勇耳。"<u>友德</u>顿首受命。

<u>戊子</u>，命<u>卫国公邓愈</u>赴<u>襄阳</u>督饷以给<u>蜀</u>军。

3　诏<u>魏国公徐达</u>赴<u>北平</u>训练军士，缮治城池，并给守边将士衣。

4　<u>庚寅</u>，建郊庙于<u>中都</u>。

5　<u>丙申</u>，免<u>浙江诸暨县</u>水灾田租。

6　<u>丁未</u>，诏以天下初定，令直省乡试连举三年。自后三年一举，著为令。【考异】据<u>明史</u>本纪，"洪武三年，设科取士，"其详具载选举志。而志中则但云，"时以天下初定，令各行省连试三年。"证之<u>宋文宪集</u>中会试纪录题辞，言"<u>皇明</u>设科，既诏天下三年一宾兴，犹以为未足，复敕有司自<u>壬子</u>至<u>甲寅</u>，三岁连贡，岁擢三百人；逮于<u>乙卯</u>，始复旧制。"据此，则去年已下三年一举之令，至此复令连举三年也。今据本纪下诏年月。

7　<u>戊申</u>，免<u>山西丰州</u>、<u>东胜州</u>、<u>太原府</u>、<u>兴县</u>旱灾田租。【考异】<u>明史</u>本纪，"<u>戊申</u>免<u>山西</u>旱灾田租。"重修三编免浙江、山西被灾田租目云，"<u>浙江绍兴诸暨县</u>被水，<u>山西丰州</u>、<u>东胜州</u>、<u>太原府</u><u>兴县</u>被旱，诏免其田租。"又证之<u>潜庵史稿</u>,"是月丙申,<u>诸暨</u>水,蠲田租;戊申,<u>山西</u>旱,蠲田租。"是免<u>浙江</u>田租在丙申,<u>山西</u>田租在戊申也,今分书之。

8　是月,御史台进拟<u>宪纲</u>,凡四十条。上亲加删定,颁给诸臣。

9　二月,戊午,太白昼见。【考异】<u>明史天文志</u>,"二月戊戌,太白昼见。"按戊戌乃三月十四日,(三月乙酉朔,见<u>本纪</u>。)二月无戊戌也。今从<u>潜庵史稿</u>作"戊午"。

10　甲戌,上幸<u>中都</u>。

　　壬午,至自<u>中都</u>。

11　初,<u>元</u>帝北走,其平章<u>高嘉努</u>固守<u>辽阳山寨</u>,行省参政<u>刘益</u>屯<u>盖州</u>,与为声援。上遣断事<u>黄俦</u>招谕之,<u>益</u>遂率所部来归。诏立<u>辽阳卫</u>指挥使司,以<u>益</u>为指挥同知。

　　未几,<u>元</u>平章<u>洪保保</u>、<u>马彦翚</u>合谋杀<u>益</u>,右丞<u>张良佐</u>、<u>房嵩</u>,复禽<u>彦翚</u>杀之,<u>保保</u>走,依<u>纳克楚</u>于<u>金山</u>。<u>良佐</u>因权卫事,执<u>彦翚</u>之党以献。上复授<u>良佐</u>为<u>盖州卫</u>指挥佥事。

12　是月,蠲<u>太平</u>、<u>镇江</u>、<u>宁国</u>田租。

13　定中盐输米之例:凡纳米,各行省诸仓,计道里远近,自五石至一石有差。其纳粮支盐,则各省布政司及各转运提举司稽之,编置勘合底簿,各执其一,比照相符,则如数给与。鬻盐有定所,盐与引离,即以私贩论罪。

14　始开会试科,以礼部尚书<u>陶凯</u>、翰林院学士<u>潘庭坚</u>为考官。<u>庭坚</u>以老告归,至是复召主会试,又以司业<u>宋濂</u>、前贡士<u>鲍恂</u>、学士<u>詹同</u>、吏部员外<u>原本</u>为同考官。得<u>俞友仁</u>等一百二十人。

　　<u>凯</u>以礼官主试程文进,御序其简首,遂为定例。【考异】

是年始开会试,陶凯、潘庭坚为考官,见明史本传。又,吴伯宗传云,"是年成进士,考试则宋濂、鲍恂",盖同考官也。证之宋文宪会试纪录题辞,濂、恂之外,尚有詹同、原本,共四人。再证之题辞,则庚戌京畿中式乡举七十二人,皆已授官,此时会试,惟十一行省而已。大约一岁一乡举之令即定于此时,故是年秋复行乡举。而王凤洲笔记,则云"洪武四年京畿乡试,吴琳、宋濂为考官,寻合诸省之士会试"云云,似壬子乡试在前,而会试反在后。不知会试在春,赐伯宗等进士月日,皆具实录,而壬子乡试在秋,则文宪自序可证也。今以开科之始,特详著之。

15 江夏侯周德兴、指挥胡海等进兵,取蜀之龙伏隘,进夺罩垕温阳关。中山侯汤和克归州山寨,分遣南雄侯赵庸、宣宁侯曹良臣取桑植、容美诸峒蛮。会周德兴兵至,合攻罩垕之茅冈塞,克之。

16 三月,乙酉朔,始策试天下贡士,赐吴伯宗等进士及第、出身有差。——伯宗,金溪人。

先是诏高丽、安南、占城皆得预乡会试,至是高丽人金涛亦赐进士。

17 乙巳,魏国公达奏请徙山后民万七千户屯北平。

18 丁未,诚意伯刘基致仕。

初,基既召还,上屡欲进基爵,基固辞。又欲以基为相,基辞曰:"臣疾恶太甚,又不耐繁剧,为之且孤上意。天下何患无才,惟明主悉心求之,目前诸人诚未见其可。"盖指杨宪、胡惟庸辈也。

宪既诛,上方向用惟庸。基遂不安于其位,上赐之归。手书问天象,基条答甚悉而焚其草,大要言:"霜雪之后,必有阳春。今国威已立,宜少济以宽大。"时上用法严峻,故基及之。

论曰：左传言齐景公繁于刑，晏子因豢踊而有"踊贵屦贱"之对，于是一言而齐侯省刑。君子曰："仁人之言，其利溥哉！"夫利之溥于民，必其言之得于君也。

观太祖惩元宽纵失天下，当时臣下，多以峻法绳之。故元年王忠文之上书也，曰："上天以生物为心，春夏长养，秋冬收藏。其间岂无雷电霜雪，然可暂而不可常。若使雷电霜雪无时不有，则上天生物之心息矣。"刘文成之致仕也，上手书问天象，条对而焚其草，大要言："霜雪之后，必有阳春。今国威已立，宜少济以宽大。"呜呼，二公所论，岂非仁人之言哉？而卒不能止太祖晚年之诛戮，岂太祖之明反出齐景下哉？毋亦狃于其自用者专而虚受之意少也。

观太祖当日召对元臣，谓"以宽失天下，吾未之闻"，及手书问天象，则谓"元以宽失天下，朕救之以猛"，何其言之相反也！盖为子孙之远虑，欲遗之以安强。重以勋旧盈廷，猜嫌易起，而不嗜杀人之志，惜未能始终以之。若使如二公之言，培养元气，感召天和，安知不足以弭靖难之变哉！

19 是月，汤和自归州迤次大溪口，杨璟率舟师进攻瞿塘。初，蜀人闻我师将至，遣伪将莫仁寿以铁索横断瞿塘关口，又遣吴友仁、邹兴等益兵为助，北倚羊角山，南倚南城寨，凿两岸石壁，引铁索为飞桥，用木板置炮以拒大军。璟攻瞿塘，分遣指挥韦权率兵出赤甲山以逼夔州，指挥李某出白盐山下,逼夔之南岸以攻南城寨,璟自督舟师,与都督佥事王简出大溪口,皆为仁寿、友仁等所遏,不得进。于是赤甲、白盐之师亦退还归州。

20 闰月,【考异】是年闰三月,明史本纪以无事不书,今据纪事本末及潜庵史稿。命吏部定内监官品秩,自监正令五品以下至七品有差。

上谓侍臣曰:"古之宦竖,不过司晨昏,供使令而已。自汉邓太后以女主称制,不接公卿,乃以阉人为常侍,小黄门通命,自此以来,权倾人主。吾防之极严,犯法者必斥去之,履霜坚冰之意也。"

21 以陈修为吏部尚书。

初,滕毅首掌吏部,佐省台裁定铨除考课诸法略具,至是修与侍郎李仁详考旧典,参以时宜,按地冲僻为设官繁简。凡庶司黜陟及课功核实之法,皆精心筹画,铨法秩然。未几,卒于官。

22 有吴兴人王昇,以事系狱,其子为平凉知县,昇以书托御史幕官宇文桂达之。会刑部搜狱中囚,得其私书以奏。上览其书,内云:"为官须廉洁自持。贫者士之常,古人谓贫乏不能存,此是好消息。抚民以仁慈为心,报国以忠勤为本,处己以谦谨为先,进修以学业为务。暇日宜读经史并先儒性理之书,见得透彻,则自然思无邪。又熟读律令,则守法不惑,仕与学盖未可偏废。人便则买附子二三枚,川椒一二斤,必经税而后来,余物非所觊也。"上嘉叹良久,释之,旌以金帛,仍复其家。

23 傅友德受征蜀之命,疾驰至陕,集诸军,声言出金牛,而潜引兵趋陈仓。选精锐五千为前锋,攀援岩谷,昼夜兼行,自率大军继其后。夏、四月,丙戌,直抵阶州。蜀守将丁世珍拒战,【考异】"世珍",者书或作"贞",或作"真",盖太祖父名世珍,避讳改也。今仍作"珍"。友德击败之,生禽伪将双刀王等十八人,世珍遁。遂下阶州,进兵文州。

蜀人断白龙江桥以阻我师,友德督兵修桥以渡。至五里关,世珍复集兵拒险。都督同知汪兴祖跃马直前,中飞石死。友德奋兵援击,破之,世珍复遁。己丑,克文州。

24 庚寅,上以汤和等伐蜀三月,未得捷报,复命永嘉侯朱亮祖为右副将军,率师助之。

25 乙未,广德侯华高卒。

高性怯,且无子,请得宿卫。有所征讨,辄称疾不行。令练水师,复以不习辞。上以故旧,优容之,时诸勋臣多出行边,惟高不遣。最后缮广东边海城堡,高请行,上曰:"卿复自力,甚善!"至是事竣,行至琼州卒。

初,有言高殖利者,故岁禄独薄,及卒,贫不能营葬,上始悟而怜之,命补支禄三百石。以无子,纳诰寿墓中,赠巢国公,谥武庄。官其从子岳指挥佥事。

26 丁酉,傅友德下青川杲阳关,遂渡白水,分兵徇江油、彰明,皆下之。辛丑,克龙州。【考异】实录作"隆州",今据三编改,详下。

癸卯,遂趋绵州,遣都督佥事蓝玉夜袭蜀将向大亨营,友德自率精锐继其后。俄大风起,诸军乘风纵击,大破之,

卷四 纪四 太祖洪武四年(一三七一)

243

大亨走渡汉水，遂克绵州。

时蜀人虽失阶、文，犹恃汉水为固，于是戴寿、吴友仁等亟分瞿塘之兵以援汉州，保成都。友德军至汉江，水涨，不得渡，伐木造战舰百余艘。成都大震。

27 戊申，太白昼见。

28 五月，友德战舰成，将渡汉，欲以军事达汤和，乃削木为牌数千，大书克阶、文、龙、绵日月投汉水，顺流而下，蜀守将见者皆解体。【考异】克阶、文、龙、绵日月，皆见洪武实录。惟实录误龙州为隆州，明史疑之，故友德传但云克阶、文、绵日月而已。三编质实谓蜀之隆州有三，皆非阶、文入蜀之道。盖龙州即今龙安府，实录误"龙"为"隆"耳。友德由阶、文而捣江油，趋绵州，则龙州为必经之路，今据书之。

己卯，友德舟师逼汉州，蜀守将向大亨悉兵阵于城下，友德选骁将击败之。会瞿塘之援兵至，友德乃激厉诸将曰："戴寿等劳师远来，闻大亨破，已胆落，无能为也。"自率师迎击寿等，大败之。

29 是月，免江西、浙江秋粮。

30 以詹同为吏部尚书，谕之曰："吏部者，衡鉴之司，鉴明则物之妍媸无所逃，衡平则物之轻重得其当。盖政事得失在庶官，任官贤否由吏部。任得其人则政理民安，非其人则瘝官旷职。卿等居持衡秉鉴之任，宜在公平以辨贤否，毋但庸庸碌碌，充位而已。"

31 上与廷臣论刑罚，御史中丞陈宁曰："法重则人不轻犯，吏察则下无遁情。"上曰："不然。法重则刑滥，吏察则政苛。钳制下民而犯者必众，钩索下情而巧伪必滋。夫垒石之冈，势非不峻，而草木不茂；金铁之溪，水非不清，而鱼鳌不生。古人立法置刑，以防恶卫善，故唐、虞画衣冠、异章服以为戮而民不犯，秦有凿颠、抽胁之刑，参夷之诛，而囹圄成市，天下怨叛，所谓法正则民悫，罪当则民从。今施重刑而又委之察吏，则民无所措手足矣。朕闻帝王平刑缓狱而天下服从，未闻用商、韩之法可致尧、舜之治也。"宁惭而退。

32　六月，壬午朔，太白昼见。

33　傅友德克汉州，戴寿、向大亨等走成都。临江侯陈德追击，又败之，获其卒三二余人，马三百匹。吴友仁走古城，友德乃以顾时守汉州，自率大兵追之，大败其众，禽伪宣慰胡孔彰等，友仁遁还保宁。

维时汤和尚滞留大溪口，上闻友德捷书至，大悦。又恐和以逗留缓事，复谕之曰："傅将军冒险深入，连克数城，蜀已无险可恃。此时正宜水陆并进，使其首尾受敌，将军抑何怯也！"和得书，犹豫未决。

会德庆侯廖永忠舟师至，侦知戴寿等已撤其精兵西救，其留守瞿塘者，皆老弱也。戊子，永忠率所部先发，自白盐山伐木开道，由纸牌方溪径趋旧夔府，蜀守将邹兴、飞天张等迎战。永忠分军为前后阵，锋既交，出后军，两翼夹击，大败兴等。

辛卯，至瞿塘关，飞桥铁索，横亘关口；山峻水急，舟不得进。永忠乃密遣壮士数百人，持粮粮水筒，舁小舟，逾山度关，出其上流。蜀山多草木，令将士皆衣青蓑衣，鱼贯走崖石间，度已至，乃率精锐出墨叶渡。夜五鼓，分两军攻其水陆寨,水军皆以铁裹船头,置火器而前。黎明,蜀人始觉,永忠先破其六寨。会将士舁舟出江者,一时俱发,上流扬旗鼓噪而下,遂会下流之师前后夹击,大败蜀军,邹兴中流矢死。乃乘胜焚三桥,断其横江铁锁,禽伪同金蒋达等八十余人,飞天张遁走,遂克夔州。

明日,汤和始至。永忠与之分道,和率步骑,永忠率舟师,约会重庆。

34 友德之下文州也,留指挥朱显忠守之。伪将丁世珍既遁,复构蛮寇数万来攻。文州城中食且尽,援兵不至,或劝之走,显忠叱曰:"为将守城,与城存亡,岂有求活将军邪!"戊戌,世珍攻之急,自旦至莫,显忠裹创力战,卒不支,城陷,死之。千户王均谅被执,不屈,蜀人磔之于文州东门。士卒从显忠守者七百余人,城破,存者仅百余人。友德遣兵来援,世珍弃城走。

事闻,赠恤有差。

35 廖永忠舟师直捣重庆,沿江州县望风送款。次铜锣峡,明昇大惧,其右丞刘仁劝奔成都,昇母彭泣曰:"成都可到,亦仅延旦夕命耳。今大军所至,势如破竹,不如早降以活民命。"于是昇遣使纳款于永忠。永忠以和未至,辞不受。

癸卯,汤和至重庆,永忠驻师朝天门外。昇面缚衔璧,与母彭及刘仁奉表诣军门。和受璧,永忠解缚,承制抚慰。下令禁侵掠,并招谕戴寿、向大亨,令两家子弟持书往成都,趣之降。时朱亮祖之兵亦至焉。

36 戊申，倭寇温州。【考异】明史本纪作"胶州"。证之日本传，言"是年掠温州，五年遂寇海盐、澉浦及福建滨海郡县。"又据潜庵史稿，"五年五月，寇海盐，六月，指挥毛骧败倭寇于温州，八月，倭寇福宁。"与传中浙、闽郡县之语合，盖纪中"胶"字误也。

37 是月，魏国公达徙山后民三万五千八百户散处北平卫府籍，为军者给衣粮，为民者给田以耕，又徙沙漠遗民三万二千余户屯田北平，凡前言置二百五十四屯，垦田一千三百余顷。

38 命礼部尚书陶凯与吏部尚书詹同定宴享九奏之乐：一曰本太初，二曰仰大明，三曰民初生，四曰品物亨，五曰御六龙，六曰泰阶平，七曰君德成，八曰圣道行，九曰乐清宁。

先是上厌前代乐章率用谀词以为容悦，甚者鄙陋不称，乃命凯等更制其词。词成，命协律者歌之。谓侍臣曰："礼以导敬，乐以宣和，不敬不和，何以为治！元时古乐俱废，惟淫词艳曲，又杂以北方之音，甚者以祀典神祇饰为队舞，谐戏殿廷，殊非所以道中和，崇治体也。自今一切流俗喧哓淫亵之乐，悉屏去之！"

39 上御奉天门，谓詹同曰："论行事于目前，不若鉴之于往古。卿儒者，宜知古先帝王为治之道，试为朕言之！"同对曰："古先帝王之治，无过于唐、虞、三代，可以为法。"上曰："三代而上，治本于心；三代而下，治由于法。本于心者，道德仁义，其用为无穷；由于法者，权谋术数，其用盖有时而穷。然为治者违乎道德仁义，必入于权谋术数，故择术不可不慎也。"

40 秋，七月，辛亥朔，诏魏国公达练兵山西。

41 辛酉,傅友德下成都。

先是戴寿、向大亨等退守成都,闻大军至,以象载甲士,列于阵前拒战。友德令前锋以强弩火器冲之,身中流矢,不退,督将士殊死战。象反走,寿等兵蹂藉死者甚众。会明昇降报至,寿等得书,知其家室皆无恙,乃率所部请降。友德整军自东门入,得士马三万。分兵会朱亮祖,徇州县之未附者。壬戌,伪崇庆知州尹善清拒战,击斩之。判官王桂华率父老降。

友德之复文州也,丁世珍复遁,率余党寇秦州,攻围五十余日。城中食尽,括牛畜以食军,友德调兵往援,击走之。

世珍逃窜山谷间,自以屡拒官军,杀伤者多,惧不敢出。夜,宿梓潼庙中,为帐下小校所杀。及蜀平,小校赴京言状。上曰:“小校杀本官,非义也。”不赏。

42 是月,以方克勤为济宁知府。

克勤,宁海人,元末避乱山中。上即位之二年,辟县训导,以母老辞。至是征至京师,吏部试第二,遂授是职。

时中原初定,诏民垦荒,阅三岁乃税。吏征率不俟期,民以诏旨不信,辄弃去,田复荒。克勤与民约税如期,区田为九等,以差等征发,吏不得为奸,野以日辟。又立社学数百区,葺孔子庙堂,教化兴起。盛夏,守将督民夫筑城,克勤曰:“民方耕芸不暇,奈何重困之畚锸!”请之中书省,得罢役。先是久旱,遂大澍。济宁人歌之曰:“孰罢我役?使君之力。孰活我黍?使君之雨。使君勿去,我民父母。”视事三年，户口增数倍，一郡饶足。

克勤为治，以德化为本，不善近名，尝曰："近名必立威，立威必殃民，吾不忍也。"自奉简素，一布袍十年不易，日不再肉食。时上用法严，士大夫多被谪，过济宁者，克勤辄周恤之。

43 置辽东卫指挥使司，以马云、叶旺为都指挥使。上以刘益之变，纳克楚方据金山未附，特命云等备之。

黄俦奉使至金山，纳克楚留之不遣，已而被杀。云等由登、莱渡海，驻兵金州，招降元参政叶廷秀，击走平章高嘉努，旧作家奴。遂进至辽东，缮兵完城。

上复遣都督佥事仇成镇辽东，靖海侯吴祯率舟师由登州饷运给边军。

44 八月，甲午，免中都、淮、扬及泰、滁、无为等州田租。

45 江夏侯周德兴，会颍川侯傅友德之师合攻保宁。庚子，克之，执吴友仁送京师。

先是上闻全蜀已平，惟保宁未下，复以书责中山侯汤和，至是始克之。于是蜀地悉定。

46 汤和送明昇等至京师，其臣戴寿、向大亨，行至夔峡，皆凿舟自沉死。

昇既至，廷臣请如孟昶降宋故事，上曰："昇幼弱，事由臣下，与昶异。"诏免其伏地上表待罪之仪。寻授昇归义侯，赐第京师。

上以吴友仁首造兵端，致明氏失国，命戮于市。其余将校，皆徙戍徐州。【考异】明史本纪书明昇至京师于七月乙丑。按六月癸卯克<u>重庆</u>,癸卯去乙丑仅二十二日,不应如是之速,盖据其发自<u>重庆</u>之月日。故<u>纪事本末</u>、<u>皇明通纪</u>皆系至京师于八月,今从之。

47 己酉,振<u>陕西</u>饥。

48 <u>高州海寇</u>作乱,通判<u>王名善</u>戮其酋<u>何均善</u>。未几,<u>均善</u>党<u>罗子仁</u>等率众潜袭州城,执<u>名善</u>,不屈死。逾年,<u>雷州</u>千户<u>黄青</u>讨平之。【考异】据<u>明史本纪</u>,记"海寇作乱,通判<u>王名善</u>死之。"证之<u>忠义传</u>,<u>名善</u>被杀在<u>洪武</u>五年,纪盖据其作乱之年月,牵连并记耳。传言"海寇<u>何均善</u>为<u>名善</u>所戮,明年,其党<u>罗子仁</u>率众入城,执<u>名善</u>,不屈死。"至海寇之平,据<u>潜庵史稿</u>,<u>雷州</u>千户<u>黄青</u>讨平之,亦类记于是年八月下。今从之,仍据<u>传</u>书其颠末。

49 是月,谪国子司<u>业宋濂安远县</u>。

先是<u>濂</u>迁国子司业,会京师修<u>文庙</u>,爰命礼官儒臣厘正祀典。

<u>濂</u>乃上孔子庙堂议曰:【考异】<u>宋濂</u>议礼,据<u>明史礼志</u>及<u>王圻续文献通考</u>、<u>孙氏春明梦余录</u>,皆在四年。证之<u>郑楷宋文宪行状</u>,言"三年十二月授国子司业,四年八月谪<u>安远县</u>知县",是上庙堂议当在是年春夏间。今据<u>状</u>中谪<u>安远</u>之月,而叙议祀典事于其下。"世之言礼者,皆取法<u>孔子</u>。不以古礼祀<u>孔子</u>,是亵礼也。

古者先师位皆东向,<u>汉章帝</u>幸<u>鲁</u>祀<u>孔子</u>,帝西向再拜。<u>唐开元礼</u>,先圣东向,先师南向,三献官西向,犹古意也。今袭<u>开元</u>二十七年之制,迁神南向,失神道尚右之义矣。

古者木主栖神,天子诸侯,庙皆有主。大夫束帛,士结茅为菆,无像设之事。<u>开元礼</u>设先圣神座于堂上两楹间。今因<u>开元</u>八年之制,抟土而肖像焉,失神而明之之义矣。

<u>礼记</u>:'凡始立学者,必释奠于先圣、先师。'所谓先师

者,若汉礼有高堂生、乐有制氏、诗有毛公、书有伏生之类。古之学者,非其师弗学,非其学不祭。学校既废,天下莫知所师。孔子集群圣之大成,颜、曾、思、孟实传其道,尊之以为先圣、先师而通祀于天下,固宜。若七十二子,止于国学祀之,庶弗悖礼意。开元礼,国学祀先圣孔子,以颜子等七十二贤配,诸州惟祀颜子。今以荀况之言性恶,扬雄之事王莽,王弼之宗老、庄,贾逵之忽细行,杜预之建短丧,马融之党权势,亦厕其中,吾不知其何说也。

古者子虽齐圣,不先父食,故禹不先鲧,汤不先契,文、武不先不窋。宋祖帝乙,郑祖厉王,犹尚祖也。今回、参、伋坐飨堂上,而其父列食于庑间,颠倒彝伦,莫此为甚,吾不知其何说也!

古者士见师,以菜为贽,故始入学者,释菜以礼先师,其学官时祭皆释奠。今专用春秋,非矣。释奠有乐,释菜无乐,是二释之重轻,以乐之有无也。今袭用魏、晋律,所制大成乐,乃先儒所谓乱世之音,可乎哉?

古者释奠释菜,其仪注虽不可考,然开元礼仿佛仪礼馈食之节,三献皆有饮福及尸酢主宾之仪。今惮其烦,惟初献行之,可乎哉?

他如庙制之非宜,冕服之无章,器用杂乎流俗,升降昧乎左右,此类甚多,不可枚举。

若乃建安熊氏欲以伏羲为道统之宗,神农、黄帝、尧、舜、禹、汤以次而列,其臣若稷、契、皋陶、伊尹、太公、周公以及傅说、箕子之等,皆天子公卿之师式,秩祀太学,礼亦宜之。若孔子实兼祖述宪章之任，宜通祀于天下。”

议上，上以舜、禹、汤、文不宜祀于国学，不悦，遂坐不以时奏，谪知安远县。其后助教贝琼希旨，作释奠解驳之。

时祭酒魏观亦被谪。而同时翰林院待制王袆，亦著孔庙从祀议。谓：“荀况之言性恶，扬雄之事新莽，何休注公羊而黜周王鲁，王弼注易而专尚清虚，如此之等，犹在祀列，何以在汉独遗董仲舒，在唐独遗孔颖达？至如宋之范仲淹、欧阳修、真德秀、魏了翁，元之吴澄，凡此七人，并宜从祀，用以蒐累代之旷典，昭万世之公议。”又谓：“颜、曾、思父子，配位倒置，不免春秋逆祀之讥，亟宜厘正。天下之礼，有似缓而实急，似轻而实重者，名教所关，不可不慎。”其语多与濂合。

厥后上置国子监，先圣改用木主，卒从濂议。其他所论，后代之议礼者率多宗之。

论曰：据孙氏春明梦余录所载文宪议考祀孔子之全文，所谓伏羲以下祀于太学者，乃其绪余之论，非正指也。盖洪武二年，有“孔庙春秋释奠止行于曲阜，天下不必通祀”之诏，时尚书钱唐伏阙上疏争之，不听。文宪知上浸厌儒臣，不得不将顺其意而为之词。前言“七十二子止祀于国学”，与后言“伏羲以下祀于太学”，其意并同。言此等祀典，即不通行天下，未尝不可，而孔子则天下所必当通祀者，与钱唐传中所载程徐之疏，大略相似。徐言“尧、舜、禹、汤、文、武，皆圣人也。然发明三纲、五常之道，仪范百王，师表万世，则孔子之力。天下祀之，非祀其人，祀其教也。"凡此皆重在祀<u>孔子</u>。况疏中列最后一条以存或说，<u>梦余录</u>所引后一条作"或曰"。<u>太祖</u>偶摘其数语，以为君师不必并祀，而<u>贝琼释奠</u>之驳遂斥为邪说，岂非希旨乎！

夫七十二子不必祀于国学，以<u>荀况</u>、<u>扬雄</u>之辈杂置妄列，与其务多，不如贵少也。祀<u>伏羲</u>以下于太学，所以明帝王之尊非庶州县所得祀也，而以为邪说，是肆意诋诬也。后之阅此疏者，未哜其胾，而拾其残膏剩馥以为<u>文宪</u>病。

试取其全文读之，谓像设之非宜，则<u>洪武</u>十五年置国子监，文庙改用木主，已从其言矣。谓<u>荀况</u>、<u>扬雄</u>等之不宜从祀，<u>孔</u>、<u>颜</u>、<u>曾</u>之父不宜坐于堂下，则当时<u>王忠文</u>亦持此议。及<u>洪武</u>二十九年，行人扬砥请罢<u>扬雄</u>从祀，诏从之。而其后<u>嘉靖</u>议礼，悉窃取其说以正祀典之非。然则<u>文宪</u>此疏，诚一代议礼之宗，而惜其不能得之于开创之英主也！

<u>濂</u>之被谪也，时翰林院应奉<u>唐肃</u>亦先后免官，未几，谪戍<u>濠梁</u>。传闻上一日御<u>奉天门</u>外西鹰房，观外国所献海东青，敕儒臣应制赋诗，<u>濂</u>七步成，有"自古戒禽荒"语。上曰："朕偶玩之耳，不甚好也。"<u>濂</u>曰："亦当防微杜渐。"<u>肃</u>亦呈一绝句，有"词臣不敢忘规谏，却忆当年<u>魏郑公</u>"语，上不怿而起。【考异】此据<u>姚福青溪暇笔</u>，所云观海东青及<u>肃</u>、<u>濂</u>应制赋诗之语，皆<u>肃</u>自记于诗后。<u>明史濂传</u>所谓"奉制咏鹰"，但据其<u>家状</u>中语，不如<u>肃</u>同在应制中所记为得其实。至传言"上忻然以为善陈"，亦<u>状</u>中归美君德之辞。而据<u>肃</u>所记，则二人之诗，皆<u>太祖</u>所不怿而见之词色间，故<u>濂</u>之谪，但云"议礼

不以时奏"，而肃之免，则因疾失朝，皆借微罪以斥之。证之明史文苑传，肃以洪武三年修礼乐书，其秋京畿乡试，为分考官，寻免归，是其在濂被谪之先后可知矣。据弇州所记，庚戌京畿乡试，并无肃名，惟辛亥会试充对读而已，未知明史何据也。今以此二诗有关规讽，因类叙于宋濂议礼被谪之后。

50 九月，庚戌朔，日有食之。

51 置行中书省于成都，改成都、重庆等路皆曰府，命曹国公李文忠经理蜀事。文忠以成都旧城卑隘，增筑新城，规模略备。

时汤和驻兵重庆，傅友德驻兵保宁，各招辑番、汉民人及明氏溃卒来归者，皆籍之为军，分驻诸郡要害。丙子，置成都四卫及保宁守御千户所，调濠梁等卫官军守之。

52 丁丑，诏州县始设粮长，以田多者为之，督其乡赋税。粮以万石为率，设长、副各一人，输以时至得召见，语合辄擢用。

其后官军兑运，粮长不复至京师，在州里颇为民害。其孱弱者复为势豪所凌，至有鬻产以偿逋负者，民颇苦之。

53 是月，以端复初为刑部尚书。

复初，溧水人，端木氏之后裔。时为刑部磨勘官，案牍填委，钩稽无遗，上尝廷誉之。性严峭，人不敢干以私。一时僚属多以贪败，复初独守清白得免，至是遂超拜尚书。会杭州飞粮事觉，逮系百余人，复初用法平允，治其尤者，人皆服之。【考异】潜庵史稿，"复初"作"以善"。证之明史本传，以善，字复初，盖其始以字行，故史家两称之。

54 冬，十月，丙申，中山侯汤和等自蜀班师还。

55 十一月，丙辰，有事于圜丘。

礼官奏定："先祭六日,百官沐浴宿官署,翼日,朝服诣奉天殿丹墀受誓戒。丞相以祀期遍告百神,复诣各祠庙行香。次日,驾诣仁祖庙告配享。"又定"天子亲祀斋五日,遣官代祀斋三日,降香斋一日。"

56 庚申,诏："自今官吏有犯赃者,罪勿贷。"

57 是月,免河南、陕西被灾田租。

58 初命大将军徐达等出备边塞。

上诏诸将各以便宜上方略,时淮安侯华云龙奏言："北平边塞,东西辽阔,其冲要处宜设屯兵。又,紫荆关及芦花山岭尤要害,宜设守户于御所。"皆从之。寻又诏山西设戍兵,凡七十三隘。

是月,云龙行边至云州,袭元平章僧嘉努于牙头,突入其帐,禽之,尽俘其众。至上都大石崖,攻破刘学士寨,击败鲁尔旧作驴儿。国公于高州、武平,追至漠北。自是元兵无敢内犯者。又遣人招谕元惠王、储王、宗王子等皆来降。

59 十二月,丙戌,华云龙遣人送元惠王布都布哈旧作伯都不花。等至京师,上命赐第宅衣物,并月给钱米赡之。

60 辛卯,赏平蜀将士。

上以汤和逗留大溪口,闻友德连克数城始进,而永忠已先发,直捣重庆,故手制平蜀文有"傅一廖二"之语,各赏白金二百五十两,彩缎二十表,独不及和。又以杨璟讨覃垕无功,赵庸中道而返,朱亮祖至亦稍迟,又擅杀军校,皆不赏。惟周德兴平蛮有功,保宁之役,乘胜先趋,而水陆两路之师始合,自傅、廖二将外,无与比者,故赏亦及之。

61 是月,汉中府知府费震,坐事逮至京师。

震,鄱阳人,以贤良征,为吉水知州,有惠政。擢守汉中,岁凶多盗,震发仓粟十余万石贷民,约以秋成收还。盗闻,皆来归,邻境民亦争赴之,震令占宅,自为保伍,籍之得数千家。上闻其事,曰:"此良吏也,宜释之以为牧民者劝。"越二年,设宝钞局提举司,擢震任之。设宝钞提举在七年。

62 是岁,处士陈遇召对于华盖殿。

遇先世曹人,徙居建康,沉粹博雅,精象数之学。元季为温州府教授,弃官归隐。上渡江,克集庆,以秦从龙荐,发书聘至,与语大悦,遂留参密议,日见亲信。屡授供奉及翰林学士,皆辞。上即位之三年,奉诏至浙江廉察民隐,还,赐金帛,除中书左丞,又辞。至是复召对,赐坐,命草平西诏。授礼部侍郎兼弘文馆学士,复辞。西域进良马,遇引汉故事以谏,上嘉纳之。累除太常少卿及礼部尚书,皆不受,上沉吟良久,从之,自是不复强以官。寻又欲官其子,遇曰:"臣二子皆幼,学未成,请俟异日。"上亦弗强也。数临幸其第,语必称先生,或呼为君子。后卒,赐葬钟山。

同时又征余姚王纲,以刘基曾荐之也。

纲有文武才,最善基,常语曰:"老夫乐山林,异时得志,勿以世缘累我!"基卒荐之。时纲七十,齿发神色如少壮,上异之,策以治道,擢兵部郎。

潮民弗靖,除纲广东参议,督兵饷,叹曰:"吾命尽此矣!"以书诀家人,携子彦达行。单舸往谕,潮民叩首服罪。还,抵增城,遇海寇曹真,截舟罗拜,愿得为帅。纲谕以祸福,不从,遂大骂,遇害。彦达时年十六,骂贼求死,贼党欲并杀之。其酋曰:"父忠子孝,杀之不祥。"乃舍之。彦达缀羊革裹父尸出。御史郭纯以闻,诏立庙死所。彦达以荫得官,痛父,终身不仕。

63 召宁国知府陈灌至。

灌,庐陵人,元季盗起,率武勇结屯自保,一乡赖以保全。上平武昌,灌诣军门谒见,与语,奇之。累迁大都督府经历,从大将军达北征。寻命泰州筑城,工竣,除守宁国。时天下初定,民弃诗书久,灌建学舍,延师教授。又访问疾苦,禁豪右兼并,创户帖以便稽民,上取其式颁行天下。至是以治最召至京师。寻病卒。【考异】陈遇、陈灌、王纲三人之召,据明史本传,皆在是年。遇以至正十六年秦从龙之荐,遂见太祖,其后屡授官皆辞,是年复召之,故仍书处士也。纲则据忠义传,并其广东殉难事牵连记之。

64 安南、高丽及淳泥、暹罗、三佛齐等国,皆以是年先后来贡。惟日本王良怀,以奉诏诘责,始于十月遣其臣僧祖等奉表贡方物,上宴劳有加,遣人护送回国。而倭人叛服不常,寻复入寇,上乃诏靖海侯吴祯练兵海上以备之。

五年(壬子、一三七二)

1 春,正月,癸丑,遣翰林院待制王祎使云南。

初,元世祖封其子和克齐旧作忽哥赤。为云南王,和克齐死,封其子松山为梁王。至正间,巴咱尔斡尔密旧作把匝剌瓦尔密。嗣位,镇云南。大都不守,元帝北去,王岁遣使自塞外达帝行在,执臣节如故。蜀平,天下大定,上以云南僻远,不欲烦兵。会王所遣漠北使者苏成为北平守将所获,送至京师,上乃遣祎赍诏偕成往,招谕之。

祎至滇,劝梁王:"亟宜奉版图、归职方,不然,天兵且旦夕至。"王不听,馆之别室。他日,又谕曰:"朝廷以滇中百万生灵,不欲歼于锋刃。若恃险远,抗明命,龙骧鹢舻,会战昆明,悔无及矣!"王骇服,为之改馆。【考异】据明史本纪,言"祎使云南不屈死",此牵连并记耳。证之祎传,祎死在六年十二月,传中并叙其死之月日,云"时十二月二十四日也",盖据祎子绅所撰滇南恸哭记。今分书之。

2 乙丑,徙陈理、明昇于高丽。

时有告理等怨望,上曰:"彼童孺耳,言语小过不足问,但恐为小人蛊惑,不能保始终。宜徙之远方,则隙无自生矣。"

3 赐魏国公徐达、曹国公李文忠、宋国公冯胜交趾弓五十、彤弓百。

4 上以元库库特穆尔数为边患,议大征之。甲戌,【考异】潜庵史稿作"庚午",今据明史本纪。命徐达为征虏大将军,出雁门,趋和林,李文忠为左副将军,出应昌,冯胜为征西将军,取甘肃,分道并发。命靖海侯吴祯督海运饷辽东军士。

是日,又授卫国公邓愈为征南将军,江夏侯周德兴、江阴侯吴良副之,分道讨湖南、广西峒蛮。

5 是月,置亲王护卫。每王府设三护卫指挥使司,卫设左、右、前、后、中五所,所千户二人,百户十人。又设围子手二所,所百户一人。

6 二月,丙戌,安南陈叔明弑其主日煃而自立,惧讨,遣使入贡以觇朝廷意。至京师,主客曹受其表,将上,主事曾鲁,取副封视之,白尚书,诘使者曰:"前王日煁,今何骤更名?"使者不敢讳,具言其实。上曰:"岛夷乃狡狯如此邪!"命却其贡。叔明惧,复遣使谢罪,乃命姑以前王印视事。

上由是重鲁,问丞相:"鲁何官?"以主事对,即日超六阶,授礼部侍郎。

7 辛卯,始置茶马司。

先是户部奏言:"陕西、四川,产茶甚旺,宜设官收税,十取其一以易番马。"从之。诏有司定税额,设茶马司于秦洮、河雅诸州,自碉门、黎雅抵朵甘、乌斯藏行茶之地,凡五千余里。于是西方诸部落之市马者悉至。

8 三月,魏国公达师抵山西境,遣都督蓝玉为前锋,出雁门,败元游骑于野马川。丁卯,复败库库于图拉河。旧作土剌。

9 应天府请役京民运输官物,上不许,曰:"京民自开国以来,劳费倍于外郡,今兵革渐息,正宜以时休养。"命免其役。未几,又赐京民绢,户一匹。

10 壬申,高丽三颛遣使贺平蜀,且请遣子弟入国子学。上曰:"入学固美事,但涉海远,不欲者勿强。"

时高丽贡献数至,元旦及圣节皆遣使朝贺,泛海失风,多溺死者。上悯之,诏中书省臣曰:"古诸侯之礼,三年一聘。高丽贡献繁数,既厐敝其民,复虞海风覆溺,其令今后三年一贡,贡物惟所产,毋过侈。可明谕国王,使知朕意。"

11 是月,以吴云为刑部尚书。——云,宜兴人。

12 夏,四月,己卯,振济南、莱州饥。

13 戊戌,诏礼部:"奏定乡饮酒礼仪,命天下有司学官率其乡士大夫之老者行之学校。著为令。"

14 庚子,征南将军邓愈至澧州,讨散毛等三十六峒蛮,悉平之。

15 五月,元库库自图拉河遁,后与贺宗哲合,兵复振。

壬子,徐达亲率大军至岭北,库库拒战,大败,我师死者数万人。达固垒自卫,故彻侯功臣无死者,上以其功大,勿问。

然益思刘基言,语晋王曰:"吾用兵未尝败北。今诸将自请深入,败于和林,轻信无谋,致多杀士卒,不可不戒!"

16 癸丑夜,中都雨雹,大如弹丸。戒将士严备不虞。

17 戊午,有事于方丘。

上祭毕还宫,以天久不雨,令后妃以下皆素食。

18 诏曰:"天下大定,礼仪风俗,不可不正。诸遭乱为人奴隶者,复为民;冻馁者,里中富室振贷之;孤寡残疾者,官养之毋失所。乡党论齿,相见揖拜,毋违礼。昏姻毋论财。丧事称家有无,毋惑阴阳拘忌,久停不葬。禁僧道斋醮,杂男女,恣饮食,违者有司严治之。禁闽、粤豪家毋阉人为火者,犯者抵罪。"

19 是月,宋国公冯胜率颍川侯傅友德出西道,次兰州。友德率骁骑五千,直趋西凉,败元将失剌罕。追至永昌,又败元岐王多尔济巴勒旧作朵儿只班。于和啰噶口,旧作忽剌罕口。获其辎重驴马。进次索琳山,旧作扫林。与胜兵会,击走

元将,<u>友德</u>手射杀其平章<u>布哈</u>,降太尉<u>锁纳尔</u>等。旧"尔"作
"儿"。

20 六月,丙子朔,上以<u>崔</u>、<u>宋</u>女谒过多,嬖宠致祸,乃诏定
宫官女职之制。设六尚局,曰尚宫,尚仪,尚服,尚食,尚
寝,尚功,皆六品。又诏工部造红牌,镌戒谕后妃之词,悬
于宫中。并申定宦官禁令。

21 戊寅,<u>冯胜</u>等至<u>甘肃</u>,元将<u>上都鲁</u>旧作"驴"。率所部民
八千三百余户诣军门降。<u>胜</u>抚辑其民,留官军守之。进至
<u>额济讷路</u>,旧作<u>亦集乃</u>。元守将<u>巴颜特穆尔</u>亦降。次<u>宾都山</u>,
旧作<u>别笃</u>。元岐王<u>多尔济巴勒</u>遁去,获其平章<u>昌嘉努</u>旧作<u>长加</u>
<u>奴</u>。等二十七人及马驼牛羊无算。<u>友德</u>复引兵至<u>瓜沙州</u>,
败其兵将,获金银印及马牛二万而还。于是<u>甘肃</u>悉平。

是时三道之兵,惟<u>胜</u>等以全胜闻。会有言<u>胜</u>在军私匿
驼马者,赏遂不行。

22 甲申,太白昼见,至丁亥凡四日。

23 壬寅,征南副将军<u>吴良</u>出<u>靖州</u>,讨会同峒蛮,遂以次平
<u>五开</u>、<u>古州</u>之地,凡二百二十三峒,籍其民一万五千,收集
溃散士卒四千五百余人。

24 癸卯,指挥<u>毛骧</u>败倭寇于<u>温州</u>。

25 甲辰,左副将军<u>李文忠</u>破元兵于<u>鄂尔坤河</u>。旧作阿鲁浑。

初,<u>文忠</u>出师,率都督同知<u>何文辉</u>等由东道出<u>居庸</u>,趋
<u>和林</u>。行至<u>口温</u>,元兵遁走,获其牛马辎重。遂进次<u>胪朐</u>
<u>河</u>,谕将士曰:"兵贵神速,宜乘胜追之。"乃令部将<u>韩政</u>守
辎重,自率大军,人赍二十日粮,兼程而进。至<u>图校河</u>,元

太师曼济、旧作蛮子。哈剌章觇知之,悉众渡河,列骑以待。文忠引兵薄之,敌稍却。复进至鄂尔坤河,敌兵益众,我师败绩,宣宁侯曹良臣与指挥周显、常荣、张耀俱战没。【考异】据明史本纪,但书“宣宁侯曹良臣战没”,潜庵史稿同。证之李文忠传,言“是役也,两军胜负相当,而宣宁侯曹良臣、指挥使周显、常荣、张耀俱战没,以故赏不行。”按明史,显以下三人皆附良臣传,重修三编据以补入目中,今从之。——荣,开平王遇春之再从弟也。

文忠马中流矢,急下马,持短兵接战,从者刘义直前奋击,以身蔽文忠。指挥李荣见事急,以所乘马授文忠,自夺敌骑乘之。文忠策马更进,士卒皆殊死战,敌始败走。逐北至青海,旧“青”作“称”。敌兵复大集,文忠乃敛兵据险,椎牛飨士,又纵所获马畜于野。敌疑有伏,始稍稍引去,文忠亦引兵还。夜,迷失道,行至僧格尔玛,旧作桑哥儿麻。乏水,暍死者甚众。文忠默祷于天,忽所乘马跑地长鸣,泉水涌出,三军俱给。

是役也,济宁侯顾时与文忠分道出沙漠,粮尽遇寇,士卒罢不能战,时奋勇,独引麾下数百人跃马大呼,军复大振,遂破敌,掠其牛马还。

26 乙巳,上以功臣多恃铁券犯法,奴仆杀人者匿不以闻。乃诏工部作铁榜,戒以保全终始之道。又颁律令于各卫,“禁止军官军人不得私接受公侯所与信宝、金银、段匹、钱物,及非出征不得于公侯之家门首侍立,其公侯,非奉特旨不得私自呼唤军人役使,违者俱论罪。”

27 是月,定六部职掌及岁终考绩之法。

28 振山东、陕西饥。

时山东高唐、濮二州及聊城、堂邑、朝城等县饥,上命吏部尚书赵羾坚往振之。又命以米六万六千余石振莱州、东昌,并蠲登、莱二州逋租及今年夏麦。又命振陕西庆阳府安化、合水、环三县饥。

28 秋,七月,丙辰,中山侯汤和,从大将军出塞征阳和,遇元兵于断头山,败绩,处州指挥章存道死之。

初,存道率所部乡兵浮海至京师,上褒谕之,命从冯胜北征。元都既平,复从徐达西征,留守兴元,败吴友仁入寇之师,再守平阳,皆有功,至是战没。【考异】明史太祖纪记断头山败绩,不及死难之人。证之汤和传,亦但云"是月亡一指挥",不言指挥何人。惟潜庵史稿及重修三编,书"指挥同知章存道死之"。存道,章溢子,事见溢传,今据传叙入。

29 壬戌,京师风雨,地震。

30 是月,李文忠俘送故元官属子孙及军士家属一千八百余人至京师。上以其杀俘相当,又连失良将四人,故赏亦不行。

31 贵州思南宣慰使田仁智等之来归也,上皆令以元所授故官世守之。时方北伐中原,未遑经理荒徼。又,仁智等岁修职贡,最恭顺,故仅遣将筑城守之,赋税听其输纳,未置郡县。至是有贵州宣慰霭翠,与普定府女总管适尔等先后来归,上亦令以原官世袭。

当霭翠之归附也,先请讨其陇居部落,上不许,曰:"中国之兵,岂外夷报怨之具!"会仁智入朝,谕以归而善抚之。

32 自五月至七月,凤翔、平凉二府雨雹,伤豆麦,诏免其税。

又,<u>苏州府崇明县</u>水,诏以所报恐未尽,令悉免之。

33 <u>五开</u>、<u>五溪</u>诸蛮复叛,八月,丙申,征南副将军<u>吴良</u>复讨平之。

34 甲辰,元兵犯<u>云内州</u>,突入城,同知<u>黄理</u>率兵巷战,死之。

【考异】"<u>黄理</u>",<u>明史</u>本纪作"<u>理</u>",忠义传作"<u>里</u>",实一人也。三编亦作"<u>里</u>"。

35 是月,免<u>通州海门县</u>被水田租。

36 九月,丁巳,<u>靖海侯吴祯</u>遣送平章<u>高嘉努</u>等于京师。

时<u>祯</u>坐事谪<u>定辽卫</u>指挥,寻召还,仍领海运事。

<u>倭寇福宁</u>,<u>明州卫</u>指挥佥事<u>张亿</u>讨之,中流矢死。

37 戊午,<u>江夏侯周德兴</u>讨<u>娄凤</u>、<u>安田</u>等峒蛮,悉平之,遂克<u>泗城州</u>。

38 冬,十月,丁酉,<u>冯胜</u>征西师还。

39 是月,免<u>应天</u>、<u>太平</u>、<u>镇江</u>、<u>宁国</u>、<u>广德</u>诸郡县田租。

40 十一月,辛酉,有事于圜丘。

始定制,凡郊祭,皇太子留宫居守,诸王戎服从。

41 甲子,<u>邓愈</u>等征南师还。

42 壬申,赏征西将士。

上谓<u>冯胜</u>曰:"<u>祭遵</u>忧国奉公,<u>曹彬</u>平<u>江南</u>,所载惟图籍,当以古人为法。"<u>胜</u>等顿首谢。

43 十二月,甲戌朔,诏中书省:"凡有司考课,必有学校农桑之绩,始以最闻,违者降罚。"

44 辛巳,令百官奏事启皇太子。【考异】据<u>明史</u>本纪,是年及十年皆记奏事启皇太子事,惟是年则但书"启事",十年六月始有"裁决奏闻"之语。盖是年奏事,但令皇太子预闻,不令裁决也,至十年,太子已长,谙练国事,故使之裁决以试其当否。诸书多并两事为一事,辑览亦但记是年启事之语而十年略之。惟重修三编始据本纪分书,今从之。又按,潜庵史稿复有"六年九月,命诸司常事启皇太子,大者乃奏闻"之语。

上尝谓太子曰:"天子之子,与公、卿、士、庶人之子异,公、卿、士、庶人之子系一家之盛衰,天子之子系天下之安危。尔承主器之重,将有天下之责也。公卿、士、庶人不能修身齐家,取败止于一身一家。若天子不能正身修德,岂但一身一家之取败,将宗庙社稷有所不保,天下生灵胥受其殃,可不惧哉,可不戒哉!"

45 甲申,太白昼见。

46 初,元皇孙密迪哩巴拉俘于京师,上遣使两致元嗣君书,皆不报。将欲送密迪北归,先遣使以诚意动之。

是月,壬寅晦,与之书曰:"朕观前代所获亡国子孙,皆献俘庙社,其有阳示优待者,不久非鸩即杀。朕则不然。君之子至京,今已三年,朕宾礼之,以俟君遣使来取归,必不食言。至君家天运已去,人心已离,朕始议兴师为吊民伐罪之举,此乃天运,非人力也。"

又与元臣刘伯德、朱彦德二生书曰:"人臣致身于君,贵有终始。君之故主蒙尘而崩,幼君嗣立,朝臣无不叛去,独二生竭力事之,诚可嘉尚!今朕特遣使者致书沙漠,令取其子密迪哩巴拉归,俾父子相依,宗社不绝,即二生家族亦可长保。如其不然,六军征讨,势如振落。以二生身膏草野,固宇宙奇男子事,但恐不能殉国,偷生免死,复何面目与朕相见!唯熟图之!"

47 是月,礼部侍郎曾鲁引疾归,道卒。

鲁以文学邀上眷遇,不次超迁,遂为侍郎。会成将捕获倭人，上命儒臣草诏归其俘，阅鲁稿，大悦，曰："顷陶凯文，已起人意，鲁复如此，文运其昌乎！"寻命主京畿试，与詹同为考官。淳安徐尊生尝曰："南京有博学士二人，以笔为舌者宋景濂，以舌为笔者鲁得之也。"鲁属文不留稿，其徒间有所辑录，亦未成书云。

48 礼部尚书陶凯上言："汉、唐、宋时，皆有会要纪载时政。今起居注虽设，其诸司所领谕旨及奏事簿籍，宜依会要编类为书，庶可以垂法后世。下台省府者，宜各置铜柜藏之，以备稽考，俾无遗阙。"从之。

49 是岁，京师文庙成，车驾幸太学，行释奠礼。

上偶览孟子，至"草芥寇仇"语，谓非臣子所宜言，命罢配享。时上怒甚，诏："有谏者以大不敬论！"刑部尚书钱唐抗疏入谏曰："臣为孟轲死，死有余荣。"时廷臣无不为唐危，上鉴其恳诚，不之罪。逾年，诏曰："孟子辟邪说，辨异端，发明先圣之道，其复之！"

宋濂以议礼被谪，寻召为礼部主事，至是亦迁赞善大夫。【考异】五年释奠，明史本纪不载，但于十五年纪太学成释奠事。证之春明梦余录，则释奠始于五年，盖元年系遣官释奠也。是时即以应天府学为国子学，四年修文庙，五年成，太祖亲行释奠礼，盖在应天府学行礼也。至十五年别立国子监成，太祖复于国子监行释奠礼，此两次释奠之可据者。故秦蕙田五礼通考亦引兖州府志云："五年，上释奠于太学。"而典汇则云："是年释奠于应天府学之文庙，"尤为明析。且罢孟子配享，即在是年，见明史礼志及明阙里志，是因释奠而罢之矣。明史钱唐传记其抗疏上谏，则所谓"逾年复之"者，证之王圻续文献通考，复配享在六年，则五年之罢是也，今据书于是年之末。

论曰：罢孟子配享，见于明史钱唐传中，言"帝读孟子，至'草芥寇仇'语，谓非臣子所宜言，议罢配享，诏：'有谏者以大不敬论。'唐抗疏入谏，帝鉴其诚恳，不之罪，孟子配享亦旋复，然卒命儒臣修孟子节文"云。典汇则并记其祖曾受箭之事，春明梦余录则并记是年雷震谨身殿之事，据此，则太祖三十一年中为盛德之累者，此其一也。然逾年而复之，则亦可谓善于补过者矣。

　　若其修孟子节文，则又失之。何者？使孟子之文而可节，则罢其配享，未为过也。盖太祖终不悦于孟子，而其复配享也，实出于一时之清议，故修孟子节文而自护其短也。据典汇所记，其所节者，自"草芥寇仇"外，凡不以尊君为主，如"谏不听则易位"及"君为轻"之类皆删去。然则其所节者，大概可知已。

50　自骑兵之起，车制渐废。上以车骑并重，北方尤宜，是年，始诏造独辕车，北平、山东千两，山西、河南八百两。

51　初，上命陕西行省员外郎许允德及僧克新等三人往使西域，招谕诸番，于是乌斯藏始以是年冬入贡。

　　乌斯藏国，在云南西徼外，其地多僧而好事佛，元时多以法王帝师之号锡之。上即位，惩唐世吐番之乱，欲以制驭，许因其俗，授以元故官。于是乌斯藏摄帝师纳木扎勒巴勒藏布旧作南加巴藏卜。先遣使朝贡。至京师，上赐之红绮禅衣及钱物遣还。

　　其占城、琉球等国之至者，皆令仿高丽例，三年一贡，著为令。

明通鉴卷五

江西永宁知县当涂 夏　燮 编辑

纪五 起昭阳赤奋若(癸丑),尽旃蒙单阏(乙卯),凡三年。
太祖高皇帝

洪武六年(癸丑、一三七三)

1　春,正月,魏国公徐达,曹国公李文忠,以去冬召还。上欲修边备,至是复谕达等曰:"处太平之世,不可忘战;开荒裔之地,不如守边。朕与卿等同起布衣,削平祸乱,每念向者创业之艰及古人居安虑危之戒,不敢自宁。今边塞未靖,仓猝有警,卿等岂能独安!及此无事之时,训练军士,修葺城池,此正所谓有备无患者也。"

壬子,诏达、文忠分往山西、北平。达自是留北平者凡三年。【考异】据明史本纪,但书"三月授徐达为征虏将军"。证之纪事本末,则正月命达等防边,三月授征虏将军,盖即军中命之也。防边之命,本在正月,达等既行,始报元兵入寇,故命将在三月。本纪不书正月防边事,纪事本末不书三月命将事,今分书之。

2　癸丑,诏免辽东金、复二州旱灾税。

3 甲寅,右丞相汪广洋罢。

时胡惟庸为左丞,专决省中事。广洋无所建白,遂左迁广东行省参政。

4 是月,天下守令皆朝觐京师,赐宴遣还,谕之曰:"慈祥岂弟,身之德也;刻薄残忍,德之贼也。君子成其德而去其贼,小人纵其贼而悖其德。朕之任官,所用惟贤。君子不可以伪为,小人不可以幸免,各宜勉修厥德,以副朕怀!"

5 上留意文学,广储人才,乃开文华堂于禁中。

时各行省虽连试三年,而官多缺员,举人俱免会试,赴京听选。于是有选入国子学读书者,命于诸司先习吏事,谓之"历事监生",又有"小秀才"、"老秀才"之目。至是上又择其年少俊异者,得张唯、王辉等凡十余人,皆授翰林院编修,又授萧韶为秘书监直长,并令入禁中文华堂肄业,太子赞善宋濂等为之师。上听政之暇,辄幸堂中,评其文字优劣,锡以鞍马、弓矢、白金有差。

寻又征元进士山阴赵俶至,授国子博士。上御奉天殿,召俶及助教钱宰、贝琼等曰:"汝等一以孔子所定经书为教,慎勿杂苏秦、张仪纵横之言!"于是俶请颁正定十三经于天下,屏战国策及阴阳谶卜诸书,勿列学宫。明年,上又择诸生颖异者三十五人,命俶专领之。寻又擢李扩、黄义等入文华、武英二堂说书,皆见用。

6 初选朝天宫道士专掌乐舞,供事郊坛,凡天地、社稷、山川香币,皆令司之。【考异】道士供郊坛事,明史本纪、潜庵史稿皆不书,今据明鉴、三编增入是年正月下。

7　二月,乙未,诏暂罢科举。

谕中书省臣曰:"科举之设,务得经明行修,文实相称之士以资任用。今有司所取,多后生少年,观其文辞,亦若可用,及试用之,不能措诸行事。朕以实心求贤,而天下以虚文应之,非朕责实求贤之意也。今各行省宜暂停科举,别令有司察举贤才,必以德行为本而文艺次之。"

8　壬寅,命御史台及按察使考察天下有司,奏请黜陟。

谕台臣曰:"古人言礼义以待君子,刑戮加于小人。盖君子有犯,或出于过误,可以情恕;小人诡计百端,无所不至,若有犯,当按法去之,不尔则遗民患。"

9　三月,癸卯朔,日有食之。

始定救日礼。是日,上常服,不御正殿;中书省设香案,百官朝服行礼;鼓人伐鼓。食复乃止。

又定救月食礼。设香案于大都督府,百官常服行礼,不伐鼓;雨雪云翳则免。

10　乙巳,始设六科给事中。

初,吴元年,置给事中,掌侍从、规谏、补阙、拾遗,与起居注同秩五品,实统名也。元年,设六部。至是部各设科,科设给事中二人,铸给事中印一,推年长者一人掌之,改从七品。定制,章奏出入所经由及有所遗失牴牾,皆许封驳,凡朝政军事及举劾官员,皆许联署以闻。

11　戊申,大阅。

上亲御校场,谕诸将曰:"畜兵所以卫民,劳民所以养兵。尔等无耕耨之劳而充食,无织纴之苦而足衣,皆出于民也。若不知捍御之道，横起凌虐之心以害其民，民受其害，驯至困敝，是自绝其衣食之源也。且贵能思贱，富能思贫者，善处富贵也；忧能同其忧，乐能同其乐者，善体众情也。不违下民之欲，斯合上天之心，庶可长享富贵矣。"

12 上既命徐达等备边，寻报元兵寇武朔、保德诸州，纳克楚侵辽东，库库特穆尔犯雁门。壬子，复授达为征虏大将军，文忠及邓愈、冯胜、汤和等副之。

13 初，上遣使送倭使还国，念其国信佛，可以西方教诱之，乃遣僧祖阐、克勤等八人往至其国演教。国人颇敬信，而良怀倨慢无礼，拘留阐等不遣。寻寇闽、浙海上诸郡，未几，复寇登、莱。甲子，上授指挥使於显为总兵官，令出海备倭。

14 上御极之二年，诏尚书陶凯等编辑汉、唐以来藩王事迹可为鉴戒者，曰昭鉴录。初成一卷，上览之，复命秦府右傅文原吉与礼部主事张筹增益数事，合为二卷。至是书成，上既自为序，又命赞善大夫宋濂序之，以颁赐太子、诸王。

15 初，祭酒魏观被谪，寻召为礼部主事。时廷臣荐观有吏才，五年，授为苏州知府。前守陈宁苛刻，人呼"陈烙铁"。观至，尽改宁所为，以明教化、正风俗为治。建黉舍，聘周南老、王行、徐用诚，与教授贡颖之定学仪，王彝、高启、张羽订经史，耆民周寿谊、杨茂、林文友行乡饮酒礼，政化大行，课绩为天下最。至是擢为四川行省参政。未行，以部民乞留，命还任。

初,苏州府旧治,张士诚据以为宫,迁之于都水行司。观以其地湫隘,还治旧基。又浚锦帆泾,兴水利泾——故吴王舟游地也,或谮观兴既灭之基,上使御史张度廉其事,遂连及高启、王彝,俱坐法死。

启之放归也,上以其尝赋诗有所讽刺,嗛之而未发。启归,居青丘,观移其家至郡中,旦夕延见甚欢。观既获谴,上见启所作上梁文,因发怒。而彝亦坐交通观,同及于祸。

16 夏,四月,辛丑,命有司察举贤才。【考异】明史本纪,罢科举,察举贤才,俱系之二月乙未下,盖牵连并记耳。按纪事本末,罢科举在二月,察举贤才在四月。傅氏明书,察举贤才之诏系之四月辛丑,其下诏之文,与明史选举志同。今分书之。

诏曰:"贤才,国之宝也。古圣王劳于求贤,若高宗之于傅说,文王之于吕尚,彼二君者,岂其智不足哉?顾皇皇于版筑、鼓刀之徒者,盖贤才不备不足以为治。鸿鹄之能远举者,为其有羽翼也;蛟龙之能腾跃者,为其有鳞鬣也;人君之能致治者,为其有贤人而为之辅也。山林之士,德行文艺可称者,有司采举,礼送京师,朕将任用之,以图至治。"

是时定制,专用辟荐,其目曰聪明正直,曰贤良方正,曰孝弟力田,又有儒士、孝廉,秀才、人才、耆民等目,皆征召至京,不次擢用。而各省贡士、贡生,亦皆由太学以进。于是罢科目者凡十年。

17 是月,诏有司图山川险易以上。

18 五月,壬寅,祖训录成。

先是上即位,命儒臣编辑,亲加裁定,凡六年。其目十有三:曰箴戒,曰持守,曰严祭祀,曰谨出入,曰慎国政,曰礼仪,曰法律,曰内官,曰职制,曰兵卫,曰营缮,曰供用,曰内令。至是成,命颁之天下。【考异】据明史本纪,编祖训录在洪武二年,是年所颁,则但书昭鉴录于三月。其实二书并以是年颁,盖祖训录编于二年,成于六年也。据潜庵史稿、典汇,颁昭鉴录在是年三月,颁祖训录在五月,纪事本末则二书并颁于三月,今从史稿分书之。惟太祖自序,言"编辑六年,始克成书",则似元年太祖已手自编辑,逾年复诏诸臣也。今并记之五月下,而删去"二年编祖训录"语。

19 六月,壬午,盱眙民献瑞麦,御史答禄与权请荐宗庙,上曰:"以瑞麦为朕德所致,朕不敢当。归之祖宗,御史言是也。"

20 大将军达驻师于临清。甲申,遣临江侯陈德出朔方,败元兵于三岔山。壬辰,遣指挥吴均击拒库库兵于雁门。

上惩定西之败,戒诸军士毋出塞穷追。

21 是月,免北平、河间、河南、开封、延安、汾州被灾田租。

22 秋,七月,壬寅,诏户部稽渡江以来各省水旱灾伤分数,优恤之。

23 壬子,授胡惟庸为右丞相。

自汪广洋之罢也,上难其人,久不置相,惟庸以左丞专决省事,至是遂相之。惟庸又荐其党陈宁、商暠等,上寻擢宁为御史大夫,暠御史中丞。

24 是月,宋濂迁侍讲学士,知制诰,同修国史。詹同兼学士承旨,并命与学士乐韶凤等奏定释奠先师乐章。

25 征元乡贡进士桂彦良诣公车,授太子正字。——彦良，慈溪人。

　　时上方开文华堂，命彦良与宋濂分教诸贡士。尝从容有所咨问，彦良对必以正，上每称善，书其语揭便殿。

26　八月，乙亥，始诏祀三皇及历代帝王。

　　初，御史答禄与权请祀三皇，上以"五帝、三王及汉、唐、宋创业之君，俱宜立庙京师，春秋致祭"。乃命礼官考定有功德者，建历代帝王庙于钦天山之阳，仿太庙同堂异室之制。

27　丙子，巩昌侯郭兴，会陈德之兵与元军再战于答剌海口，斩首六百级，禽其同佥实都等五十四人。实都，即忻都，见前纪。

28　丁丑，遣御史大夫陈宁释奠于先师。时宁兼领国子监事，故有是命。

　　丞相胡惟庸、参政冯冕等，不陪祀而受胙，上以为非礼，命各停俸一月。宁坐不举奏，亦停俸半月。自是不预祭者不颁胙，著为令。【考异】事见明史陈宁传。传有"胡惟庸、冯冕、刘基等不陪祀而受胙，宁坐不举奏　皆停俸"云云。按基以四年致仕，因谈洋请设巡检，为惟庸所构，遂夺禄。基惧，入谢，留京不敢归。按基是时在京师，并未授官，其所夺者伯禄耳。若谓致仕之官不预陪祭而受谴，或时基眷正衰，故及之，然非事实也。今删去基名，但书惟庸、冕等。

29　是月，衍圣公孔希学服阕来朝，诏有司致廪饩，从人皆有劳赐。逾月，辞归，赐之袭衣、冠带、白金、文绮，命翰林官饯于光禄寺。

30　上惩元氏以宽纵失天下，颇用重典。一日，谓正字桂彦良曰："法数行而辄犯，奈何？"彦良对曰："用德则逸，用法则劳。"上以为至言。

31 九月，庚戌，命翰林院儒臣择唐、宋名臣笺表可为法式者。词臣以柳宗元代柳公绰谢表及韩愈贺雨表进，令中书省颁为式，并禁骈丽对偶体。

32 是月，定有司季报、岁报之式。

初，府、州、县户口、钱粮、学校、狱讼，每月具书于册。县达州，州达府，府达行省，汇咨中书，吏牍烦碎，而公私(糜)〔糜〕费实多。又，有司决狱，杖八十以上皆送之府州，徒以上送行省，官吏受赇，率多出入轻重，因缘为奸。乃命中书省、御史台详议，"改月报为季报，以季报之数汇为岁报。凡府、州、县决囚，依律断决，毋俟转发。其有违枉，御史及按察使以时纠劾。"天下便之。

33 始定散官资阶。散官者，初授之资阶也。其有升授、加授者，以历考为差。

时上欲任学士宋濂以政事，特加授中顺大夫，濂辞曰："臣无他长，待罪禁近足矣。"上益重之。

34 冬，十月，壬辰，命考究前代纠劾内官之法。礼部议："置内正司，设司正、司副各一人，专纠察内官失仪及不法者。"

35 十一月壬子，元库库特穆尔寇大同，徐达遣将击败之。
先是上方召达及冯胜还，寻以报至，命达仍留镇。
时李文忠行边山西、北平，亦败敌于三角村。

36 甲子，遣兵部尚书刘仁振真定饥。【考异】潜庵史稿作"是月壬子"，今从本纪。

初,饶阳知县郭穑,见邑中大饥,民食草实木皮,遂以上闻。上览其奏,复咨访得晋、冀等州皆饥,乃命仁等往各州县振之,蠲其租赋。

37 丙寅,冬至,上不豫,改卜郊。

38 是月,潞州贡人参,上曰:"人参得之甚艰,毋重劳民。往者金华进香米,太原进葡萄酒,朕俱止之。国家以养民为务,奈何以口腹累人!"命却之。

39 闰月,乙亥,录故功臣子孙未嗣者凡二百九人,皆予袭授指挥、千、百户等官有差。

40 壬午,有事于圜丘。

41 初,上命陶安、周桢等详定律令,时刘惟谦为大理少卿,亦与焉。上即位之二年,授惟谦为刑部尚书,谕之曰:"膏粱所以充饥,砭石所以疗病,使无病之人舍膏粱而饵药石,适足以害身。仁义者,养民之膏粱也;刑罚者,惩恶之药石也。为政若舍仁义而专务刑罚,是以药石毒民,非善治之道也。"

寻命惟谦等与儒臣讲唐律,日进二十余条,上亲加裁定,择其可行者以为式。至是命惟谦详定篇目,务合轻重之宜,凡六百有六条,曰大明律,又命宋濂为表以进。庚寅,命颁行天下。

42 十二月,庚申,翰林院待制王祎遇害于滇南。

初,祎奉使招谕梁王,王闻其言论,益敬礼之。会元嗣君立,遣其臣托克托旧作脱脱。征饷至滇,知祎在王所,疑王有他意,胁以危言,王不得已出祎见之。托克托欲屈祎,祎叱曰:"天既讫汝元命,我朝实代之。爝火余烬,敢与日月争明邪! 且我与汝皆使也,岂为汝屈!"或劝托克托曰:"王公素负重名,不可害。"托克托攘臂曰:"今虽孔、孟,义不得存!"祎顾王曰:"汝杀我,天兵行至,祸不旋踵矣。"遂杀之。王遣使致祭,具衣冠敛之。

祎,字子充,师事元儒柳贯、黄溍,遂以文章名世。上平江西,祎献颂,上览之,喜曰:"江东二儒,惟卿与宋濂耳。学问之博,卿不如濂,才思之雄,濂不如卿。"自漳州被谪召还,与宋濂修元史,遂擢知制诰,兼修国史。

其死也,滇南未平,赠恤之典遂阙。其后祎子绅讼其事,追赠翰林学士,谥文节,后复改谥忠文。

祎死时,绅年十三,鞠于兄绶。长博学,师事宋濂,濂器之,曰:"吾友不亡矣。"蜀献王聘绅,待以客礼。绅启王往云南求父遗骸,不获,即死所痛哭致祭,述滇南恸哭记以归。后为国子博士,卒于官。

43 是月,以唐铎为刑部尚书。

铎,虹县人。初知延平府,召还,为殿中侍御史,复出知绍兴府。事上久,上素知其能,遂擢拜之。

44 上以"释老教行,僧道日多,蠹财耗民,莫此为甚。"乃诏天下,"府、州、县止存大观寺一,僧道并处之。非有戒行通经典者,不得请给度牒。"又禁女子年四十以下为尼者,并著为令。

45 是岁,上念天下大定,诸功臣如廖永安、俞通海、张德胜、耿再成、胡大海、赵德胜、桑世杰,皆已前没,未有谥号,乃下礼部定议。议上，"永安谥武闵，通海忠烈，张德胜忠毅，大海武庄，再成武壮，赵德胜武桓，世杰永义。"制曰："可。"【考异】赐永安等七人谥,事见明史永安传,系之六年。明初定例,武臣伯爵以上者始得赐谥,文臣无赐谥例也。文臣赐谥,始于建文时追谥王祎。今七人之赐谥,系奉特敕,故详著之。

46 诏"每岁春秋，遣官祭元御史大夫福寿，著为令。"尝曰："疾风知劲草，板荡识孤臣。为人臣者当如是也。"

47 初，起居注吴琳，奉诏访求贤才，还，擢兵部尚书。是年，改吏部，与詹同迭主部事。

逾年，乞归，上遣使察之。使者潜至旁舍，见一农人，坐小杌，起拔稻苗布田，貌甚端谨。使者前问曰："此有吴尚书者在不?"农人敛手对曰："琳是也。"使者以状闻，上为嘉叹。

48 诏中书省、大都督府会六部台谏定训练军士律，"凡骑射、步射，皆定以中矢远近之式，专责成于将领，校阅时各领赴御前验试。能者受赏，否则军士遣还，自都指挥以下，降官、夺俸有差。"

49 是年夏，京师城成，周九十六里，门十有三;外城周一百八十里，门十有六。

七年(甲寅、一三七四)

1 春，正月，庚午，谕吏部曰："古称任官惟贤才。凡郡得一贤守，县得一贤令，如颍川之黄霸，中牟之鲁恭，何忧不治! 今北方郡县，有民稀事简者，而设官与繁剧同，禄入供给，适以罢民。"于是吏部奏汰河南、山东、北平府、州、县凡三百八人。

又诏六部："官毋得轻调,有年劳者,就本部升用。"

2 甲戌,诏都督佥事王简等分往河南、山东、北平经理屯务。

时上以"北边重镇,大率食租税于民,民力日疲而军政日惰。惟古屯田之法,无事则耕,有事则战,兵得所养而民自不劳,此为长治久安之道。其屯制,定以三分守城,七分耕作。人授田五十亩,给以牛种,官收税,亩一斗,足以苏民困而实军储。"

乃遣简及佥事王诚、平章李伯昇等,各率官军分屯彰德,济宁、真定等处,凡开垦、训练诸务,许以便宜行之。

3 初,上以倭寇出没无常,诏靖海侯吴祯,籍方国珍故所部温、台、庆元三府军士及沿海无田粮之民曾充船户者,凡十一万一千七百余人,隶各卫为军,时以方氏余党多入海剽掠故也。祯既至,三郡多挟私意,牵引平民,宁海知县王士弘力陈其不便。上嘉纳其言,立命罢之。

逾年,德庆侯廖永忠上言:"倭寇乘风侵掠,来若奔狼,去若惊鸟,非多造海舟,未易剿捕。请令广洋、江阴、横海、水军四卫添造多橹快船,派将统领,无事则沿海巡徼以防不虞,有事则大船薄之,快船追之,彼欲为内寇,不可得也。"上从其言。至是授祯为总兵官,都督於显副之,令率江阴等四卫之兵出海备倭。

方茶马之开市也,户部奏言:"海外诸国入贡,许附载方物,与中土贸易。"因设市舶司,置提举官以领之。始设于<u>太仓</u>之<u>黄渡</u>,寻罢,复设于<u>宁波</u>、<u>泉州</u>、<u>广州</u>,以通<u>日本</u>、<u>琉球</u>及<u>占城</u>、<u>暹罗</u><u>西洋</u>诸国。上以<u>日本</u>叛服不常,独限以十年之期,许通市一次,人不逾二百,舟二艘,以金叶勘合表文为验,以防诈伪侵轶。寻以海禁日严,恐濒海居民及守备将卒私通取赂,遂并市舶司暂罢之。

4 是月,振<u>松江府</u>水灾八千余户,户赐钱五千。

5 曹国公<u>李文忠</u>驻师<u>代县</u>,遣诸将分道出塞,至<u>赛音布拉克川</u>,俘元平章<u>陈安礼</u>。寻又禽太尉<u>布哈</u>于<u>白登</u>,斩<u>珠展鲁</u>旧作<u>真珠驴</u>。于<u>顺宁</u><u>杨门</u>。

6 二月,丁酉朔。日有食之。

是日春分,礼官奏:"朝日礼改用己亥,上丁释奠先师<u>孔子</u>改用仲丁。"制曰:"可。"【考异】据<u>明</u><u>史</u><u>本纪</u>,"是月丁酉朔日食",证之<u>礼志</u>,言"是月祀先师,以上丁日食,改用仲丁"。又,<u>典汇</u>云,"是日春分,礼官奏:'朝日礼改用己亥,上丁释奠先师改用仲丁。'制曰 可。'"据此,则丁酉乃二月春分节也,今据书之。

7 <u>衍圣公孔希学</u>上言:"庙堂圮毁,祭器乐器不备,请饬有司葺治。"戊午,诏修<u>曲阜</u>先师阙里及祭器乐器,仍设<u>孔</u>、<u>颜</u>、<u>孟</u>三氏学。

8 癸亥,<u>临江侯陈德</u>获鞑靼<u>图噜密实</u>旧作<u>秃鲁迷失</u>。等九十七人于<u>会宁</u>等处,<u>六安侯王志</u>获鞑靼一百余人于<u>朔州</u>等处,皆送京师。

9 是月,免<u>平阳</u>、<u>太原</u>、<u>汾州</u>、<u>历城</u>、<u>汲县</u>田租,以旱蝗故也。

10 三月,丁卯,敕大将军<u>达</u>分遣<u>六安侯王志</u>、<u>南雄侯赵庸</u>驻<u>山西</u>,<u>营阳侯杨璟</u>、<u>汝南侯梅思祖</u>驻<u>北平</u>,屯田备边。诏冯胜、邓愈、汤和等还京师。

11 乙亥，甘肃兰州八里麻民郭买的叛，诱番兵入寇，诏立赏格购捕之。兰州卫遣其兄著沙与其弟火石歹往招之，买的不从，著沙、火石歹夜斩其首以归。

事闻，上曰："买的罪固当死，然为兄弟者，告之不从，执之而已。手自刃之，有悖大伦，若赏之，非所以令天下也。但以其所获牛马给之。"

12 夏，四月，己亥，都督蓝玉率兵攻兴和，元守将托音特穆尔弃城遁。追败之于白酒泉，禽其国公特尔穆齐_{旧作帖里密赤}。等五十九人。

13 壬寅，永、道、桂阳诸州蛮寇构乱，诏金吾指挥同知陆龄讨平之。

14 丙辰，命冯胜、邓愈、汤和及巩昌侯郭兴仍镇北边。

戊午，都督佥事金朝兴败元兵于黑城，获其太尉卢巴延、_{旧作伯颜}。平章特穆尔布哈_{旧作帖木儿不花}。并省院等官二十五人。

15 五月，丙子，免真定等四十二府、州、县被灾田租。

辛巳，振苏州饥民三十万户。

癸巳，减苏、松、嘉、湖极重田租之半。

16 初，上自起兵临濠及渡江以来，征讨平定之迹，礼乐治道之详，虽有纪载，尚未成书。儒臣詹同请编日历，从之，命同与学士宋濂为总裁官，礼部员外郎吴伯宗等为纂修官。是月，书成，上之，自起兵至洪武六年，共一百卷。

同等又言："日历秘天府，人不得见。请仿唐贞观政要，分辑圣政，宣示天下”，乃命复辑皇明宝训。自后凡有政迹，史官日记录之，分四十类，依类增入焉。[考异]明史本纪不载。潜庵史稿书编日历于六年九月壬寅，修皇明宝训于七年五月丙寅。今证之詹同传，日历即以是年五月成，因日历秘天府，人不得见，故同等请辑宝训。今并系之五月下，参同传书之。

17　学士承旨詹同请致仕，上许之，赐诏褒美。

18　六月，倭寇胶东，百户许彰追寇于海口，不克，死之。【考异】明史本纪，“是年七月，倭寇登、莱。”诸书所记，或云“倭寇胶东”，或云“倭寇胶州”，同一事也。证之日本传，“四年，寇温州”，“七年，寇胶州”，即登、莱也。寇在六月，官兵败倭在七月，故潜庵史稿连叙于是年七月下，今分书之。

19　陕西平凉、延安、靖宁、鄜州雨雹，山西、山东、北平、河南蝗，并蠲田租。

20　秋，七月，甲子朔，曹国公李文忠率师攻大宁、高州，克之，斩元宗王托克托实勒，旧作朵朵失理，辑览译作克托锡哩。禽承旨伯嘉努。追奔至毡帽山，击斩鲁王，获其妃及司徒达哈勒济等。旧作答海俊。

21　壬申，靖海侯吴祯率沿海各卫兵出海击倭，追至珍珠大洋，获其人船，俘送京师。

赠百户许彰官，并恤其家。

22　日本王良怀，以国内争立构难，送我使者僧祖阐等归。是月，复遣使来贡方物，无表文，上命却之。其大臣亦遣僧来贡，上曰：“此私交也。”亦却之。并令中书省移文诘责。

23　八月，京师历代帝王庙成。

时上令帝王皆塑像，服衮冕，惟伏羲、神衣时未有衣裳,不加冕服。甲午朔,上躬祀于新庙。

礼臣议历代帝王宜祀者,凡三十六人。已而罢隋高祖之祀。

24 戊戌,遣元威顺王子伯伯赍诏云南谕梁王。

25 辛丑,诏:"军士阵殁,父母妻子不能自存者,官为赡养。百姓避兵离散,或客死遗老幼,并资遣还。远宦卒官,妻子不能归者,有司给舟车资送。"

26 丙辰,李文忠追击元兵于丰州,禽元故官十二人,马驼牛羊甚众,穷追至远塞乃还。

27 庚申,振河间、广平、顺德、真定饥,并蠲租税。

28 是月,上御武楼,赐学士宋濂坐,谓曰:"天下既定,朕方垂意宿学之士,卿知其人乎?"对曰:"会稽有郭传者,学有渊源,其文雄赡新丽,其议论根据六经,异才也。"已而濂持其文以进。上召见于谨身殿,授翰林应奉,直起居注。——传,实僧也。【考异】事见明史文苑传,在洪武七年。典汇及薛氏宪章录均系之是年八月,今从之。

29 九月,丁丑,遣元崇礼侯密迪哩巴拉北还,谕之曰:"尔本元君子孙,国亡就俘,几欲遣归,以尔年幼,道里辽远,恐不能达。今已长成,朕不忍令尔久客于外,父子相失,今送之归,以全骨肉,其善自爱!"又遣其二宦者从,谕之曰:"此尔君之嗣,不幸至此。长途跋涉,善护视之!"又贻元嗣君书,致织金、文绮。

30 是月,燕山卫指挥宋杲,通州卫指挥佥事郑治、汝宁卫指挥佥事冯俊、密云卫指挥佥事张斌等,率师出古北口防秋,猝遇寇,皆力战死。上命厚恤其家,赐文祭之。

31 冬,十月,己未,皇长孙雄英生。【考异】此据典汇东宫门补,盖长孙雄英早卒,为建文嗣立之张本。——雄英,皇太子之长子也,未几卒。

32 庚申,琉球、三佛齐入贡。

33 是月,始定郊坛分献仪。

旧制,大祀分献官,太常寺先期请旨。至是上以大祀终献毕始行分献礼,于义未协,命宋濂、詹同等考定。乃请以上初献奠玉帛将毕,分献官即行初献礼,亚献、三献亦如之,遂为定制。

又命学士乐韶凤等奏定祭祀驾还乐舞,凡三十九章,有酣酒、色荒、禽荒诸曲,皆寓规谏。

34 十一月,壬戌朔,孝慈录成。

先是九月,贵妃孙氏薨,敕礼官定服制。尚书牛谅等奏曰:"仪礼:'父在为母服期年,若庶母则无服。'"上曰:"父母之恩一也,而低昂若是,未免不情。"乃敕学士宋濂等考定丧礼。

濂等乃广稽古人论服母丧者凡四十二人,主三年者二十八人,主期年者十四人。上曰:"三年之丧,天下通丧。今观主三年者倍于期服,岂非天理人情之所安乎!"乃立为定制,"子为母,庶子为其母,皆斩衰三年,嫡子、众子为庶母,皆齐衰杖期。"

时贵妃无子,上命吴王橚行慈母服,斩衰三年,皇太子、诸王皆齐衰杖期。皇太子进曰:"礼惟士为庶母缌,大

夫以上则无服。陛下贵为天子,而令嫡长为庶母杖期,非
所以敬宗庙,重继体也。不敢奉诏。"上大怒。正字桂彦良
言于太子曰:"殿下当缘君父之情,不宜执古礼以亏大孝。"
太子乃持衰服入谢,上怒始释。

至是命儒臣辑丧礼五服之差,命曰孝慈录,颁之天下,
著为令。【考异】明史本纪不载。据潜庵史稿,"是月壬戌"。按五礼通考
引洪武实录云"十一月壬戌朔,孝慈录成",今从之,并据明史礼志增入议丧
制语。

论曰:自公羊有"母以子贵"之文,而服问"君之
母非夫人",郑注亦云,"时春秋之义,有以小君服之
者。"是庶子为其所生,即周制已不能如古。而不论父
之存没皆服齐衰三年,亦自唐、宋以来相沿不改。惟
自太祖易齐为斩,则并慈母、养母及妇之为舅姑而皆
改入斩服,于是五服中无齐衰三年之服矣。

若夫嫡子、众子而使行庶母杖期之服,以尊则不
正,以亲则不体,徒以贵妾之宠,悍然不顾礼义而行
之,宜太祖之令之不行于太子也。幸也"不宜执古礼
以亏大孝",犹得桂彦良之微言正论以善全于骨肉之
间。若使太子而竟不奉诏,则且以违父之命而得罪
矣,后之论者能毋咎太祖之陷太子于不孝乎?

庶母之缌,定自周公,二千余年莫之或易,即明集
礼之初颁者亦因之。一旦牵于私爱,不能正其名,是
则宋濂诸臣不得不受其过矣。

35 辛未,有事于圜丘。

36 是月,纳克楚犯辽阳。

37 高丽入贡，请“自后俾每岁一贡，贡道由陆路经定辽，无涉海之险”，上不许。

时高丽王颛为其权柜李仁任所杀，颛无子，以宠臣辛肫之子禑为嗣，于是仁任遂立禑。

38 十二月，戊戌，召邓愈、汤和还。

39 是岁，淮安侯华云龙镇北平，有言其据元托克托故宅，僭用故元宫中物，上命都督何文辉往代之，召云龙还。未至京，道卒。上命宋濂撰碑，镌其功过以示褒贬。

40 先是学士承旨詹同致仕，上以其时方议大祀分献礼，复留之，遂再起承旨。未几卒。

同以文章结主知。上尝与论“文章宜明白显易，通道术，达时务，无取浮薄。”同所为文多称旨，而操行耿介，遇事规讽。上初即位，御下严峻，中丞刘基曰：“古公卿有罪，盘水加剑，请室自裁，所以厉廉耻，存国体也。”同时侍侧，因取大戴记及贾谊疏以进，复剀切言之。上尝与侍臣言：“声色之害，甚于鸩毒，不可不谨”，同因举“成汤不迩声色，垂裕后昆”以对，其随事纳忠，皆此类也。

41 西番撒里辉和尔旧作畏兀儿。及阿难功德国皆以是年始入贡。

辉和尔为唐吐番属地，元时，封其宗室卜因特穆尔为宁王，镇之。其地广袤千里，东近罕东，北迄沙洲，南接西番。居无城郭，以毡帐为庐舍，产多驼马牛羊。上即位之三年，遣使招谕西番，遂及之。卜因特穆尔使其府尉麻答尔等来朝，贡铠甲刀剑诸物。上喜，宴劳其使者。乃分其地置阿端、阿真、若先、帖里四部。寻请置安定、阿端二卫,从之,乃封卜因特穆尔为安定王以统之。

阿难功德国者,亦西方番国也,闻乌斯藏入贡而慕之,亦遣其讲主必尼西来朝。诏赐文绮遣还。后不复至。

八年(乙卯、一三七五)

1 春,正月,辛未,增祀功臣于鸡鸣山。

初,上亲定功臣位次,皆肖像于庙中。其后两庑各设牌一,增祀战没之指挥、千户、卫所镇抚等官,书其姓氏、官爵,皆从祔祀之例。六年,增入高茂等三十六人,至是又增入华云龙等一百六人,明年,又增入余隆等一百三十人,何文辉等一百六人。【考异】据明史本纪,但云"增祀一百八人"。潜庵史稿云"华云龙等一百八人",典汇则云"华云龙、李思齐等"。(下文云"八人",盖脱去"一百"二字也。)按云龙卒于七年,思齐以库库断其一臂归而卒,库库之卒在八年,则思齐之卒亦当在六七年间。又证之史稿,言"六年七月,增入新战没指挥高茂等三十八人,(钱谦益功臣庙考作"七年六月",盖"六"、"七"二字倒误也。)九年正月,又增入余隆等一百三十人,七月,又增入何文辉等一百六人",今并前后增祀人数统入之。

2 癸酉,命有司察穷民无告者,给之屋舍衣食。

谕中书省臣曰:"朕昔在民间,目击鳏、寡、孤、独饥寒困苦之徒,常自厌生,心为恻然。今代天理物已十余年,若天下之民有流离失所者,非惟昧朕初心,亦于代天之工有所未尽。卿等为辅相,宜体朕怀,不可使天下有一夫不获也。"

3 有山阳县民,父罪当杖而其子请代者,上谓刑官曰:

"父子之亲,天性也。然不亲不逊之徒,亲遭艰难,有坐视而不顾者。今此人以身代父,出于至情,朕为孝子屈法以劝励天下,其释之!"

4 辛巳,命邓愈、汤和等十三人分屯北平、陕西、河南。

5 丁亥,始诏天下立社学。

上以府、州、县皆有学,而乡间远者未沾教化,乃诏有司仿古家塾、党庠之制,区之为社,延师儒以教子弟,兼令读御制颁行诸书及新定律令。

6 是月,河决开封大黄堤,诏河南行省参政安然发民夫三万塞之。

7 翰林侍讲学士宋濂,取上即位以来有关政要者,辑为洪武圣政记,凡七类,上之。

8 二月,甲午,宥各处人民杂犯死罪以下者,皆工役终身。其官吏犯私罪者,轻则屯种,重则工役,皆商凤阳。

9 癸丑,遣官享先农。上躬耕藉田。

10 召徐达、李文忠、冯胜还,令傅友德等留镇北平。

11 是月,命刑部尚书刘惟谦申明马政。

谕曰:"马政,国之所重。近命设太仆寺俾畿内之民养马,恐所司收养失宜,或扰害养马之民,皆当告戒。昔汉初一马值百金,天子不能具钧驷,及武帝时众庶,街巷有马,阡陌成群,遂能北伐强胡,威服戎狄。唐初才得隋马三千,及张万岁为太仆,至七十余万。此非官得其人,马政修举邪! 其为朕申明马政,严督有司,尽心刍牧,务底蕃息,违者罪之。"

又一日,因试将士,谕之曰:"汝等知弓力乎?其力但能至百步,百步之外又加五步焉,不能入矣。故善射者求中于百步之内,则弓无败折之患。驭马亦然。其力能至百里,百里之外加十里焉,则马力疲矣。故善驭马者,常使其力有余而不尽,则马无蹶伤之失。况攻战之际,马功居多。平原旷野,驰骋上下,无不从志。追奔克敌,所向无前,皆在马力。若不善调养,使其力乏,则临阵必至败事,无以成功。"因下令:"将士不得私乘战马及载他物,违者罪之。"

12 三月,辛酉,诏始行钞法。

初,上设宝源局于应天。天下既定,又令各行省设宝泉局,皆严私铸之禁,始令"民有私铸钱,作废铜送官,偿以钱。"其后有司责民出铜,民率毁器皿输官,颇以为苦。而商贾沿元之旧习用钞,多不便用钱。上乃稽宋交、会制及元之交钞及中统、至元宝钞,命中书省定钞法,设宝钞提举司。

至是造大明宝钞,民间通行。其等凡六:曰一贯,曰五百文,四百文,三百文,二百文,一百文。每钞一贯,准钱千文,银一两,四贯准黄金一两。禁民间不得以金银货物交易,违者罪之。以金银易钞者听。

于是始罢宝源、宝(钱)〔泉〕局,寻复定税课钱钞兼收,钱什三,钞什七,百文以下止用钱。越二年,复设宝泉局。

13 甲申,德庆侯廖永忠坐事赐死。

初,永忠覆韩林儿之舟于瓜步,上不悦。及大封功臣,谕诸将曰:"永忠战番阳时,忘躯拒敌,可谓奇男子。然使所善儒生窥朕意,邀封爵,故止封侯而不公。"及杨宪在中书省,永忠与相比。宪诛,永忠以功大得免。至是坐僭用龙凤诸不法事,诛之。后上追思勋旧,复封永忠子权嗣为侯。

永忠勇而善谋,行师有纪律,平广东、四川,善抚绥降附,民怀其德,俱为立祠。【考异】三编质实云:"永忠之死,明实录讳之曰:'甲申,德庆侯廖永忠卒,上悼遗之甚厚。'而宁王通鉴愽论记丙午事云,'是年,廖永忠沉韩林儿于瓜步,大明恶永忠之不义,后赐死。'又,刘辰国初事迹,王世贞史乘考误,俱以为永旦被诛。夫林儿僭号十二年,明祖用其年号,不无凭借,犹汉高之于楚心,光武之于更始也。如永忠者,其亦黥布、谢禄之流乎!"按林儿之卒,详元至正二十五年下。

14 是月,上命御史台官选国子生分教北方。

谕曰:"致治在于善俗,善俗本乎教化,教化行,虽间阎可使为君子;教化废,虽中材或坠于小人。近北方丧乱之余,人鲜知学,欲求多闻之士,甚不易得。今太学诸生,年长德优者,卿宜选取,俾之分教北方,庶使人知务学,人材可兴。"于是选国子生林白云等三百六十六人,给廪食,赐衣服而遣之。

15 上以旧韵出江左,多失正,命学士乐韶凤与廷臣参考中原雅音正之。书成,命曰洪武正韵。

16 夏,四月,辛卯,上幸中都,谒皇陵也。

车驾至滁州,遣官祭滁阳王庙。

甲辰,至中都,以营建郊庙成,祭告天地于圜丘。

乙巳,仁祖忌日,躬诣皇陵致祭。是日,遣官祭开平王祠。

丙午，遣官祭扬王庙。

辛亥，仁皇后忌日，躬诣陵祭。

17　丁巳，上还京师。【考异】是月"上幸中都"以下干支，皆据典汇及潜庵史稿。

18　是月，诚意伯刘基卒。

初，基言："瓯、括间有隙地曰谈洋，南抵闽界，为蘁盗薮，方氏所由乱，请设巡检司守之。"奸民弗便也，挟逃军反，吏匿不以闻。会基致仕归，令长子琏奏其事，不先白中书省。时胡惟庸方以左丞掌省事，挟前憾，使吏讦基，谓"谈洋地有王气，基图为墓，民弗予，则请立巡检逐民。"上虽不罪基，然颇为所动，遂夺基禄。基惧，入谢，乃留京师不敢归。

未几，惟庸相，基大戚，曰："使吾言不验，苍生福也。"忧愤，疾作。惟庸觇上眷基衰，乃阳为通好，以正月挟医来视基疾。基饮其药，觉有物积胸中如拳石，间以白上，上不省也。前月，基疾剧，上亲制文赐之，遣使护归，抵家逾一月卒。

基自负王佐才，不用于元，遭际真人，任以心膂，自谓不世之遇，故知无不言。遇急难，勇气奋发，定计立谈间，人莫能测。上亦雅重之，尝曰："伯温，吾之子房也。"有谓基有秘授，善阴阳风角之术。上曰："基敷陈王道，数以孔子之言导予，岂有是邪！"所为文章，气昌而奇，与宋濂并为一代宗。【考异】明史本纪系基卒于四月丁巳下，证之诚意伯集行状，薨于乙卯四月十六日。是月庚寅朔，十六日则乙巳也。今系之是月之末，不书日。又，基事见明史本传，惟"饮胡惟庸医药，觉有物积胸中如拳石状"下，据纪事本末增入"间以白上,上不省"语,亦本之行状中。盖文成之眷衰,故惟庸之毒行也。

19　免彰德、大名、临洮、平凉、河州被灾田租。罢中都营建之役。

20　五月,己巳,诏永嘉侯朱亮祖偕傅友德镇北平。

亮祖将舟师数百艘过济宁,会临清河水涸,舟胶不得动。时方克勤守济宁,亮祖趣具五千人浚河,不者以军法论。克勤不忍顿民,归,祷于天,夜三鼓,大雨。黎明,河水涨数尺,舟师遂达,役者得免。民以为至诚所感云。【考异】亮祖勒民夫浚河,克勤祷雨事,明史本传书于济宁知府下。证之本纪,亮祖镇北平在五月己巳,又证之方正学先府君行状,言"八年春入朝,三月重至官,越五月被劾,十月罢官,谪江浦",则是年祷雨,正五六月间事也。今因亮祖镇北平并记之。

21　初,邓愈克河州,招纳吐番诸部,遂设河州卫指挥同知,皆予世袭,其知院佥事及千、百户之等,皆使其酋长为之。于是番酋日至。

自设茶马司,许西番以马互市,马之至者渐多,而其所用之货率与中土异,钞法既更,番人不便,马至者少。上患之,是月,遣中官赵成赍罗绮绫绢并巴茶往河州市之,马渐集。中官出使自比始。

22　上以翰林所撰圜丘、方丘乐章,文过藻丽,命更制之。

是月,皇太子摄祭地祇于方丘。【考异】本纪不载,此据典汇补入。盖太祖以四月幸中都,恐祭时不及归,故有太子摄行之诏。及四月丁巳归,不改前诏,故仍使太子摄之。典汇所记,必有所据,今从之。

23　六月,壬寅,贵州蛮连结苗、獠二千作乱,平越安抚司乞兵往援，上命指挥同知胡汝讨平之。

24　是月，高邮州水灾，免租六万三百余石，仍振之。

25　秋，七月，己未朔，日有食之。

26　辛酉，改建太庙。前正殿，后寝殿，皆有两庑。寝殿九间，间一室，奉藏神主，如同堂异室之制。

27　壬戌，命曹国公李文忠、济宁侯顾时往镇山西、北平。召傅友德、朱亮祖还。

28　戊辰，京师地震。

29　北平按察司佥事吕本上言："近制，士大夫闻父母丧，在外必待移文原籍审核还报，然后奔丧，近者弥月，远者半年。自今官吏若遇亲丧，其家属陈于官，移文任所，即令奔赴，然后核实。"上深然之，诏："百官奔父母之丧者，闻丧即行，不俟报。"

30　丁丑，免应天、太平、宁国、镇江及蕲、黄诸府被灾田租。

31　八月，己酉，元库库特穆尔卒。

　　库库自定西之败走和林，元嗣君仍任以政，从徙金山之北，遂卒于哈喇诺海旧作哈剌那海。之衙庭。其妻毛氏，亦自经死。

　　库库自视师河南后，上七致书不答，既出塞，复遣人招谕，亦不从。最后李思齐降，上使往招之。始至，待以礼。寻使骑士送归，至塞下，辞曰："主帅有命，请公留一物为别！"思齐曰："吾远来无所赍。"骑士曰："愿得公一臂。"思齐知不免，断与之。还，未几卒。

上以是心敬库库，一曰，大会诸将，问："今天下奇男子谁也？"皆对曰："常遇春。"上笑曰："遇春虽人杰，吾得而臣之。吾不能臣王保保。其人奇男子也！"寻册其妹为秦王樉妃。

32 丁巳，太白昼见。

33 九月，戊辰，上以云南久不下，议再遣使招谕梁王。

时吴云出为湖广行省参政，召至，语之曰："今天下一家，独滇南不奉正朔，杀我使臣。卿能为朕作陆贾乎？"云顿首请行。

会梁王遣其臣铁知院等二十余人使漠北，为大将军所获，送京师，上释之，令偕云往。既入境，铁知院等谋曰："吾辈奉使被执，罪且死。"乃诱云令诈为元使，改制书，共绐梁王。云不从，知院等遂杀云。梁王闻之，收云骨，送之于蜀，殡于给孤寺。

其后云子黻上其事于朝。诏驰驲还葬，与王祎并祀京师，额其祠曰二忠。

34 是月，命皇太子及秦、晋、楚、靖江四王讲武中都，学士宋濂从。

时上得舆图濠梁古迹一卷，遣使赐太子，题其外，令濂询访，随处言之。太子以示濂，濂因历历举陈，随事进说，甚有规益。

濂傅太子，先后十余年，凡一言动，皆以礼法劝讽，使归于道。至有关政教及前代兴亡事，必拱手曰："当如是，不当如彼。"皇太子每敛容嘉纳，言必称师父云。【考异】宋濂侍皇太子至中都,证之濂传,在八年九月,集中行状同。明史本纪系之十月壬子,盖以九月至,十月讲武也。今据传及行状,系之九月之末。

35 冬,十月,丁亥,诏举富民素行端洁、达时务者。

36 是月,开封府祥符、杞、陈留、封丘、兰阳、商水、西华及睢州、淮安府盐城水,诏皆免其租。

37 诏翰林考议陵寝朔望节序祭祀礼。

学士乐韶凤等言:"汉诸庙寝园有便殿,日祭于寝,月祭于庙,时祭于便殿。后汉都洛阳,以关西诸陵远,但四时祀以特牲,每西幸即亲诣,岁正月郊祀毕,以次上洛阳诸陵。唐园陵之制,皇祖以上陵皆朔望上食,元日、冬至、寒食、伏腊、社,各一祭皇考陵,加以荐新。宋每岁春秋仲月,遣太常、宗正卿朝诸陵。我朝旧仪,每岁元旦、清明、七月望、十月朔、冬至日,俱遣官致祭,祠以太牢;白塔二处,遣中官祭,祠以少牢。今拟如旧仪,增夏至日用太牢,伏腊、社及每月朔、望则用特羊。祠祭署官行礼。如节与伏腊社、朔望同日,则用节礼。"制曰:"可。"【考异】定陵寝祭祀及郊社宗庙行脱舄礼,据明史礼志及乐韶凤传皆在是年,典汇并系之十月。其郊坛脱舄之仪,据春明梦余录,谓始于是年,今分书于十一月下。

38 初,京师、行省皆设都卫指挥使司,节制方面,至是诏"改在京留守都卫为留守卫指挥使司,在外都卫为都指挥使司。"凡都司十有三:北平、陕西、山西、浙江、江西、山东、四川、福建、湖广、广东、广西、辽东、河南;又置行都司二:甘州、大同;俱隶大都督府。其后云南平,又增置云南、贵州二都司。

39 十一月,丁丑,有事于圜丘。

时学士乐韶凤等奏定大祀登坛脱舄之仪,谓:"古者以屦不上堂为敬。汉、魏朝祭皆跣袜,惟萧何剑履上殿,以为异数。宋南郊,皇帝至南阶,脱舄升坛,入庙,脱舄升殿,所以崇敬也。今议于郊祀庙享前期一日,有司以席藉地,设御幕于坛东南门外,设执事官脱履之次于坛门外西阶侧。祭日,大驾入幕次脱舄,始升坛殿行礼。分献、陪祀官皆脱舄于外,协律郎、乐舞生皆跣袜。"上以其援据故实,诏始行之。

十二月,戊子,京师地震。

癸巳,元纳克楚犯辽东。

初,上闻黄俦被杀,知纳克楚仍将内犯,敕都指挥叶旺、马云等预为之备。至是果悉众寇边,见守御严,不敢攻,越盖州至金州。

时金州城守未完,指挥韦富、王胜等督士卒分守诸门。纳克楚之骁将萧喇呼,旧作乃剌吾。率精骑数百挑战城下,中伏弩仆,为我军所获,敌大沮。富等纵兵击之,敌引退,不敢出故道,从盖城南十里沿柞河遁。

旺等先以兵扼柞河、自连云岛至窟驼寨十余里,缘河垒冰为墙,沃以水,经宿,凝冱如城市。钉板沙中,旁设阬穽,伏兵以伺。云及指挥周鹗、吴立等建大旗,城中严兵不动,寂若无人。已,寇至,城南伏四起,两山旌旗蔽空,矢石雨下。纳克楚仓皇趋连云岛,遇冰城,旁走,悉陷于穽,遂大溃。云等自城中出,合兵追击,至将军山毕噜河,旧作必栗。斩获及冻死者无数。乘胜追至猪儿峪,纳克楚仅以身免。

　　事闻，进叶旺、马云俱为大都督佥事。

41　甲寅，遣使振苏州、湖州、嘉兴、松江、常州、太平、宁国、杭州水灾。

42　是月，陕州人有献天书者，上命斩之。

43　上谕御史台曰："比设粮长，令其收民租以总输纳，无有司之扰，于民甚便。自今粮长有杂犯死罪及流徙者，止杖之，免其输作，使仍掌税粮。"御史台臣言："自今粮长有犯，许纳铜赎罪。"制"可。"

明通鉴卷六

江西永宁知县当涂 夏　燮 编辑

纪六 起柔兆执徐（丙辰），尽屠维协洽（己未），凡四年。

太祖高皇帝

洪武九年（丙辰、一三七六）

1 春，正月，甲戌，上以<u>元</u>将<u>巴延特穆尔</u>旧作伯颜帖木儿。为边患，命<u>中山侯汤和</u>为征西将军，<u>颍川侯傅友德</u>副之，率都督佥事<u>蓝玉</u>、<u>王弼</u>、中书右丞<u>丁玉</u>等备边<u>延安</u>。

　　谕<u>和</u>等曰："自古天下有道，守在四夷。今<u>延安</u>地控西北，与北虏接境。其人聚散无常，待其入寇而后逐之，民必受害。朕敕边将严为之备，诚恐久而懈惰，为彼所乘。卿等率众以往，常存戒心。虽不见敌，常若临敌，则不至有失矣。"

2 是月，册<u>魏国公徐达</u>女为<u>燕王棣</u>妃。

3 上御便殿，太子诸王侍，顾谓之曰："汝等闻进德修业之道乎？藻率杂佩，身之容也；恭逊温良，德之容也。古之君子，德充于内而著于外，故器识高明而善道日臻，恶行不见而邪僻益远。己德既修，自然足以服人，贤者汇进而不肖者自去。能修德进业，则天下国家未有不治，易此者鲜不取败。夫货财声色，为戕德之斧斤；谗佞谄谀，乃妨贤之荆棘；所当拒之如虎狼，畏之如蛇虺。苟溺于嗜好，鲜不为其所陷矣。"

4 二月，乙巳，太白昼见，至己酉凡五日。【考异】太白昼见五日，干支诸书互异。明史天文志，"丁巳至己酉"，按五日则当云丁巳至辛酉，此有误字。惟重修三编目云"自乙巳至于己酉"，三编、明史，多据实录，然则明史天文志"丁"字为"乙"字之误也。潜庵史稿云，"辛丑太白昼见五日"，则自丁酉至辛丑也。今从三编。

5 三月，壬申，太白复见。

6 己卯，诏曰："比年西征燉煌，北伐沙漠，军需甲仗，皆资山、陕，又以秦、晋二府宫殿之役，重困吾民。平定以来，闾阎未息，国都始建，土木屡兴。畿辅既极烦劳，外郡疲于转运。今蓄储有余，其淮、扬、安、徽、池五府及山西、陕西、河南、福建、江西、浙江、北平、湖广今年租赋悉免之。"

7 是月，汤和等至延安，元巴延特穆尔遣人请降。

上闻之，召诸将悉还，独留傅友德屯边备之。敕谕友德曰："无事请降，兵法所戒。尔其慎之！"

8 以和尼齐旧作火你赤。为翰林蒙古编修，更其姓名曰霍庄。

9 夏，四月，庚戌，京师自去年八月不雨，至是日始雨。

10 五月，癸酉，自前月庚戌雨，至是日始霁。

11 是月，晋王妃谢氏薨。

上始命学士宋濂等考定王妃丧服之制。濂等议："皇帝素服入丧次，十五举音，百官奉慰，皇帝出次，释服，服常服。”制曰：“可。”【考异】晋三妃谢氏薨，诏宋濂等考定服制，语见明史礼志，在洪武九年五月，今据之。

12 诏中书省：“作亲王宫室，毋得过饰。”省臣奏：“亲王宫饰朱红，室饰大青绿。”上曰：“惟俭养德，惟侈荡心。独不见茅茨卑宫，尧、禹以兴，阿房、西苑，秦、隋以亡？诸子年方及冠，去朕左右，岂可靡丽荡心！”

13 六月，甲午，改行中书省为承宣布政使司，凡浙江、江西、福建、北平、广西、四川、山东、广东、河南、陕西、湖广、山西，悉罢行省平章政事、左右丞等官。设布政使一员，秩从二品；置左、右参政各一员，秩从三品。其后又增置左、右参议。

14 初设布政，以王兴宗为河南布政使，吴印为山东布政使。

兴宗从上克婺州，命知金华县事，以治行闻，累迁怀庆、苏州知府。遇上计至京师，上以事诘诸郡守，至兴宗，独曰：“是守公勤不贪，不须问。”至是以擢布政陛辞，上曰：“久不见，尔老矣，我须亦白。”宴而遣之。

印以僧被上宠遇，欲骤贵之，故有是擢。会因星变求言，上手诏褒印，谓其“直陈至计，披露肝胆”，印以是益自恃。

时张孟兼为山东副使，独易之。印谒孟兼，由中门入，孟兼杖守门卒。又以他事与相拄。上先入印言，逮笞孟兼。孟兼愤，捕为印书奏考，欲论以罪，印复上书言状。上大怒曰：“竖儒，与我抗邪！”械至阙下，遂坐诛。

15 辛丑，召李文忠还。

16 是月，进宋濂学士承旨，知制诰兼赞善如故。未几，又官其子璲为中书舍人，孙慎为仪礼序班。

上数试璲与慎，并教诫之，笑语濂曰：“卿为朕教太子、诸王，朕亦教卿子、孙矣。”濂行步艰，上必命璲、慎扶掖之。祖、孙、父、子共官内廷，时以为荣。【考异】濂进承旨，据本传在是年，证之文宪集中行状，则六月也。官其子孙，据行状在授承旨之后，但书是年某月，汇记于进官之下。

17 时莒州日照知县马亮考满，以长于督运，山西汾州平遥主簿成乐能，恢办商税，皆注上考。上曰：“令佐之职，在抚安百姓，岂以督趣恢办为能邪！官司之考非是。”命吏部移文讯责。

18 秋，七月，癸丑朔，日有食之。

19 是月，蠲苏、松、嘉、湖水灾田租，凡二十九万九千四百余石。又免永平县旱灾田租，仍振之。

20 元巴延特穆尔果乘间犯边，傅友德设伏大败之，俘其众，获马畜辎重无算，于是元平章乌林特旧作兀纳歹。执巴延以降。

21 以韩国公李善长子祺为驸马都尉，尚上长女临安公主。

始命礼官定公主下嫁之仪。“先期告奉先殿，下嫁前二日，遣使册公主。其拜舅、姑及公主、驸马相向拜，皆如家人礼。”

22 八月，己酉，遣官省历代帝王陵寝，禁刍牧，置守陵户。

302

忠臣烈士祠,令有司以时葺治。又分遣国子生修岳、镇、海、渎祠。

23 是月,西番多尔济巴旧作朵儿只班。寇罕东,河州卫指挥宁正击走之。

　　先是多尔济巴率部落内附,上授熊鼎为岐宁卫经历。鼎至,知寇伪降,密疏论之,上遣使慰劳,复遣中使赵成召鼎还。鼎既行,寇果叛,胁鼎北还,鼎责以大义,骂之,遂与赵成及知事杜寅俱被杀。上闻,悼惜,命葬之黄羊川,立祠祀之。

　　鼎,临川人,以邓愈镇江西,荐其才。上欲官之,以亲老辞,乃留愈幕府,赞军事。母丧既除,累官至浙江按察司佥事,分部台、温,有政声。调山东佥事,奏罢不职有司数十辈,列郡肃清。寻进副使,徙晋王府右傅,坐累左迁,复授王府参军。召为刑部主事,未至,改授是职。上闻多尔济巴之叛,复趣鼎还,卒以不屈死。【考异】明史本纪书西番叛于是月,不著死难之人。证之忠义传,是时熊鼎为岐宁卫经历,与中官赵成、知事杜寅皆遇害。三编亦于去年赵成出使河州下书云,"成后为西番多尔济巴所杀",与鼎传合,今据明史忠义传增入。

24 九月,中书省奏福建参政魏鉴、瞿庄笞奸吏至死,上赐玺书劳之曰:"君之驭臣以礼,臣之驭吏以法。吏诈则政蠹,政蠹则民病。朕尝著令,凡吏卒违法,绳之以死。奈何有司贪纵,为下人所持,任其纵横,莫敢谁何,以致民多受害!今两参政能置奸吏于极刑,所谓'唯仁人能恶人'也。朕实嘉之!"

25 是月,皇次孙允炆生。【考异】诸书有系之八年九月者,今据宪章录及建文朝野汇编。

26　闰月，庚寅，以灾异，诏求直言。

先是六月，有客星大如弹丸，白色，止天仓，经外屏、卷舌，入紫薇垣，扫文昌，指内厨，入于张，凡四十余日乃没。

又，前月，上遣使往谕北平大将军达曰："今年七月，火星犯上将，此月金星又犯之，占有奸人刺客在左右，宜慎备之！"

至是钦天监奏"五星紊度，日月相刑"，上以上天垂象，益励修省，故有是诏。【考异】明史本纪书"以灾异求直言"，灾异，即五星紊度，日月相刑，史于日月五星之变，自日食外，皆不入纪中，故但以灾异书也。三编求直言且云，"以五星紊度，日月相刑，故有是诏。"质实云："按洪武实录，是年二月，岁星逆行入太微，三月，荧惑犯井，四月，犯鬼，五月，太白犯毕、井，有客星大如弹丸，白色，止天仓，越数日，益有光，入紫微垣，扫文昌，寻入于张，自六月戊午至七月乙亥，凡四十八日乃灭。"按此皆五星紊度之事，孙氏二申野录亦记此二事。今六月以后，悉据明史天文志书之。而是年九月，太祖谕大将军有"七月火星犯上将，是月金星又犯之"之语，皆星变也，今并系之闰月求言下。

27　冬，十月，已未，新建太庙成。

定同堂异室之制，仍以四孟及岁除凡五享。孟春择上旬日，三孟用朔日，及岁除皆合享。自是始罢特祭。又定亲王配享在东庑，功臣配享在西庑。

28　丙子，命秦、晋、燕、吴、楚、齐诸王治兵中都。

29　十一月，辛巳朔，上与侍臣论女宠、寺人、外戚、权臣、藩镇、四裔之祸曰："木必蠹而后风入之，体必虚而后病乘之，国家之事，亦犹是已。汉亡于外戚、奄寺，唐亡于藩镇、戎狄。然制之有道，贵贱有体，恩不掩义，女宠之祸何自而生！不牵私爱，苟犯政典，裁以至公，外戚之祸何由而作！奄寺职在使令，不假兵柄，则无寺人之祸。上下相维，大小相制，防壅蔽，谨威福，则无权臣之患。藩镇之设，本以卫民，财归有司，兵待符调，岂有跋扈之虞！至于御四裔，则修武备，谨边防，来则御之，去不穷追，岂有侵暴之忧！凡此数事、常欲著书，使后世子孙以时观省，亦社稷无穷之利也。"

30　壬午，有事于圜丘。

31　戊子，徙山西及真定民无产者田凤阳。

32　是月，平遥县训导叶伯巨应诏上书。

伯巨，字居升，宁海人。闻诏，语人曰："今天下有三事，其二者易见而患迟，一者难知而患速。此三者积于吾心久矣，虽不求犹将言之，况明诏乎！"

乃上书曰："臣观当今之事，太过者三：分封太侈也，用刑太繁也，求治太急也。

先王之制，大都不过三国之一，所以强干弱枝，遏乱源而崇治本耳。今裂土分封诸王，盖惩宋、元孤立，宗室不竞之弊。而秦、晋、燕、齐、梁、楚、吴、蜀诸国，无不连邑数十，城郭宫室，亚于天子之都，优之以甲兵卫士之盛。臣恐数世之后，尾大不掉，然后削其地而夺之权，则必生觖望，甚者缘间而起，防之无及矣。议者曰：'诸王皆天子骨肉，分地虽广，立法虽侈，岂有抗衡之理！'然独不观于汉、晋之事乎？孝景，高帝之孙也，七国之王，皆景帝之同祖父兄弟子孙也，一削其地，则遽构兵西向。晋之诸王，皆武帝亲子孙也,易世之后,迭相攻伐,遂成刘、石之患。无他,分封逾制之过也。昔贾谊劝汉文帝尽分诸国之地,空置之以待诸王子孙。向使文帝早从谊言,则必无七国之祸。愿陛下及诸王未之国之先,节其都邑,减其卫兵,限其疆域,以待封诸王之子孙。此制一定,世为屏藩,与国同休,割一时之恩,制万世之利,消天变而安宗社,莫先于此。

臣又观历代开国之君,未有不任德而专任刑者。何者?天生斯民,立之司牧,固欲其并生,非欲其即死,不幸而有犯法者,乃不得已而授之以刑耳。议者曰:‘宋、元以姑息亡国,今欲惩其敝,故制不宥之刑,使人知惧而莫测也。’臣谓开基之主,垂范百世,一动一静,必使子孙有所持守,况刑者民之司命,可不慎欤!五刑之用,出于大公,近见用刑之际,多裁自圣衷,遂使治狱之吏趋求意旨,务为深刻之律,不闻平恕之条。臣以为必有罪疑惟轻之意,而后好生之德洽于民心也。

古之为士者,以登进为荣。今之为士者,以溷迹无闻为福,以受玷不录为幸,以屯田、工役为必获之罪,以鞭笞箠楚为寻常之辱。其始也,取天下之士,网罗捃摭,务无遗佚,有司敦迫上道,如捕重囚。比至,除官多以貌选,所学非所用,所用非所学,一有差跌,苟免诛戮,则必在屯田、工役之科,率是为常,不少顾惜。此岂陛下所乐为哉?欲人之惧而不敢犯也。然数年以来,诛杀不少而犯者相踵,良由激劝不明,议贤议能之法废,人不自厉而为善者怠也。夫廉如夷、齐,智如良、平,少戾于法,则苟其短而尽弃其长。无怪廉耻道丧，一日为官，无不争事掊克以备屯田、工役之资者，比比而然。岂非用刑太烦之所致乎？

周自文、武至于成、康，汉自高帝至于文、景，所谓王者之作必世而后仁，为治之方诚无取乎过骤也。今天下大定，法令修明，可谓治矣。而陛下切切以民俗浇漓，人不知惧，乃至令下而寻改，已赦而复收，天下臣民，莫知适从。臣愚以为天下之趋于治，犹坚冰之泮也。冰之泮，必太阳之以渐而后融释；圣人之治天下，渐民以仁，摩民以义，亦犹是耳。求治之道，莫先于正风俗，正风俗之道，莫先于守令知所务，风宪知所重，而尤莫先于朝廷知所尚。今之守令，以户口、钱粮、狱讼为急，至于农桑、学校，王政之本，乃视为虚文而置之。上官分部按临，亦但循习故常，依纸上照刷，未尝巡行点视。于是兴废之实，上下视为具文，小民不知孝弟忠信为何物，而礼义廉耻扫地矣。风纪之司，所以代朝廷宣德化，察善恶，听讼谳狱，其一事耳。今专以狱讼为要，忠臣、孝子、义夫、节妇，视为末节而不暇举。但知去一赃吏，决一狱囚，便谓称职，而不知劝民成俗，使民迁善远罪，乃治之大者，此守令风宪不审轻重之失也。

今陛下急于求贤，令天下诸生考于礼部，升于太学，历练众职，任之以事，可以洗万代举选之陋，上法成周。然而升于太学者，或未数月而遽选之入官，委以民社，臣恐其未谙时务，上乖国政而下困黎民也。开国以来，选举秀才不为不多，所任名位不为不重，自今数之，在者有几？此臣所谓求治太急之过也。"

书上,上大怒曰:"小子间吾骨肉,速逮来,吾手射之。"既至,省臣乘上怒稍懈,奏下刑部,卒瘐死狱中。

当伯巨上书时,诸王止建藩号,未曾裂土,有谓其言之过激者,其后靖难师起,乃服伯巨为先见云。【考异】伯巨上书,诸书多系之九月,盖因星变求言牵连并记耳。明鉴、三编俱系之十一月,盖据洪武实录也,今从之。

33 十二月,甲寅,振畿内、浙江、湖北水灾。

34 己卯,命都督同知沐英乘传诇关、陕,抵熙、河,问民疾苦,有不便者,更置以闻。

35 是月,遣送故元臣蔡子英出塞。

子英,永宁人,元至正中进士,察罕开府河南,辟参军事,累迁至行省参政。元亡,从库库走定西,库库既败,子英单骑走关中,亡入南山。上闻其名,使人绘形求得之,传诇京师。至江滨亡去,变姓名赁舂,久之复被获。械过洛阳,见汤和,长揖不拜;抑之跪,不肯。和怒,爇火焚其须,不动。其妻适在洛,请与相见,子英不许。至京,上命脱械,以礼遇之,授以官,不受。

退而上书曰:"陛下乘时应运,削平群雄,薄海内外,莫不宾贡。臣鼎鱼漏网,假息南山,曩者见获,复得脱亡七年之久,重烦有司追迹。而陛下以万乘之尊,全匹夫之节,不降天诛,反赐之冠服酒馔,授以官爵,陛下之量,包乎天地矣。

臣感恩无极,非不欲自竭犬马,但名义所存,不敢辄渝初志。自惟身本韦布,过蒙主将知荐,仕至七命,跃马食肉,十有五年,愧无尺寸以报国士之遇,及国家破亡,又复

308

失节,何面目见天下士! 管子曰:'礼义廉耻,国之四维。'陛下创业垂统,方挈持大经大法垂示子孙臣民,奈何欲以无礼义廉耻之俘囚,厕诸维新之朝、贤士大夫之列哉?

臣自咎往日之不死,至于今日,分宜自裁。陛下待臣以恩礼,臣固不敢卖死立名,亦不敢偷生苟禄。若察臣之愚,全臣之志,禁锢海南,毕其余命,则虽死之日,犹生之年。昔王蠋闭户以自缢,李芾阖门以自屠,彼非恶荣利而乐死亡,诚以义之所在,虽汤镬不敢避也。渺焉之躯,上愧古人,死有余恨,惟陛下裁察!"

上览其书,益重之,馆之仪曹。忽一夜,大哭不止,人问其故。曰:"无他,思旧君耳。"上知不可夺,命有司送之漠北,令从其故主于和林。

36 是岁,上以星变求言,一时应诏言事者,叶伯巨外,曰曾秉正,曰茹太素,曰郑士利。

秉正,南昌人,为海州学正,上书,其略曰:"古之圣君,不以天无灾异为喜,惟以祗惧天谴为心。陛下圣神文武,统一天下,天之付畀,可谓至矣。兵动二十余年,始得休息,天之有心于太平亦已久矣,民之思治亦已切矣。创业与守成之政,大抵不同。开创之初,则行富国强兵之术,用趋事赴功之人。大统既立,邦势已固,则普天之下,水土所生,人力所成,皆邦家仓库之积;乳哺之童,垂白之叟,皆邦家休养之人;不患不富庶,惟保成业于永久为难耳。于此之时,则宜尽革向者之所为。何者足应天心,何者足慰民望,感应之理,其效甚速。"又言"天既有警,变不虚生",因极论大易、春秋之旨。上览而嘉之。

同时刑部主事茹太素，亦陈时务，累万言。上厌其繁渎，命杖之。次夕，复于宫中令人朗诵，得其可行者四事，慨然曰："为君难，为臣不易。朕求直言，欲其切于情事，而文词太多，便至荧听。太素所陈，五百余言可尽耳。"因令摘太素疏中可行者下所司，上自序其首，颁示中外。逾年，遂与秉正先后同出为参政。

当伯巨等诸人之言事也，适考校天下钱谷册书，而空印之狱起。空印者，先署印而后书者也，有司相沿莫之正。上以为欺罔，一时主印吏及署守有名者，皆逮系御史狱，凡数百人。

而士利兄士元，亦以河南时空印入逮中。时上方盛怒，丞相、御史亦知空印无他奸，莫敢谏。士利独叹曰："上不知，以空印为大罪，诚得人言之，宜有悟。"会星变，士利欲应诏，而诏中有假公言私之禁，度其兄非主印者，得杖当出。

既出，士利乃为书数千言言数事，而于空印事独详，曰："陛下欲深罪空印者，恐奸吏得挟空印纸为文移以虐民耳。夫文移必完印乃可，今考校书册，乃合两缝印，非一印一纸比，纵得之亦不能行，况不可得乎！钱谷之数，府必合省，省必合部，数难悬决，至部乃定。省府去部，远者六七千里，近亦三四千里，册成而后用印，往返非期年不可，以故先印而后书。此权宜之务，所从来久，何足深罪！

且国家立法，必先明示天下而后罪犯法者，以其故犯也。自立国至今，未闻有空印之律，有司相承，莫知其罪，今一旦诛之，何以使受诛者无词！朝廷求贤士，置庶位，得之甚难。位至郡守，皆数十年所成就，通达廉明之士，非如草菅然，可刈而复生也，陛下奈何以不足罪之事而坏足用之材乎？臣窃为陛下惜之！"

书成，闭门逆旅，泣数日。兄子问以所苦，答曰："吾有书欲上，触天子怒必受祸。然杀我生数百人，复何恨！"遂入奏。上览书大怒，下丞相、御史杂问，究使者。士利笑曰："顾吾言足用否耳。吾业为国家言事，自分必死，谁为我谋！"狱具，与其兄士元皆输作江浦，而空印者竟多不免。

士利，亦宁海人，与方克勤、叶伯巨皆同里。克勤守济宁，考绩得最，八年春，入觐，宴劳遣还。越五月，以属吏程贡不职被答，挟嫌讼其事，上遣御史按问。而御史适程故人，恐程坐诬罪，乃摘克勤以私用仓中炭苇事，坐罪谪江浦。逾年，当释归，而空印事起，克勤复逮系，以是年九月卒。卒后而士利复以论空印得罪。

时又有给事中莆田方徵者，亦以论空印事谪沁阳驿丞云。【考异】辑览于叶伯巨上书注中，并及曾秉正、茹太素上书事，而漏去郑士利，重修三编始增入之。今按明史太素传，太素是时为主事，其上书似在诏求直言之前，史因有"太祖杖太素而嘉秉正"之语，故牵连记之。若士利上书，则正在星变求言之后，又值起空印之狱时也。证之逊志斋集先府君行状，克勤以八年被谪，逾年释归，又以空印事被逮，九年九月卒于京师。然则克勤之死，正在下诏求直言之时。空印为洪武九年一大狱，而明史本纪及史稿皆遗之，重修三编补入郑士利一段，盖士利所论，于空印事独详也。今并系之是岁之下，并参明史士利传书之。○又按潜庵史稿，但书曾秉正上书于闰月，明书则但书<u>茹太素</u>上书事,今并入之。

37 国子博士<u>赵俶</u>致仕。

御史台言:"<u>俶</u>以<u>诗经</u>教成均四年,其弟子多为方岳重臣及持节各部者",乃赐翰林院待诏归,<u>宋濂</u>率同官诸生千余人送之。

十年(丁巳、一三七七)

1 春,正月,诏中书省定奏对式。

初,上览<u>茹太素</u>等奏书繁冗,颇厌之,以问廷臣。或指其书曰:"此大不敬","此诽谤非法"。独承旨<u>宋濂</u>对曰:"彼尽忠于陛下耳。陛下方开言路,恶可深罪!"既而上览其书,有足采者,召廷臣诘责,因呼<u>濂</u>字曰:"微<u>景濂</u>,几误罪言者。"

先是<u>濂</u>以年老请致仕,许之。上尝廷誉<u>濂</u>曰:"朕闻太上为圣,其次为贤,其次为君子。<u>宋景濂</u>事朕十九年,未尝有一言之伪,诮一人之短,始终不二,非止君子,抑可谓贤矣。"每燕见,必设坐命茶,旦则侍膳,往复咨询,常夜分乃罢。<u>濂</u>不能饮,上尝强之,至三觞,行不成步,上大欢乐,御制<u>楚词</u>一章,命词臣赋<u>醉学士</u>诗以娱之。

至是请归。乙酉,陛辞,上问<u>濂</u>:"年几何?"曰:"六十有八。"上赐御制文集及绮帛,谓<u>濂</u>曰:"藏此绮三十二年,作百岁衣可也。"并令每岁一来朝。【考异】<u>文宪</u>致仕告归,三编系之正月,证之<u>潜庵史稿</u>,则正月乙酉也。然此乃据其告归之日月,若其致仕,则<u>文宪行状</u>系之九年十一月,有"致政"之语,故诸书多系<u>文宪</u>告归于九年之冬,盖据行状也。又据状言"二月归<u>金华</u>",<u>方正学</u>祭文,亦言"丁巳之春,公归<u>金</u>

华",则史稿系之正月乙酉者得之。至所谓"事朕十九年者当为九年"语,盖文宪以至正十八年太祖克金华来见,桂至洪武九年,正十九年也。若所云"六十八岁"者,则十年告归时语,盖文宪卒于洪武十四年,年七十二,是告归时正六十八也。今并系之正月下。

2　上将遣秦、晋、燕王之国,辛卯,诏以御前、习林等军益三府护卫。

3　是月,谕中书省臣:"凡职官听选者,早予铨注,勿使资用乏绝,仍令有司给舟车送之。"

4　工部承差张致中上书言三事:"一,慎择监察御史。二,京师及各府、州、县设常平仓,以时敛放。三,北方开垦旷土,令农民自实亩数以定税粮,守令不得任旦甲虚增额数。"上饬户部采行之,并擢致中宛平知县。

5　二月,丁卯,诏免见任官徭役,著为令。

6　己巳,遣御史言昌等十三人分巡天下。

7　是月,遣官享先农,始命应天府官率农民耆老陪祀。

8　三月,上与群臣论天与七政之行,皆以蔡氏左旋之说为对。上曰:"天左旋,日月五星右旋。盖二十八宿,经也,附天体而不动;日月五星,纬乎天者也。朕自起兵以来,与善推步者仰观天象,二十有三年矣。尝于天气清爽之夜,指一宿为主,太阴居是宿之西,相去丈许,尽一夜则太阴渐过而东矣。由此观之,日月五星右旋。今但墨守蔡氏左旋之说,岂所谓格物致知之学乎!"【考异】论七政事,明史历志在十年三月,诸书不载,今据之。

9　是春,振苏、松、嘉、湖水灾,户米一石,凡一三万一千二百余户。

10 夏,四月,己酉,命邓愈为征西将军,沐英副之,讨吐番也。

初,西域乌斯藏入贡,诏设朵甘、乌斯藏二卫,其后屡遣使来,辄为吐番所邀阻。九年之冬,乌斯藏使者以侵掠告,于是命愈等分兵为三道,穷追至昆仑山,俘斩万计,留兵戍诸要害而还。

11 是月,振太平、宁国及宜兴、钱唐诸县水灾。

12 五月,庚子,命韩国公李善长、曹国公李文忠总中书省、大都督府、御史台,议军国重事。

初,善长罢相,逾年病愈,命董建中都宫殿及徙富民田濠州,经理凡数年。七年,上擢善长弟存义为太仆丞,及其弟子皆授以官。越二年,善长子祺,复尚临安公主,宠遇更隆。于是御史大夫汪广洋、陈宁,劾"善长狎宠自恣,陛下病,不视朝几及旬,不问候。驸马都尉祺,六日不朝,宣至殿前,又不引罪,大不敬。"坐削岁禄千八百石。至是上复委以军国重事,寻又令督圜丘工。时以为善长党于丞相胡惟庸云。

13 癸卯,振湖广黄州、常德、武昌三府及岳州、沔阳二州水灾,户给钞一定。

丙午,上谕中书省曰:"朕闻荆、蕲水灾,寝食不安。乃户部主事赵乾,不念民艰,自去年十二月至今年五六月之交,方施振济,民之死者多矣。夫民饥而上不恤,其咎在上。吏受命不能宣上之意,视民死而不救,咎将谁诿!命诛之,以为不恤民者戒。"

14　是月，召潍州知州吴履还。

　　履，兰溪人，李文忠镇浙东，聘为郡学正。久之，荐于朝，授南康丞，迁安化知县，有政声，迁潍州知州。山东兵尝以牛羊代秋税，履与民计曰："牛羊有死瘠患，不若输粟便。"他日，上官令民送牛羊之陕西，他县民多破家，潍民独完。至是改潍州为县，召之还，潍民皆涕泣送。上方欲用之，寻乞骸骨归。【考异】召潍州知州吴履还，典汇系之是年。证之明史本传，"履为潍州知州，寻以潍州改县，召履还。"证之地理志，潍州改县在洪武十年之五月，今据之。

15　有内侍以久侍内廷，从容言及政事，上即日斥遣归命，终身不齿。谕诸臣曰："此辈日在左右，其小忠小信，足以固结君心；及其久也，假窃威权以干政事，遂至于不可抑；自古以此阶乱者多矣。今立法不许寺人干预朝政，决去之，所以惩将来也。"

16　六月，丁巳，诏臣民言事者实封达御前。

　　丙寅，命群臣大小政事先启皇太子裁决上闻。

　　上谕皇太子曰："自古创业之君，历涉勤劳，达人情，周物理，故处事咸当。守成之君，生长富贵，若非平昔练达，鲜不谬者，故吾特命尔日临群臣，听断诸司启事，以练习国政。惟仁则不失于躁暴，惟明则不惑于邪佞，惟勤则不昵于安佚，惟断则不牵于文法，凡此皆心为权度。吾自有天下以来，未尝暇逸，惟恐处事少有不当，以负上天付托之意，戴星而朝，夜分而寝，尔所亲见。若能体而行之，天下之福也。"又时令儒臣为太子讲大学衍义。

17　秋，七月，甲申，置通政使司。正使一人，秩三品；左右通政各一人,正四品;左右参议各一人,正五品。掌受京、外章奏,于早朝汇达御前,径自封奏者参驳。午朝引奏臣民言事者,有机密报,不时以闻。谕曰:"政如水焉,欲其常通,故以通政名官。"

寻召<u>陕西</u>参政<u>曾秉正</u>为通政使,未几,以忤旨罢。【考异】置通政司,据<u>明史茹太素传</u>,言"初置通政,召<u>陕西</u>参政<u>曾秉正</u>为之",今据系于置通政下。

18 是月,始遣监察御史巡按州县,谕之曰。"近日<u>山东王基</u>,不务正论,乃用财利之说以惑朕听。今命汝等出巡,事有当言者,须以实论列,勿事虚文。凡治以安民为本,民安则国安。汝等当询民疾苦,廉察风俗,申明教化,惟知据法守正,慎勿沽誉要名。朕深居九重,所赖以宣德意,通下情者,惟在尔等,其各慎之!"

19 自监察御史之设也,一时以敢言著者,首推<u>山阴韩宜可</u>。是时丞相胡惟庸方用事,<u>陈宁</u>、<u>涂节</u>等附之,皆有宠于上。尝侍坐,从容燕语,<u>宜可</u>直前,出怀中弹文,劾"三人险恶似忠,奸佞似直,恃功怙宠,内怀反侧,擢置台端,擅作威福,乞斩其首以谢天下。"上怒曰:"快口御史,敢排陷大臣邪?"命下锦衣卫狱,寻释之。

同时又有<u>山阴周观政</u>,以<u>九江</u>教授擢监察御史。尝监<u>奉天门</u>,有中使将女乐入,<u>观政</u>止之,中使曰:"有命。"<u>观政</u>执不听,中使愠而入。有顷,出报曰:"御史且休,女乐已罢不用。"<u>观政</u>又拒,曰:"必面奉诏。"已而上亲出宫谓之曰:"宫中音乐废缺,欲使内家肄习耳。朕已悔之,御史言是也。"左右无不惊异。

20 八月,庚戌,改建**大祀殿**于南郊,始合祀天地也。

初,上用儒臣分祭议,建圜丘、方丘为二坛。其后感斋居阴雨,览京**房**灾异之说,谓分祭天地,情有未安,欲举合祀之典,乃命即圜丘旧址为坛,而以屋覆之,命曰**大祀殿**。

21 癸丑,上又以社稷分祭、配祀未当,下礼官议。

时**张筹**以礼部员外郎骤擢尚书,奏请"合社稷为一坛,行合祭礼,罢句龙、弃配位,奉**仁祖**配享,以明祖社尊而亲之之义。"上从其言,乃合社稷同坛,改建于**午门**之右。初,社稷列中祀,自奉**仁祖**配,乃升上祀。

筹在礼曹久,谙历代礼文沿革。然颇善傅会,一时迎合上意,轻变旧章,识者非之。【考异】明史本纪但书"八月建**大祀殿**",潜庵史稿并记"改建社稷坛"事,是也。今按合祀天地,出自**太祖**之意,而社稷同坛,则**张筹**希旨所奏,纪事本末,一系之庚戌,一系之癸丑,今从之,并据明史筹传增入。

22 是月,选武臣子弟读书国子监。

上念武臣子弟鲜知问学,命大都督府选入国学,其在**凤阳**者,即肄业于**中都**。

23 罢**弘文馆**。

24 九月,丙申,振**绍兴**、**金华**、**衢州**水灾。

25 辛丑,以胡**惟庸**为左丞相,**汪广洋**为右丞相。

惟庸独相数岁,生杀黜陟,或不奏径行。内外诸司上封事,必先取阅,有不便己者,匿不以闻。四方躁进之徒及功臣武夫失职者,争走其门,馈遗金帛名马玩好,不可胜数。**广洋**虽并相,浮沉充位而已,上数诚谕之。

26 冬,十月,戊午,封**沐英**为**西平侯**。

英年少明敏,在都督府,机务繁积,剖决如流。皇后数称其才,上亦器重之。至是论平吐番功,始锡封,予以世券。

27 辛酉,赐百官公田。

28 十一月,癸未,卫国公邓愈征吐番还,行至寿春卒。

愈为人,简重慎密,不惮危苦。军令严,善抚降附,所至招徕,威惠甚著。上念其尽瘁驰驱,功高龄促,追封宁河王,赐谥武顺。

29 丁亥,冬至,以大祀殿工未成,始合祀天地于奉天殿。

上亲制祝文,大意谓:"人君事天地犹父母,不宜异处",遂令每岁合祀于孟春,为永制。

30 是月,免河南、陕西、广东、湖广被灾田租。

31 四川威茂土酋董贴里叛,诏以御史大夫丁玉为平羌将军,讨之。至威州,贴里请降,承制设威州千户所。

32 十二月,乙巳朔,日有食之。

33 丁未,录故功臣子孙五百余人,授官有差。

34 是岁,外蕃来贡,惟高丽使五至,皆却之。

初,高丽王颛死,禑袭位,遣使来告哀。上知颛实被弑,遣使往祭吊以觇之。是年春,又使来请王颛谥号,上曰:"颛被弑已久,今始请谥,将假吾朝命,镇抚其民,以掩其弑逆之迹,不可许。"

其年夏,复遣周谊贡马及方物,冬,又遣使贺明年正旦。上曰:"王颛被弑,奸臣窃命。春秋之义,乱贼必讨,夫又何言!第前后使者皆称嗣王所遣,莫明其实。"命悉却其贡。仍敕中书省遣人往观其所为,且诘其嗣王何人,政令何在,以知彼中虚实。

35 自八年改建大内宫殿,是年告成。

　　阙门曰午门,午门之为曰奉天门。内为奉天殿,左曰文楼,右曰武楼。奉天殿之后曰华盖殿,又其后曰谨身殿,殿后则乾清宫之正门也。奉天门外两庑间有门,左曰左顺,右曰右顺。左顺门外有殿曰文华,为东宫视事之所,右顺门外有殿曰武英,为皇帝斋戒时所居。制度如旧,规模益弘。

十一年(戊午、一三七八)

1 春,正月,甲戌朔,封皇子椿为蜀王,柏湘王,桂豫王,楧汉王,植卫王。改封吴三橚为周王。罢杭州护卫。

2 己卯,进封汤和信国公。

3 是月,征天下布政使及知府来朝。

　　上谓廷臣曰:"布政使即古方伯之职,知府即古刺史之职,所以承流宣化,抚安吾民者也。然得人则治,不则瘝官尸位,病吾民多矣。朕今令之来朝,使识朝廷治体,以儆其玩愒之心,且以询察言行,考其治绩,以觇其能否。苟治效有成,天下何忧不治!"

4 以宝钞司提举费震为户部侍郎,礼部员外郎朱梦炎为本部侍郎,兵部郎中陈铭为吏部尚书。

　　上谕吏部曰:"朝廷悬爵禄以待天下之士。资格者,为常流设耳,若有贤才,岂拘常例!"一时超擢者九十五人。

寻进震尚书。【考异】按"不拘资格"之语,见明史费震传。传中系之洪武十一年,孙氏春明梦余录并引张江陵集,在是年正月,证之潜庵史稿,震进尚书在四月。

上又谕吏部曰:"披沙将以求金,掘井在于获泉,荐士期于得贤。今荐举之士,名实不副,视为具文,岂昧于识人邪? 抑贤才之果难得也? 其令有司悉心询访,务求真才,以礼敦遣。"

5 二月,四川茂州蛮作乱,指挥胡渊等讨平之。

初,茂州土酋杨者七来贡,命权知州事。会四川都司遣兵修灌县桥梁,至陶关,汶川土酋孟道贵等集部落邀阻关道。渊与童胜分兵二道击之,一由石泉,一由灌口。由灌口者进次陶关,蛮众伏两山间,投石崖下,兵不得进。适汶川土官来降,得其间道,大破之。其由石泉者亦败其众,两军遂会于茂州,者七迎降。承制置茂州卫,仍以者七领其众,留指挥楚华将兵三千守之。

6 三月,壬午,命"奏事毋关白中书省。"上于是始疑胡惟庸等。

7 始命秦王樉、晋王㭣之国。

上赐秦王玺书曰:"关内之民,自元氏失政,不胜其敝。今吾定天下,又有转输之劳,民未休息。尔之国,若宫室已完,其不急之务悉已之!"

晋王就藩太原,中道笞膳夫,上驰谕曰:"吾率群英平祸乱,不为姑息。独膳夫徐兴祖,事吾二十三年,未尝折辱。怨不在大,小子识之!"

时吴王已改封河南,命与燕、楚、齐王同驻凤阳俟命。

定制,诸王之国,皆令诣辞皇陵而后行。

8 是月,各官朝觐来京师者,上命吏部课其殿最,分为三等:称职无过者为上,赐坌、宴;有过称职者为中,宴而不坐;有过不称职者为下,不预宴,序立于门,宴毕始退。朝觐考察自此始。

9 夏,四月,元嗣君阿裕实哩达喇殂,子特古斯特穆尔嗣。旧作脱古思帖木儿。

时元丞相鲁尔、旧作驴儿。哈剌章、曼济旧作蛮子。等寇塞下。【考异】据明史本纪、三编,元嗣君殂在四月,纪事本末系之五月,今从本纪。

10 江阴侯吴良,督田凤阳,上命修葺皇陵,至是成。

诏曰:"皇堂新造,予忖秉鉴窥形,但见苍颜皓首,忽思往日之艰辛。窃恐前此碑记,出自儒臣粉饰之文,不足以为后世子孙戒,特述艰难以明昌运。"乃自制碑文,命良督工刻之。【考异】重建皇陵碑,明史不载,事具郎氏七修类稿中。前引太祖自述之文云:"洪武十六年夏四月,命江阴侯吴良督工部造皇堂,予时秉鉴窥形,但见苍颜皓首,忽思往日之艰辛。况皇陵碑记,皆儒臣粉饰之文,不足以为后世子孙之戒。特述艰难以明昌运,俾世代见之。"其碑词则通体皆用阳韵,此重建皇陵碑之本末也。徐氏典汇,则云"十一年四月,上又以前建皇陵碑,恐代草者有文饰,复亲制文,命江阴侯吴良督工刻之",秦氏五礼通考亦引其文,此即本太祖自序之意也。证之良传,良是时督田于凤阳,故太祖就命之。迨十二年,命良建齐王府于青州,十四年,良卒于青州。据此,则七修类稿"十六年"之"六"字误也。盖十六年所建,乃滁阳王庙碑,郎氏误记年月,或误写"一"字为"六"耳。今据典汇所系三月,而记其重建序语之大略云。

11 五月,丁酉,存问苏、松、嘉、湖被水灾民,户赐米一石,蠲逋赋六十五万有奇。

先是户部以<u>苏州</u>逋赋太多,请论官吏,上不许曰:"逮其官,必责之于民,民倾资输官,困将益甚。"至是命悉免之。

12 六月,壬子,遣使祭故元嗣君。

13 己巳,<u>五开蛮吴面儿</u>作乱,杀<u>靖州卫</u>指挥<u>过兴</u>,诏以<u>辰州卫</u>指挥<u>杨仲名</u>为总兵官,讨之。

14 秋,七月,丁丑,振<u>平阳</u>饥。

15 是月,<u>苏</u>、<u>松</u>、<u>台</u>、<u>扬</u>四府海溢,人多溺死,诏遣官存恤。

16 八月,免<u>应天</u>、<u>太平</u>、<u>镇江</u>、<u>宁国</u>、<u>广德</u>诸府州秋粮。

17 九月,丙申,追封<u>刘继祖</u>为<u>义惠侯</u>。

18 冬,十月,丙辰,<u>河</u>决<u>兰阳</u>。

19 甲子,<u>大祀殿</u>成。

20 <u>西番</u>诸蛮,数为边患。十一月,庚午,授<u>西平侯沐英</u>为征西将军,率都督<u>蓝玉</u>、<u>王弼</u>等讨之。

21 是月,<u>杨仲名</u>讨平<u>五开蛮</u>,<u>吴面儿</u>遁。上初遣内臣<u>吴诚</u>观军,至是又遣尚履奉御<u>吕玉</u>视捷。

上尝语侍臣曰:"朕读<u>唐</u>书,至<u>鱼朝恩</u>为观军容使,未尝不叹此曹掌兵,遂恣肆至此。然<u>代宗</u>苟一旦去之,如孤雏腐鼠,亦有何难,惟在断与不断耳。<u>汉</u>、<u>唐</u>宦官之祸,朕深鉴之。故此辈左右服役之外,其重者传命四方而已。"然是役也,两遣内臣出使,宦官之预兵事自此始。

22 <u>大同白羊镇</u>巡检<u>张文焕</u>,遇<u>元</u>兵于<u>焦山</u>,战没。其妻闻之,同日死。一子贫寒,十指俱堕,上命取至京师,月给米一石,终其身。

23 十二月，上以佛经遗佚，命僧宗泐偕其徒使西域求之，凡三年而还。

24 国子助教贝琼致仕卒。

琼与清江张美和、聂铉齐名，时称"成均三助"云。【考异】事见明史宋讷传中。

25 是岁，有彭亨、百花等国始来贡。

彭亨在暹罗之西，百花居西南海中，皆西南洋之小国也，诏皆宴劳其使而遣之。

十二年(己未、一三七九)

1 春，正月，己卯，始合祀天地于南郊。上自制大祀文并迎神以下九章之乐。

2 甲申，洮州十八族番酋三副使等叛，据纳麟七站之地。

时沐英讨西番，败之于土门峡，降其万户乞迭迦等，上乃命英移师平洮州。

3 初，四川松州蛮叛，诏平羌将军丁玉移师讨之。

丙申，玉平松州，请置军卫。上敕玉曰："松、潘僻在万山，接西戎之境。今克松州，则将进取潘州，择其险要而守之，则威茂不穷兵而自服。"于是始并潘州于松州，置松州卫指挥使司，遣宁州卫指挥高显城其地。

4 二月，戊戌，命曹国公李文忠督理河、岷、临、巩军事，与沐英讨番寇。

英至洮州，旧城三副使遁去，追击，大破之，斩其酋长阿昌、失纳等，遂于东笼山南川度地势，筑城戍守。遣使请事宜，上命置洮州卫。

　　文忠言"官军守洮州，饷艰民劳"，上遣人劳师，谕之曰："洮州西控羌、戎，东蔽湟、陇，汉、唐以来备边要地。今弃不守，诸番将复为边患。惜小费而忘大虞，岂良策邪！所获牛羊，分给将士，亦足充两年军食。其如敕行之！"【考异】按遣沐英讨西番在去年，至是年二月，始命李文忠督理军事。文忠之去以二月，还以七月。英再破西番，禽其三副使在九月，则文忠已还也。三编及明史英传皆牵连并记，今分书之。

5 乙巳，诏曰："今春雨雪经旬，天下贫民困于饥寒者，所在多有。其令有司给以钞！"又命"视京民孤幼者，户给盐十五斤，孤寡者户十斤。"

6 丙寅，诏信国公汤和率诸将练兵临清。

7 三月，戊辰朔，上御华盖殿，皇太子侍。问以"比日讲习何书？"对曰："昨看书至商、周之际。"上曰："看书亦知为君之道否？"因谕之曰："君道以事天爱民为重，其本在敬耳。人君一言一行，皆上通于天，下系于民。必敬以将之，而后所行无不善也。盖善，天必鉴之，不善，天亦鉴之。一言而善，四海蒙福；一行不谨，四海罹殃。言行如此，可不敬乎！"

　　时国子助教吴伯宗进讲东宫，首陈正心诚意之说。上闻而嘉之，改翰林院典籍。伯宗始以不附胡惟庸，坐事谪凤阳，上书劾"惟庸专恣不法，久之必为国患"，词甚恺切。上得奏，召还，赐衣钞。奉使安南称旨，除助教，寻改入翰林。

8 是月，上退朝，御便殿，召儒臣论治道。

324

时国子学官<u>李思迪</u>、<u>马懿</u>独无言,上谓诸臣曰:"<u>孔子</u>入<u>周</u>庙,见金人三缄其口,以为古之慎言人,此谓非法之言耳。若理道之词,上足以匡君,下足以泽民,<u>孔</u>、<u>孟</u>历聘诸邦,惟恐其言之不用。今<u>思迪</u>等发身草野,一旦与人主论列殿廷之上,又得人主虚心就问,而缄默不言,学<u>孔</u>、<u>孟</u>者固如是乎?且<u>思迪</u>等事朕如此,欲其尽心以训国子生,不可得也。"令谪之。

9 <u>高丽</u>之入贡也,上屡却之,而敕<u>辽东</u>守将<u>潘敬</u>、<u>叶旺</u>等谨饬边备。

会<u>高丽</u>复遣<u>周谊</u>贡表,献方物,夏,四月,<u>敬</u>等奏闻,上谕之曰:"此非彼殷勤致敬之意,盖间谍之萌也。且人臣无外交,尔等宜慎之!"

10 五月,癸未,诏蠲<u>北平</u>田租。

11 闰月,戊戌,太白昼见。

12 六月,丁卯,命都督佥事<u>马云</u>征<u>大宁</u>,克之。

<u>云</u>与<u>叶旺</u>镇<u>辽阳</u>,翦荆棘,立军府,抚辑军民,垦田万余顷。至是<u>云</u>以赏功召还,<u>旺</u>留镇如故。<u>旺</u>在镇前后凡十七年,<u>辽</u>人德之。

13 是月,编春秋本末成。

上以春秋列国之事,错见间出,欲究终始,乃命东宫文学<u>傅藻</u>等分列国而类叙之,附以<u>左氏传</u>。首<u>周王</u>,以尊正统,次<u>鲁</u>,以仍旧文,列国则先<u>晋</u>、<u>齐</u>,以内<u>中国</u>。至是书成,上之。

14 <u>高丽</u> <u>龙川</u>、<u>郑白</u>等率众诣<u>辽东</u>请降,<u>潘敬</u>、<u>叶旺</u>等又以

奏闻。上复谕之曰："高丽僻居海国,其俗尚诈。况人情安土重迁,岂有舍桑梓而归异乡者! 此必示弱于我,如堕其计,不过一二年间,至者接踵,其害非细。自今符至之日,开谕来者,令还彼国,以破其奸,慎勿贪受降之虚名而贾实祸也!"

15 秋,七月,丙辰,平蜀眉县贼。

先是眉之妖人彭普贵为乱,焚掠十四州县,知县顾师胜率民兵御贼,力战死之。都司普亮等不能克,诏丁玉移师进讨,尽歼其众。

捷闻,上手诏褒美,进玉左御史大夫。师还,拜大都督府左都督。【考异】据明史本纪,"七月丙辰,丁玉回师讨眉县贼,平之。"证之玉传,即彭普贵也。玉以本年正月平蛮,至是命移师讨之。证之潜庵史稿,眉县贼作乱在是年四月,此则据其讨平之日月也。今据本纪而系以"先是"二字,并据玉传增入进秩事。

16 己未,李文忠还,仍掌大都督府,兼领国子监事。

文忠之还也,为上言:"西安城中,水咸卤不可饮,请凿地引龙首渠入城,以便民汲。"从之。

17 是月,增祀功臣吴祯等百九十三人于功臣庙。

18 八月,辛巳,诏:"凡致仕官,复其家终身无所与。"

先是定给致仕官告敕,秩三品以上仍旧,四品以下各加一级,至是又定制致仕官居乡,与宗族亲党相见序尊卑,如家人礼,异姓无官者相见不答礼,庶民则以官礼谒见。并著为令。

19 九月,己亥,沐英进师西番,大破其众,禽其酋长、三副使。凡英前后战,拓地数千里,俘男女三万,获杂畜二十余万。

冬,十一月,甲午,班师还。封仇成、蓝玉等十二人皆为侯。

20 十二月,右丞相汪广洋谪广南,寻赐死。

初,广洋与胡惟庸并相,上渐觉惟庸奸状,而广洋依违其间,无所救正,上亦薄之。是年,九月,占城入贡。惟庸等不以闻,中官出,见之,入奏,上怒,敕责省臣。惟庸及广洋顿首谢罪,而微委其咎于礼部,礼部又委之中书。上益怒,诏下诸臣狱,穷诘主者。会中丞涂节,言"刘基为惟庸毒死,广洋宜知状。"上大怒,切责广洋朋欺,遂被谪。舟次太平,又追怒其在江西曲庇朱文正,在中书不发杨宪奸,值惟庸事发,遂敕赐广洋死。

广洋之赐死也,其妾陈氏从死之。上询之,乃前知县之女没入官者,怒曰:"没官妇女,给功臣家。文臣何以得给!"仍敕法司取勘。

21 征天下博学老成之士至京师。

是时又诏郡县举故元遗民,布政使沈立本以元吏部侍郎巴延资中旧作伯颜子中。密闻于朝,诏遣使以币往聘,资中不至,饮鸩死。

资中,本西域人,后仕江西,因家焉。初为元建昌教授,江西盗起,授分省都事,守赣州,而陈友谅兵已破赣。资中间道走闽,陈友定辟为行省员外,出奇计,以友定兵复建昌,浮海如元都献捷。累迁至吏部侍郎,持节发广东何真兵救闽。至则真已降于廖永忠,资中堕马,折一足,被获,<u>永忠</u>胁降不屈,义而释之。乃变姓名,冠黄冠,游行江湖间。上求之不得,簿录其妻子,<u>资中</u>竟不出,尝赍鸩自随。久之,事寝解,乃还乡里。上益重其人,欲以礼致之。使者至,<u>资中</u>太息曰:"吾死晚矣!"为歌七章,哭其祖父师友而死。

22　是岁,<u>高丽</u>贡黄金百斤,白金万两,以不如约却之。

明通鉴卷七

江西永宁知县当涂 夏　燮 编辑

纪七 起上章涒滩（庚申），尽元黓掩茂（壬戌），凡三年。

太祖高皇帝

洪武十三年（庚申、一三八〇）

1 春，正月，戊戌，胡惟庸谋反，及其党陈宁、涂节等皆伏诛。

2 初，惟庸方任用，大将军徐达深疾其奸，从容言于上，惟庸衔之，诱达阍者福寿以图达，为福寿所发。会刘基死，惟庸益无顾忌，与太师李善长相结，以兄女妻其从子佑，自是势日炽。

惟庸旧宅在定远，忽井中生石笋，出水数尺，谀者争言瑞应，又言其祖父三世冢上，夜有光烛天，惟庸益自负，遂有异谋。

时吉安侯陆仲亨、平凉侯费聚尝犯法，上切责之。二人惧，惟庸阴以权利胁诱之。二人素戆勇，见惟庸用事，因密相往来，渐以不法事转相告语。

陈宁久事上，上以为才，犯法屡宥之。出知苏州，以惟庸荐，召为御史中丞。宁守苏，号称酷吏，及居宪台，益厉威严，上尝责之，不能改。其子孟麟、亦数谏，宁怒，捶之至死，上深恶之，曰："宁于其子如此，奚有于君父邪！"宁闻之，惧，益与惟庸比。而是时涂节及御史商暠，皆以惟庸荐骤贵。

一日，惟庸与宁坐省中，阅天下兵马籍，令都督毛骧取卫士有勇力及亡命者为心膂，又使太仆寺丞李存义阴说善长。——存义者，善长之弟，惟庸兄婿李佑父也。——善长初不许，而年老不决，辄依违其间。于是惟庸以为事可就，乃遣明州卫指挥林贤下海招倭与期会，又遣元故臣封绩致书称臣于元嗣君，请兵为外应，事皆未发。

会惟庸子驰马于市，坠死车下，惟庸杀挽车者。上怒，命偿其死，惟庸请以金帛给其家，不许。惟庸惧，乃与陈宁、涂节等谋起事，阴告四方及武臣从己者。

值上以占城入贡事将罪惟庸及在事诸臣，涂节等惧祸及，乃先上变告惟庸，而商暠时谪为中书省吏，亦以惟庸阴事告。上大怒，命群臣更讯，词连宁、节。廷臣言："节本预谋，见事不成，欲以告变自脱。"遂并诛之。

330 狱词既具，株连党与凡万五千余人。上以善长功大，与陆仲亨等皆置不问。【考异】三编质实云："明史纪事本末，'正月戊戌，惟庸诡言第中井出醴泉，邀帝临幸，帝许之。驾出西华门，内使云奇冲跸道，勒马衔言状，气方喘，舌鸠不能达意，帝怒。左右挝捶乱下，云奇右臂将折，垂毙，犹指贼臣第，上顿悟。登城，望惟庸第中藏兵，刀槊林立，亟发羽林掩捕，拷掠，具服，遂磔于市。'与明史及实录不同。考实录，'正月癸巳朔。甲午，中承涂节告胡惟庸谋反,戊戌,赐惟庸等死。'若然,则正月二日,惟庸已被告发,不应戊戌尚有邀帝幸第之事,盖传闻异词"云。按据质实所云 则实录中并无云奇勒马言状之事。惟皇明通纪记此事与纪事本末略同,并云:"帝闻云奇已死,深悼之,追赠右少监,赐葬钟山,令有司春秋祭祀,仍给洒扫户六人。"据此,则奇以死事追恤有明文,似非凭空臆造。今仍据三编书之,而附识其异于此。

三编御批曰:刘基遇毒及惟庸反状,皆自涂节发之,及狱成而节亦同戮,且以逆党目之。揆之于理,殊未可信。

节如果为惟庸谋主,宁不知事败之必将自累! 乃转以首告,希图幸免,实情事所必无。况从逆须有左证,如陈宁向坐省中匿兵马籍,附和之状昭然,若节则并无一事载在爰书,而仅以"其党"两字坐之,又何异于莫须有定狱!

且陈宁奸状,史传所载綦详,未尝有一语及节,而节亦别无事迹。是宁与节虽同以胡党见诛,其虚实判然可见。盖必惟庸憾节发其逆谋,妄加诬引,而当时亦不求左验,遽行具狱,节遂无以自明耳。今以明史及洪武实录互证之,足以释千秋疑案。

后此蓝玉之反,载玉强辩不服,詹徽叱玉吐实,玉言"徽即我党",遂并杀徽,事正与此相类,益可见当日断狱者之实非信谳矣。

3 癸卯,大祀天地于南郊。

4 始罢中书省,升六部尚书秩正二品,改大都督府为中、左、右、前、后五军都督府。

上惩胡惟庸乱政,遂定制,不置丞相,仿古六卿制,以政归六部,并著之祖训。

其略谓:"自古三公论道,六卿分职,不闻设立丞相。自秦始置丞相,不旋踵而亡。汉、唐、宋虽有丞相,然其间亦多小人专权乱政。今我朝罢丞相,设五府、六部、都察院、通政司、大理寺等署,分理天下庶务,大权一归朝廷,立法至为详善。以后嗣君毋得议置丞相,臣下敢以此请者,置之重典。"

5　是月,以安然为御史大夫。【考异】据明史七卿年表,然任御史大夫在是年之正月,盖以陈宁既诛召然代之。证之潜庵史稿,则然授御史大夫在去年九月甲辰,与丁玉并命,玉左然右也。又证之然传,然是时以浙江布政使召入御史台右大夫,盖召然在去年,至是年正月始任,史稿盖据其召拜之年月耳,今仍据明史表系之正月。○又然传言"十三年改左中丞,坐事免。"证之七卿表,不书改左丞事,但云"五月致仕"。按罢御史台在五月,然既致仕,犹命李善长摄台事,则罢御史大夫改御史中丞,当在五月之后。而传中所载,似然改左丞在致仕之前,或即以改左丞时致仕也。潜庵史稿系然改左丞于正月,亦与明史表不合。今仍据表书之,而书罢御史台于其下,仍据本纪系之五月。

6　增祀功臣顾时等二百八十人于功臣庙。

7　始定南北更调用人之法。凡北平、山西、陕西、河南、四川人,于浙江、江西、湖广、直隶用之,浙江、江西、湖广、直隶人,于北平、山东、山西、陕西、河南、四川、广东、广西、福建用之;广东、广西、福建人,亦于山东、山西、陕西、河南、四川用之。考核不称职及以事降谪者、不分南北,悉于广东、广西、福建、汀漳、江西、龙南、安远、湖广、郴州之地选用。

8　二月，壬戌朔，诏"举聪明正直、孝弟力田、贤良方正、文学术数之士。凡先后至京师者，有司以礼遣送吏部，随时以闻。"

9　戊辰，诏"文武官年六十以上者听致仕，给以诰敕。"

10　是月，以偰斯为礼部尚书，薛祥为工部尚书。斯初授吏部，寻改礼部。

祥以八年为工部尚书。时造中都宫殿，上坐殿中，若有人持兵斗殿脊者。太师李善长以为工匠厌镇之术，上怒，欲尽杀之，祥固争，乃杖而罚其工役。逾年，改行省为布政司，上以北平重地，特授祥。三年，治行称第一，为胡惟庸所恶，坐营建扰民，谪知嘉兴府。惟庸诛，复召用之。上曰："谗臣害汝，何不言？"对曰："臣不知也。"

省臣事败，吏多坐诛。惟刘敏时以举孝廉为中书省吏，独无所预。上贤之，擢为工部侍郎，寻改刑部。

11　遣应天府官祀历代忠臣，汉蒋子文，晋卞壸，南唐刘仁赡，宋曹彬，元福寿，凡五庙。寻徙建鸡鸣山下，以春秋致祭，著为祀典。

12　三月，诏减苏、松、嘉、湖赋额。

初，大师平吴，久不下，上怒苏、松、嘉、湖之民为张士诚守，乃籍诸豪族及富民田以为官田，按私征簿为税额。及杨宪为司农卿，又以浙西地膏腴，增其赋，亩加二倍。时军事方兴，未暇减也。已而核四府之粮逾于浙江全省之额，乃命免其逋赋前后数十万，而逋者不已。三辰，始命减其额，旧一亩科七斗五升至四斗四升者，减十之二，四斗三升至三斗六升者,止征三斗五升。然较之他省,犹为极重之赋云。

13　壬寅,遣燕王棣之国北平。

14　元国公托和齐,旧作脱火赤。知院按珠,旧作爱足。屯和林为边患,诏西平侯沐英总陕西兵讨之。

壬子,英率兵由额齐讷路渡黄河,历贺兰山,涉流沙,七日至其境。分四翼,夜袭之,而自以骁骑冲其中坚,禽托和齐、按珠等,获其全部以归。

15　夏,四月,己丑,上命群臣各举所知,谕之曰:"天下贤才未尝乏也,谓皋陶、稷、契不复生,方叔、召虎不再出,是薄待天下士也。但世有升降,才有等差,为人上者,能量才授职,何施不可!盖士之进退,系乎国之治否。朕以一人之智,岂足以理天下,又岂足以尽知天下之贤!惟在卿等各举所知以闻。"

16　是月,以刘崧为礼部侍郎。

崧以举经明行修召用,累官至北平按察司副使,为胡惟庸所恶,坐事谪输作,寻放归。惟庸既诛,上复征之。

未几,偰斯改礼部,擢崧署吏部尚书。

17　五月,甲午,雷震谨身殿。

诏告天下曰:"朕以菲德托于万姓之上,奉天勤民,于兹十有三年矣。间者宰辅非才,肆奸乱政,朕思创业之艰难,念民生之不易,按法诛之。然昧于知人,实朕之过,上天垂戒,岂偶然哉!可大赦天下。"

丙申,释在京及中都屯田输作者。

己亥,诏免天下今年田租。又还山西军二万四千人为民。官吏以过误罢者,命还其职。

18 壬寅,西安卫指挥濮英进兵赤斤站,袭故元幽王于额林沁,旧作亦怜真。及其平章瑚图特穆尔,旧作忽都帖木儿。皆降之,获其部曲千四百人。

初,英守西安,上以其军政不修,召还,遣叶昇代之。昇更言其贤,命还卫。时陕西备边卫卒,惟英所练称劲旅云。

19 是月,御史大夫安然致仕,命韩国公李善长理台事。

时上恶台省专权,欲并罢之,未几,诏设御史左、右丞各一人,秩正二品,左、右侍御史各一人,正四品。寻罢御史台。

20 以户部郎中范敏署本部尚书。

敏,阌乡人,以举秀才召用,在户曹五年,上以其才,超擢拜之。

21 命"从征士卒老疾者,许以子代,老而无子及寡妇,有司资遣还。"

22 六月,丙寅,雷复震奉天门,上避正殿,省愆。

丁卯,敕谕江阴侯吴良等曰:"昨者上天垂戒,朕思治理,恤民为先。其王府一切役作,皆令停罢,以仰答上天爱民之心。"时良等重建齐、楚各王府,故有是谕。【考异】按是年五月雷震谨身殿,六月复震奉天门,而五月诏中无"罢王府工役"之文,故明史本纪分书之,三编并系之五月下,牵连并记耳。证之典汇有赐吴良敕,盖良时在青州建齐王府,齐王之妃,良女也。今并记之。

论曰:春秋"震夷伯之庙",左氏以为有隐慝。解之者曰："隐恶非法所得，尊贵罪所不加，圣人因天地之变，自然之妖以感动之。"

予观太祖开创之贤君，而本纪所记，吴元年雷震宫门兽吻，及是年五月雷震谨身殿，六月雷震奉天门；若其见于五行志者，则又有二十一年五月雷震玄武门兽吻，六月雷震洪武门兽吻；见于齐泰传者，则言"雷震谨身殿，太祖祷郊庙，择历官九年无过者陪祀，泰与焉。"考泰以十八年成进士，历礼、兵二部主事，以九年推之，则洪武二十六、七年间事也。春明梦余录记罢孟子配享，雷震谨身殿，则洪武五年事。又证之洪武元年太祖祀圜丘祭告德祖之文，自言"去年雷火焚舟，击殿吻。"即吴元年。然则三十二年中，雷之震宫门者凡三，震殿者四，而震谨身殿者三，何天独警太祖之深也？

盖五行之气，乖则致戾，人自召之，天何与焉！观于十三年之震者二，正胡惟庸之狱后事，二十六年之震者一，正蓝玉之狱后事。是二人者，皆以谋逆诛，宁得谓太祖用刑之失！而二狱之株连三万余人，死于捕者不知凡几，死于狱者不知凡几，死于桎梏箠楚之下者不知凡几，而诛戮其显焉者耳。阴气郁而阳不得宣，则激而为雷，岂非感伤和气之所致哉！

夫去杀期以百年，兴仁俟之必世，自古渐仁摩义之主，犹恐浃于天下，不能得之于其身，况积其威约之势而欲遗子孙之安，诚未见其可也。

23 丁丑,置谏院官,设左、右司谏各一人,秩正七品,左、右正言各二人,秩从七品。

24 是月,以苏恭让为汉阳知府。

恭让,玉田人,以举聪明正直召见,擢授是职,为治严明而不苛。汉阳密迩行省,凡徭役科征,倍于他郡。恭让每遇重役,辄诣上官反复陈说,赖以减省。

而是时有汉阳知县赵庭兰,亦能爱民任事。朝廷尝遣使征陈氏散卒,他县率以民丁取应,庭兰独力言无有,民以不扰。

一时汉阳人言郡守则称恭让,言县令则称庭兰云。

25 胡惟庸之诛也,上命翰林儒臣纂辑历代诸王、大臣、宗戚、宦官之悖逆不道者,凡二百十二人,命曰臣戒录,颁布中外以昭炯鉴。

26 秋,七月,癸巳,罢秘书监所藏古今图籍,改归翰林院典籍掌之。

27 甲午,太白昼见。

28 八月,丙戌,命天下学校师生,日给廪膳。

29 九月,庚寅,永嘉侯朱亮祖坐罪死。

亮祖勇悍善战而不知学,去年,奉诏出镇广东,所为多不法。时番禺知县道同,执法严,非理者一切抗弗从,亮祖以威胁之,同不为动。有土豪数十辈,抑买市中物,同械其魁于通衢。诸家贿亮祖求免,亮祖置酒为同言之,同厉声曰:"公大臣,奈何受小人役使!"亮祖不能屈,破械脱之。富民罗氏,纳女于亮祖,其兄弟怙势为奸,同复按治,亮祖又夺之去。同积不平，条其事奏之，未至而亮祖先劾同讪傲无礼状，上不知其由，遂遣使诛同。会同奏亦至，上悟，以为"同职甚卑，敢斥言大臣不法事，其人骨鲠可用"，复遣使宥之。两使者同日抵番禺，后使至则同已死。上怒亮祖诬奏，趣召还，与其子府军卫指挥暹俱鞭死，盖欲为同论抵也。既，念亮祖功，御制圹志镌其事，命仍以侯礼葬。【考异】朱亮祖事，见明史本传。传言"九月召还，以诬奏道同，与其子暹俱鞭死。"证之功臣年表，是月庚寅，并据道同传书之。道同虽以忤权贵得祸，而自上治亮祖后，守令稍稍行其法，军卫之暴横者亦稍敛戢焉。

初有欧阳铭者，令临淄。会开平王常遇春师过其境，卒入民家取酒相殴击，一市尽哗，铭笞而遣之。卒诉令骂将军，遇春诘之，铭曰："卒王师，民亦王民也。民殴且死，卒不当笞邪？铭虽愚，何至詈将军！将军大贤，奈何私一卒，挠国法！"遇春意解，为笞卒以谢。后大将军徐达至，军士相戒曰："是健吏，尝抗常将军者，毋犯也。"

同，河间人。铭，泰和人。

30 辛卯，上欲召魏国公还，乃命营阳侯杨璟、永城侯薛显、景川侯曹震往屯北平。

31 乙巳，天寿节，始受群臣朝贺。

初，上即位，中书省请于圣寿节率百官行庆贺礼，上不许。其后高丽屡遣使称贺，并贺皇太子千秋节，上俱却之。至是韩国公李善长等，以天下太平，上春秋高，请以圣节日受贺，许之。其在外诸司五品以上，自明年始俱听表贺。

是日，上宴群臣于谨身殿。

32　上既罢中书省，分其职于六部，又念论思密勿，不可无人，诏天下举贤才。户部尚书范敏荐耆儒王本等至。

丙午，始置四辅官，告于太庙。仿古四时命官之制，以本及杜佑、龚敩为春官，杜教、赵民望、吴源为夏官。秋、冬阙，命本等摄之，俱兼太子宾客，位列都督之次，隆以坐论礼，命协赞政事，均调四时。会立冬，朔风酿寒，上以为顺冬令，乃赐本等敕嘉勉。寻又定"月分三旬，人各司之，以雨旸时若，验其称职与否。刑官议狱，四辅及谏院覆核奏行。有疑谳，四辅官封驳以闻。"

33　是月，诏陕西卫军以三分之二屯田。

34　冬十月，吏部引见国子生二十四人，皆授府、州、县官。

35　十一月，乙未，魏国公徐达还。

36　丙午，元兵寇永平，指挥刘广战不克，死之。

37　是月，致仕翰林学士承旨宋濂，以长孙慎坐胡惟庸党被诬，与濂季子璲俱下狱死。

时并逮濂至京师，论死，皇后谏曰："民家为子弟延师，尚以礼全始终，况天子乎！且濂家居，必不知情。"上不听。会赐后侍食，不御酒肉，上问故，曰："妾为宋先生作福事也。"上为恻然投箸起。明日，赦濂，安置茂州。逾年，行至夔州，道卒。【考异】宋濂安置茂州，明史本纪系之九月，三编系之十月。证之行状言"是年之冬"，则书十月者近之。今考逊志斋集宋仲珩圹志，云"三十有七庚申死，季冬入月时加巳。"仲珩，即文宪之子璲也，季冬入月，则十一月之末也。又证之文宪孙慎圹志，言其死于"庚申十一月二十八日"，则璲、慎二人之被诛，在是年十一月，文宪之安置茂州即在其时。今并系之十一月下，其卒于夔州，据行状在十四年五月。

濂状貌丰伟，美髯须，视近而明，一黍上能作数字。自少至老，未尝一日去书，于学无所不窥。为文醇深演迤，与古作者亚。在朝，郊庙、山川、朝会、宴享大制作，以及四裔贡赏、锡劳敕文，元勋、巨卿碑记刻石，悉以推濂，遂为开国文臣首。士大夫造门乞文者，后先相踵。外国如高丽、安南、日本贡使至，出兼金购文集，且数问宋先生起居。四方学者悉称为"太史公"，不以姓氏。虽白首侍从，其勋业、爵位不逮刘基，而一代礼乐制作休明，则濂之功尤多云。

开创之初，文臣无谥，武臣非封侯、伯不得赐谥。厥后定三品以上赐谥，词臣例得谥"文"，于是始追谥基曰文成，濂曰文宪。

38 十二月，天下府、州、县所举士至者八百六十余人，授官有差。

39 阳山归善蛮叛，命南雄侯赵庸往镇广东，以便宜讨之。

40 是岁，吏部奏："天下所设税课司局，前经户臣核其征商不如额者百七十八处。诏遣中官、国子生及部委官一人核实，立为定额。惟查局中岁收额米不及五百石者凡三百六十四处，宜罢之。"报可。

时胡惟庸伏诛，上谕户部曰："曩者奸臣聚敛，析及锥刀，朕甚耻焉。自今军民嫁娶丧葬之物，舟车丝布之类，皆勿税。"遂罢天下抽分竹木场。

41 日本贡、寇相仍，上屡命中书省移牒责之，九年以后遂不贡。是年，复遣使来贡，无表，但持其将军奉丞相书，书词又倨。乃却其贡,遣使赍诏谯让。

初,胡惟庸之通倭也,倭人遣僧如瑶率兵卒四百余人,诈称入贡,且献巨烛,藏火药刀剑其中,既至而惟庸已败,计不行。然上是时尚不知也,越数年而其事始著。

十四年(辛酉、一三八一)

1　春,正月,戊子,授魏国公徐达为征虏大将军,信国公汤和、颍川侯傅友德为左、右副将军,率师北征。

先是元平章旺扎勒布哈、鼐尔布哈犯永平,千户王辂击败之,禽旺扎勒布哈。而鼐尔布哈入寇不已,乃复命达等讨之。达自此镇北平,每岁春出,冬暮召还,以为常。

2　命新授官者各举所知。

时上罢科举,专用辟荐,凡中外大小臣工,下至仓库司局诸杂流,亦令推举文学才干之士。其被荐至者,又令转荐。一时山林岩穴之士,由布衣而登大僚者接迹矣。

3　乙未,大祀南郊。

4　丙申,上谕部臣曰:"人君操赏罚之枋以御天下,必在至公。无善而赏,是谓私爱,无过而罚,是谓私恶,此不足以为劝惩。朕观汉高帝斩丁公,封雍齿,唐太宗黜权万纪、李仁发而赏魏徵之直,皆至当,可以服人,所谓赏一君子而人皆喜,罚一小人而人皆惧。朕于赏罚未尝敢轻,一时处分恐有未当。卿等宜明白执论,宁使赏厚于罚,但不可滥及,使小人侥幸手。"【考异】论赏罚事,诸书多系之十三年。今据洪武宝训,为是年正月丙申。

5　癸丑,命公侯子弟皆入国子学。

6　是月,诏定赋役籍。

始令天下编造黄册,以一百十户为一里,有里长;十户为甲,有甲首。岁役里长、甲首各一人,董一里、一甲之事。其先后以丁粮多寡为序,凡十年一周,曰"排年"。在城曰"坊",近城曰"厢",乡都曰"里"。里编为册,册有丁有田,丁有役,田有租。租一年两征,曰"夏税",曰"秋粮",皆以户为主。册首有图。鳏寡孤独不任役者,附十甲后为畸零。僧道给度牒,有田者入民册,无田者亦为畸零。册凡四,一上户部,其三则布政司、府、县各存一焉。每十年,有司更定其制,以丁粮增减而升降之,上之户部。以黄纸为册面,故名之曰"黄册"。时范敏主户部事,诸册式皆其所裁定云。【考异】定赋役籍,明史本纪不书,据三编书于是年正月,并著是年所颁"黄册",以稽天下户口,二十年颁"鱼鳞册",以核天下土田,今分书之,并据食货志采入。

7　以李叔正为礼部尚书。

叔正,靖安人,三为国子监学正、助教。上方锐意文治,于国学人才尤加意。时诸生多贵胄,不率教,叔正严立规条,旦夕端坐无倦色,朝论贤之。

擢监察御史,奉命巡岭表。琼州府吏讦其守踞公座签表文,叔正为别白,抵吏罪。上嘉之,曰:"人言老御史懦,乃明断如是邪!"累官礼部侍郎,至是进尚书。

8　诏求山林隐逸士。

9　二月,庚辰,诏核天下官田数以闻。

10　是月,有告浦江郑氏交通胡惟庸者。——时上以奸臣

明通鉴

342

乱政,独严通财党与之诛,有告者,虽一面之识,必穷治之。湖州<u>王蒙元</u>,<u>赵孟頫</u>之甥也。以知<u>泰安州</u>时尝与供奉<u>郭传</u>观画于<u>惟庸</u>第中,坐逮入狱瘐死。

<u>郑氏</u>家以义门闻,上即位之初,处士<u>郑濂</u>,以田多推为粮长,入觐于朝,上颇识之,至是为奸人所诬。<u>濂</u>时在京师,吏捕其家,<u>濂</u>之从弟曰<u>湜</u>者,与诸兄争先诣吏。至京师,<u>濂</u>迎谓曰:"吾为家长,当任其罪。"<u>湜</u>曰:"兄老矣,弟当任之。"两人相争入狱。上曰:"吾知<u>郑</u>义门必无是,人诬之耳。"俱召至廷,慰劳勉之。并问<u>濂</u>治家所以长久之道,具以对。上悦,擢<u>湜</u>为<u>福建</u>布政司参议。【考异】<u>郑氏</u>义门事,<u>纪事本末</u>系之二月,<u>皇明通纪</u>系之五月,盖有罪在先,授官在后耳。<u>三编</u>据<u>纪事</u>,并授参议统系于是年二月下,今从之。

11 三月,丙戌,诏曰:"<u>唐</u>、<u>虞</u>、<u>三代</u>之君,任贤使能,民皆远罪,刑措不用,享年永久。朕夙夜究心,未臻斯效。意者委任非人,致民陷于刑辟,朕甚闵焉。其大赦天下,与民更始。"

12 辛丑,诏颁<u>五经</u>、<u>四书</u>于北方学校。

13 初,吏部尚书<u>刘崧</u>之官,逾月即致仕。是时雷震<u>谨身殿</u>,谕廷臣陈得失,<u>崧</u>以修德行仁对,上颇思其言。

是月,诏与前刑部尚书<u>李敬</u>并征,拜<u>敬</u>国子祭酒,<u>崧</u>司业,赐鞍马,令朝夕见,见辄燕语移时。未旬日,卒。疾作,犹强坐训诸生。及革,<u>敬</u>问所欲言,曰:"天子遣<u>崧</u>教国子,将责以成功,而遽死乎!"无一语及家事。上命有司治殡敛,亲制文祭之。[考异]<u>刘崧</u>以去年致仕,本年三月召为司业,语见<u>明史</u>本传。传言"未旬日卒",则<u>崧</u>卒在四月也。<u>潜庵史稿</u>系国子司业<u>刘崧</u>卒于四月,而不言其致仕后召为国子司业事,今据本传增入。

14 夏,四月,丙辰,置国子监。

初,吴元年,置国子学,以应天府学为之,至是诏改建太学于鸡鸣山下。寻改国子学曰国子监。【考异】明史本纪不书,但于十五年书"太学成"。证之典汇、春明梦余录,建国子监在十四年。潜庵史稿系之四月丙辰,今从之。

15 庚午,魏国公达率诸军出塞,傅友德为前锋。军至北黄河,敌骑遁,友德选轻骑夜袭灰山,大破之,禽其平章、太史等。

时西平侯沐英分道出古北口,略公主山长寨,获全宁四部,度胪朐河,执元知院李宣等,尽俘其众。

达还师,仍镇北平。

16 五月,湖广五溪蛮叛。

时江夏侯周德兴,自福建召还,上以其年老,欲令少休息,德兴力请行,乃壮而遣之。赐手敕曰:"赵充国征西羌,马援讨交阯,皆年老自请行。朕常嘉其事,谓今人所难,卿忠勤不怠,何多让焉!"

德兴至五溪,蛮悉散走。会四川诸峒作乱,德兴移师讨平之。

17 六月,丙辰,选国子生,得三十七人,以备擢用。

18 秋,七月,皇后千秋节,始定朝贺仪。

19 以刑部郎中胡桢为本部尚书。

桢以御史台史起家,上破格用之。

20 以贤良方正何德思为河南右参议,聪明正直金思存为北平右参议,孝弟力田聂士举为四川左参政,贤良方正蒋安素为四川右参政。

21　八月,乙丑,南雄侯赵庸讨阳春蛮,平之。

先是广东右卫百户翁显讨山寇,房文广力战,死之。会倭寇闽洋,上命庸兼镇闽广。至是阳春之捷,俘囚无算,庸奏戮其魁,余悉散遣之。

22　丙子,诏求明经老成之士,令有司礼送京师。

23　庚辰,河决祥符、原武、中牟,有司请修筑。上曰:"此天灾也。今欲塞之,恐徒劳民力,但令防护旧堤,勿重困吾民。"

24　辛巳,魏国公徐达还。

25　是月,前御史大夫安然卒。

然既致仕,上置四辅官,所用多老儒,不久,寻致仕王本坐事诛,乃召然代之。然久历中外,练达庶务,眷注特隆,至是卒。

当王师下山东时,然以故元左丞守莱州,率众先归。上念其诚,亲制文祭之。

26　九月,壬午朔,命颍川侯傅友德为征南将军,永昌侯蓝玉、西平侯沐英为左、右副将军,率步骑三十万征云南。

谕友德曰:"云南自昔为西南夷,至汉始置吏,臣属中国。今元遗孽巴咱尔、斡尔密等,自恃险远,害我使臣,在所必讨。朕尝览舆图,得其厄塞。取之之计,当自永宁别遣一军向乌撒,大军自辰、沅入普定,分据要害,然后进兵曲靖。曲靖,云南之噤喉,彼必并力于此以拒我师。出奇制胜,实在于此。既下曲靖,三将军以一人向乌撒应永宁之师,大军直捣云南。彼此牵制,疲于奔命,破之必矣。云南既克,径趋大理,先声已夺,势将瓦解。其余部落,遣人招谕,可不烦兵下也。"

师行,上亲饯之龙江。

27 丁未,傅友德师至湖广,分遣都督郭英、胡海、陈桓等率兵五万,由四川永宁趋乌撒,友德自率大兵由辰、沅趋贵州。

28 是月,命徐达仍镇北平。

29 以李幹、何显周为四辅官。

30 衍圣公孔希学卒。

希学好读书,善隶法,文词尔雅,每宾客宴集,谈笑挥洒,烂然成章。承大乱之后,庙貌服物,毕力修举,尽还旧观。至是卒,遣官致祭。于是始定诸王大臣赐祭葬之制。

31 冬十月,壬子朔,日有食之。

32 癸丑,命法司录囚,同翰林院、给事中及春坊、正字等官会议平允以闻。癸亥,又命御史林愿、石恒等分按诸道录囚。

33 浙东山寇叶丁香等作乱。己卯,命延安侯唐胜宗率兵讨之,禽其首从凡三千余人。又分兵平安福之贼,至临安,降元右丞阿卜台等。

34 是月,免应天、太平、广德、镇江、宁国田租,又免开封祥符等八县及陈州被水田租。

35 是时工部尚书薛祥坐累杖死,天下哀之。【考异】薛祥被杖死,事见本传及刑法志。七卿表系之是月,今从之。惟刑法志误作"夏祥",

今据本传。

36 给事中郑相同奏："旧制,百官见东宫皆称名,惟宫臣称臣。"下廷臣议。编修吴沈等曰："东宫,国之大本,所以继圣体,承天位也。臣子尊敬之礼,不宜有二,请凡启事皇太子者,皆称臣如故。"从之。

37 初,吉安侯陆仲亨,从汤和练兵临清,以胡惟庸党逮至京师,既而释之。

十一月,壬午.命仲亨移镇成都。

38 丁未,江阴侯吴良卒。

良女,齐王妃也。王既封,上命良往建王府。数年,遂卒于青州。追赠江国公,谥襄烈。

良与弟祯,俱以勇略闻。从上起濠梁,积功,兄弟并封为侯。祯先二年卒,谥襄毅,俱肖像功臣庙。

39 庚戌,赵庸讨广州海寇,平之。

时寇攻掠东莞、南海及肇庆、翁源诸府县,庸率步骑舟师八道击破之,禽贼酋铲平王等。

40 十二月,丁巳,罢翰林院承旨、直学士及待制、应奉等官,定学士正五品。凡诸司章奏,命同春坊、正字等官考核平允,则署衔曰"翰林院兼平驳诸司文章事某官某",列名书之。

41 辛酉,傅友德率蓝玉、沐英至贵州,攻普定、普安,皆下之,留兵戍守。

进师曲靖,元梁王遣司徒平章达尔玛,旧作达里麻。将兵十余万,屯曲靖以拒我师。英谓友德曰："彼不意我师深入。若倍道疾趋,掩其不意,上所谓'出奇制胜'者此也。"友德是之,遂进师。

丙寅,未至曲靖数里,忽大雾四塞,诸军冲雾行,阻水而止,则已临白石江矣。顷之,雾霁,达尔玛大惊。友德即欲济师,英曰:"我师远来,利在速战。然急济恐为所扼。"乃整师临流,若欲渡者,而别遣奇兵从下流济,出其阵后,张旗帜山谷间。元兵惊扰,英急麾兵渡江,使善泅者先之,长刀蒙盾,破其前军,敌却数里,我师毕济。战数合,英纵铁骑捣其中坚,遂大败之,生禽达尔玛等,俘众二万。

友德既下曲靖,即自率众数万向乌撒,分遣蓝玉、沐英趋云南。壬申,元梁王闻达尔玛败,弃城走入晋宁州之忽纳寨,焚其龙衣,驱妻子赴滇池死,遂与左丞托迪、旧作达的。鲁尔旧作驴儿。俱自杀。

癸酉,玉、英等师至云南之板桥,元右丞观音保以城降。玉等整军入,秋毫无犯。

改中庆路曰云南府。

42 都督郭英之出永宁也,路多险阻,诸将欲深入,英曰:"破敌贵先声,攻取必自近始。舍近趋远,非策也。"遂率兵攻赤水河,去河二十里而军。时久雨水涨,英曰:"贼恃水险,不意吾济。"趣令诸军斩木造筏。乘夜济河,敌大惊溃,禽蛮将一人,诸蛮悉震。

会友德自曲靖取间道,循孤格山而南,直捣乌撒,元右丞实卜方屯赤水河拒英等,闻大军至,遽遁去。友德下令城乌撒,版筑方具,实卜引诸蛮复大集,友德据高冈,严阵待之。诸将请战，友德曰："必欲战者，有进无退。"时芒部土酋悉众来援，我军争击之。战数十合，蛮众中槊坠马，死者相踵，遂大溃，斩首三千级，实卜率余众遁。遂城乌撒，克七星关以通毕节，进兵可渡河。于是东川、乌蒙、芒部、水西诸蛮，皆望风降附。

是役也，钱唐卫千户袁兴自请为前锋，陷阵，死之。诏追赠，恤其家。

43　是月，罢京畿都漕运司。

44　初，吴元年，置大理司卿，秩正三品。上即位之初，罢之，置磨勘司，寻又罢之。是岁，复置大理寺，改卿，秩正五品，左、右少卿从五品，左、右寺丞正六品。其属，左、右寺正各一人，寺副各二人，左评事四人，右评事八人。又置审刑司，共平庶狱。其大理寺所理之刑，审刑司复详议之。

45　诸蕃入贡，惟安南却之。时广西思明土官控安南犯境，而安南亦诉思明扰边。上移檄数其奸诳罪，因却其贡。

十五年（壬戌、一三八二）

1　春，正月，辛巳朔，宴群臣于谨身殿，始用九奏之乐，盖詹同等所定，复更之也。【考异】据此，始用九奏之乐，似前此詹同等所定，未曾奏用。且据明史乐志所载，同等所奏，自本太初以下九章，皆有其目而无其词。若十五年所定，自炎精开运以下九章，其词并详志中，则是同等所奏，复更制之，明矣。野史有以为是年所奏即詹同、陶凯所定者，非。余详考证中。

2　蓝玉既定云南，遣宣德侯金朝兴、景川侯曹震等分道取临安、威楚等路。震至威楚，元平章等降。朝兴驻师临安,元帅及土酋杨政等降。

壬午,元曲靖宣慰司及中庆、澄江、武安三路皆先后诣蓝玉、沐英等营纳款。云南遂平。【考异】此事,明史本纪系之正月,书云:"景川侯曹震、定远侯王弼下威楚路。"按是时下临安、威楚两路,证之震传,下威楚者震也。又证之金朝兴传,下临安者朝兴也。又证之纪事本末,则云"蓝玉别遣曹震、王弼、金朝兴等率兵二万,分道进取临安诸路,皆下之。"是此三人俱从(亟)〔玉〕征云南,而弼传但叙其平大理之功,不言下临安、威楚等路。本纪所载,但言威楚,不及临安,但书王弼,不及朝兴。至于震下威楚,朝兴下临安,传中分记其功,并非震与朝兴合兵取威楚,又取临安也。本纪,弼与震同取威楚,而弼传不及。且其时震下威楚,降元将阎乃马歹等,朝兴下临安,降元完者都及土酋杨政等,是本纪所叙,既遗却临安,又遗却金朝兴。三编言取威楚等路,似已兼临安在内,然但言王弼,不及朝兴,与本纪同。其实取临安当为朝兴及唐胜宗二人之功。(见胜宗本传。)○又按明史土司传言取临安之事,亦以为朝兴,不及王弼。纪事本末前叙三人,则总从征云南之有功者而著之。盖平威楚乃曹震之功,平临安乃朝兴之功,平大理则王弼之功也。今分记之,为得其实。

3 丁亥,置贵州都指挥司,命平凉侯费聚、汝南侯梅思祖署司事。

4 己丑,减大辟囚。

5 甲午,上遣使谕友德曰:"贵州、云南,相距甚远,今须别置云南都司以统诸军。既有土有民,亦须置布政使及府州县治之。其乌撒、乌蒙、东川、芒部之地,亦宜留兵守卫,控制渠长。"

6 乙未,大祀南郊。

7 庚戌,命天下朝觐官各举所知一人。

8 是月,命编类蒙古译语。

上以前元素无文字,但借高昌之书制为蒙古字,而译语未有成书,难以通晓。乃命翰林院侍讲和约尔济勒旧作火原洁。及编修玛实伊克旧作马沙亦黑。等以华言译其语,凡天文、地理、人事、物类、服食、器用具载,复取元秘史参考,纽切其字以谐其声音。既成,诏刊行之。自是使臣往复朔漠,皆能通达其情。

9 二月,壬子,河南河决,遣驸马都尉李祺振之。

10 癸丑,置云南都指挥司,以都督谢熊、冯诚署司事。——诚,国用子也。

11 甲寅,以云南平诏天下。

12 乙卯,始置云南布政司,命汝南侯梅思祖、平章潘原明署司事,以张统等为参政、参议等官。

13 是月,以刘仲质为礼部尚书。

仲质,分宜人,上即位之初,以宜春训导荐,入京,授翰林院典籍。上优其学,超擢拜之。

14 闰月,癸卯,蓝玉、沐英攻大理,平之。

大理为段氏世守之国,元世祖封其子为云南王,仍录段氏子孙守其土。段氏有大理,传十世至宝者,当上平江西、湖广时,曾遣其叔段真奉表归款。友德既克云南,授宝子明为宣慰使。明不受,遣使贻书,请奉正朔如外蕃入贡例,友德怒,辱其使。明复贻书,请友德班师,乃与蓝玉、沐英等议征之。

大理城倚点苍山,西临洱河为固,闻大军至,聚众扼下关。——下关者,南诏皮罗阁所筑龙尾关也,号猛险。玉等至品甸,遣定远侯王弼以兵由洱水东趋上关,为犄角势,自率众抵下关,造攻具,遣胡海由石门间道夜渡河,绕出点苍山后,攀木援崖而上,立旗帜。昧爽,军抵下关者望见,皆踊跃讙噪,蛮众惊乱。英身先士卒,策马渡河,水没马腹,将士随之,乃斩关入。蛮兵大溃,遂拔其城,禽段明弟世送京师,大理悉定。

寻分兵取鹤庆,破石门关,下金齿,诸蛮部相率解甲降。

15 三月,庚午,河决朝邑。

16 是月,蓝玉遣兵攻拔三营万户寨,更定云南所属府五十二,州六十三,县五十四。

傅友德遣使送元梁王家属及元威顺王子伯伯等三百十八人至京师。奏言:"云南屡经兵燹,图籍不存,兵数无从稽核,但当就今要害,量宜设卫。又据故元司徒平章达尔玛言:'元末田土,多为豪右隐占。'今循元旧制,岁用不足诸卫军食,请以今年所征粮并官田盐课所入悉给之。"报可。

未几,置云南盐课司以益军食。

17 以李信为吏部尚书。

时罢中书省,部权始专,而铨政尤要。惟上用法严,旋拜旋罢,皆不克久于其任。信历侍郎,擢尚书,几二年,卒于官。凡内外封赠、荫叙之典,多信所裁定云。

18 夏,四月,甲申,徙故元梁王及威顺王子家属于耽罗。

19 丙戌,诏天下通祀孔子。

初，上即位之二年，诏孔庙春秋释奠止行于曲阜，天下不必通祀。时刑部尚书钱唐伏阙上言："孔子垂教万世，天下共尊其教，报本之礼，必不可废。"侍郎程徐亦上疏言："孔子以道设教，天下祀之，非祀其人，祀其教也，祀其道也。今使天下之人，读其书，由其教，行其道，而不得举其祀，非所以维人心、扶世教也。"后宋濂为司业，亦言之，皆不报。

至是始诏礼官刘仲质等曰："孔子道冠百王，功参天地。今天下郡县并建庙学，而报祀之典，止行京师，未遍宇宙，岂非阙典邪！"乃诏仲质等与儒臣共定释奠仪，颁之天下，令每岁春秋以上丁日通祀文庙。

20　丁亥，太白昼见。

21　壬辰，免畿内、浙江、江西、河南、山东税粮。

22　是月，大理寺卿李仕鲁坐言事死。

初，上汰黜天下僧道，禁令颇严。其后以僧宗泐等数至禁中，为所惑，乃诏征东南戒僧，屡建法会于蒋山，应对称旨者，辄赐金襕袈裟衣，召入禁中，赐坐讲论。吴印、华克勤之属，皆骤擢至大官，时时寄以耳目。由是其徒横甚，谗谤大臣，举朝莫敢言。

时给事中陈汶辉疏言："古帝王以来，未闻搢绅缁流杂居同事，可以相济者也。今勋旧耆德，咸思辞禄去位，而缁流憸夫，日益谗间。如刘基、徐达之见猜，李善长、周德兴之被谤，视萧何、韩信，其危疑相去几何哉！"上不听。

诸僧怙宠者，遂请为释氏创立职官，于是以先所置善世院为僧录司,设左、右善世、左、右阐教等官,皆高其品秩。道教亦然。凡先后度僧、尼、道士,数至逾万。

仕鲁少好朱子之学,上素知其名。会有司荐举入见,上喜曰:"朕姑以民事试子,行召子矣。"除黄州同知。期年,治行闻,至是召为大理寺卿。

仕鲁乃上书言:"陛下方创业,凡意旨所向,即示子孙万世法程,奈何舍圣学而崇异端?"章数十上,皆不报。而仕鲁性刚介,由儒术起用,方欲推明朱子之学,以辟佛自任。及言不见用,遂请于上曰:"陛下深溺其教,无惑乎臣言之不入也。还陛下笏,乞赐骸骨归田里!"遂置笏于地。上大怒,命武士捽搏之,立死阶下。而汶辉为大理寺少卿,寻亦以忤旨惧罪,投金水桥下死。其后诸僧益肆为不法事,上始悔之。

仕鲁,濮县人。汶辉,诏安人。【考异】仕鲁被诛,三编系之四月。今证之明史仕鲁传,陈汶辉请除释氏之疏在仕鲁上疏前,其惧罪投金水桥下死又在诛仕鲁之后,今据仕鲁传牵连并记之。

23 初,上置都督府,其属有拱卫指挥使司,寻改为都尉府,以为亲军,管领五卫军士,而设仪鸾司隶焉。至是罢仪鸾司,改置锦衣卫,秩从三品,掌侍卫缉捕刑狱之事,恒以勋戚都督领之,以镇抚司隶焉。

自是上有所诛戮,下镇抚司杂治,不由三法司。所属校尉五百人,禄秩名号,无异京卫,于是始不隶大都督府。

24 诏旌高希凤家凡节妇五人。

先是元臣名祖自定辽来归,上问辽东风俗。名祖言:"俗尚礼教。往年石城有高希凤者,本光州固始人,戊戌秋,在辽东老鸦寨为乱兵所掠,断腕死。其妻刘氏被虏,骂不绝口,死之。希凤仲弟药师努,亦死于乱。妻李氏,携其子文殊及孤侄僧保往高丽避难,中途度不两全,以其子差长,弃之,挈侄以行。及明兴,辽民复业,李氏访得其子同归,守夫墓。希凤季弟巴延布哈,为纳克楚所杀。妻郭氏,高丽人,居浑滩,自缢于马枥。希凤从子达实鼎,为仇诬陷死。妻金氏,与姑邢氏缢于鱼坞。"又言:"定辽南河寨斡罗村,有卒裴皮铁者死,其妻李氏,女直人,年二十三。后二年,葬其夫,自经于桑乡,人合葬焉。"上即日诏旌表希凤家为"五节妇之门",裴皮铁家为"贞节之门"。

25 五月,己未,国子监、文庙成。

上将幸太学行释菜礼,侍臣有言:"孔子虽圣人,臣也。礼宜一奠再拜。"上曰:"昔周太祖如孔子庙,左右谓不宜拜。太祖曰:'孔子百世帝王师,何敢不拜!'朕嘉其不惑于左右之言。今朕有天下,敬礼百神,于先师礼宜加崇。"乃命礼部尚书刘仲质详议。仲质请上"服皮弁,执圭,诣先师位前,再拜,献爵,又再拜,退,易服,诣彝伦堂命讲,庶典礼隆重。"制曰:"可。"

乙丑,上诣先师庙,释菜如礼。礼成,退御讲筵,宣祭酒吴颙等以次进讲。讲毕,赐宴,竟日,还宫。次日,祭酒率师生上表谢。

寻颁释奠仪注于府、州、县,并定国学及各行省主祭官之例。国子监设六堂,曰率性,修道,诚心,正义,崇志,广业,以馆诸生。旁有号舍,以宿诸生,厚给廪饩。又以时赐布帛、文绮之属。庚午,颁学规于国子监。又颁禁例十二条于天下,镌立卧碑,置明伦堂之左。其不遵者以违制论。

26 丙子,广平府吏王允道上言:"磁州临水镇产铁,请置铁冶。"上曰:"朕闻治世无遗贤,不闻无遗利。利不在官即在民,民得其利,则财源通而有益于官。今民生业甫定,若复设此,必重扰民。"命杖允道,流之海外。

初,上即位,以军事方殷,诏于江西之进贤、新喻,湖广之兴国、黄梅,以及山陕、广东产铁等处,凡置铁冶十三所。自罢斥允道,数年之间,各布政司铁冶以次停止,寻又复之,然其岁输铁额,亦较前稍减云。

先是有廉州府巡检王德亨,上言取西戎水银坑,亦斥之。

27 丁丑,遣行人访经明行修之士。

28 是月,上闻士卒海运多溺死者,诏议辽东屯田。

29 诸蛮既平,上欲通滇、黔、蜀三省之路,因置东川、乌撒、乌蒙、芒部诸卫指挥使司。诏"谕诸部人民,随其疆界远迩,开筑道路,各广十丈,准古法以六十里为一驿,符至奉行。"

又敕谕友德等曰:"乌蒙、乌撒、东川、芒部诸酋长虽已降,恐大军一还,仍复啸聚。符到日,悉送其酋长入朝。"又谕以"贵州已设都指挥使,然地势偏东,今宜于实卜所居之地立司,以便控制。卿其审之。"

已,乌撒诸蛮复叛,上谕友德曰:"乌撒诸蛮,伺官军散处,即有此变,朕前已虑之,今果然。然云南之地,如曲靖、普安、乌撒、建昌,势在必守,其东川、芒部、乌蒙,未可遽守也。且留屯大军,扫荡诸蛮,戮其渠长,方可分兵守御耳。"

六月,上复授安陆侯吴复为总兵,平凉侯费聚副之,命会征南诸军讨乌撒、乌蒙诸叛蛮。授以方略,令"勿与蛮战于关索岭上,当分兵掩袭,直捣其巢,使彼各奔救其家之不暇,必不敢出以抗大师,俟三将军至,破之必矣。"

会傅友德回军,与沐英会于滇池,分道进讨。置大渡河守御千户所,调从征千户吴中领兵守之,造舟以渡往来。

30 秋,七月,戊巳,太白昼见,凡二日。

31 乙卯,河决荥泽、阳武。

32 辛酉,罢四辅官。

上以所任辅臣皆老儒,起田家,惇朴无他长。自安然卒后,李幹等或出外,或罢去,是官遂废不复设。

33 乙亥,傅友德、沐英进兵乌撒,大败其众,斩首三万余级,获马牛羊万计,余众悉遁,复追击,破之。又分兵平东川、建昌、芒部诸蛮,请置乌撒、毕节二卫。又以乌撒、乌蒙、芒部三府,地近四川,请改隶四川布政使司,俱报可。

34 八月,丁丑朔,诏复设科取士,三年一行为定制。

35 丙戌,孝慈马皇后崩。

后,宿州人,仁慈有智鉴,好书史。佐上定天下,恒劝以不嗜杀人为本。及册为皇后,勤于内治。暇则讲求古训,告六宫以宋多贤后,命女史录其家法,朝夕省览。平居服大练浣濯之衣,虽敝不忍易。尝以额丝缉衣裳,赐诸王妃、公主,使知蚕事艰难。妃嫔宫人,皆厚待之。命妇入朝,如家人礼。爱诵<u>小学</u>,尝求上表章。上决事或震怒,辄随事微谏,虽上性严,为缓刑戮者数矣。上尝令重囚筑城,后曰:"疲囚加役,是速之死也。"上乃赦之。上幸太学还,后问"生徒几何?"曰:"数千。"后曰:"人才众矣。诸生岂无父母妻子待以仰事俯给者乎?"乃立红板仓,积粮,赐其家。诸将克<u>元</u>都,俘宝玉至,后曰:"元有是而不能守,意者帝王自有宝欤?"上曰:"朕知后谓得贤为宝耳。"对曰:"诚如陛下言。妾与陛下起贫贱至今日,恒恐骄纵起于奢侈,危亡起于细微,故欲得贤人共理天下。"又曰:"法屡更必弊,法弊则奸生;民数扰必困,民困则乱生。"上曰:"至言也!"命女史书之。其规正类如此。

寝疾之日,群臣请祷祀,求良医。后谓上曰:"死生命也,祷祀何益!且医何能活人!使服药不效,得毋以妾故罪诸医乎?"疾亟,上问所欲言,曰:"愿陛下求贤纳谏,慎终如始。"崩时,年五十一。上恸哭,遂不复立后。

36 皇后之丧,礼官援<u>宋</u>制为请,"凡内外百官,仍循以日易月之制,二十七日而除,素服百日。自太子、诸王以下,皆如<u>孝慈录</u>所定。"制曰:"可。"

37 己丑,命<u>延安</u>侯<u>唐胜宗</u>、<u>长兴</u>侯<u>耿炳文</u>屯田<u>陕西</u>。

38 初,上诏征天下秀才,凡先后至者,吏部试之,召见授官。丁酉,擢秀才<u>曾泰</u>为户部尚书。

是时都御史<u>赵仁</u>言:"曩者以贤良方正、孝弟力田诸科所取士列置郡县,多不举职,今又聘取天下秀才以资任用,臣愚以为当分等考核以定去留。"上览其奏,谓刑部尚书<u>开</u>

济曰:"设官所以安民,官不得人,民受其害。今征至秀才,宜试其能否,考其优劣,然后授之以职。其详议以闻。"

于是济议:"以经明行修为一科,工习文词为一科,通晓书义为一科,人品俊秀为一科,练达治理为一科,言有条理为一科。六科备者为上,三科以上为中,不及三科者为下。"从之。辛丑,诏征至秀才分六科试用。

39 乙巳,遣使谕傅友德、沐英等曰:"得报,知七月二十八日已击破乌撒,次第搜捕林箐诸蛮。然此地山高道隘,慎勿轻动。人自七星关来者,皆曰'乌撒、芒部之等,至夜举火,挈家入霭翠。'符至,可令霭翠之民缚送军前。其关索岭非古道,古道又在西北,大军若开此道以接普定,即芒部渠长可尽获也。"已,又谕曰:"云南士卒既艰食,不宜分屯。止于赤水、毕节、七星关各置一卫,黑张之南,瓦店之北,中置一卫,如此分守,则云南道路,往无碍矣。若霭翠之地,必用千万众乃可定也。"

时霭翠雄踞贵州,是年之春,因平蛮惧谴,复来朝贡,上赐之冠带衣钞而遣之。然其地远,未置郡县,故上于平滇诏中,谓"霭翠辈不尽服之,虽有云南不能守也。"至是,闻乌撒诸蛮部就之,故欲其乘胜宣威以通普定之路云。

40 九月,丁未朔,太白昼见。

41 己酉,吏部以经明行修之士郑韬等三千七百余人入见。上谕之曰:"自古知人,尧、舜犹难,岂所知者皆贤,所未知者无贤邪?卿等固皆贤人君子,然山林之士,又岂无如卿者?其悉举所知,朕将复征之。"于是济宁、单县儒士张以宁、董伦等复有所荐,遣使就征,仍赐韬等人钞一定,授布政使、参议等官。

42 乙丑,荧惑犯南斗。上敕将军傅友德等曰:"上天垂象,以示鉴戒。自昔蛮夷叛服不常,卿等率师久劳于外,恐众心懈弛,为寇所乘,宜严加儆备,以防不虞。且蛮夷好置毒水中,将士饮食,极宜谨慎,以副朕怀。"【考异】据明史天文志,在是年九月乙丑,又据典汇,上以星变敕将军傅友德等,今并增入。

43 庚午,葬孝慈皇后于孝陵。

时诸王奔丧送葬毕,将还,上命各选僧一人侍从之国,为孝慈皇后修佛事。

吴僧道衍,先以宗泐荐,名在燕府籍中,一见相契,燕王因奏请从行。——道衍者,姚广孝僧名也。【考异】三编、明鉴皆系之九月,证之姚广孝传,正诸王奔高后丧将还之时。又,太祖以是年四月诛李仕鲁,正崇信释氏之时,故有"为高后荐福"之语。典汇系之十七年者似误,今系之庚午葬高后之下,为得其实。

44 是月,诏翰林院李翀、吴伯宗等译回回历书。

45 北平都司奏言:"边卫之设,所以限隔内外。宜谨烽火,远斥堠,控守要害,可以詟服胡虏,抚辑边氓。按所辖关隘:曰一片石,曰黄土岭,曰董家口,曰箭筈岭。如此类凡二百处,宜以各卫校卒分戍其地。"诏从之。

46 儒士沈士荣应聘至,上书曰:"陛下恭勤求治,于今有年。在朝贤哲,岂皆不言邪?所用臣宰,岂皆不贤邪?恐言之不能拔其本,用之未尽展其才,故重劳宸虑也。况今智者自为身营,甘于暴弃;愚者不思自守,累犯宪章;皆由进言者无拔本之论,选官者无量才之实。昔魏徵随事立谏,不能格君心之非,是无拔本之论也;<u>汉文帝</u>屈<u>贾谊</u>于<u>长沙</u>,是无量才之实也。夫贤之难遇,如淘沙中之金,不淘则金不可得也;用人而历试之,如矿之炼银,不炼则银不可成也。愿陛下详加采择,勿谓儒者皆贤而尽用之;或一士不称,余士皆弃,则贤在其中亦莫能辨,此犹金之未淘也。进用之初,或不当其职,其人虽有才能,先已败事,此犹矿之未炼也。如蒙特赐优容,敢乞给以笔札,条列事宜。"

上手诏褒谕曰:"卿<u>八闽</u>志士,守儒者之道。一旦应召而来,杰然特出,摅诚纳款,欲馨所怀,朕之愿也。"寻擢为翰林院待诏。

47 <u>傅友德</u>等之旋也,<u>冯诚</u>守<u>云南</u>。诸蛮见城守单弱,土官<u>杨苴</u>因乘间绐其下曰:"总兵领大军归矣,<u>云南</u>城可图也。"遂纠众二十余万攻城。城中乏食,诚率将士敛兵拒守,多置弓弩战具。贼至,辄射之,多应弦而毙。伺贼少怠,更出奇兵冲之,贼不能攻,遂围城为久困计。

时<u>沐英</u>驻师<u>乌撒</u>,选精骑万余来援。至<u>曲靖</u>,先遣人入城报知,为贼所得,绐之曰:"总兵官领大军三十万至矣。"贼众骇愕,拔营夜遁,走<u>安宁</u>、<u>罗次</u>、<u>邵甸</u>、<u>富民</u>、<u>晋宁</u>、<u>大理</u>、<u>江川</u>等处,复据险树栅以图再举。英至,与诚等合军剿降之,凡斩首六万余级,生禽四千余人,诸部悉定。

48 冬,十月,丙子,更置都察院,设监察都御史八人,秩正七品。分监察御史为<u>浙江</u>、<u>河南</u>、<u>山东</u>、<u>北平</u>、<u>山西</u>、<u>陕西</u>、<u>湖广</u>、<u>福建</u>、<u>江西</u>、<u>广东</u>、<u>广西</u>、<u>四川</u>十二道,各道置御史或五人或三、四人,秩正九品。每道铸印二,一畀御史久次者掌之,一藏内府。有事受印以出,既事纳之,文曰"绳愆纠缪"。时以秀才李原明、詹徽等为监察都御史,吴荃等为试监察御史——徽,同之子也。【考异】按明太祖吴元年置御史台,设左、右御史大夫、御史中丞之等,皆仍元制。自十三年胡惟庸之狱,始罢御史台。所云"罢御史台"者,非罢御史,罢其总领之御史大夫也。时但设左、右御史中丞,而分巡之监察御史如故。十四年,更置都察院,始有都御史之名。然考之职官志,乃监察都御史,非左、右都御史,故其秩不过七品,是以詹徽、李原明皆得以秀才擢用,而野史所记,遽以为徽等试左、右都御史,误矣。左、右都御史至十六年始设,正三品,十七年又升二品,故詹徽之升左都御史在十七年。七卿之名,至此始定,即明初御史大夫之职也。余详考证中。

49 丙申,录囚。

上命御史袁凯送皇太子覆讯,多所矜减。凯还报,上问:"朕与太子孰是?"凯顿首言:"陛下法之正,东宫心之慈。"上以凯老猾持两端,恶之。凯惧,佯狂免告归。

凯工诗,以赋白燕为杨维桢所赏,遍示坐客,人遂呼"袁白燕"云。【考异】据纪事本末,系之是年二月,今改系于是月录囚之下。至凯所言"陛下法之正,东宫心之慈",纪事以为"上喜,从之。"证之凯传,则太祖恶凯持两端,其佯狂免归,正以此也。今据凯传书之。

50 是月,诏南雄侯赵庸班师还。

庸既平阳山、归善等蛮,又讨粤盗,前后获贼党万七千八百余人,斩首八千八百余级。寻招降番禺等县民三千三百余户,又奏籍蜑户万人为水军。上嘉其功,还,赐彩币、上尊、良马。

51 初,太子正字桂彦良,迁晋王府右傅,上亲为文赐之。彦良入谢,上曰:"江东大儒,唯卿一人。"对曰:"臣不如宋濂、刘基。"上曰:"濂,文人耳。基峻隘,不如卿也。"彦良至晋,以更定王府官制,改左长史。

是时入朝京师,上太平治要十二策,曰:"法天道,广地理,顺人心,养圣德,培国脉,开经筵,精选举,审刑法,敦教化,驭四裔,蒐才俊,广咨访。"上览之,曰:"彦良所陈,通达事理,有裨治道。世谓儒者泥古不通今,若彦良可谓通儒矣!"彦良还晋府,越三年告归,寻卒。

52　魏国公徐达还京师。

53　十一月,戊午,上既罢四辅官,欲仿宋制置殿、阁大学士以备顾问,乃以礼部尚书刘仲质为华盖殿大学士,翰林学士宋讷为文渊阁大学士,检讨吴伯宗为武英殿大学士,典籍吴沈为东阁大学士。【考异】明史本纪,"洪武十五年十一月,置殿、阁大学士,以邵质、吴伯宗、宋讷、吴沈为之。"证之列传,伯宗授武英殿大学士,讷授文渊阁大学士,沈授东阁大学士,而同时授华盖殿大学士者,乃刘仲质也。再检明史职官志"置殿、阁大学士"注云,"时邵质以礼部尚书授华盖",而稽之仲质传亦同。(仲质附崔亮传中。)传言"仲质十五年拜礼部尚书,其年冬,授华盖殿大学士",则与本纪所载之邵质,其官同,其殿名同。且邵质之名,惟见本纪及职官志中,其他别无事实散见于他传者,是其人之有无殆不可知,而以明史纪、传互证,殆因刘邵质一字之同,误其姓名,遂不详考耳。别详考证中。又置文华殿大学士,征耆儒鲍恂、余诠等为之,辅导太子,秩皆正五品。

讷,征修礼乐书,事竣,不仕归。久之,以四辅官杜斅荐,授国子监助教,说经为学者所宗。国子监成,命撰宣圣庙碑称旨,遂超迁翰林学士。

恂,崇德人,故元学正。上即位之四年,开科取士,征至京师,与宋濂俱为同考官。试已,辞归。至是年逾八十,与吉安余诠、高邮张长年、登州张绅，皆以明经老成为礼部主事刘庸所荐，召至京。

是时诠亦逾七十，赐坐，顾问。翌日，并命充是官，与恂皆以老疾固辞，未几，放还。

绅后至，以为鄠县教谕，寻召为右佥都御史。

54 壬戌，命礼部修治国子监旧藏书板，谕之曰："古先圣贤立言以教后世，所存者书而已。朕每观书，自觉有益，尝以谕徐达。达亦好学亲儒生，囊书自随。盖读书穷理，于日用事物之间，自然见得道理分明，所行不至差谬，书之所以有益于人也如此。今国子监旧藏书板多残缺，其令诸儒考补。仍命工部督匠修治之。"并命颁刘向说苑、新序于天下学校。

55 是月，以兵部尚书唐铎为谏议大夫。

上初置谏院，既设司谏、正言等官，欲崇其秩，乃设谏议大夫。铎以老成望重为之，未几，左迁监察御史。

铎既改官，乃以赵仁为兵部尚书。

56 以任昂为礼部尚书，代刘仲质也。

昂，河阴人，以辟荐，起为襄垣训导，擢御史，至是拜尚书。

时上加意太学，罢祭酒李敬、吴颙。命昂增定监规八条，遂以曹国公李文忠、大学士宋讷兼领国子监事。会司谏关贤上言："迩来郡邑所司非人，师道不立，岁选士多缺。甚至俊秀生员，点充承差，乖朝廷育贤意。"昂乃奏定天下岁贡士从翰林院考试以为殿最。明年，诏科举与荐举并行,昂条上科场成式,视前加详,取士制始定。

57 初,东宫官属,有左、右詹事、同知詹事、院副、院丞及左、右率府、谕德、赞善等官,皆以勋旧大臣兼领其职,其属又有文学、中舍、正字、洗马、庶子等官。至是更定左、右春坊官,各置庶子、谕德、中允、赞善、司直郎,又各设大学士。寻定司经局官,设洗马、校书、正字。

时以耆儒刘靖、关贤为左、右司谏兼春坊左、右庶子,赵肃、何显周为左、右正言兼左、右谕德,凡诸司奏启,皆与翰林详看,兼司平驳。

其后改院改府,遂为词臣迁转之阶。

58 十二月,己卯,以营孝陵功,封中军都督府佥事李新为崇山侯。

59 辛卯,振北平被灾屯田士卒。

60 己亥,诏永城侯薛显练军山西。

61 是岁,始定天下府、州、县衙门钱粮书册悉用半印勘合行移,惩空印之旧弊也。

初,空印之狱,各府、州、县重者论死,轻者谪发,内外官员株连大半。至是始议以半印勘合出纳关防各司,府、州、县俟年终,将发去勘合底簿折帖具本奏缴,仍具清册一本,送原发衙门稽查比较,遂为定例。

明通鉴卷八

江西永宁知县当涂 夏　燮 编辑

纪八 起昭阳大渊献(癸亥),尽旃蒙赤奋若(乙丑),凡三年。

太祖高皇帝

洪武十六年(癸亥、一三八三)

1　春,正月,乙巳朔,以皇后丧,御殿,不举乐。

2　庚戌,遣官祭阵亡指挥雍桂,恤其家。

3　壬子,谕刑部尚书开济、都御史詹徽等曰:"昨民有子犯法当死,其父行赇求免,御史执之,并欲论罪。朕以父子至亲,子死而父救之,人之至情也,故但论其子而赦其父。自今有论决者,宜再三详谳,覆奏施行,慎毋重伤人命。"

【考异】诸书皆系之正月,史稿系之正月庚戌下,宪章录系之戊申。今据洪武宝训在正月壬子,从之。

4　乙卯,大祀南郊。

5　戊午,命魏国公徐达仍镇北平。

6　壬申,北平按察司言:"高阳诸县尝被水,三皇庙分司廨宇圮坏,请修治。"上曰:"居官宜恤民,不可劳民。今北方水患方息,正当问民疾苦以抚恤之。若有修造,俟岁丰足为之未晚。"遂命停止。

7 二月,乙亥,上观唐太宗帝范,谓侍臣曰:"此十二篇者,虽非帝王精微之道,然语意备至,曲尽物情。使其子孙克守其言,亦足为训。自后女主窃柄,唐祚遂衰,赏罚政令,不行于天下,阉竖小人,朋比于国中,卒召藩镇之祸。有国家者,其可不守祖宗之法乎!"

8 丙申,初诏"天下府、州、县学岁贡生员各一人于京师,由翰林院考试经义、四书义各一道,判语一条。中式者,一等入国子监,二等送中都,不中者遣还,提调教官罚停廪禄。"用谏官关贤及尚书任昂议也。

时大学士宋讷兼祭酒,凡功臣子弟皆就学,及岁贡士常数千人。讷为严立学规,终日端坐讲解无虚晷,夜,恒止学舍。其后开进士科,所取士由太学进者率三之一云。

9 丁酉,免凤阳、和州田租。

10 是月,大学士吴沈等进精诚录。

先是上将享太庙,致斋于武英殿,召沈等谓之曰:"朕阅古圣贤书,其垂训立教,大要有三:曰敬天,曰忠君,曰孝亲。君能敬天,臣能忠君,子能孝亲,则人道立矣。然其言散在经传,未易会其要领。卿等其以类编辑,庶便观览。"至是书成,上赐名精诚录,命沈序之。

11 颍川侯傅友德等遣人送元故官及渠长段世等至京师,上赐之衣服。以元右丞观音保为金齿指挥使,赐姓名李观。又传谕段世曰:"尔父宝曾有降表,朕不忍废。"赐其长子名归仁,授永昌卫镇抚、世赐名归义,授雁门镇抚。改大理路曰大理府,置卫,设指挥使司。

时友德等进平蒙化府、邓川州,过金沙江。又平北胜、丽江等府,平津等州,凡蛮民降者数十万户。

12 三月,甲辰,诏颍川侯傅友德、永昌侯蓝玉班师,留西平侯沐英率众数万镇滇中。自此沐氏遂世守云南云。

13 庚戌,上与侍臣论历代创业及国祚修短。侍臣盛称周祚之长,上曰:“周自公刘、后稷,弈世积德,以及文、武遂有天下。若使其后君非成、康,臣非周、召,益修厥德,则文、武之业,何能至八百年之久乎!书曰:‘皇天元亲,惟德是辅。’使吾后世子孙皆如成、康,辅弼之臣皆如周、召,则可以祈天永命,国祚何患不昌!”

14 丙寅,复凤阳、临淮二县民徭赋,世世无所与。

谕户部曰:“凤阳朕故乡,皇陵在焉。昔汉高帝生于丰,起于沛,丰、沛之民终汉世受惠。朕今永免凤阳、临淮二县税粮徭役,其榜谕之!”

15 壬申,罢提刑按察分司。

16 夏,四月,乙亥,上谕侍臣曰:“人君不能无好尚,要当慎之。盖好功则贪名者进,好财则言利者进,好术则游谈者进,好谀则巧佞者进。夫偏于所好者,鲜不累其心。故好功不如好德,好财不如好廉,好术不如好信,好谀不如好直。故好得其正,未有不治,好失其正,未有不乱者也。”

17 庚寅,上以开济定诈伪律,好为深文,议法巧密,谕曰:“竭泽而渔,害及鲲鲕;焚林而田,祸及麛鷇。巧密之法,民何以堪!"由是浸恶济。

18 是月,故元儒士戴良卒于京师。

良,字叔能,世居金华九灵山下,自号九灵山人。上克
婺州,征良为学正,与宋濂、叶仪辈训诸生。上既旋师,良
忽弃官逸去。元至正末,用荐者言,授良江北行省儒学提
举。良见时事不可为,避地吴中,依张士诚,既,知其将败,
挈家泛海,抵登、莱,欲间行归库库军,道梗,寓昌乐数年。
洪武六年,始南还,变姓名,隐于四明山。上遣人物色得
之,以上年征至京师,试以文,命居会同馆,日给大官膳。
至是欲官之,以老疾固辞忤旨,遂暴卒,盖自裁也。良以元
之亡,不忘故主,每形之歌咏间,故卒不获其死。

同时被征之士,有王逢者,字原吉,江阴人。元至正中
作河清颂,台臣荐之,称疾辞。张士诚据吴,其弟士德用逢
策,北降于元以拒江南。上灭士诚,欲辟用之,坚卧不起,
隐上海之乌泾,自称席帽山人。去年以文学征,有司敦迫
上道。时逢子掖为通事司令,以父年高,叩头泣请,乃命吏
部符止之。又六年始卒。

元之亡也,同时又有丁孝子,名鹤年,回回人。父以世
荫为武昌达鲁噶齐,卒于官。至正壬辰,武昌被兵,鹤年年
十八,奉母走镇江。母没,盐酪不入口者五年,避地四明。
时方国珍据浙东,最忌色目人。鹤年转徙逃匿,为童子师,
或寄僧舍,卖浆自给。及海内大定,牒请还武昌,而生母已
道阻前死,瘗东村废宅中。鹤年恸哭行求,母告以梦,乃啮
血沁骨,敛而葬焉,乌斯道为作丁孝子传。鹤年自以家世

仕元,不忘故国,顺帝北遁后,饮泣赋诗,情词凄恻。晚学浮屠法,庐居父墓。好学洽闻,精诗律,楚昭、庄二王咸礼敬之,最后始卒。【考异】三编系元臣之不仕于明者,如蔡子英、巴延、资中,皆特书其年月,独九灵山人遗之,诸书亦不载。证之文苑传,良以十五年召至京师,是年四月自裁也。王逢之卒,亦在十五年。今悉据良传,并记席帽山人及丁孝子事。

19 五月,乙巳,敕"天下卫所,至冬率所部赴京师俟较阅。"

20 庚申,免应天、太平、镇江、宁国、广德税粮。诏曰:"五郡为兴王之地,其民助朕居多。数免其税,所以酬其劳也。有司有侵渔者,必置之法。"

21 是月,滇南品甸土酋杜惠来朝,授为千夫长。诏六安侯王志、安庆侯仇成、凤翔侯张龙督兵至品甸,缮城池,立屯堡,置邮传,安辑人民。【考异】城品甸,据明史土司传在是年,纪事本末系之五月,今从之。惟"品甸"误作"寻甸",盖品甸乃云南大理府所属,寻甸则军民府也,今从土司传。

22 始定文官封赠、荫叙之典,礼部尚书任昂奏也。

　　时有广东都指挥狄崇、王臻,以妾为继室,乞封,下廷议,昂持不可,从之。乃命昂及翰林院定嫡妾封赠例。因诏偕吏部定文官封赠例十一,荫叙例五,颁示中外,并著为令。

23 六月,辛卯,免畿内十二州县养马户田租一年,滁州免二年。【考异】免畿内及养马户田租,三编并系之五月。今据明史本纪,一五月庚申,一六月辛卯,史稿同,三编盖牵连记之,今分书五、六月下。

24 戊戌,大学士吴沈迳讲周书"国罔有立政用憸人。"谕曰:"国家不可有小人,有小人必败君子。故唐、虞任禹、稷,必去四凶,鲁用仲尼,必去少正卯。"沈对曰:"所谓'去邪勿疑'也。"【考异】续文献通考在是年八月。洪武宝训作"六月戊戌",今从之。

25 先是云南姚安土官自久作乱,诏傅友德以班师时留兵讨之。是月,友德遣兵次九十九庄,自久遁去。逾年,复寇品甸,沐英奏请以土官高保为姚安府同知,高惠为姚安州同知,从英讨自久,平之。

26 秋,七月,庚戌,上谕侍臣曰:"自古王者之兴未有不由于勤俭,其败未有不由于奢侈,前代得失,可为明鉴。后世昏庸之主,纵欲败度,不知警戒,卒濒于危亡,深可慨叹!大抵处心清净则无欲,无欲则无奢纵之患。欲心一生,则骄奢淫佚无所不至,不旋踵而败亡随之。朕每一念及,未尝不惕然于心。"【考异】诸书不载。此据洪武宝训增。

27 辛亥,分遣监察御史录囚于诸道。

28 壬子,遣官祭娲皇陵于赵城。

29 是月,东阁大学士吴沈以进讲后期,降翰林院侍书,寻改国子博士,以老归。

沈尝著辩,言"孔子封王为非礼。"宋濂、王祎之论祀典皆未之及也。其后更定大礼,改称"至圣先师",实自沈发之云。

30 八月,壬申朔,日有食之。

31 甲戌,诏曰:"比者政事苟且,上下相蒙。阃郡连岁不闻有所激劝,具云吏称民安。其令御史按察司巡行访察之！"【考异】宪章录系之八月下，今据史稿作"甲戌"。

32 九月，甲辰，诏曰："频岁丰稔，民多贫困，其咎安在？岂徭役之重及吏民因缘为奸耶？有司宜思所以振救之！法令烦苛者，罪不宥。"

33 江西龙泉、永新山民作乱，煽聚徒党，号称顺天王，都指挥戴宗率兵捕之，不克。癸亥，上命申国公邓镇为征南将军，【考异】据本纪，镇为征南将军，而本传及潜庵史稿皆书"征南副将军"。证之薛氏宪章录，"九月，命申国公邓镇为征南将军，临江侯陈镛、济宁侯顾敬为左、右副将军"，是副将军者，乃镛与敬，非镇也，今仍据本纪书之。临江侯陈镛、济宁侯顾敬为左、右副将军，讨平之。——镇，愈之子，改封申国；镛，德之子；敬，时之子也。镇所部兵不戢。时泰和萧执，以亲老告归，亲殁，庐墓，诣镇责之，镇为之谢，禁止侵掠，邑人以安。

执以洪武四年乡举，为国子学录。尝以夏至北郊，与宋濂、陶凯等，斋宫奉诏赋山栀花，上独喜执作，遍示诸臣，宠眷遂倾一时。时上留意文学，往往亲试廷臣。执与陈观，知遇尤异。观以训导入觐，试王猛扪虱论，立擢陕西参政。在陕以廉谨称。或问："陕产金何状？"观大惊曰："吾备位藩寮，何金之问？"其卒也，妻子几无以自存。而执是时亦以纯孝为一乡之望。故二人虽以文学结主知，实皆笃行君子也。【考异】萧执责镇不能戢兵，事见赵俶传。执，泰和人，时庐墓在家。龙泉、泰和皆连界之地，故有责镇之事，今据书之。

34 冬，十月，丁丑，召魏国公徐达还。

35 甲申，免霸州、东安鱼课。

36 壬辰，太白昼见，至乙未凡四日。

37 己亥,安陆侯吴复卒于普定。

复以总兵从傅友德等剿捕诸蛮,遂由关索岭开箐道取广西。是年,克墨定苗,至吉剌堡,筑安庄新城,平七百房诸寨,斩获万计,转饷盘江。至是以金创发卒,追封黔国公,加禄五百石,予世券,赐谥威毅。

复临阵奋发,冲犯矢石,体无完肤。平居恂恂,口不言征伐事。在普定,买妾杨氏,年十七。复死,视敛毕,沐浴更衣自经死,封贞烈淑人。子杰嗣。

38 十一月,上手书滁阳王郭子兴事,命太常司丞张来仪撰碑文,勒之石。

来仪,名羽,以字行。从父宦江浙,兵阻不获归,与友徐贲卜居吴兴。领元乡荐,为安定书院山长,再徙于吴。洪武四年,征至京师,应对不称旨放还,再征,授是职。上素重其文,故有是命。寻坐事窜岭南,未半道召还。羽自知不免,投龙江死。

39 礼部尚书任昂,请更定冕服之制及朝参坐次,又奏"毁天下淫祠,正祀典称号。蜀祀秦守李冰,附以汉守文翁、宋守张咏,密县祀太傅卓茂,钧州祀丞相黄霸,彭泽祀丞相狄仁杰,皆遗爱在民。李龙迁祀于隆州,谢夷甫祀于福州,皆为民捍患。吴丞相陆逊以劳定国,宜祀于吴,以子抗、从子凯配。元总管李黼立祀江州,元帅余阙立庙安庆,皆以死勤事。从阙守皖全家殉义者,有万户李宗可,宜配享阙庙。"皆报可。

寻诏颁乡饮酒礼图式于天下,复令制大成乐器分颁学宫。是时以八事考课外吏,及次第云南功赏,事不隶礼部者,上皆令昂主其议。

40 十二月,癸未,江西参议胡昱请设卫御盗,上曰:"民之为盗,由无良吏抚绥之,岂在兵耶!"不许。

41 甲午,刑部尚书开济坐罪诛。

济治狱囚,令郎中仇衍开脱死罪,为狱官所发,济与侍郎王希哲、主事王叔徵执狱官毙之。时鄞人陶垕仲,以国子生擢监察御史,首发济执法状,且言:"济奏事时,置奏札怀中,或隐而不言,觇伺上意,务为两端,奸狡莫测;役甥女为婢;妹早寡,逐其姑而略其家。"上怒,遂下济狱,并希哲、衍等皆弃市。

济慧敏有才辩,初以安然荐,召试刑部。凡国家经制、田赋、狱讼、工役、河渠事,皆综核有条理,品式可为世守。上甚信任之。浸兼预他部事,谤议滋起。上又见其用法深刻,益疑之,遂及于祸。

垕仲自劾济后,直声震天下。【考异】济诛在十二月,本传、年表同,纪事本末系之十月,据其事发之月也。济为陶垕仲所劾,今据明史济传增入。

42 是月,武英殿大学士吴伯宗,坐弟仲实为三河知县荐举不实,词连伯宗,降检讨。

伯宗为人温厚,然内刚,不苟婾阿,故屡踬。逾年,卒于官。

43 是岁,西洋国有须文达那者始入贡。其国在占城之南,满刺加之西。盖即苏门答刺译音之异云。

其年之夏,倭寇浙东,又寇金乡、平阳。

十七年(甲子、一三八四)

1 正月,丁未,大祀南郊。

2 戊申,命魏国公徐达镇北平。

3 壬戌,命信国公汤和巡视沿海诸城,防倭。【考异】据明史本纪,书汤和防倭于十七年之正月,又书和征思州蛮于十八年之四月,是和奉防倭之命不久即还也。若其至浙筑卫设城之〔是〕〔事〕,乃十九年征蛮班师之后,以二十年春至浙,其年十一月还。据明史本传及方正学东瓯神道碑,皆不著十七年防倭事,疑是时奉诏未行,抑或去而即还,无事可书,盖其设卫筑城一切处分,皆在二十年也。今分书之。

4 是月,孔子五十七代孙讷服阕来朝,诏袭封衍圣公。

讷,希学子也。上命礼官以教坊乐导送至国子学,学官率诸生二千余人迎于成贤街。自是每岁入觐,给符乘传。

时罢丞相官,遂定制以衍圣公班列文臣之首。

5 更定都察院官制,以詹徽为左都御史。

初,监察都御史之秩止于七品,上以台官职掌风纪,品秩太轻,乃设左、右都御史各一人,正三品,左、右副都御史各一人,正四品,左、右佥都御史各二人,正五品。未几,又升都御史正二品,副都御史三品,佥都御史四品,其十二道监察御史亦升为正七品。自此台职与部权并重,七卿之名,遂为一代定制。

6 以余熂为吏部尚书,刘逵刑部尚书。

7 二月,诏吏部:"凡文武忧制,稽其在职一年廉勤无过者,照品给半禄终制。三年历考无过者,给全禄终制。著为令。"

8　三月，戊戌朔、颁科举取士式，仍定以子、午、卯、酉乡试，辰、戌、丑、未会试。乡试中式者，各布政使司送礼部会试，会试中式者赴殿试，赐进士及第、出身有差。定制，乡会试各三场。第一场试四书义三道，经义四道，四书主朱子集注，易主程、朱传义，书主蔡沈传，诗主朱子集传，皆兼古注疏；春秋主三传及胡安国、张洽传；礼记主古注疏。二场试论一，判语五，诏诰章表内科一。三场试经史策五。其应试举人，则国子学生、府州县生员及儒士之未仕者、官之未入流者皆预焉。惟罢闲官吏及倡优之家与居父母丧者，均不准入试。试士官定制，主试二员，同考试官四员，皆于儒官儒士中访明经公正之士，先期币聘，在内由应天府，在外由各布政司主之。

9　曹国公李文忠卒。

文忠器量沉弘，人莫能测其际。临阵踔厉风发，遇大敌益壮。颇好问学，常师事范祖幹、胡翰，通晓经义，为诗歌，雄骏可观。释兵家居，恂恂若儒者，上雅爱重之。尝劝上少诛戮，又谏征日本，及言"宦者过盛，非天子不近刑人之义"，以是积忤旨，不免谴责。

去年冬得疾，上亲临视，使淮安侯华中护医药。至是卒。上亲制文祭之，追封岐阳王，赐谥武靖。

中以护医药失谨，坐贬死，云龙子也。【考异】文忠之卒，弇州史乘考误引野史云，"文忠多招纳士人门下，上闻而弗善也。一日谓上，'内臣太多，宜少裁省，'上大怒，谓'若欲弱吾羽翼，何意？此必其门客教之，'因尽杀其客。文忠惊悸得疾，暴卒。上发悲，怒杀诸医及文忠侍者百人。"此似属不根之词。及考其嗣公景隆诰，颇有咎文忠语，末云"非智非谦，几累社稷,身不免,而自终。"似切责及杀门客之事有之,史盖曲为讳也。据此,则<u>文忠</u>之死,或出自裁,或服毒死,<u>实录</u>盖讳之耳。今据正史附识于此。

10 壬子,蠲<u>常德</u>被水田租。

11 甲子,大赦天下。

12 丙寅,诏改建刑部、都察院、大理寺公署于<u>太平门</u>外。

13 是月,征南将军<u>傅友德</u>,左副将军<u>蓝玉</u>,班师还京师。

<u>友德</u>征<u>滇</u>,上前后下玺书数十,悬断万里外,委曲皆中。<u>友德</u>奉行不敢失,因土俗,定租赋,兴学校,广屯田,远迩悦服,威望益隆。

14 夏,四月,壬午,论平<u>滇</u>功,进<u>傅友德颍国</u>公。列侯<u>蓝玉</u>、<u>仇成</u>、<u>王弼</u>,并益禄五百石,予世券。封<u>陈桓普定</u>侯,<u>胡海东川</u>侯,<u>郭英武定</u>侯,<u>张翼鹤庆</u>侯。是日,大赉从征将士。

15 庚寅,谕兵部移文有司:"凡征南将士死者,悉收其遗骸,具棺葬之。"

16 是月,增筑国子学舍。

17 上语谏议大夫<u>唐铎</u>曰:"人有公私,故言有邪正。正言务规谏,邪言务谤诽,谤言近于忠,谀言近于爱。惟不惑于谤言,则听日聪而谗人自去;不眩于谀言,则智日明而佞人自远矣。"<u>铎</u>对曰:"听言之难,自古为然。陛下圣谕,深得其情。"【考异】据<u>宪章录</u>系之是月。证之<u>洪武宝训</u>,则是月己丑也。今系是月下。

18 五月,甲寅,诏恤海运溺死军士家。

19 丙寅,<u>凉州</u>卫指挥使<u>宋晟</u>讨<u>西番</u>叛酋,至<u>额齐讷路</u>,禽元海道千户<u>额森特穆尔</u>旧作<u>也先帖木儿</u>。及<u>吴国公</u>等,俘获万八千人,送酉长京师,简其精锐千人补卒伍,余悉放遣。诏进晟右军都督佥事,仍镇凉州。

额森特穆尔之叛也,凉州卫百户刘林力战死,边人壮之,名其所居窦融台为"刘林台"。【考异】据明史本纪,"晟讨西番于额齐讷路",证之本传"禽额森特穆尔送京师",盖额森始降而后叛也。又考濮英传"刘林戍凉州,值额森叛,林力战死之",正平凉州前事也,今据英传增入。

20 六月,庚午,二御奉天门,谕群臣曰:"治天下礼乐为先,或言有礼乐不可无刑政,朕观刑政二者,不过辅礼乐为治耳。苟徒务刑政,虽有威严之政,必无和平之风。故礼乐者,治民之膏粱,刑政者,救弊之药石也。"

21 秋,七月,戊戌,禁内官预外事,并敕诸司毋与内官监文移往来。

上谓侍臣曰:"前代人君,多纵宦寺与外臣交通,觇伺动静,夤缘为奸,假窃威权以乱国家。后虽知而去之,势不得行,反受其祸,延及善类。汉、唐之事,深可鉴也。朕所以严为之禁者,欲见危于未形,制治于未乱耳。"

22 癸丑,诏:"百官迎养父母者,官给舟车。"

23 丁巳,免畿内今年田租之半。

24 庚申,录囚。

25 壬戌,盱眙人献天书,命斩之。

26 乙丑,秦、晋、燕、周、楚、齐六王来朝。

27 八月,丙寅,河决开封东月堤,自陈桥至陈留,横流数千里。又决杞县,入巴河,遣官塞之,并蠲被灾租税。寻又诏蠲河南诸省逋赋。

28 壬申,平缅宣慰使思伦发遣使献方物,上元所授宣慰司印。诏赐伦发朝服冠带及钞定,遣使还。

初,大兵下金齿,平缅壤地相接,土酋思伦发惧,遂请降,因置平缅宣慰使司,以伦发为之。至是来贡,复改为平缅军民宣慰使司。

平缅去西南夷稍远,前代未尝通中国,元时始招谕,并及平缅连界之麓川,因分置两路,各统所部。时上以伦发先来朝贡,遂命兼统麓川之地。然伦发以慑于兵威,不久寻叛。

29 乙亥,孝慈皇后神主祔太庙。

30 九月,己酉,诸王之国。

31 冬十月,丙寅朔,册李氏为淑妃,摄六宫事。妃,寿州人,未几卒。更册郭氏为淑妃。妃,宁王之母,英、兴其兄弟也。

32 丁卯,复辽东海运。

33 河南大水。又,同时漳河东决河南之临漳,经真定、河间一带,趋天津入海,故北平亦大水。丙子,分遣驸马都尉李祺等往振之。【考异】据本纪,是月,河南、北平大水。证之河渠志,是时漳水东决河南之临漳,由真定、河间一带趋天津,故北平亦大水也,今增入。

34 乙酉,景川侯曹震上言:"四川至建昌驿道,经大渡河往来者,多死于瘴厉。询之父老,自眉州峨嵋至建昌,有古驿道,平易无瘴毒,已令军民修治,请以泸州至建昌驿马移置峨嵋新驿。"从之。震又请"以贵州、四川二都司所易番马,分给陕西、河南将士",亦报可。

35 丙戌,以赵瑁为礼部尚书。以任昂告归,代之也。

36 丁亥,以秀才宋矩等一七人为监察御史。

37 闰月,庚子,选儒士五十人试各道监察御史。

38 癸丑,诏:"天下布政按察使所上刑名,其间人命重狱具奏者,由刑部、都察院详议,大理寺覆谳后奏决。著为令。"

初,上命刑部议定罪名入奏,既奏,录所下旨送四辅官、谏院给事中覆核无异,然后覆奏行之,有疑狱则四辅官封驳。逾年,罢四辅,乃命议狱者一归于部、院、寺,谓之"三法司"。

是时三法司改建署成,命之曰贯城。下敕言:"贯索七星如贯珠,环而成象名天牢。中虚则刑平,官元邪私,故狱无囚人。贯内空中有星或数枚者,即刑繁,官非其人,有星而明,为贵人无罪而狱。今法天道置法司,其各慎乃事,法天道行之,令贯索中虚,庶不负朕肇建之意。"

39 是月,召魏国公徐达还。

40 钦天监漏刻博士元统上言:"历以大统为名,而积分犹踵授时之数,非所以重始敬正也。况授时以至元辛巳为历元,至洪武甲子积一百四年,以七十年而差一度之大约计之,每岁应差一分五十秒。辛巳至今,年远数盈,渐差天度,拟合修改。今以洪武甲子冬至为大统历元。而七政运行,有迟速、逆顺、伏见之不齐,其理深奥,未易推演。闻有郭伯玉者,精明九数之理,宜征令推算,以成一代之制。"报可。寻擢统为监令。

统乃取授时历,去其岁实消长之说,析其条例,得四卷,以洪武十七年甲子为历元,命曰大统历法通轨。

时上又命纂天文分野书,以十二分野星次分配天下郡县。凡郡县下又详载古今建置沿革之由,通为二十卷。书成,颁赐秦、晋诸王。其大略谓:"晋天文志分野始角、亢,唐始女、虚、危。然古言天者,皆由斗、牛以纪星,故始斗、牛,命曰星纪。"【考异】明史本纪不载。据潜庵史稿、典汇,皆在是月。又证之历志,元统上书论历,即在是年之十月。今并记之。是时始造观星盘。

41 永城侯薛显母卒,工部请给棺,上曰:"赐乃朝廷之恩,岂可请邪!自今公侯夫人赐棺,非奉特旨,不许奏请。著为令。"

42 十一月,庚午,上谕礼部曰:"近命辽东立学校,有言边境不必建学者。夫圣人之教犹天也,天有风雨霜露,无所不施,圣人之教亦无往不行。昔箕子居朝鲜,施八条之约,故男遵礼义,女尚贞信。管宁居辽东,讲诗书,陈俎豆,饰威仪,明礼让,而民化其德。曾谓边境之民不可以教乎!况武臣子弟,久居边塞,鲜闻礼教,恐渐移其性。今使之诵诗书,习礼仪,非但造就其才,他日亦可资用。"

43 是月,上御东阁,谓侍臣曰:"责难不入于昏君,谄谀难动于明主。人臣以道事君,惟在守之以正,毋患得患失也。"

44 十二月,壬子,蠲云南逋赋。

45 是月,翰林院待诏朱善,上疏论婚姻律曰:"民间姑舅及两姨子女,法不得为婚。仇家诋讼,或已聘兀绝,或既婚复离,甚至儿女成行,有司逼夺。按旧律尊长卑幼相与为婚者有禁,盖谓母之姊妹与己之身,是为姑舅两姨,不可以卑幼上匹尊属。若姑舅两姨子女,无尊卑之嫌。成周时,王朝相与为婚者,不过齐、宋、陈、杞,故称异姓大国曰'伯舅',小国曰'叔舅'。列国齐、宋、鲁、秦、晋,亦各自为甥舅之国。后世晋王、谢,唐崔、卢、潘、杨之睦,朱、陈之好,皆世为婚媾。温峤以舅子妻姑女吕荣公夫人张氏,即其母申国夫人姊女。古人如此甚多,愿下群臣议,弛其禁。"从之。

明年,拜善文渊阁大学士,寻主会试。尝讲家人卦、心箴,上善之。【考异】事见明史本传,系之十八年拜大学士前,盖其为待诏时所奏也。三编系之是年十二月,今从之。至善以明年三月拜大学士,薛氏宪章录十七、十八两年复记,误,盖十七年尚在待诏任中也。

46　是岁,征婺源汪叡、泰和萧岐,皆授官。

叡以胡大海克休宁,与其弟同率众归附,后同为张士诚所杀。上授叡为安庆税令,未几,征参赞川蜀军事,以疾辞去。至是复征,召见,命讲西伯戡黎篇,授左春坊左司直。常命续薰风自南来诗及他应制,皆称旨。请春夏停决死罪,体天地生物之仁,从之。敦实闲静,不妄言笑。及进讲,遇事辄言,上尝以善人呼之。逾年,疾作,请假归。

岐幼孤,事祖父母以孝闻,有司屡举,不赴。至是复以贤良征,强起之。上十便书,大意谓"上刑罚过中,评告风炽,请禁止实封以杜诬罔,依律科谶以信诏令",凡万余言。召见,授潭王府长史,力辞,忤旨,谪云南楚雄训导。岐即

日行,遣骑追还。岁余,改授陕西平凉,再岁致仕。尝辑五
经要义,又取刑统八韵赋,引律令为之解,合为一集,曰:
"天下之理本一,出乎道必入乎刑。吾合二书,使观者有所
省也。"当是时,上治尚刚严,中外凛凛,奉法救过不给。而
岐所上书过切直,虽不为忤,亦终不用云。【考异】事见明史本
传,叡以洪武十七年召见,命讲西伯戡黎编。岐以十七年举贤良,上十便书,皆
见传中,今系之是年之末。

47 初,钞法既行,天下税粮令民以银、钞、钱、绢代输,定
其所折之直,其愿入粟者听之。是年诏云南以金、银、贝、
布、漆、丹砂、水银代秋租,于是谓米麦为"本色",而诸折纳
税粮者,谓之"折色"。"折色"之名始此。

十八年(乙丑、一三八五)

1 春正月,甲子,擢太原同知温祥卿为兵部尚书,山东布
政徐铎户部尚书,广东布政徐本工部尚书。

2 辛未,大祀南郊。

3 癸酉,天下布、按二司及府、州、县来朝觐者,凡四千一
百余人。诏"吏部考其殿最,分为五等,称职者升,平常者
复职,不称职者降,阘茸者免为民,贪污者送法司罪之。"

4 是月,以通政使茹瑺荐,召茶陵刘三吾至,年七十三
矣。奏对称旨,授左赞善,累迁翰林学士。

时天下初平,典章阙略,上锐意制作,宿儒凋谢,得三
吾晚,悦之。一切礼制及御制、敕修等书,多令总其事,或
为之序。

初,上复孟子配享,而终以"草芥寇仇"及"君为轻"、

"贵戚易位"等语,为寰中士夫不为君用者所借口,乃诏三吾修孟子节文,凡不以尊君为主者皆删之。书成,有连江孙芝者,上书诋三吾为佞臣云。【考异】明史钱唐传,但言"命儒臣修孟子节文"。三吾传言"御制敕修之书皆总其事",不及修孟子节文语。证之实录,三吾等奉诏修孟子节文,于洪武二十七年上之,据此,则钱唐传所谓"儒臣"者,即三吾也。孙芝以力诋三吾,后遂与钱唐并配享亚圣庙,事见全氏鲒埼亭内外集,详考证中。

5　二月,上以当春久雨,阴晦不解,雷电雪雹间作,甲辰,诏天下臣民极言得失。

国子祭酒宋讷陈边事曰:"今海内乂安,惟沙漠尚烦圣虑,若穷追远击,未免劳费。陛下为圣子神孙计,不过谨边备而已。备边在乎实兵,实兵在于屯田,汉赵充国将四万骑分屯缘边九郡,而单于引却。陛下宜于诸将中选谋勇数人,以东西五百里为制,立法分屯,布列要害,远近相应,遇敌则战,寇去则耕,此长筭也。"上颇采用之。

时国子博士陈潜夫亦应诏上书,言"奖直臣、简师儒、厉廉耻、审用人"四事。上皆嘉纳之。【考异】明只本纪,"是月甲辰,以久阴雨雷雹,诏臣民极言得失",三编云"雷雹雨雪",潜庵史稿云"雷电雨雹",证之五行志,有雹兼有雪,不书雪者,正月之雪非灾异也。惟"久阴"之语亦见典汇,今参核书之。五行志作"甲午",纪作"甲辰",据下诏之日也。又,典汇记陈潜夫、宋讷言事,皆在是时,今并入之。

6　乙巳,五星并见。

7　己未,魏国公徐达卒。

达在北平,一日,上仰观天象,见太阴犯上将,心恶之,亟召达还。时达患背疽,稍愈,上遣其长子辉祖护归。至是病笃,卒,年五十四。上为辍朝,临丧悲悼不已。

达言简虑精,在军,令出不二,诸将奉持凛凛,而在上前,恭谨如不能言。善抚循,与士卒同甘苦,无不感恩愿为将军效死者,以故所向克捷,尤严戢部伍,所平大都二,省会三,郡县百数,闾井晏然,民不苦兵。归朝之日,单车就舍,延礼儒生,谈论终日,雍雍如也。上尝称之曰:"受命而出,成功而旋,不矜不伐。妇女无所爱,财货无所取。中正无疵,昭明乎日月,大将军一人而已。"北平之镇,春出冬还,还辄上将印,赐休沐,宴见欢饮,有布衣兄弟称,而达愈恭慎。上为治邸第,以故吴王府为之,表其第曰大功坊。

卒后,追赠中山王,三世皆王爵,谥武宁。赐葬钟山之阴,上亲制神道碑文,推为"开国功臣第一"云。【考异】中山之卒,野史因李仕鲁传中有"徐达、刘基之见猜,几等于萧何、韩信"语,于是有"达病疽,甫痊,赐蒸鹅,流涕食之而卒"之事。按仕鲁被诛在洪武十六年,中山之卒在十八年,则所谓"见猜"者,第指其平日偶因忤旨触怒之事。今据正史书之,而刊正野史之误于此。

8 是月,开会试科取士,以大学士朱善、国子监典籍聂铉为典试官,得士黄子澄等四百七十二人。

铉试毕,上欲留用之,乞便地自养,令食庐陵教谕俸终其身。

9 三月,壬戌朔,廷试,赐丁显等进士及第、出身有差。

是科,读卷官初奏一甲三人,花纶、练子宁、黄子澄也。上以花纶年少,抑置第三,又抑子澄入三甲,擢丁显第一,传者谓上以梦故用也。

子宁对策,极言:"今朝廷用人,徇其名而不求其实,以小善而遽进之，以小过而遽戮之。"因历陈古人所以教养任用之道。又言："天之生材有限，陛下忍以区区小故纵无穷之诛，何以为治！"言剀切，不避忌讳，上嘉其忠，不易也。

子宁，新淦人。子澄，分宜人。

初，翰林院官皆由荐举，未有以进士入者，故四年开科，状元吴伯宗止授员外郎，榜眼、探花授主事而已。至是诏更定翰林品员，设学士，侍读、侍讲学士及侍读侍讲。又定进士一甲授修撰，二甲以下授编修、检讨。其秩自学士正五品以下至七品有差。又定进士所授官，其在翰林院、承敕监、中书六科者曰"庶吉士"，在六部、都察院、通政司、大理寺者仍称"进士"。其余则以其未更吏事，欲优待而历练之，俾之观政于诸司，给以出身禄米，以待擢任，命之曰"观政进士"。其"庶吉士"及"观政进士"之名，皆上所自定，而翰林遂为科目进士清要之阶云。【考异】按进士授翰林，始于是科，而是科之制，则一甲三人俱授修撰，至戊辰始改定一甲第一人授修撰，二、三人授编修也。子澄以是科成进士，明贡举考列一甲第三人，准以初制，当授修撰，而不知子澄实未尝赐一甲也。证之明史本传，言"子澄以洪武十八年会试第一，由编修进修撰"，则子澄是年所授不过庶吉士，逾年授编修，直至洪武二十五年立太孙，命侍东宫讲读，始授修撰也。是科廷试，原定花纶第一，子澄次之，上擢丁显第一，改纶第三，子澄抑入三甲，见弇州别集，详考证中。

387

10 诏："中外官父母没任所者，有司给舟车归其丧。著为令。"

11 乙亥，免畿内今年旦租。命天下郡县瘗暴骨。

12 己丑，户部侍郎郭桓有罪诛。

初，桓以试尚书主户部，坐盗官粮七百会万石。上疑北平二司官吏李彧、赵全德等与桓为奸利,敕法司拷讯,供词牵引直省官吏,系狱拟罪者数万人,自六部左、右侍郎、诸司皆不免。核赃所寄借遍天下,民中人之家大抵皆破,一时咸归谤于朝廷。

御史余敏、丁廷举等以为言,上乃手诏列桓等罪状。敏等又言:"桓所妄指,皆法司逼令供招,遂成冤狱。"上叹曰:"朕诏有司除奸,顾复生奸扰吾民邪?"乃榜桓罪示天下,而论右审刑吴庸等极刑以厌天下心。

13 是月,诏"礼部选年纪小秀才,将尚书陈氏、蔡氏传及古注疏,参考是非,定夺去取,编成新书,刷板印送各处教习,以为下次科举之用。"于是部臣行取博学通经之教官董其事,参考编类成之。

14 夏,四月,丁酉,吏部尚书余燫及国子助教金文徵以罪诛。

时方开进士科,上核其出自太学者居多,以为祭酒宋讷功,赐敕褒美。文徵等嫉之,构之于燫,牒令致仕。讷陛辞,上惊问,大怒,以燫专擅威权,并文徵下狱论死。寻敕谕讷曰:"君子之道犹嘉谷,小人之道犹稂莠,稂莠不去,嘉谷不生。卿勿以是稍贬其节。"于是讷任职如故。

燫既诛,改赵瑁为吏部尚书。未几,亦得罪诛。【考异】据明史本纪,但书余燫以罪诛,今据陈氏通纪补金文徵党构事。

15 己亥,太白昼见,至辛丑凡三日。

16 丙辰,思州蛮叛。上命信国公汤和为征虏将军,江夏侯周德兴副之。

时<u>楚王桢</u>已就国<u>武昌</u>,诏与<u>和</u>等合兵进讨。

17 五月,戊子,<u>上</u>览舆地图。侍臣言"幅员之广,古所未有",上曰:"地广则教化难周,人众则抚摩难遍,正当戒慎。<u>元</u>之天下,地非不广也,一失其道,国祚随之,可为<u>殷</u>鉴。"

18 六月,丙申,太白昼见,至辛丑,凡六日。

19 戊申,上谕吏部曰:"天下府、州、县官一岁一朝,未免旷官滋费,自今定为三年一朝。布、按二司亦然。著为令。"

20 辛亥,太白复昼见。

21 是月,上阅<u>汉</u>书,谓侍臣曰:"<u>汉文</u>恭俭玄默则有之,至于用人,盖未尽道。初自<u>代</u>邸入,首拜<u>宋昌</u>为卫将军,<u>张武</u>为郎中令,其诸将相、列侯、宗室、大臣,皆在所缓,非所以示至公也。有一<u>贾谊</u>而不能用,竟死<u>长沙</u>。欲相<u>窦广国</u>,以其皇后弟,不可,曰:'恐天下以我为私<u>广国</u>。'夫以<u>广国</u>之贤,为天下用人而避私嫌,非君人之道也。"

22 初,上屡却<u>高丽</u>贡,辄遣其陪臣请罪,乃谕礼部,责其五岁违约不贡之物,令足之。去年,<u>高丽王禑</u>遣使贡马二千匹以代输金,余皆如约。<u>辽东</u>守将<u>唐胜宗</u>为之请,乃许之。是年,使至,上谕礼臣曰:"<u>高丽</u>屡请不已,朕故索积年逋贡,以试其诚伪耳,非利其货也。今既听命,宜损其贡数,令三年一朝。"

未几,<u>禑</u>又上表请袭封,并请赐故王谥。秋,七月,甲戌,【考异】<u>明史本纪</u>作"七月巳辰"。按甲辰在六月,七月无甲辰也。今据<u>潜庵史稿</u>作"甲戌"。诏封王<u>禑</u>为<u>高丽国王</u>,赐故王<u>颛</u>谥曰恭愍。

23 庚辰,<u>五开</u>蛮叛。时<u>吴面儿</u>遁后,寻寇<u>古州</u>,诏<u>汤和</u>等移师讨之。

24 是月，丹徒知县胡孟、通县丞郭伯高，以事当就逮，耆民数十人诣阙讼其抚民有方。上特命释之。

时州县有罢任请留者皆然，侍臣以为言。上曰："为政以得民心为本，故其去也，爱而留之。若不才，方恐其去之不速，岂肯留之！即此可以知其贤否矣。"

25 八月，庚戌，命宋国公冯胜、颍国公傅友德、永昌侯蓝玉俱备边北平。

26 癸丑，命大都督府选武臣子弟入国子学读书。

27 是月，振河南水灾。

28 以进士方昇、梁德远等六十七人为六科给事中，六部试主事，谕之曰："忠良者国之宝，奸邪者国之蠹，故忠良进则国日治，奸邪用则国日乱。观唐太宗用房、杜，则斗米三钱，外户不闭；玄宗用杨、李，则安、史作乱，蒙尘播迁，此可鉴矣。"

29 九月，戊寅，太白经天，与荧惑同度。又有客星见太微垣，犯右执法，出端门，乙酉，入翼，彗长丈余。时太白复昼见。丁亥又见，犯荧惑。

30 是月，汤和等讨平古州蛮，禽吴面儿，送京师诛之。凡俘戮四万人。

31 以茹太素为户部尚书。

太素自浙江参政请养回里，十六年，召试刑部郎中。居一月，迁都察院佥都御史，复降为翰林院检讨，至是擢为尚书。

太素抗直不屈,屡濒于罪,上时宥之。一曰,宴便殿,赐之酒,曰:"金杯同汝饮,白刃不相饶。"太素叩首续句曰:"丹诚图报国,不避圣心焦。"上为恻然。未几,谪御史,复坐排陷詹徽,与同官十二人俱镣足治事,卒坐法死。

32 上谕户部曰:"人皆言农桑衣食之本。然业本必先于黜末。自什一之途开,奇巧之伎作,于是一农作末而百家待食,一女躬织而百夫待衣,欲民之毋贫,得乎!朕思足食在于禁末作,足衣在于禁华靡。宜申令天下四民,各守其业,不许游食,庶民之家,不许衣锦绣。"【考异】谕户部禁弃本逐末,纪事本末系之是年正月,今据洪武宝训系之九月。

33 冬,十月,己丑,颁大诰于天下。

初,上既定律令,有司遵守,而犯法者日多。上曰:"本欲除贪,奈何朝杀而夕犯?"乃令采辑官民过犯,条为大诰。其目有十:曰揽纳户,曰安保过付,曰诡寄田粮,曰民人经该不解物,曰洒派抛荒曰土,曰倚法为奸,曰空引偷军,曰鲸剌在逃,曰官吏长解卖囚,曰寰中士夫不为君用,罪至抄札。书成,颁之学宫以课士,里置塾师教之。狱囚有能读大诰者,罪减等。一时天下有讲读大诰师生来朝者十九万余人,皆赐钞币遣还。未几,复为续编、三编。

时上惩元季贪冒,徇私灭公,故立法务为严峻,而于赃吏尤重绳之。故其序首言"诸司敢不急公而务私者,必穷搜其原而置之重典。"凡三诰所列凌迟、枭示、种诛者,无虑千百,弃市以下万数。至寰中士夫不为君用之科,上所特设,而一时有贵溪儒士夏伯启叔、侄,断指不仕,苏州处士姚润、王谟，被征不至，皆诛而籍其家，则前代所未有也。其三编稍宽容，然所列进士、监生罪名，自一犯至四犯者犹三百六十四人，幸不死还职，率戴斩罪治事。故文武臣之善恶，皆列其名于诰中。自郭桓之狱，诛戮益多，官吏皆重足而立矣。

34 庚寅，客星犯军门，彗扫天庙。癸巳，太白昼见，至丙申凡四日。又自戊戌至辛丑昼见凡四日。

35 癸卯，召冯胜还。

36 翰林待诏孔希善上言："孔氏子孙有以罪输作者二人。"上命遣还。

甲辰，又诏曰："孟子传道，有功名教。历年既久，子孙甚微。近有以罪输作者，岂礼先贤之意哉！其令有司加意询访，凡圣贤后裔有输作者皆免之。"【考异】本纪但书免孟氏子孙输作于是月，证之儒林孔希学传，是年，希学奏免孔氏子孙输作者二人，因并及孟子，今增入。

37 是月，诏筑观星台于鸡鸣山。

38 以唐铎为刑部尚书。

39 十一月，甲子，谕侍臣曰："保国之道，藏富于民，民富则亲，贫则离，民之贫富，国家休戚系焉。自昔昏主恣意奢欲，致使百姓流亡。朕念微时兵荒饥馑，日食藜藿，今日贵为天子，富有天下，未尝一日忘也。"

40 乙亥，蠲河南、山东、北平、湖广田租。【考异】本纪无湖广，今据三编增入。

41 十二月，丙午，诏有司举孝廉。

42 癸丑，麓川平缅宣慰使思伦发反，率众十余万寇景东。

景东者，南诏之地，元置开南州。自王师平滇，景东土官俄陶率众先归，诏置景东府，以俄陶知府事。至是思伦发攻景东之北吉寨，俄陶率众御之，为其所败。都督冯诚往援，不克，千户王昇死之。俄陶率其民徙大理。

43 是月，以吏科庶吉士杨靖为户部右侍郎给事中，秦昇为户部试侍郎。

时任诸司者，率进士及太学生，然时有不法者。上制大诰，举通政使蔡瑄、左通政茹瑺、工部侍郎秦逵及靖以风厉之，曰："此亦进士、太学生也。能率职以称朕心，安得以资格限之！"【考异】据明史杨靖传，靖以是年成进士，明年授户部侍郎。证之春明梦余录引江陵集，在是年十二月。按是年十月颁大诰，上举靖以风厉之曰："此亦进士、太学生也。"是靖被宠遇正在是时，今据之。

44 是岁，汤和等讨思州蛮。

蛮众出没不常，闻大军至，辄逃匿山谷间，退则复出剽掠。和等抵其地，恐其惊溃，乃于诸洞分屯立栅，与蛮民杂耕作，蛮不复疑。久之，以计禽其渠魁，余众悉溃，留兵镇之。

思州本思南宣慰使所辖，逾年，上仍以田大雅为思南宣慰使，移镇镇远。

大雅，仁智子也。【考异】本纪书"十月讨平五开蛮。"按五开之叛，即吴面儿寇古州，事在是年七月庚辰。先是四月，思州蛮叛，命汤和讨之，五开之叛在后，诏和便道往讨，故九月俘吴面儿，即五开也。至思州之平，当在是年之冬。盖明年正月和班师，是二蛮俱平也。惟明史和传言"平思州，俘获四万，禽其酋以归"，则以平五开事吴人之。今据土司传及方孝孺东瓯神道碑。

393

明通鉴卷九

江西永宁知县当涂 夏　燮 编辑

纪九 起柔兆摄提格（丙寅），尽屠维大荒落（己巳），凡四年。

太祖高皇帝

洪武十九年（丙寅、一三八六）

1　春，正月，辛酉，振大名及江浦水灾。

2　甲子，大祀南郊。

3　是月，汤和等征蛮师还。

4　上与侍臣论治道，曰："治民犹治水，治水者顺其性，治民者顺其情。所谓顺其情者，使之以时，用之以道而已。若但抑之以威，迫之以力，强其所不欲而求其服从，是犹激水过颡，非其性也。"

5　二月，丙申，耕藉田。

6　癸丑，河南水灾，诏振之。

7　是月，云南臻洞、匜浦等蛮叛，诏颖国公傅友德率师讨之。

时方置平越卫，改为军民指挥使，隶四川，值卫民麻哈、苗杨孟等作乱，诏友德移师讨平之。

8　上坐东阁，与侍臣论仁智，上曰："圣人笃于仁，贤者不舞智。若姑息之仁，不为爱物；奸欺之智，足以祸身。"又与侍臣论俭，上曰："不可俭者祭祀，然祭不可渎；不可俭者赏赉，然赏不可滥。"

9　遣使敕劳苏州府常熟知县成薁奇。

时府吏诣县，径由中道入公堂，薁奇怒其越礼，执之。事闻，上喜其能，命以酒劳之。

10　三月，壬午，蠲吴江被水田租。

11　是月，上谕户部曰："国家赋税，已有定制，撙节用度，自有余饶。轻徭抑末，使得尽力农桑，自然家给人足，毋事聚敛伤国体！"【考异】据宪章录，坐东阁论仁智在二月，论治民在三月。证之洪武宝训，一二月己丑，一三月戊午，今分系之二月、三月，不书日。

12　夏，四月，丁亥，遣御史蔡新、给事中宫俊视河南灾民，振恤不及者补给之。

13　甲辰，诏赎河南饥民所鬻子女。

14　是月，擢慈溪知县秦仲彰为宁波知府，降知府李仲文为慈溪县丞。

时仲文遣吏马仁生行县违法，仲彰械仁生至阙下。上嘉之，故升仲彰而降仲文。【考异】据宪章录及典汇，皆在是月，今从之。

15　五月，戊辰，福建妖僧彭玉琳伏诛。

玉琳自号弥勒佛祖师，作白莲会。新淦县民杨文等惑其教，谋作乱。玉琳自称晋王，建元天定，伪置官属。知县某率民兵捕获之，械送京师。【考异】事见明鉴。史稿系之戊辰，今据书之。

16　是月,常州知府范好古,劾"行人王良至郡,奉职不谨,黩货无厌。"上嘉好古"能守邦宪以遵朝廷,发奸贪以安黎庶",谕礼部遣人赍礼劳之,仍令械良送京师。

17　丽水县民有卖卜者,尝干谒富室,不应,乃诣阙告大姓陈公望等五十七人聚众谋乱,诏锦衣卫千户周原往捕之。

　　知县倪孟贤,闻原将至,密召父老询之,皆曰无有。孟贤又微服往察,见其男女耕织如故,归,语僚属曰:"朝廷命孟贤令是邑,惟欲抚辑斯民,安于田土。今无故使良善者受恶逆之名,岂朝廷命孟贤意邪!"即具疏闻,复令耆老四十人诣阙诉其诬。上命法司论妄告者,赐耆老酒食及道里费,遣还。——孟贤,南昌人。【考异】械送王良及丽水卖卜事年月,皆见宪章录及典汇,又证之江西通志,同,今据之。

18　六月,辛丑,云南地震。

19　甲辰,诏:"有司存问高年贫民,年八十以上,月给米五斗,酒三斗,肉五斤,九十以上,岁加帛一匹,絮一斤。有田产者罢给米。应天凤阳富民,年八十以上,赐爵社士,九十以上乡士。天下富民,八十以上里士,九十以上社士,皆与县官钧礼,复其家。鳏寡孤独不能自存者,岁给米六石。士卒战伤,除其籍,赐复三年。将校阵亡,其子世袭,加一秩。岩穴之士,以礼聘遣。"

20　丁未,振青州及郑州饥。

21　秋,七月,癸未,诏举经明行修、练达时务之士,年七十以上者,郡县礼送京师。

　　时礼部郎中郑居贞言:"人六十精力衰耗,不能胜事。

请六十以上者不征。"上曰："正谓比来有司不体朕意，士有耆年，便置不问。岂知老成古人所重！文王用吕尚而兴，穆公不用蹇叔而败，伏生虽老，犹足传经，岂可概以老而弃之也！"乃诏"定六十以上者，置翰林备顾问，六十以下，则于六部及布、按二司用之。"

22 是月，苏州知府王观治奸吏至死，上遣使赍敕劳之。

23 八月，乙酉，上与侍臣论宋太宗改封桩库为内藏库，上曰："人君以四海为家，何有公私之别！太宗宋之贤君，亦复如是。他如汉灵帝西苑，唐德宗琼林大盈库，不必深责。宋自乾德、开宝以来，有司计度支所缺者，必籍其数，贷于内藏，课赋有余则偿之，是犹为商贾者自与其家较量出入。内藏既盈，乃以牙签别其名物，参验帐籍，晚年出签示真宗曰：'善保此足矣。'贻谋如此，何足为训！书曰：'慎厥终，惟其始。'太宗首开财利之端，及其后世，困于兵革，三司财用耗竭，内藏积而不发，间有发缗钱几十万佐军需者，便以为能行其所难，由太宗不能善始故也。"

又论汉高帝听张良之言趣销六国印事，上曰："高祖闻一善言，转圜甚速如此，安得不兴！后之为君者，少有及之。"侍臣曰："汉高以后，若唐太宗亦能从善，故其为治亦有可称。"上曰："凡人有善不可自矜，自矜则善日削；有不善不可自恕，自恕则恶日滋。太宗常有自矜自恕之心，此则不如汉高也。"

24 甲辰，命皇太子修泗州、盱眙祖陵。又诏礼部制帝、后冠冕，命太子诣陵寝行葬衣冠祭告礼。

25 九月,庚申,西平侯沐英奏言,"滇南地广,宜置屯田,令军士开耕以备边储。"诏英以便宜行之。

26 冬,十月,诏:"官军已亡,子女幼或父母老者,皆给全俸。著为令。"

27 是月,胡惟庸之党林贤通倭事始发,命族诛之。【考异】事见明史胡惟庸传。

28 十一月,辛酉,日本入贡,却之。

29 己卯,云南地震有声。

30 十二月,癸未朔,日有食之。

31 是月,命宋国公冯胜分兵防边。发北平、山东、山西、河南民运粮于大宁,将征纳克楚也。

32 是冬,诏:"王府庆贺,在外文武官不得越赴。"

33 是岁,始建议防倭。

先是上以倭数寇沿海郡县,又通胡惟庸事发,乃决计绝之,而专意整饬海防。

时信国公汤和方征蛮归,上春秋浸高,天下无事,魏国、曹国皆前卒,意不欲诸将久典兵,未有以发也。会和以休沐之暇,从容为上言:"犬马齿长,愿得归故乡营骸骨之墟。"上大悦,立赐钞治第中都,并为诸公侯治第。既而倭寇上海,上患之,顾谓和曰:"卿年老,强为朕一行。"

和请与方鸣谦俱。——鸣谦,国珍从子也,习海事。尝访以御倭策。鸣谦曰:"倭海上来,则海上御之耳。请量地远近置卫所,陆聚步兵,水具战舰,则倭不得入,入亦不得傅岸。近海之民,四丁籍一,以为军,戍守之,可无烦客兵也。"上以为然，诏鸣谦从和行。【考异】据明史本传，在征蛮班师之后，方氏东瓯碑同，则是年之冬也。他书有系之明年正月者，盖据其陛辞至浙，牵连并记耳，今系之是年之末。

二十年（丁卯、一三八七）

1　春，正月，癸丑，【考异】纪事本末及宪章录，征纳克楚在正月壬子，盖是月之朔也。明史本纪书"癸丑"，今从之。上以元故将纳克楚拥众数十万屯金山，数为边患，命冯胜为征虏大将军，傅友德、蓝玉为左、右副将军，率二十万众征之。

　　谕胜等曰："纳克楚诡诈，未易得其虚实。尔等且驻师通州，先遣人觇其出没。彼若在庆州，宜以轻骑掩其不备。既克庆州，则以全师捣金山，出其不意，必成禽矣。"

　　已，复遣前所获元将鼐喇固旧作乃剌吾。北还，以书谕纳克楚使降。寻以南雄侯赵庸、定远侯王弼为左参将，东川侯胡海、武定侯郭英为右参将，并命郑国公常茂、曹国公李景隆、申国公邓镇皆从行。——茂，遇春子；景隆，文忠子也。

2　初，上设锦衣卫，有罪官民，多不尽由三法司，其重者辄令收系卫中。于是有非法凌虐者，上闻之，怒，命取锦衣卫刑具悉焚之，以系囚仍付刑部审理。

3　甲子，大祀南郊。

　　礼成，天气清明，侍臣进曰："此陛下敬天之诚所致。"上曰："敬天以实不以文。欲求事天，必先恤民，恤民者，事天之实也。即如国家命人任守令之事，若不能福民，则是弃君之命，不敬孰大焉！"又曰："为人君者，父天，母地，子民,皆职分所当尽。故祀天地非祈福于己,实为天下苍生也。"

4 二月,壬午朔,五星俱见。

5 御午门,大阅。

6 甲申,冯胜等兵至通州,遣逻骑出松亭关,侦知敌骑有屯庆州者,右副将军蓝玉乘大雪率轻骑袭破之,斩其平章郭勒,旧作果来。禽其子布喇奇,旧作不兰奚。获人马而还。

7 乙未,上亲耕藉田。

8 是月,汤和至浙,请于浙之东、西置卫所防倭,上令悉以便宜行之。和乃度浙东、西并海设卫所城五十有九,选丁壮三万五千人筑之。

9 初,上命儒臣书洪范,揭于御座之右,朝夕省览,因自为注。至是成,谓学士刘三吾曰:"朕观洪范一篇,帝王为治之道,所以叙彝伦,立皇极,保万民,叙四时,成百谷,原于天道而验于人事。箕子为武王陈之,武王犹自谦曰:'五帝之道,我未能焉。'朕每为惕然。"因命三吾为之序。

10 三月,辛亥,冯胜等师出松亭关,筑大宁、宽河、会州、富峪四城,驻兵大宁。【考异】纪事本末作"辛未",今从明史本纪。

11 夏,四月,戊子,命江夏侯周德兴至福建,练兵筑城以防倭寇。

上既命汤和至浙,乃谓德兴曰:"卿虽老,亦当强为朕行。"于是德兴度福建福、兴、漳、泉四郡要害之地,筑海上十六城,籍民为兵,又增置巡检司四十有五,分隶诸卫。

12 庚寅,蠲山东、北平、河南、山西运饷大宁者今年夏税。

13 是月,北平布政司请以菽折盐粮而每斗加五升,上不许。谓户部曰:"以菽代谷者,谓其轻可以便民。然菽亦谷也,而又加之,益损民矣。夫权变者当究其实,拯弊者当探其原,不知权变而昧其原,不几于救踬而成痿乎!"

14 左都御史詹徽奏:"有军人犯罪当杖,其人尝两得罪不悛,宜并论前罪诛之。"上曰:"用刑不信,使人何所措手足!前罪已宥,今复论之,则为不信。且罪未至于死而辄欲诛之,在尔有故入之罪,在朕无恤刑之仁,皆不可也。"命杖而遣之。

15 五月,庚申,西平侯沐英奉诏,自楚雄至景东每百里置一营,又自永宁至大理六十里设一堡,皆留兵屯田以备蛮寇。

已,又诏景川侯曹震选四川精兵驻云南品甸,普定侯陈桓、靖宁侯叶昇总制滇南诸军,驻定边、姚安等处,立营屯田以俟征讨。

16 是月,上御华盖殿,侍臣进讲,因论人之善恶感召,亦有不得其常者,上曰:"为恶或免祸,然理无可为之恶;为善未蒙福,然理无不可为之善;人惟修其在己者,祸福听之于天。彼为善无福,为恶无祸者,特时未至耳。"【考异】宪章录系之是月,证之洪武宝训,盖丁卯也。今系之是月之末。

17 冯胜等谋趋金山,留兵五万守大宁,自率大军至辽河东,获纳克楚屯卒三百人,马四百余匹。

六月,庚子,进师驻金山之西。临江侯陈镛率所部与大军异道相失,陷敌死。癸卯,大军压金山。

先是鼐喇固北还至松花河，纳克楚见之，惊曰："尔尚存乎？"鼐喇固因谕以朝廷德意。纳克楚喜，遣其左丞刘特默齐旧作探马赤。来胜军献马，且觇我军。胜受而送之京师，趣率师逾金山，至女直苦屯，降纳克楚之将庆国公和通。旧作观童。于是纳克楚见大军奄至，度不敌，丁未，因鼐喇固请降，胜使蓝玉轻骑往受之。

先是纳克楚分兵为三营：一曰榆林深处，一曰养鹅庄，一曰龙安一秃河，畜牧蕃盛。至是为大军所逼，遣使阳纳款而阴觇兵势。洎蓝玉至一秃河，纳克楚所遣使亦还报，极言大将军兵盛。纳克楚大惧，仰天叹曰："天不复使我有此众矣！"遂率数百骑诣玉。玉大喜，饮之酒，欢甚。因解衣衣之。纳克楚不肯服，玉亦持酒不饮。争让久之，纳克楚取酒倾地，顾左右咄咄语，谋遁去。郑国公常茂，时在坐，其麾下有解蒙古语者以告茂。茂直前搏之，纳克楚惊起就马，茂拔刀斫其臂。一时纳克楚所部妻子将士凡十余万在松花河北，闻纳克楚被伤，遂惊溃。都督耿忠恐事败，亟拥纳克楚见胜，胜曲加拊慰，复遣降将和通往谕，其众始定。凡降士卒四万余，羊马驼驴辎重亘百余里。

纳克楚既降，胜遣耿忠与同寝食，遣使奏捷京师，并奏劾常茂激变状。——茂，胜之婿也。由是胜、茂二人俱得罪。【考异】本纪书冯胜出师事，皆在六月。庚子、癸卯、丁未，皆六月干支也。纪事本末系出师于六月，而所书庚午、辛未，则五月干支。证之胜传，五月出师，六月至金山，本纪据其至金山及陈镛失道之月日书之。

18　是月，以御史李原名试礼部尚书。

时原名方奉使平缅，归，言"思伦发怀诈窥伺，宜严边备”，又言“靖江王以大理印行令旨，非法，为远人所轻”。语皆称旨，遂超擢拜之。既而思伦发果叛，上以原名预悉边情，自是多咨以远方之事。

19 闰月，庚申，冯胜等班师还，次金山，都督濮英殿军，遇伏死之。

初，纳克楚之降也，余众惊溃者皆窜匿，洎闻大军还，以其降众俱行，乃设伏于途，俟大军过窜取之，未发。英率三千人在后，猝为所乘，冲突不能出，马踣，遂见执。溃者思挟英为质，英绝食不言，乘间引佩刀剖腹死。

事闻，赠金山侯，谥忠襄。

20 秋，七月，丁酉，纳克楚所部守将王失八刺秃等来降。

21 壬寅，太白及三辰俱昼见。

22 是月，封何真东莞伯，予世袭。逾年，真卒。

23 礼部请“立武学，用武举，仍依前代故事建武成王庙。”上曰：“立武学，用武举，是岐文武而二之，适以轻天下也。三代以上之士，文武兼备，用无不宜。以太公之鹰扬而授丹书，仲山甫之赋政而式古训，召虎之经营而陈文德，岂比后世之专讲韬略，不事经训，专习干戈，不闻俎豆，拘于一艺之陋哉！至太公宜从祀帝王庙，其武成王庙罢之。”【考异】据明史礼志系之二十一年，盖以太公从祀历代帝王庙牵连并记耳。其实罢武成之祀在前一年，纪事本末及典汇均系之是年七月，春明梦余录同，今据之。

论曰：祀太公始于唐玄宗天宝间，至肃宗上元元年，追封武成王，并配以十哲，同于孔子。据通考所记，盖奸臣卢杞之等欲借以跻其先人入配享之列，而

宋、元因之不废。明太祖毅然罢之，一代变礼之善者，
此其最也。

24　八月，有言："冯胜在军所获良马，皆匿不报；使阉者行
酒于纳克楚之妻，求大珠异宝；王子死二日，强娶其女，失
降附心；又失濮英三千骑。"上闻，遣使戒谕之。会胜械常
茂至京师，茂亦(二)〔于〕上前讦胜过。上曰："胜亦不得
无罪。"

　　癸酉，收胜大将军印，召还，命蓝玉摄军事。

25　九月，戊寅，纳克楚至京师，封海西侯，并授鼐喇固
千户。

26　冯胜还师，城大宁，请置都卫，从之。癸未，置大宁都
指挥使司，又置大宁中、左、右及会州等卫。逾年，改为北
平行都司。

27　丁酉，安置郑国公常茂于龙州。

28　上以故元帝孙特古斯旧作脱古思。特穆尔终为边患，丁
未，诏即军中授蓝玉为征虏大将军，延安侯唐胜宗、武定侯
郭英为左、右副将军，都督佥事耿忠、孙恪为左、右参将，率
兵十五万征之。——恪，兴祖子也。

29　冬，十月，戊申，封都督佥事朱寿为舳舻侯，张赫为航
海侯，赏督运功也。

　　连年北征，寿等专司漕运以给军食。而赫以习海道，
前后往来辽东十二年，凡督十运，劳勤备至，上尤嘉之。

405

30　是月，命宋国公冯胜就第中都，奉朝请。

　　胜两次坐法，皆以功大不赏，自此不复将大兵。

31 十一月,己丑,信国公汤和还。【考异】据本纪,于是月书还,并叙其所置五十九城之事,盖牵连并记耳。证之纪事本末,奉诏在十九年,请筑城在是年二月,至是还,明年就第。编年之体,宜分书之。

和在浙东,经理海防,不避劳怨。时置卫筑城,尽发州县钱及罪人资给役,役夫往往过望,民亦多扰。有以民谗告者,和曰:"成远算者不恤近怨,任大事者不顾细谨。有谗者齿吾剑!"逾年,城成,稽军次,定考格,立赏令。浙东四丁以上者,户取一丁戍之,凡得五万八千七百余人。

而是时周德兴经理闽中,凡浙、闽、粤三省沿海之区,声援相应。上方趣福建、广东各具战舰,期以九月会浙江捕倭而倭不至。

至是和还,会中都新第亦成,和于是归计益决。

32 甲午,蓝玉驻师蓟州,奏言"元丞相哈剌章、曩尔布哈旧作乃尔不花。遁入和林,请进兵剿捕。"许之。

33 十二月,壬申,振济南、东昌、东平饥民凡六万三千八百余户,又遣刑部尚书唐铎运钞百余万锭振登、莱饥。【考异】明史本纪但书"振登、莱饥",三编据实录增入济南、东昌、东平三府,今据之。

34 是岁,命国子生武淳等分行天下州县,随粮定区,区设粮长四人,量度田亩方圆,次以字号,悉书主名及田之丈尺,编类为册,状如鱼鳞,号曰"鱼鳞图册"。

先是"黄册"之制,以户为主,详具旧管、新收、开除、实在之数为四柱式。而鱼鳞图册以土田为主,诸原坂、坟衍、下隰、沃瘠、沙卤之别,毕具于是。以鱼鳞册为经,凡土田之讼质焉,黄册为纬,凡赋役之法定焉。其有质卖田土者,备书其税粮科则，官为籍记之，于是始无产去税存之患。

35 诏推广折色之例。

时杨靖为户部侍郎，上命靖会计天下仓储，存粮二年外，并收折色，惟北方诸布政司需粮饷边，仍输粟如故。【考异】三编书于十四年定赋役册目中，并连记二十年定区事，明史食货志亦系之二十年。又杨靖为户部侍郎，定折色例，据食货志亦在是年，今并系之是年之末。

36 户部上言："天下税课，视旧有亏。宜以洪武十八年所收为定额。"上曰："商税多寡，岁有不同。限以定额，岂不病民！"不许。

二十一年（戊辰、一三八八）

1 春，正月，辛巳，麓川蛮思伦发入寇马龙他郎甸之摩沙勒寨，西平侯沐英遣都督宁正击走之，斩首千五百余级。

2 辛卯，大祀南郊。

3 甲午，振青州饥。

时青州旱蝗，有司匿不以闻，有使者归，奏之，上亟遣人往振，并逮治其官吏。

4 是月，以凌汉为右都御史。

汉，原武人，以秀才举，献乌鹊论，授官，厉任御史，巡按陕西，疏所部疾困数事，上善之，召其子，赐衣钞。

汉鞫狱平允，及还京，有德汉者邀置酒，欲厚赠以金，汉曰："酒可饮，金不可受也。"上闻嘉叹，故擢拜之。

5 二月，丙寅，有星出东壁，占曰文士效用，上大喜，以为将策进士之兆也。

6 是月,上以大明、夜明已从祀南郊,罢朝日、夕月之祭。又更定享先农仪注,不设配位。

7 是科会试,聘金华苏伯衡为典试官。

伯衡为古文有声,元末贡于乡。上为吴王,置礼贤馆,伯衡与焉。洪武初被荐,召见,擢翰林编修,力辞,乞省觐归。十年,学士宋濂致仕,上问:"谁可代者?"濂对曰:"伯衡,臣乡人,学博行修,文词蔚赡有法。"上即征之。入见,复以疾辞,赐衣钞还。至是聘主会试,试竣,复辞归。寻为处州教授,坐表笺误下吏死。

8 三月,乙亥朔,赐任亨泰等进士及第、出身有差。

始命立石题名于太学。复定制"一甲第一人授修撰,二、三编修。著为令。"

9 丙戌,振东昌饥。

10 甲辰,西平侯沐英讨思伦发,大败之。

伦发欲报摩沙勒之役,率众号三十万寇定边,新附诸蛮皆为尽力。英闻报,选骑三万,昼夜兼行,凡十五日抵贼营,隔垒而阵。蛮驱百象,被甲荷栏盾,左右挟大竹为筒,筒置标枪,锐甚。英分军为三,置火炮劲弩成行,遣都督冯诚将前军,宁正将左,指挥同知汤昭将右。将战,令曰:"今日之事,有进无退!"因乘风大呼,炮弩并发,象皆反走。蛮有枭将昔剌者,率众殊死战,左军小却,英登高瞭望,取佩刀,命左右斩帅首来。须臾,左军遥见一人握刀驰下,士卒大恐,奋呼突阵。大军乘之,无不一以当百,蛮众大败。遂直捣其寨,斩首三万余级,俘降万余人,生获象三十有七,余皆被矢如猬死,渠帅中矢伏象背而死者相望。思伦发遁去,诸蛮震慑,自此麓川不复道梗矣。

捷闻,上遣使谕英:"移师逼景东,屯田固垒以待大军,勿轻受其降也!"【考异】是月,思伦发寇定边,盖报正月之败也。本纪书寇马龙甸于正月,宁正击败之,故三月复寇定边,本纪系之甲辰,是也。三编书沐英破思伦发于三月,而记摩沙勒之败则书"先是"二字于目中,与本纪合。惟沐英传系寇马龙于是年,而定边之役,则云二十二年,盖因其明年请降入贡,牵连并记耳。今从本纪,分系之正月、三月。

11 是月,上御武英门,召读卷官陈宗顺等赐食,谕之曰:"今日观列子邻子窃鈇之事,因思人之疑信,皆生于心。信心常出于忠厚,疑心必起于偏私。夫信其所好,疑其所恶,乃人之常情,是故不可不察也。君之于臣,好而信之,谗言虽至而不入;恶而疑之,毁谤不召而自来。苟能以大公至正之心处己待人,则自无偏信偏疑之私,庶几得好恶之正矣。"因给纸笔,令诸进士撰疑信论。

12 遣进士分巡郡邑。

时廷议,"新进士未经事,宜令行监察御史事,以久任御史一人与俱。"从之。——新进士之任巡按自此始。

13 夏,四月,蓝玉率师出大宁,至庆州,侦知元君特古斯在捕鱼儿海,间道兼程进。

乙卯,师至百眼井,去海四十里,不见敌,欲引还。定远侯王弼曰:"吾辈提十余万众深入沙漠,无所得,遽班师,何以复命?"玉曰:"然。"弼请戒诸军穴地而爨,毋见烟火。

丙辰夜,至捕鱼儿海南,侦知敌营尚在海东北八十余里,玉令弼为前锋,疾驰薄其营。敌谓我军乏水草,不能深入，不设备，又大风沙昼晦，军行，敌无所觉，猝至，大惊。元太尉曼济旧作蛮子。仓猝拒战，我军击败之，阵斩曼济，众惧而降。特古斯与其太子添保努旧作天保奴。暨知院丞相等数十骑遁去，获其次子迪保努旧作地保奴。等六十四人，及故太子、妃、主等五十九人，官属三千，男女七万，马牛驼羊十五万。

捷闻，上大悦，遣使赍敕劳玉，比之卫青、李靖云。

14 中书庶吉士解缙以举本科进士授职，侍上左右，甚见爱重。一日，上在大庖西室，谕缙曰："朕与尔义则君臣，恩犹父子，当知无不言。"

是月，缙上封事万言，其略曰："臣闻令数改则民疑，刑太繁则民玩。国初至今二十载，无几时不变之法，无一日无过之人。尝闻陛下震怒，锄根翦蔓，诛其奸逆矣，未闻褒一大善，赏延于世，复及其乡，终始如一者也。陛下尝云，'世不绝贤，'又云，'民不畏死，奈何以死惧之！'今陛下好善而善不显，恶恶而恶日滋，或朝赏而暮戮，或忽罪而忽赦，每多自悔之时，辄有无及之叹。

臣又见陛下好观道德、心经、说苑、韵府诸书，窃谓甚非所宜也。说苑出于刘向，多战国纵横之论。韵府出元之阴氏，抄辑秽芜，略无可采。陛下若喜其便于检阅，则愿集一二志士儒英，臣请得执笔随其后，上溯唐、虞、夏、商、周、孔子，下及关、闽、濂、洛之书，随事类别，勒成一书，上接经史，岂非太平制作之一端欤！

若夫配天宜复扫地之规，尊祖宜备七庙之制，奉天不宜为筵宴之所，<u>文渊</u>未备夫馆阁之隆，太常非俗乐之可肆，官伎非人道之所为；痛惩法外之刑，永革京城之役；妇女非帷薄不修，(母)〔毋〕轻逮系；大臣有过恶当诛，不宜加辱；顺天应人，皆此类也。

近年以来，台省之建纲，不过以刑名轻重为能事，以问囚多寡为勋劳，而御史纠弹，大都承望风旨，宜陛下之以为虚文塞责也。然陛下进人不择贤否，授职不量轻重。建不为君用之法，所谓'取之尽锱铢'；置朋奸倚法之律，所谓'用之如泥沙'。天下皆谓陛下任喜怒为生杀，而不知皆臣下之乏忠良也。夫有申明旌善之举而无党庠乡学之规，互知之法虽严，训告之方未备。臣欲求古人治家之礼，睦邻之法，若古<u>蓝田吕氏</u>之乡约，今<u>义门郑氏</u>之家范，布之天下，使世家大族，以身先之，将见作新于变，至于比户可封不难矣。

至于鼎革之际，民困未苏。今日之土地无前日之生植，而今日之征聚过昔年之税粮。或卖产以供税，产去而税存；或赔办以当役，役重而民困；土田之高下不均，起科之轻重无别。欲拯民而革其弊，莫若复授田均田之法，兼行常平义仓之举，积之以渐，至有九年之食无难者。

若夫罪人不孥，罚弗及嗣。连坐起于<u>秦</u>法，孥戮本于伪书。今之为善者，妻子未必蒙荣，而有过者，里胥必陷于罪。况律以人伦为重，而有给配妇女之条，则又何取夫义夫、节妇哉！夫粢盛之洁，衣服之举，仪文之备，此畏天之末也；簿书之期，狱讼之断，钩距之巧，此治民之末也。惟陛下垂鉴焉!"书奏,上称其才。已,又献太平十策,上虽不及行,颇嘉纳之。

而缙恃才不检,尝入兵部索皂隶,语谩尚书。沈溍以闻,上曰:"缙以冗散自恣邪!"居数月,诏改为监察御史。

【考异】解缙上书,宪章录及纪事本末俱系之四月,盖缙以是年三月成进士,授庶吉士,则正授官后也。三编书其七月授监察御史事,证之缙传,则以索皂隶于兵部,上谓其以冗散自恣,乃改御史。明之进士,以翰林为重,御史则左迁也。今仍据宪章录,并据本传书改御史本末。

论曰:明之解缙,其才有似于贾谊,其得君有似于魏徵,然迹其生平,殆裴行俭之所谓"有文艺而无器识"者欤!

大庖西室之奏,太祖奇其才而迂其论,谓其年少而语夸也,然已刮目视之矣。及闻其以谩语索兵部之皂隶,何其器小而易盈也!始以冗散之恣,改授御史,继以同列之忌,令随父归,可谓知臣莫若君矣。然而十年著述,冠带来廷,则太祖方欲老其才以为子孙之用,而岂知知人之难,仅得之于方孝孺而不免失之于解缙乎!

夫生惭先帝之知,死负比邻之约,谓王艮。是直躁而已矣。代人草疏而自暴其长,奉诏方人而不免于汰。语曰:"君不密则失臣,臣不密则失身。"缙以不谨持躬而卒以不密取祸,是直浅而已矣。躁也,浅也,四杰之所以不克令终,而缙似之,岂享爵禄之器哉!

15 五月,甲戌朔,日有食之。

16 六月,甲辰,信国公汤和就第于中都,率妻子陛辞。上

赐黄金三百两,白金二千两,钞三千定,彩币四十余端。夫
人胡氏,赐亦称是,并降玺书褒谕,诸功臣莫得比焉。

17 初,云南既平,以所属乌撒、乌蒙、芒部改隶四川,逾
年,又割东川隶焉。乃并乌撒等三部为四军氏府,而东川
最强。至是遂叛,上命沐英以便宜讨之。英奏言:"东川蛮
见据乌山路作乱,反状已著。惟其地重关复岭,上下三百
余里,人迹阻绝,非以大兵临之,恐难得志。"上以为然。甲
子,命傅友德为征南将军,英与普定侯陈桓副之,率诸军
会讨。

　　敕友德等曰:"东川、芒部诸夷,种类皆出于猡猡。厥
后子姓蕃衍,各立疆场,乃异其名曰东川、乌撒、乌蒙、芒
部、禄肇、水西,无事则互相争斗,有事则相为救援。若唐
时阁罗凤亡居大理,官兵追捕,道经芒部诸境,群蛮聚众,
据险设伏。唐将不备,堕其计中,丧师二十万,皆将帅无谋
故也。今须预加防闲,严为之备。"

18 秋,七月,蓝玉送迪保努及妃、主等至京师,命有司给
供具,赐之钞币。

　　既,有言蓝玉在军私元主妃事,上怒玉无礼,切责之,
妃惭惧自杀,迪保努由是出怨言。上闻之曰:"朕尝与诸臣
议欲封之,以尽待亡国之礼。今迪保努乃若是,岂可复居
之内地!"戊寅,诏安置迪保努于琉球。

19 辛巳,安庆侯仇成卒。

　　成有疾,上遣人赐内酒,以书劳之。未几卒,追封皖国
公,赐谥忠襄。【考异】宪章录系之六月辛丑。按六月无辛丑,辛丑乃七

月之晦也。检**明史功臣表**,"七月辛巳",从之。

20　八月,壬寅,**沐英**遣都督**宁正**从**傅友德**讨**东川**。

时**乌撒军民府**叶原常,献马三百匹、米四百石于征南将军以资军用,且愿收集土兵从征。**沐英**等以闻,从之。复命**景川侯曹震**、**靖宁侯叶昇**为左、右参将,分讨**东川**。

21　癸丑,徙**泽**、**潞**民无业者垦**河南**、**北**田,赐钞备农具,复三年。

22　**蓝玉**肃清沙漠,又破元丞相**哈刺章**于**和林**,获人畜六万。

丁卯,师还,大赉将士。

23　戊辰,以北征功,封**孙恪**为**全宁侯**。

24　是月,颁赐武臣**大诰**,令其子弟诵习,又御制**八谕**,训饬遵守。

25　九月,丙戌,**秦**、**晋**、**燕**、**周**、**楚**、**齐**、**湘**、**鲁**、**潭**九王皆来朝。

26　癸巳,**越州蛮阿资**叛。

阿资,**越州**土官**龙海**子也。**沐英**南征,驻兵其地。**龙海**先降,遣子入朝,诏以为**越州**知州。寻为乱,**英**讨禽之,徙之**辽东**,至**盖州**而卒。**阿资**袭职,益桀骜,至是构**罗雄州**营长**发束**等作乱,诏**英**会征南将军**傅友德**讨之。

27　是月,核天下卫所屯田,岁得粮五百余万石。敕五军都督府曰:"养兵而不病于农者,莫如屯田。今海宇宁谧,边境无虞。若使兵坐食于农,农必受敝,非长治久安之术,惟督兵屯粮于各卫所,庶几古人寓兵于农之遗意。昔之良将若<u>赵充国</u>辈,皆以此策勋当时,垂名后<u>世</u>,尔都督府其申谕之!"

28 召见给事中魏敏、卓敬等八十一人,上以为适符元士数,诏改给事中为元士。寻以六科为政事本源,又改曰源士,不久,寻复。

时<u>卓敬</u>以本年进士除户科给事中。——<u>敬</u>,<u>瑞安</u>人,鲠<u>直</u>无所避。当开创初,制度未备,诸王服乘拟于太子。<u>敬</u>乘间言:"京师天下视效,陛下于诸王不早辨等威,而使服饰与太子埒,嫡庶不分,尊卑无序,何以令天下?"上曰:"卿言是,朕虑未及此。"益重之。

29 冬,十月,丁未,<u>傅友德</u>等捕获叛蛮五千五百三十八人,<u>东川</u>平。

30 庚申,<u>高丽国王</u><u>禑</u>遣使来告,请逊位于其子<u>昌</u>。

初,上命户部咨<u>高丽</u>,以铁岭北东西之地旧属<u>开元</u>者,<u>辽东</u>统之,<u>铁岭</u>之南旧属<u>高丽</u>者,其国统之,宜各正疆域,毋侵逾。本年夏,<u>禑</u>奏称:"<u>铁岭</u>之地,实其世守,乞仍旧便。"上曰:"<u>高丽</u>旧以<u>鸭绿江</u>为界,今饰词<u>铁岭</u>,是诈也。"时礼部尚书<u>李原名</u>亦言:"<u>辽东</u>之<u>文</u>、<u>高</u>、<u>和</u>、<u>定</u>四州,皆故<u>元</u>版图。今<u>铁岭</u>已置卫,不可许。"

其年秋,<u>高丽</u>有千户<u>陈景</u>来降,具言"是年四月,<u>禑</u>欲寇<u>辽东</u>,遣<u>李成桂</u>缮兵<u>西京</u>,而令<u>景</u>屯<u>艾州</u>,寻以粮不继退师。王怒,杀<u>成桂</u>之子。<u>成桂</u>遂叛,还兵攻王城,破之,遂囚王。<u>景</u>惧祸及,故来降。"是时上方遣<u>辽东</u>严守备,且侦虚实,至是<u>禑</u>果以逊位请,上曰:"前闻其王被囚,此必<u>成桂</u>

之谋,姑俟之以观其变。"

31 十二月,壬戌,进封<u>蓝玉凉国公</u>。

上始欲封<u>玉</u>为<u>梁国</u>,以过,改为<u>凉</u>,仍镌其过于券。

32 是月,<u>安南黎季犛</u>弑其主<u>炜</u>。

初,<u>安南陈叔明</u>立三岁,传其弟<u>炜</u>。<u>炜</u>死,弟<u>炜</u>代立,国相<u>黎季犛</u>方窃柄,因废其主而立<u>叔明</u>子<u>日焜</u>,主国事,寻又弑<u>炜</u>。

方<u>炜</u>之立也,以入寇<u>思明</u>被上谴责,频年贡奄竖、金银、象马之属愈谨,又奉诏馈<u>滇</u>南军饷五千石于<u>临安</u>。是年,上命使赍敕及币往赐<u>炜</u>,<u>炜</u>遣使谢,复进象。上令礼部尚书<u>李原名</u>谕意,令仍循三年一贡例,毋进犀象。然是时<u>炜</u>已被弑,仍假其名入贡,朝廷不知而纳之,越数年,其事始觉。

33 是岁,定每岁郊祀祔祭历代帝王于大祀殿,仍以岁八月中旬择日遣官祭于本庙,其春祭停之。

又令尚书<u>李原名</u>考定历代名臣从祀,奏拟<u>风后</u>、<u>力牧</u>等三十六人。上命去<u>赵普</u>、<u>安童</u>、<u>阿术</u>,而增祀<u>陈平</u>、<u>冯异</u>、<u>潘美</u>、<u>穆呼哩</u>,即<u>木华黎</u>,译见<u>前纪</u>。余皆报可。

416

二十二年(己巳、一三八九)

1 春,正月,丙戌,改大宗正院曰宗人府,设令一人,左、右宗正、宗人各一人,并以亲王领之。寻以<u>秦王樉</u>为宗人令,<u>晋王㭎</u>、<u>燕王棣</u>为左、右宗正,<u>周王橚</u>、<u>楚王桢</u>为左、右宗人。

2 丁亥,大祀南郊。

3 傅友德等讨阿资,道经平夷,以其山险恶,宜驻兵屯守,遂徙其山民往居卑午村,留神策卫千户刘成守之,置堡其地。

已而阿资率众寇普安,友德击败之,斩其营长。乙未,复进兵蹙之。阿资屯普安,倚壁为寨,蛮众皆缘壁攀崖,坠死者不可胜数,生禽一千三百余人,获马畜甚众。阿资遁还越州,遣宁正等追击,又败之,斩其党五十余人。阿资惧,始以逾月请降。

初,阿资之叛也,扬言曰:"国家有万军之勇,我地有万山之险,岂能尽灭我辈!"至是穷蹙归命。

英乃请置越州、龙马二卫,扼其险要,分兵追捕,悉平之。英又以陆凉西南要地,请置陆凉卫指挥使司,报可。

4 二月,己未,命凉国公蓝玉练兵四川,修城池。

5 壬戌,禁武臣预民事。

初,上置军卫,以武臣统领所部兵马,除军民词讼事重者许会问外,其余不得干预。

时有广西都指挥耿良,造谯楼,令有司起发,科敛民丁财物;青州卫造军器,亦擅敛民财。上闻之,诏申明禁例:"凡在外都司卫所,遇有造作,千户所移之卫,卫达指挥司,司达五军都督府奏准,方许之。其物料并自官给,毋得擅取于民。民间词讼,虽事涉军务者,均归有司申理,毋得干预。并著为令。"

6 湖广安福所千户夏得忠,诱结九溪峒蛮为寇,诏靖宁侯叶昇会东川侯胡海等讨之。

癸亥，昇等师至九溪，潜兵出贼后掩击，遂禽（德）〔得〕忠，斩之。奏置九溪、永定二卫。

7 是月，进杨靖为户部尚书，沈溍为兵部尚书，秦逵为工部尚书。

溍先试兵部侍郎，严戢武臣，劾诸军卫不法者，凡一切训饬事宜，皆奏请承旨行之。时干戈甫息，将士暴横，至是始敛，溍之力也。

逵为工部侍郎，时营缮事，部中缺尚书，凡兴作事皆逵领之。定工匠更番力役之制，量地远近为班次，置籍为勘合付之，至期赍验，免其家徭役，著为令。上念逵劳勚，诏有司复其家。

至是并擢拜尚书。

8 三月，庚午，诏傅友德率诸将分屯四川、湖广，防西南蛮也。

9 夏，四月，己亥，徙江南民田淮南，赐钞备农具，复三年。

10 癸丑，命魏国公徐允恭、开国公常昇等练兵湖广。

允恭，达之子辉祖也，后以避太孙讳，始更之。

昇，遇春次子也。常茂既得罪，又无子，上念遇春功，乃以茂弟昇袭，改封开国。

11 甲寅，诏徙元降王于耽罗。

12 是月，上谕户部"九江、黄州、汉阳、武昌、岳州诸郡多贫民，其遣人运钞往振之。"又赐山东流民居京师者钞，振莱州、兖州饥，又振常德、长沙、辰州、靖州、衡州、永州、宝庆、郴州、德安、沔阳、安陆、襄阳贫民，凡钞二百六十四万余锭。

户部请造小钞，自一十文至五十文，以便民用，从之。

遣御史按山东官匿灾者。御史许珪巡按河南，言"自开封、永城至彰德旱，请减夏税。"左都御史詹徽以其希旨要誉，请罪之，上曰："御史能恤民隐，达下情，何罪耶！"即命振贷，蠲其税。【考异】明史本纪但记是月遣御史按山东官匿灾不奏者，三编据实录增入赐钞等事，今据书之。

13 五月，辛卯，置泰宁、朵颜、福余三卫于乌梁海。旧作兀良哈。

三卫者，元乌梁海氏所居之地，以地系姓也。其地在黑龙江南，渔阳塞北，为汉鲜卑、唐吐谷浑、宋契丹故地，元时为大宁路迤北境上。元都既灭，元故辽王、惠宁王及朵颜元帅相率请内附。已，数为鞑靼所抄，乃即其地置三卫，以故元归附阿尔察锡喇旧作阿扎失里。为泰宁卫指挥使，塔本特穆尔旧作塔宾帖木儿。为指挥同知，哈克三纳达齐旧作海撒男答奚。为福余卫指挥同知，托罗海彻尔旧作脱鲁忽察儿。为朵颜卫指挥同知，各领所部，互为声援。独朵颜地险而强，不久寻叛。

14 是月，佥都御史黄改从征云南还，次普安，遇寇，与其子琬皆死之。

15 秋，七月，元伊逊岱尔旧作也速迭儿。弑其主特古斯特穆尔。

初，蓝玉北征，特古斯遁去，将依丞相耀珠旧作咬住。于和林，行至<u>图喇河</u>，为其下<u>伊逊岱尔</u>所袭，众复散。适<u>耀珠</u>来迎，欲共依<u>库库特穆尔</u>，<u>旧作阔阔帖木儿</u>，<u>三编质实</u>云，"非<u>王保保</u>，又是一人。"大雪，不得发。<u>伊逊</u>兵卒至，遂缢弑之，并杀<u>添保努</u>。于是故元臣<u>讷克林</u><u>旧作捏怯来</u>。等皆来降，诏置之<u>全宁卫</u>。寻又令<u>朵颜卫</u>等招抚之，降者益众。自<u>特古斯</u>死后，元祚不复振矣。【考异】<u>也速</u>弑元主事，诸书皆系之是年，<u>三编</u>则系之二十一年十月，盖因<u>蓝玉</u>出（寨）〔塞〕之役，牵连并记耳。<u>明本纪</u>系之是年之末，是也。<u>皇明通纪</u>及<u>典汇</u>并系之是年七月下，今从之。

16　<u>颍国公傅友德</u>等自<u>云南</u>班师还。

17　八月，乙卯，诏天下举高年有德识时务者。

18　是月，刑部奏言，"比年律条增损不一，请编类颁行，俾知遵守，"乃诏翰林院同刑部官取比年所增者参考更定，凡四百六十条，皆依类编次。

　　论曰：<u>虞书</u>言"鞭作官刑，扑作教刑"，后世笞杖之所昉也。鞭之字从革，则以皮为之，扑之名曰楚，则以荆为之。说文有"支"而无"扑"，其训支曰："小击也"，是鞭重而扑轻。古人之制，刑宽于士民而严于官吏，此可见矣。

　　后世之笞有似于扑，杖有似于鞭。而予观<u>太祖</u>所列刑图，笞、杖之大头、小头，皆有分数，笞以臀受，杖则兼有以腿受者，而其用荆条则同。具<u>刑法志</u>中。言"<u>太祖</u>行郊坛，指道旁荆楚示太子曰：'古用此为扑刑，取能去风，虽寒不伤也。'"然则<u>太祖</u>所谓扑刑者，盖兼笞杖言之矣。刑图所列，有笞杖而无鞭。而其论笞杖曰："毋以筋胶诸物装钉，"则用皮之有禁也。然<u>明</u>之廷杖,即鞭之遗制,而其为毒,岂但用皮而已!

明史刑法志,言"洪武六年,工部尚书王肃坐法当笞,太祖曰:'六卿贵重,不宜以细故辱,命以俸赎罪。'后群臣罣误许以俸赎,始此。"然永嘉侯朱亮祖父子皆鞭死,工部尚书薛祥志误作"夏"。毙杖下,故上书者以"大臣当诛不宜加辱"为言。廷杖之刑,亦自太祖始矣。

夫作法于凉,其敝犹贪,自古酷吏之不贪者几希矣。而明之厂卫,淫刑以逞,五毒加之,亦以是为于货之左券而已。然则谓为太祖之作法,不为过也。

19 九月,丙寅朔,日有食之。

20 冬,十月,丁巳,西平侯沐英来朝。上赐宴奉天殿,赍黄金二百两,白金五千两,钞五百定,彩币百疋,亲拊之曰:"使我高枕无南顾忧者,汝英也!"【考异】此据明史本传,证之潜庵史稿,在是月丁巳,今从之。

21 十一月,丙寅,命宣德侯金镇等练兵湖广。——镇,朝兴子也。

22 己卯,思伦发降。

伦发两受大创,乃遣把事招纲等来言:"往者逆谋,皆由把事刀厮郎所为,乞贷死,愿输贡赋。"云南守臣以闻,上乃遣通政司经历杨大用赍敕往谕,令修臣礼,悉偿前日兵费。伦发听命,遂以象、马、白金、方物入贡。并献叛首刀厮郎等三十七人。麓川遂平。

23 是月,沐英奏:"景东乃百夷要冲,蒙化亦边远梗化,均宜置卫,分兵驻守。"从之,诏置<u>景东</u>、<u>蒙化</u>二卫,以锦衣指挥佥事<u>胡常</u>等守之。

24 <u>海州</u>同知<u>陈龚福</u>,坐<u>胡惟庸</u>党贬<u>云南</u>。

<u>龚福</u>,<u>元</u>御史大夫<u>福寿</u>子也,上念其忠臣之后,命宥之。越二年,擢为太仆少卿。【考异】<u>三编</u>系此事于是年十二月,证之<u>宪章录</u>,则二十五年三月事,又证之<u>潜庵史稿</u>,则二十五年三月癸卯也。盖<u>三编</u>据其党事之发,牵连记之,今据书于是月下,并及其被谪擢官之本末。

25 十二月,甲辰,<u>周王橚</u>弃其国来<u>凤阳</u>,上怒,将徙之<u>云南</u>。寻止,使居京师,命世子<u>有燉</u>理藩事。

26 遣定远侯<u>王弼</u>等练兵<u>山西</u>、<u>陕西</u>、<u>河南</u>。

27 是岁,<u>高丽</u>权国事<u>王昌</u>奏请入朝,上不许。未几,<u>李成桂</u>复废<u>昌</u>而立定<u>昌国院君瑶</u>。【考异】<u>明本纪</u>是年之末书"<u>高丽</u>废其主<u>禑</u>,又废其主<u>昌</u>",盖牵连并记耳,其实废<u>禑</u>在去年也。又书云"<u>安南黎季犛</u>弑其主<u>日煃</u>",此尤误。按<u>安南列传</u>,<u>季犛</u>弑<u>日煃</u>乃在<u>建文</u>元年,且自<u>季犛</u>立<u>日煃</u>后,连年窥边,故二十八年讨<u>龙州</u>之役,上谕<u>日煃</u>"毋自疑",此时安得有被弑之事?且事隔十年,亦非牵连记事之体,其为<u>本纪</u>之误无疑,今删去。

28 上以詹事为东宫要职,而官联无统,乃置詹事院,欲得望重者居之。谕吏部曰:"三代保傅,礼甚尊严。兵部尚书<u>唐铎</u>,谨厚有德量,可以为詹事,食尚书俸如故。"——以<u>铎</u>尝请豫教故也。<u>铎</u>寻致仕,而上眷遇不衰,后复起用。

时又改钦天监令、丞为监正、副。

明通鉴卷十

江西永宁知县当涂 夏　燮 编辑

纪十 起上章敦牂(庚午),尽阏逢掩茂(甲戌),凡五年。

太祖高皇帝

洪武二十三年(庚午、一三九〇)

1 春,正月,上以元故丞相耀珠、鼐尔布哈等尚为边患,又诸王封国,凡并塞居者,宜令谨边防,预军务。丁卯,命晋王㭏、燕王棣率师北伐。并命颍国公傅友德率北平兵从燕王,定远侯王弼率山西兵从晋王,皆授征虏将军,受二王节制。

2 甲戌,荧惑入斗分。

3 己卯,大祀南郊。

4 庚辰,贵州蛮叛,诏延平侯唐胜宗往黄平、平越、镇远、贵州诸处,练兵屯田,柜机剿捕。——胜宗镇辽东七年,威信大著,至是授以征蛮事。

5 乙酉,命齐王榑率护卫及山东、徐、邳诸军从燕王北征。

6 赣州贼结湖广峒蛮作乱，——盖夏得忠之党也。诏胡海、叶昇等复讨平之。【考异】本纪，是年正月，书"赣州贼为乱，胡海、陈桓、叶昇讨平之。"赣州之贼，通纪、典汇俱作"夏三"，盖即去年之夏得忠也。证之胡海陈桓传，云"平澧州九溪峒蛮"，即湖广蛮。故通纪是年亦书湖广蛮。惟明史叶昇传，则云"赣州贼结湖广峒蛮为寇"，今据之。至胡海、陈桓、叶昇三人，即去年平湖广蛮之将，盖两事实一事，今分记之而附识于此。

7 是月，有潮州生员陈质，以其父戍大宁死，有司以质勾补军籍。质上书请除之，愿归卒业。时部臣沈溍以缺军伍，持不可，上曰："国家得一卒易，得一士难。"遂除之。

8 浙江金乡卫以造军器科民财，温州府平阳知县张础执不可，具以闻，上嘉其称职，遣使劳以上尊、楮币。

9 以鞑靼指挥使安童为刑部尚书。——武臣文职始此。

10 二月，丁酉，国子祭酒、文渊阁大学士宋讷卒。

讷尝病，上以其有寿骨，无忧。已，使画工瞷讷，图其像，危坐有怒色。上以问讷，讷惊对曰："诸生有趋蹯者碎茶器，臣愧失教，故自讼耳。陛下何自知之？"上出图，讷顿首谢。

长子麟，举进士，擢御史，出为望江主簿，上念讷年老，召还侍。至是讷病甚，麟请归私第，讷叱曰："时当丁祭，敢不敬耶！"祭毕，舁归舍，卒，年八十。上悼惜，自为文祭之，为治葬地。——文臣四品给祭葬自讷始。后谥文恪。【考异】诸书或系之二月，或系之三月。惟史稿及宪章录俱作"二月丁酉"，与本传合，今据之。

11 初，湖广施州卫置三抚司，曰施南，曰散毛，曰忠建。至是诸峒蛮叛，施南宣抚覃大胜从中构之。忠建宣抚田思进，以八十余乞致仕，以其子忠孝代之，不能制。

戊申，命凉国公蓝玉为征南将军，率兵进讨。【考异】本纪，是月，"蓝玉平西番叛蛮。"证之玉传，言"二十三年施南、忠建二宣抚司蛮叛，玉讨平之"，又云"平都匀安抚司散毛诸峒"，此皆湖广、贵州交界之地，与西番无涉。且本纪于下文闰四月，书"蓝玉平施南、忠建叛蛮，六月平都匀、散毛诸峒蛮。"据此，则二月所书，乃奉征蛮之命，闰月六月所平，即所谓"三抚司"也。三抚司皆湖广之蛮，疑纪误以湖广为西番耳，今据列传。

12 丙辰，耕藉田。

13 癸亥，河决归德州东南凤池口，径夏邑、永城，诏发兴武等十卫士卒与归德民并力筑之，罪有司不以闻者。

14 三月，壬申，发山东、河南仓粟振贫民。

15 燕王、傅友德等出古北口，谍报鼐尔布哈旧作乃儿不花。驻牧伊都。旧"伊"作"迤"。方进兵，值大雪，诸将欲止，王曰："彼不虞我至，正宜乘雪速进。"癸巳，师次伊都，隔一碛，敌不知也。王先遣指挥和通径诣其营，至则相持泣，仓猝间，大军已压其营。鼐尔布哈等惊，欲遁，和通止之，引见王，王赐之酒食，慰谕遣还。鼐尔布哈大喜过望，遂收其部落，与耀珠同诣大军降。

捷至京师，上大悦曰："肃清沙漠，燕王功也。"是时元降军先后归附，其至北平者皆听燕王调用，燕兵自此益强。

16 是月，定朝臣衣服之制。

上见文臣衣服多取便易，日至短窄，有乖古制，乃诏礼部尚书李原名等参酌时宜，仍与古宽袍大袖之制相近。又以学校为国储材，而士子巾服无异胥吏，宜更易之。

时秦逵方任工部，命制式以进，凡三易，始命用玉色绢布为之，宽袖，皂缘，皂绦，软巾，垂带，命曰"襕衫"。上又亲服试之，始颁行天下。又赐国学生蓝衫绦各一以为天下先，盖士子衣冠之创制云。

17 夏，四月，丙申，潭王梓自焚死。

王英敏好学，善属文，尝会府臣，设醴赋诗，亲品其高下，赍以金币。王妃於氏，都督显女也。显子琥，方坐胡惟庸党，王闻之，不自安。上遣使慰谕，召入见，王益惧，与妃俱焚死。无子，国除。【考异】据明史诸王传，言"王妃於氏，都督显女也。显子琥，初为宁夏指挥，二十三年，坐胡惟庸党，俱坐诛。梓不自安，上遣使慰谕，且召入见。梓大惧，与妃俱焚死。"按惟庸党狱发于是年之四五月间，其时显父子尚未被逮，即逮亦未必即诛，何至王惧而与妃焚死耶？今删去"於显被逮伏诛"语。再考典汇书此事，则云"潭王母定妃与民家坐事，王不自安。上遣使谕之，王惧，与妃自焚死。"此似近之，附记于此。

18 丁酉，月掩太白。

19 是月，勋臣吉安侯陆仲亨等，坐胡惟庸党事发，皆先后逮下狱。

20 闰月，己巳，授鼏尔布哈等官有差。

21 丙子，蓝玉平施南忠建叛蛮。

时诸蛮结寨于龙孔，玉遣指挥徐玉袭之，禽(宜)〔宣〕抚覃大胜。余党溃走，分兵搜捕，杀获男女一千八百余人。械大胜及其党八百余人送京师，磔大胜于市。寻移兵克散毛峒蛮，禽刺惹长官覃大旺等万余人。

奏言："诸蛮叛服不常，黔江施州卫兵相去远，难援应，请于散毛连界之大田，置大田守御千户所，命千户领土兵一千五百人镇之。"报可。

22 五月，甲午，遣诸公、侯就第，赐金币有差。

23 初，胡惟庸之狱，株连党与万余。群臣请究问李善长及陆仲亨等交通状，上曰："朕初起兵时，善长来谒军门，以为复见天日。是时朕年二十七，善长年四十一，所言多合朕意，遂掌书计，赞计画。功成，爵以上公，以女与其子。仲亨年十七，父母兄弟俱亡，恐为乱兵掠，持一斗麦藏于草间。朕见之，遂来从朕，以功封侯。此皆吾初起时股肱心膂也，其勿复言！"以故惟庸诛后，仍命善长理台事，而仲亨等亦寻出镇。

十八年，有人告李存义父子实惟庸党者，诏"免死，安置崇明"，善长不谢，上衔之。十九年，通倭事觉，上族林贤。二十一年，蓝玉征沙漠，获封绩，善长不以奏，上益疑之。而善长年逾七十，毫不检下，尝欲营第，就信国公汤和假卫卒三百人，和密以闻。

是年四月，京民坐罪应徙边者，善长数请免其私亲丁斌等。上怒，按斌。斌故给事惟庸家，因言存义等往时交通惟庸状。命逮存义父子鞫之，词连善长，云："惟庸有反谋，使存义阴说善长，善长惊，叱曰：'尔言何为者？审尔，九族将灭。'已，又使善长故人杨文裕说之，云'事成当以淮西地封为王。'善长惊，不许，然颇心动。惟庸乃自往说，善长犹不许。久之，惟庸复遣存义进说，善长叹曰：'吾老矣。吾死，汝等自为之。'"又有以善长匿封绩事告者。于是御史交章劾善长，而善长奴卢仲谦，亦告善长与惟庸通赂遗，交私语。

狱具,上谓"善长元勋国戚,知逆谋不发,狐疑观望怀两端,大逆不道。"会有言星变,其占当移大臣,上意遂决。乙卯,赐太师韩国公李善长死,时年七十七,并其妻、女、弟、侄家口七十余人皆坐族。

于是陆仲亨及延安侯唐胜宗、平凉侯费聚、南雄侯赵庸、荥阳侯郑遇春、宜春侯黄彬、河南侯陆聚等,皆同时坐惟庸党诛。而已故营阳侯杨璟、济宁侯顾时等,追坐者又若干人。上手诏条列其罪,傅著狱词,为昭示奸党三录,布告天下。

善长子祺,与主徙江浦。祺子芳茂,以公主恩得不坐。寻罢世袭,谪为指挥、镇抚等官。

24 是月,诏:"在京官三年皆迁调。著为令。"于是杨靖改刑部尚书,与赵勉换官,秦逵改兵部尚书,与沈溍换官。逵、溍等寻皆复任,惟靖在刑部独久。

上谕靖曰:"愚民犯法,如啖饮食,嗜之不知止。设法防之,犯者益众,惟推恕行仁,或能感化。"又曰:"在京狱囚,卿等覆奏,朕亲裁决,犹恐有失。在外各官,所拟岂能尽当!卿等宜详谳,然后遣官审决。"

靖承旨研辨,多所平反,上皆纳之。尝鞫一武弁门卒,检其身,得大珠,僚属惊异。靖徐曰:"伪也,安有珠大如此者!"碎之。上闻,叹曰:"靖此举有四善焉:不献朕求悦,一善也;不穷追投献,二善也;不奖门卒,杜小人侥幸,三善也;千金之珠,卒然而至,略不动心,有过人之智,应变之才,四善也。"

25 六月，乙丑，贵州都匀、散毛诸蛮复叛，凤翔侯张龙从唐胜宗屯田于贵州，蓝玉遣龙讨平之。

26 庚寅，选耆民有才德知典故者，授之官。

27 秋，七月，壬辰，河决开封西华诸县，漂没民舍凡万五千七百余户，遣使振之。

28 癸巳，崇明、海门海溢，决堤二万三千九百余丈，发民夫二十五万筑之。

29 八月，壬申，诏毋以吏卒充选举。

30 召蓝玉还，增岁禄五百石。寻诏还乡。

31 是月，振河南、北平、山东水灾。

32 九月，庚寅朔，日有食之。

33 冬，十月，己卯，振湖广饥。

34 初，诚意伯刘基，爵止及身，至是上追念基功，又悯其父子皆为惟庸所厄，召其次子璟至，命袭父爵。

璟言长兄子廌在，上大喜，以璟为阁门使。谕之曰："考宋制，阁门使即仪礼司。朕欲汝日夕左右，以宣达为职，不特礼仪也。"时都御史袁泰奏车牛事失实，上宥之，泰忘引谢，璟纠之，服罪。上因谕璟："凡似此者即面纠。朕虽不之罪，要令知朝廷纲纪。"【考异】宪章录、典汇，俱系是事于是年十月。证之明史基传云"璟以洪武二十三年命袭父爵，璟言有长兄子廌在，上大喜，命廌袭封，以璟为阁门使'，即是年十月事也。若廌之袭封，则年表系之二十四年三月辛丑，基传亦云，"洪武二十四年三月嗣伯"，则是在璟授阁门使之次年也。沈氏野获编，言"基孙袭爵在二十三年十月廿七日"，再考刘璟遇恩录，言"是年十二月召见，授阁门使，令归祭墓，明年三月复召。"据此，则璟以十月授官，十二月召见辞爵，乃改封廌，野史牵连并记耳。今仍据明史，系授阁门使于是年十月,封鹰于明年三月。

35 十一月,癸丑,免山东被灾田租。

36 十二月,癸亥,诏:"殊死以下囚,令输粟北边自赎。"

37 壬申,罢天下岁织文绮缎匹,有赏赉者给以绢帛。

38 是月,国子生程通,言其"祖父谪戍陕西,年过七十,请放归",上嘉其志,破格许之。

39 是岁,左副都御史袁泰,言"各道监察御史印篆相同,虑有诈伪",乃诏更铸监察御史印曰"某道监察御史印",其巡按印曰"巡按某处监察御史印"。

40 西番之地有哈梅里者,去甘肃千余里,故元诸王居之。洪武十三年,都督濮英练兵西凉,故王始惧,遣回回阿老丁来朝,赐文绮,令招谕诸番。后辄与别部相仇杀,乃诏甘肃都督宋晟严兵备之。

二十四年(辛未、一三九一)

1 春,正月,癸卯,大祀南郊。

2 戊申,命傅友德等备边北平。

上封燕、晋诸藩,岁遣大将巡行塞下,督诸卫士屯田,戒以持重,寇至则败之。

而元自特古斯死,部帅纷拿,数传之后,不复知有帝号,其后篡立者自称汗,国名鞑靼云。

3 丁巳,免山东登、莱、青、兖、济南被水田租。

4 是月,以芝阳知县李行素有实政,擢刑部右侍郎。

新化县丞周舟,以廉勤称,考课得最,升吏部考功主事。县民萧俊等诣阙言,"自舟去后,民被扰不安",诏复以舟为新化县丞,仍令礼部宴赏遣之。【考异】行素擢刑部侍郎,见明史列传二十八卷赞中。证之春明梦余录引江陵集,与新化丞周舟事同在是年之正月,今从之。惟芝阳集作"芜湖"。

5 二月,壬申,耕藉田。

6 复振山东高密、栖霞、莒州被水民万五千九百户。【考异】诸书不载二月振山东事,今据三编增入。

7 是月,上阅汉书赐民爵之令,谓侍臣曰:"汉高立社稷,施恩惠,赐民之爵,子孙相仍以为法,或遇有事,辄赐二级、三级者,又听民转移与子,甚无谓也。夫爵所以命有德,礼曰:'以贤制爵。'若天下之人,无贤不肖皆赐以爵,则贤人君子何以为劝!贻谋若此,诚未尽善。"【考异】冤章录系之二月,通纪系之正月。证之法武宝训,刊是年二月丙寅也,今从之,书于二月之末。

8 三月,戊子朔,日有食之。

9 诏魏国公徐允恭、曹国公李景隆、凉国公蓝玉等备边陕西。

10 乙未,靖宁侯叶昇练兵甘肃。

11 丁酉,赐许观等进士及第、出身有差。

观,贵池人,本姓黄,以父赘许,从其姓。初贡太学,以孝名。至是礼部、廷试皆第一,累官至礼部侍郎,乃请复姓。

寻又擢下第举人张孟铺等为主事。

12 辛丑,封刘基孙廌荥伯爵,增禄五百石。

13 是月,故元辽王阿尔察锡喇叛,诏傅友德等从燕王讨之。

14 上谓皇太子诸王曰:"昔元世祖东征西讨,混一华夏。至顺帝,偷惰荒淫,天厌人离,遂至丧灭。诗曰:'殷鉴不远,在夏后之世。'尔等宜以顺帝为戒,克勤克慎,庶可永保基业。"

15 上谓廷臣曰:"朕昨命寺人发库藏中古镜十余,以鉴容貌多失真,召冶工数人问之,莫能答。最后一人言'范模不正,故镜体偏邪,照人失真。'朕闻之,不禁惕然。夫镜,一物耳,略有偏邪,则不可鉴形。人君主宰天下,辨邪正,察是非,皆原于心,心有不正,百度乖矣。正心之功,其可忽乎!"

16 夏,四月,乙丑,振河南被水州县。

17 辛未,封皇子楩为庆王,权宁王,楩岷王,橞谷王,松韩王,模沈王,楹安王,桱唐王,栋郢王,㰘伊王。

18 癸未,燕王督傅友德等诸将出塞。

19 是月,河水暴溢,决原武黑洋山,东经开封城北五里,又东南由陈州项城、太和,颍州颍上,东至寿州正阳镇,全入于淮,而元时贾鲁治河之故道遂淤。又由旧曹州、郓城两河口漫东平之安山,而元时转运故道之会通河亦淤。

20 五月,戊戌,命汉、卫、谷、庆、宁、岷六王练兵于临清。

时以河决,饷运艰,命储粮十六万石于临清,以给训练骑兵。

21 甲寅,振北平被水州县。

22 是月,燕王遣傅友德等追元辽王,行至哈者舍利道上,友德遽下令班师,敌信之。越二日,忽进兵深入,逾月,至

黑岭，大破敌众，获其人口、马匹而还。【考异】本纪系出塞于四
月，云"败敌而还"，盖牵连记之耳。据纪事本末，燕王以三月出塞，七月始还，
其追至黑岭则在五月，今据书之。

23 六月，己未，诏廷臣参考历代礼制，更定冠服、车室、器
用制度，自公、侯、伯、驸马、都尉以下有差。

24 甲子，上以久旱，命录囚。

25 秋，七月，庚子，徙富民实京师。

上惩元末豪强并弱，立法之初，多右贫而抑富。至是
命户部籍浙江等九布政司及应天十八府、州富民凡万四千
三百余户，以次召见，悉徙之。

26 辛丑，免畿内官田租之半。

27 是月，龙江工吏以母丧乞守制，吏部尚书詹徽不听。
吏径至午门外击登闻鼓诉之，上切责徽，听吏终丧。

同时有青文胜者，仕为龙阳典史。龙阳濒洞庭，数罹
水患，逋赋数十万，敲朴死者相踵。文胜慨然诣阙上疏为
民请命，再上，皆不报，叹曰："何面目归见父老！"复具疏击
登闻鼓以进，遂自经于鼓下。上闻，大惊，悯其为民杀身，
诏宽龙阳租二万四千余石，定为额。邑人建祠祀之。妻子
贫不能归，养以公田百亩。【考异】事见明史刑法志，洪武宝训书"七
月辛巳"。今据之，更补出明史青文胜传中击登闻鼓及请免龙阳税粮，皆同时
事，并系之七月下。

28 八月，乙卯，上以秦王樉多过失，召还京师，后以太子
自关、陕归，为之请，逾年，始复令归藩。

29 乙丑，敕皇太子巡抚陕西。

初，上以应天、开封为南、北京，临濠为中都。时御史

胡子祺上书,以为"据百二河山之险,可以耸诸侯之望者,举天下形胜所在,莫如关中",上韪其言,至是谕太子曰:"天下山川,惟秦地号为险固。汝往,以省观风俗,慰劳秦父老子弟。"于是择文武诸臣扈太子行。既行,复谕曰:"比来一旬,久阴不雨,占有阴谋,宜慎举动,严宿卫,施仁布惠以回天意。"仍申谕从行诸臣以宿顿闻。

初,哈梅里请以马互市于延安、绥德、平凉、宁夏等卫,上曰:"番人黠而多诈,互市之求,安知非藉以觇我!利其马而不虞其害,所丧必多,宜勿听。"时西域、回纥来贡者,多为哈梅里所遏,有从他道来者,辄遣兵邀杀之。上闻之,怒,乙亥,命都督佥事刘真偕宋晟督兵讨之。

真等自凉州西出,令军中多备粮糗,倍道疾驰,乘夜直抵城下,四面围之,其知院岳山,夜缒城降。黎明,兀纳失里驱马三百余匹突围而出,官军争取其马,兀纳率家属随马后遁去。真等遂拔其城,斩豳王、国公等一千四百人,获王子及部属千七百三十人,马六百余匹。

逾年,兀纳遣使贡马骡请罪,上纳之。【考异】事见本纪及西域本传。纪事本末及诸书多作"哈密",误也。哈密与哈梅里,同在甘肃嘉峪关外,而国名互异,明史故分列之。今据纪、传,并参宋晟传书之。

30 九月,乙酉,遣使谕西域。

31 是月,倭寇雷州,百户李玉、镇抚陶鼎死之。

32 冬,十月,丁巳,免北平、河间被水田租。

33 是月,南丰县典史冯坚,上书言九事:"一曰养圣躬,请清心省事,不与细务,以为民社之福。二曰择老成,诸王年方壮盛,左右辅导,愿择取老成之臣,出为王官,使得直言正色,以图匡救。三曰攘要荒,请务农讲武,屯戍边围,以备不虞。四曰励有司,请得廉正有守之士,任以方面,旌别属吏以闻而黜陟之。五曰褒祀典,请敕有司采历代忠烈诸臣,追加封谥,俾有兴劝。六曰省宦寺,晨夕密迩,其言易入,养成祸患而不自知,裁去冗员,庶防其渐。七曰易边将,假以兵柄,久在边陲,易滋纵佚,请时迁岁调,不使久居其任,不惟保全勋臣,实可防将骄卒惰,内轻外重之弊。八曰访吏治,廉干之才,或为上官所忌,僚吏所嫉,上不加察,非激劝之道,请广布耳目,访察廉贪,以明黜陟。九曰增关防,诸司以帖委胥吏,俾督所部,辄加捶楚,害及于民,请增置勘合,以付诸司填写差遣,事讫缴报,庶有司不轻发以病民,而庶务亦不致旷废。"

书上,上称其知时务,达事变。又语侍臣曰:"兵将数易则兵力勇怯,敌情出没,山川形胜,无以周知,倘得<u>赵充国</u>、<u>班超</u>者,又何取数易为哉!<u>坚</u>之此言,则未然也。"

乃擢<u>坚</u>为左金都御史。在院颇持大体,逾年,卒于官。

34 十一月,甲午,<u>五开</u>蛮叛。诏都督佥事<u>茅鼎</u>讨之。

35 庚戌,皇太子自<u>陕</u>还京师,献<u>陕西</u>地图。时太子已病,病中犹上书言经略建都事。

<u>晋王㭎</u>随太子来朝。初,㭎在国,骄纵,多不法。或告王有异谋,上大怒,欲罪之,赖太子力救得免。至是来朝,上怒稍解,仍敕归藩。

36 辛亥,振<u>河南</u>水灾。

37 是月,<u>傅友德</u>、<u>蓝玉</u>奏"请勒兵巡边,就讨<u>西番</u>之未附者。"上遣使报之曰:"朕观天象,未利征讨,慎毋轻举也!今友德宜还京师,玉且率诸将驻陕西训练士马,且多市马为武备,待其有衅而后取之。朕当有后命也。"

38 是月,以通政使茹瑺为兵部尚书。——瑺试兵部一年,至是实授。

39 十二月,庚午,遣周王橚归国,——亦皇太子调护力也。

40 初,西平侯沐英请置陆凉卫,既,又以阿资叛服不常,请徙越州卫于陆凉,镇之。

辛巳,阿资复叛,上命都督佥事何福为平羌将军,讨之。

41 是月,以詹徽为吏部尚书,仍兼都察院务,以袁泰为右都御史。

徽与泰皆以明决邀上眷,而用法多希上旨,务为苛严。泰逾年卒,而徽遂不免于难。

42 是岁,天下郡县赋役黄册成,计户千六十八万四千四百三十五,丁五千六百七十七万四千五百六十一。

43 铸浑天仪。

44 韩国公李善长既死之逾年,虞部郎中王国用上言:"善长与陛下同心,出万死以取天下,勋臣第一。生封公,死封王,男尚公主,亲戚拜官,人臣之分极矣。藉令欲自图不轨,尚未可知,而今谓其欲佐胡惟庸者,则大谬不然矣。人情爱其子,必甚于兄弟之子,安享万全之富贵者,必不侥幸万一之富贵。善长与惟庸,犹子之亲耳,于陛下则亲子女也。使善长佐惟庸，不过勋臣第一而已矣，太师、国公、封王而已矣，尚主、纳妃而已矣，宁复有加于今日？且善长岂不知天下之不可力取！当元之季，欲为此者何限，莫不身为齑粉，覆宗绝祀，能保首领者几何人哉！善长胡乃身见之而以衰倦之年身蹈之也？凡为此者，必有深仇激变，大不得已，父子之间，或至相挟以求脱祸。今善长之子祺，备陛下骨肉亲，无纤芥嫌，何苦而为此？若谓天象告变，大臣当灾，杀之以应天象，夫岂上天之意哉！臣恐天下闻之，谓功如善长且如此，四方因之解体也。今善长已死，言之无益，所愿陛下作戒将来耳。"上得书，竟亦不罪也。

久之，有言其疏为御史解缙代草者。而是时都御史袁泰方用事，缙又为同官夏长文草疏劾泰，泰深衔之。时近臣父皆得入觐，缙父开至，入见，上谓开曰："大器晚成，若以尔子归，益令进学，后十年来大用未晚也。"缙遂放归。

论曰：观于太祖之待功臣，而益叹高皇后之贤也！当太祖之册后也，以比唐长孙皇后。后曰："妾闻夫妇相保易，君臣相保难。"盖预知太祖之不能保其终而药之也。宋文宪之逮也，太祖必欲杀之，后曰："民家延师，尚以礼全终始，况天子乎！"上犹不悟，至于不御酒肉，托为宋先生作福事以动之。呜呼，可谓贤矣！然则高皇后在，韩国可以不死。岂但韩国！而胡、蓝之狱,数万之生灵系焉。周有乱臣十人,而妇人预焉,中宫之助,岂曰小补之哉!

日本自通胡惟庸事觉,诏绝其贡,而是时有王子滕佑寿者来入国学,上犹善待之。其年五月,特授观察使,留之京师。后著祖训,列不征之国十五,日本与焉。自是朝贡不至,而海上之警亦渐息。

占城大臣阁胜,弑其主阿答阿而自立,遣太师奉表来贡,上恶其篡逆,诏礼部却之。

二十五年(壬申、一三九二)

1 春,正月,戊子,周王橚来朝。

2 庚寅,河决阳武,泛陈州、中牟、原武、封丘、祥符、兰阳、陈留、通许、太康、扶沟、杞十一州县。有司具图以闻,诏发民丁及安吉等十七卫军士修筑,免被水田租。

3 乙未,大祀南郊。

4 平羌将军何福,师至越州,值连月阴雨水溢,阿资援绝请降。福择旷地,列栅以处其众,复调普安卫官军,置宁越堡镇之。

越州既定,会都匀九名、九姓等峒蛮作乱,福移师讨平之。诏以兵会都督茅鼎讨五开蛮,未行而毕节卫蛮复叛。福遣都督陶文往,而自留兵搜捕诸蛮,建堡设戍,乃趋五开。【考异】明史本纪,书“是月平都匀、毕节诸蛮。”证之土司传,“都匀既平,诏命何福至五开会茅鼎之师。会毕节叛,福乃遣都督陶文往,而自留兵平毕节。”土司传与本纪合,惟纪载“二月茅鼎平五开”,不及福会,今据土司传书之。

5　辛丑，令死囚输粟塞下。

6　壬寅，晋王㭎、燕王棣、楚王桢、湘王柏皆来朝。

7　是月，更定府、州、县岁贡生员之数。

初，岁贡之制，每学一人，二十一年，定府、州、县学以一、二、三年为差。至是定府学岁二人，州学二岁三人，县学岁一人，著为令。

8　二月，戊午，召曹国公李景隆等还京师。命靖宁侯叶昇等练兵于河南及临巩、甘凉、延庆等处。

9　都督茅鼎等平五开蛮。

时何福至军，请因兵力讨水西蛮，上不许。【考异】本纪上年书"茅鼎讨五开蛮，平之"，本年二月又复书平五开蛮事。其实五开至此始平，二十四年十一月纪□衍"平"字也。何福至军，则五开已平，故有请讨水西蛮之事，今并记之。

10　丙寅，耕藉田。

11　庚辰，诏天下卫所军以十之七屯田。

12　是月，遣太监聂司礼、庆童等赍敕往陕西、河州等卫与番人市马，以茶易之。

13　三月，癸未，命宋国公冯胜等十四人分理陕西、山西、河南诸卫军务。

时诏列勋臣望重者八人，胜居第三。而上春秋高，多猜忌，诸勋臣自就第奉朝请外，悉以边屯练军之任委之，不使预军国事也。

14　丁亥，命舳舻侯朱寿等督海运辽东。

15　庚寅，改封豫王桂为代王，汉王㮪为肃王，卫王植为辽王。

夏,四月,壬子,凉国公蓝玉略地至西番罕东境,遂招降其众,下之。

罕东在嘉峪关西南,汉燉煌郡地也。

初,上命玉理甘肃兰州、庄浪七卫之兵,以追逃寇祁者孙。至罕东阿真州,土酉哈昝等惊遁,其部众多窜徙西宁、三刺等处,玉为书招之,遂相继降。

16 癸丑,四川建昌卫指挥使伊噜特穆尔叛,旧作月鲁帖木儿。诏蓝玉移师讨之。

伊噜特穆尔者,故元平章,守建昌路。洪武十五年,平云南,置建昌卫指挥使司。时伊噜方自建昌来贡,上元所授符印,诏授伊噜为建昌指挥。至是叛,合德昌、会川等西番土军攻建昌,转攻苏州。指挥佥事鲁毅,率精骑出西门击之,贼众大集,毅且战且却,复入城拒守。事闻,诏置建昌、苏州二军民指挥使司及会州军民千户所,调京卫及陕西兵万五千余人往戍之。

17 丙子,皇太子标薨。

太子少师事宋濂,通经史大义。稍长,上辄令省陵墓,观郊坛,俾知衣食艰难,道途险易。厥后百官奏事,裁决明敏,济以宽仁,故刑狱多所平减。仁慈出自天性,尤笃于友爱,诸王有过,辄调护之。上初抚兄子文正、姊子李文忠及沐英等为子,或以事督过之,太子辄告高后为慰解,以故宗藩、勋旧莫不归心。

其薨也,上哭之痛。礼官议期丧,请以日易月。及当除服,上犹不忍,群臣固请,乃释服视朝。

18 戊寅,诏都督聂纬、徐司马、瞿能讨伊噜特穆尔,命俟蓝玉至军听节制。

19 五月,己丑,振陈州、原武水灾。

20 壬辰,北平、江西、陕西饥,发仓粟振之。

21 是月,宁夏千户何忠,以缺伍削官,上以其为万户何胜之孙,特宥之,并予世袭。

22 六月,丁卯,西平侯沐英卒于云南之本镇。

英初闻高后崩,哭至呕血,遂感疾。至是闻太子薨,哭极哀。卒,年四十八。

英镇云南十年,简守令,课农桑,岁校屯田增损以为赏罚,垦田至百万余亩,浚滇池,通盐井,定贡税,均力役,疏节阔目,民以便安。

自二十二年入朝还镇,再败思伦发及阿资之众,皆降之。使使以兵威谕诸番,每下片楮,番部辄具威仪出郭叩迎,盥而后启,曰:"此令旨也。"其卒也,军民巷哭,远夷皆为流涕。

诏归葬京师,追封黔宁王,谥昭靖。命其子春袭封西平侯,遂世镇云南。

初,上起兵时,多畜义子,及长,令偕诸将分守各路,一时有道舍、柴舍、周舍、马儿之等。——周舍即英也。其死难者,有文刚、文逊之等,——文刚,即柴舍也。其勋业最著者,则英为首;次则道舍何文辉、马儿徐司马,皆以功名终云。

23 是月,上以皇太子新薨,而时享将及,命礼官翰林院议之。

侍郎张智、学士刘三吾等议:"王制,三年不祭,惟祭天地社稷,不以卑废尊也。宋会典,真宗居丧,易日而服除,明年,遂享太庙,合祀天地,皆服衮冕,所有卤簿、仪仗、车路、登科、鼓吹,并如常仪。真宗批答云:'除郊天用乐,其卤簿鼓吹之等,皆备而不作。'今议宜如宋制。惟太庙祖先神灵所在,国既有丧,恐神不歆听,宜亦备而不作。"制曰:"可。"

24 秋,七月,癸未,四川都指挥瞿能等率各卫兵大破伊噜特穆尔于双狼寨,禽伪千户段太平等,贼众大溃。伊噜遁走,能等督兵追捕。攻托落寨,拔之。转战而前,进至打冲河三里所,与伊噜遇,又大败之,俘其众五百余人,溺死者千余,获牛马无算。

时蓝玉已至,统官军入德昌。能遂调指挥同知徐凯分兵入普济州,复架桥于打冲河,遣指挥李华追捕托落寨余(蘗)〔孽〕。进至水西,斩伊噜伪官把事等七人,土渠长沙纳的等皆中矢死。能进攻天星、卧漂诸寨,皆克之,先后俘杀千八百余人。伊噜复遁入柏兴州。

25 上留心民事,凡教官给由至京师者,悉召见,询民疾苦。

是月,有岢岚州学正吴从权、山阴县教谕张恒,以给由至京师,上召问民事,皆言:"职在训士,于民事无所知。"上曰:"宋胡瑗为苏湖教授,设经义、治事二斋,兵农水利,靡不兼之,当时得人称盛。尔二人既不通世务,罔识民情,则平日所教何事? 生徒将安赖邪?"命窜之远方,榜示天下学校,以为鉴戒。

26 改詹事院为詹事府。定詹事秩正三品,春坊大学士正五品,司经局洗马从五品。皆各有印,而事总于詹事府。

27 江夏侯周德兴,自防倭功成,以年高就第,岁时入朝,赐予不绝。八月,己未,以其子骥乱法,并坐诛。

28 庚申,葬皇太子于孝陵之东,谥懿文。

29 丁卯,诏宋国公冯胜、颍国公傅友德等分行山西,籍太原平阳民为军。

又以北平行都司设于大宁,其地西接大同,乃筑东胜城于河州东受降城之东,凡设十六卫,与大同相望,自辽以西数千里声势联络。

30 甲戌,始给公、侯岁禄。

初,上赐勋臣公、侯、丞相以下庄田,多者百顷,又赐诸武臣公田,以其租入充禄。而勋臣庄佃,率多倚势不法,至是始定禄由官给,悉令归其田于官。

31 丙子,靖宁侯叶昇,坐胡惟庸党诛。

昇与蓝玉为姻,逾年,复以玉败追坐,遂名隶两党云。

32 皇太子之薨也,上御东阁门,召对群臣,恸哭。学士刘三吾进曰:"皇孙世嫡,承统,礼也。"于是上意定。

九月,庚寅,立孙允炆为皇太孙。

允炆,懿文太子第二子也,既立,上命裁决庶务,宽厚亦如太子,中外莫不颂德。【考异】此据明史刘三吾传。按诸书所记,有太祖言"吾欲立燕王"及三吾对言"置秦、晋二王子于何地",皆成祖再改之实录,横云山人悉据之。惟明史三吾传则删去"欲立燕王'及"置秦、晋二王于何地"二语,书法谨严,惟其以此事为"三吾临大节不可夺",似亦误也。三吾"太孙世嫡"之语,不过希旨入奏,与袁凯之老猾相似,观其修孟子节文一事可见矣。今据明史三吾传,并"临大节"之语亦汰去,为得其实云。○又按"欲立太孙"及"置秦、晋二王于何地",皇明通纪、宪章录俱不载,盖明人已知其后增而删之矣。

33 是月,诏求精晓历数之士,有数往知来,试无不验者,爵封侯。

时山东周敬心为太学生,上疏极谏,且及时政数事。其略曰:"臣闻国祚长短,在德厚薄,不在历数。三代尚矣。三代而下,最久莫如汉、唐、宋,最短莫如秦、隋、五代。其久也以有道,其短也以无道。陛下膺天眷命,救乱诛暴,然神武威断则有余,宽大忠厚则不足。陛下若效两汉之宽大,唐、宋之忠厚,讲三代所以有道之长,则帝王之祚可传万世,何必问诸小道之人耶!

臣又闻陛下连年远征,北出沙漠,为耻不得传国玺耳。昔楚平王时,琢卞和之玉,至秦始名为玺。历代递嬗,以讫后唐,治乱兴废,皆不在此。石敬瑭乱,潞王携以自焚,则秦玺固已毁矣。敬瑭入洛,更以玉制,晋亡入辽,辽亡遗于桑乾河,元世祖时,札剌尔者渔而得之。今元人所挟,石氏玺耳。昔者,三代不知有玺,仁为之玺。故曰'圣人大宝曰位,何以守位曰仁。'陛下奈何忽天下之大玺而求汉、唐、宋之小玺也?

方今力役过烦,赋敛过重,教化溥而民不悦,法度严而民不从。昔汲黯言于武帝曰:'陛下内多欲而外施仁义,奈何欲效唐、虞之治乎?'方今国愿富,兵愿强,城池愿高深,宫室愿壮丽,土地愿广,人民愿众,于是多取军卒,广籍资财,征伐不休,营造无极,如之何其可治也!

臣又见洪武四年录天下官吏,十三年连坐胡党,十九年逮官吏积年为民害者,二十三年罪妄言者,大戮官民,不分臧否。其中岂无忠臣烈士,善人君子! 于兹见陛下之薄德而任刑矣,水旱连年,夫岂无故哉!"言皆激切。报闻,然亦终不能用也。

34 以宁海方孝孺为汉中教授。

孝孺,字希直,一字希古,济宁知府克勤子也。幼警敏,双眸炯炯,读书日盈寸。长从宋濂学,濂门下知名士,皆出其下。而孝孺顾末视文艺,尝以明王道、致太平为己任。尝卧病绝粮,家人以告,笑曰:"古人三旬九食,贫岂独我哉!"克勤坐空印事就逮死,孝孺扶丧归,悲动行路。既免丧,复从濂卒业。

洪武十五年,以待制吴沈荐召见,上喜其举止端整,谓皇太子曰:"此庄士,当老其才。"礼遣还。后为仇家所连,逮至,上见其名,释归。至是又以荐召,上曰:' 今非用孝孺时。"遂除学职。至任日,与诸生讲学不倦。蜀王闻其贤,聘为世子师,每见,陈说道德,王尊以殊礼,名其读书之庐曰正学。

35 冬,十一月,甲午,蓝玉兵次柏兴,遣百户毛海以计诱致伊噜特穆尔,送京师诛之。

初,玉师至罕东,伊噜已遁去。上闻之,遣谕玉曰:"伊噜信其逆党达达、杨把事等,或遣之先降,或亲来觇我,不可不密为防闲。其见在柏兴贾哈喇境内,更须留意。"

　　贾哈喇者,么些峒土酋也,大军克建昌,授以指挥,至是从伊噜叛。玉至,掩其不意而袭之,遂降其众。因奏言:"四川地旷山险,土番出入之地如马湖、建昌、嘉定等处,皆宜增置屯卫。"报可,命玉班师还。

36　十二月,甲戌,命宋国公冯胜、颍国公傅友德等兼东宫师、保官。以黄子澄进修撰,命侍东宫讲读。【考异】子澄,乙丑进士。是年定进士授翰林之制,一甲三人,俱授修撰,二甲以下,始授编修、检讨,此初制也。明贡举考载"子澄一甲第三人",则是子澄已授修撰矣,此贡举考误据野史也。考典汇科目门,言"十八年廷试,系花纶第一,练子宁第二,黄子澄第三。上以梦故,易丁显第一,因置花纶第三,而抑子澄入三甲。"据此,则子澄以抑入三甲故不得授修撰,是年,帝令侍东宫读,欲进其秩,因念子澄原系一甲三人被抑,故复进修撰也。典汇所据,与明史"子澄后进修撰"之语合。贡举考所列一甲以子澄为第三,盖读卷官所进之原第,而于上抑置之本末未详考也。自靖难之后,成祖迁都,应天太学题名之碑,已不可考,故野史所闻异词。然以"黄子澄进修撰"一语考之,则其廷试时原系一甲三人而上抑之,可概见也。黄氏明贡举考略,别据他本旁注云,"花纶,一本作丁显,黄子澄,一本作花纶",是各本所见不同之证。黄氏亦但知其异而不知其所以异,盖亦于明史"进修撰"之语未详考也。

37　是月,安陆知州余彦诚,以征税愆期,逮至京师。州民杨幺等伏阙乞留,上赐宴遣还,幺等亦预宴。未几,擢彦诚为永州知府。

　　时上以重典绳臣下,守令坐小过辄逮系,其部民走阙下乞留,旋遣还,且加赏赉。同时有归安丞高彬,曹县主簿刘郁,衡山主簿纪惟正,霑化典史杜濩,皆坐事,以部民乞宥复其官。更有因之迁擢者,惟正以主簿立擢陕西参议,则尤破格用之也。

38 闰月，戊戌，命冯胜为总兵官，傅友德副之，练兵于山西、河南，兼领屯卫事。

39 是岁，高丽李成桂逐其君瑶而自立。

初，瑶既立，遣其子奭朝贺，入京师，奭未归而成桂逐瑶，遂篡其国。瑶出居原州。王氏自五代传国数百年，至此绝。

其年秋，九月，高丽知密直司事赵胖等持国都评议司奏言："本国自恭愍王薨无嗣，权臣李仁任以辛肫子祸主国事，昏暴好杀，至欲兴师犯边，大将军李成桂以为不可而回军。祸负罪皇恐，逊位子昌。国人弗顺，启请恭愍王妃安氏，择宗亲权国事，遂立瑶，已及四年，昏戾信谗，戕害勋旧。子奭，痴騃不慧。王氏子孙，无可当舆望者，中外人心咸系成桂。臣等乃以安氏命，退瑶于私第，率国人耆老推主国事。惟圣主俞允！"盖成桂自为之词也。

上以高丽僻在海隅，非中国所治，诏听之。既而成桂又请更国号，上命仍古号曰朝鲜。

论曰：春秋"莒仆弑其君，以宝玉来奔"，及"邾庶其以漆闾丘来奔"，季文子、臧武仲皆目之为盗。文子之言曰："窃贿为盗，盗器为奸。主藏之盟，赖奸之用，为大凶德。"武仲之言曰："子召外盗而大礼焉，何以止吾盗！"然则利其器而主其藏，其为凶德一也。礼外盗而欲禁民盗，是抱薪而救火也。

予观洪武初，高丽王颛被弑，立其宠臣辛肫之子祸，太祖恶之，五贡不受，请谥不许，可谓大居正矣。

洎十七年贡马二千匹,始封其嗣王而谥其故君。然犹曰五岁之约,数倍偿之,许其能补过也;海隅非中国所治,禑之真伪,不足深诘也。若夫<u>李成桂</u>废<u>禑</u>而立<u>昌</u>,又废<u>昌</u>而立<u>瑶</u>,卒篡其国。计<u>王</u>氏自<u>五代</u>传国数百年,至是绝。<u>太祖</u>于此,讨之可也;即不欲劳师袭远,绝之可也。乃因<u>成桂</u>之请,为更国号,又易其名,是奖篡也,是赏奸也。若使<u>太祖</u>无欲,岂肯为之!

盖<u>太祖</u>是时方开马市,所欲得者马耳。<u>高丽</u>贡马,岁不过五十匹。<u>王</u><u>禑</u>以二千匹偿五年之贡,犹有代金之输,<small>表言"金非地所产,请以马代输。"</small>而<u>太祖</u>已恐人之疑以为利也,谕礼臣曰:"<u>高丽</u>屡请不已,朕故索岁贡以试其诚伪耳,非以此为富也。今既听命,宜损其贡数,令三年一朝,贡马五十匹。"然则<u>太祖</u>固有成约矣。其后仍循岁贡,贡辄逾额,不过始欲得<u>铁岭</u>之地,继出自<u>成桂</u>之谋,所谓"币重而言甘,诱我也。"

至传中所书,<u>成桂</u>当更号易名之际,一岁之贡多至九千八百余匹,<u>太祖</u>所酬不及其十之一。而<u>李旦</u>之所以尝<u>太祖</u>者,不禁怀易与之心,前恭而后倨矣。二十七年以后之表文,始而谩语,继涉讥讪,虽<u>太祖</u>不欲称兵召衅,而已为外邦所轻矣。况外盗未惩,而欲求内患之毙,岂可得哉!

二十六年(癸酉、一三九三)

1 春,正月,戊申,诏免天下耆民来朝。

2 辛酉，大祀南郊。

3 是月，都督佥事、左副总兵徐司马征建昌还，至成都卒。

司马，年九岁无依，上以为义子，从征，数有功。洪武初，建北京于汴梁，号重地，以司马贤，特委任之。宋国公冯胜方练兵河南，会有星变，占在大梁，上遣使密敕胜，且曰："并以此语马儿知之。"其后屡有诏敕，书官而不名，倚重与宋公等。好文学，性谦厚，善拊循士卒。在河南，尤有惠政。公暇退居一室，萧然如寒素。虽战功不及何文辉，而雅量过之，并称贤将云。

4 二月，丁丑，命晋王㭎统山西、河南军出塞。

㭎既归藩，自此折节，待官属有礼，更以恭慎闻。时上整饬边防，自燕王外，惟㭎数被重寄，凡将兵出塞及筑城屯田之事，皆以委之。

5 乙酉，凉国公蓝玉，坐谋反伏诛。【考异】诸书皆系之二月。纪事本末书"正月乙酉"，正月无乙酉也。本纪书"二月乙酉"，年表同，今从之。

玉长身赪面，饶勇略，有大将才。中山、开平既没，数总大军，多立功，上遇之厚。寖骄蹇自恣，多蓄庄奴假子，乘势暴横。尝占东昌民田，御史按问，玉怒，逐御史。北征还，夜扣喜峰关，关吏不时纳，纵兵毁关入。上闻之，不乐。后又以在军私元主妃事，上戒敕之，玉犹不悛。侍宴，语傲慢。在军擅黜陟将校，进止自专。洎西征还，以太孙立，命兼太子太傅。玉不乐居宋、颍两公下，曰："我不堪太师邪！"比奏事多不见听，益怏怏，语所亲曰："上疑我矣。"至是锦衣卫指挥蒋瓛告玉谋反,下吏鞫讯。狱词云:"玉同景川侯曹震、鹤庆侯张翼、舳舻侯朱寿、东莞伯何荣及吏部尚书詹徽、户部侍郎傅友文等谋为变,将俟上出藉田举事。"狱具,族诛之,列侯以下,坐党夷灭者凡万五千余人。于是元功宿将相继尽矣。

上又以是疑宋国公冯胜等,即日召冯胜、傅友德、常昇、王弼还。初,玉征纳克楚归,言于皇太子曰:"臣观燕王在国,阴有不臣心。又闻望气者言'燕有天子气',殿下宜审之。"盖玉为常遇春妻弟,而皇太子元妃常氏,遇春女也。太子殊无意,而语啧啧闻于燕王,遂衔之。及太子薨,燕王来朝,颇言"诸公侯纵恣不法,将有尾大不掉忧",上由是益疑忌功臣,不数月而玉祸作。

己丑,上手诏布告天下,命条列爱书,颁逆臣录。

6　蓝玉之狱,詹徽从皇太孙录其事。玉不服,徽叱令"速吐实,毋株连人,"玉大呼"徽即臣党。"遂并坐。【考异】事见臣林记,三编据增入,今从之。

时有吴县名士王行父子,皆坐玉党死。初,青丘高启,家北郭,与行比邻,时有徐贲、高逊志、唐肃、宋克、余尧臣、张羽、吕敏、陈则,皆卜居相近,号"北郭十才子"。行以洪武初,有司延为学校师,已,谢去,隐于石湖。其二子役于京,行往视之,玉馆于家,数荐之于上,得召见,竟以是及祸。

又,顺德孙蕡,曾征修洪武正韵,授翰林院典籍。出为平原主簿,苏州府经历,坐累戍辽东。及玉败,大治其党,以蕡尝为玉题画,遂论死。临刑,作诗长讴而逝。【考异】事见明史文苑传,今据书于玉诛之次。

7　庚寅,耕藉田。

8　是月,辽东开元卫军士马名广,上书言五事:其末言:"今华夏治安,北寇远遁,正归马放牛之日。昔唐太宗初年,置府兵分隶禁卫,天下八百,而在关中者五百。举天下之兵不敌关中,此居重驭轻之法也。请自今,外卫军士老死者免补,且渐收藩卫,移置京畿,不胜社稷之福。"上观其言有可采者,授为太和县丞。

9　三月,辛亥,命代王桂率护卫兵出塞,听晋王节制。

　　桂时方就藩,上以大同粮饷艰远,令立卫屯田以省转运,至是始命之出师。

10　诏长兴侯耿炳文练兵陕西。

11　丙辰,诏冯胜、傅友德备边山西、北平,其属卫将校,悉听晋、燕二王节制。

12　庚申,诏燕王棣、晋王㭎总制北平、山西军事,事大者方奏闻。

13　壬戌,会宁侯张温,坐蓝玉党诛。

14　是月,颁示稽制录于功臣。

　　上即位以来,封赉功臣,皆稽考前代典礼,凡封爵、禄食、礼仪等差,皆因时损益。然诸功臣多武人不学,往往恃功骄恣,或任情废法。及蓝玉以罪诛,籍其家,服舍器用,僭侈逾制,因诏儒臣稽考汉、唐、宋功臣封爵、食邑之多寡及名号虚实之等第,编辑成书,御制序文颁示,使之朝夕省

451

览,以遏其僭侈之萌。

15　夏,四月,乙亥,孝感饥,有司请发预备仓粮万一千石贷贫民。上遣行人驰驿往给之,并谕户部曰:"岁荒民饥,必待奏请,道途往返,动经旬月,民之饥而死者多矣。自今凡遇岁饥,皆先贷后闻。著为令。"

16　壬午,沈阳侯察罕,坐蓝玉党诛。——察罕,纳克楚子也。【考异】纪事本末书"三月辛酉诛张温、察罕。"据本纪,诛张温在壬戌,早迟仅一日。惟察罕之诛则在四月壬午,见明史年表,今分书之。

17　戊子,周王橚及其世子有燉来朝。

18　庚寅,旱,诏群臣言得失。省狱囚。

19　以吏部主事翟善署吏部尚书。

詹徽、傅友文既诛,命善署侍郎事,寻迁署尚书。善明于经术,奏对合上意。上曰:"善虽年少,器宇恢廓,他人莫及也。"欲为营第于乡,善辞。又欲除其家戍籍,善曰:"戍卒宜增,岂可以臣破例!"上益以为贤。

20　除期服奔丧之制。

先是百官闻祖父母、伯叔、兄弟丧,俱得奔赴。至是吏部言:"期年奔丧,皆令守制,或一人连遭数丧,或道路数千里,则居官日少,更易烦数,旷官废事。自今除父母及祖父母承重者丁忧外,其余期丧,不许奔赴,但遣人致祭。"制曰:"可。"【考异】诸书多系之二十三年闰四月,三编据书之。证之明史礼志,则事在是年之四月,典汇所载年分亦同,今从礼志。

21　五月,有陕西民谪戍边,中途病,其弟请代往,监送者听之。御史责弟不当代兄,并罪监送者。上闻之,曰:"弟之代兄,义也。监送者能听之,是亦有人心矣。"赐其弟道里费,并赏监送者。

22　六月,进户部侍郎郁新、工部侍郎严震直并为本部尚书。

23　秋,七月,甲辰朔,日有食之。

24　戊申,选秀才张宗濬等,随詹事府官分直文华殿,侍皇太孙,进讲民间利害、田亩稼穑等事,兼陈古今孝弟忠信、文学材艺诸故事,日以为常。

一日,太孙侍上侧,见逻者获盗七人,徐目之,言于上曰:"六人者盗,其一非是。"讯之,果然。上问:"何以知之?"对曰:"周礼听狱,色听为先。此人眸子瞭然,顾视端详,是以知其非盗也。"上喜曰:"治狱贵通经,信然。"

25　是月,钦天监副李德芳上书,请仍依授时法,以至元辛巳为历元。

其略曰:"臣按故元至元辛巳为历元,上推往古,每十年长一日,每百年消一日,其法至密,不可易也。今监正元统改作洪武甲子历元,不用消长之法。以考春秋,鲁献公十五年戊寅岁,天正冬至,比辛巳为元差四日六时五刻,不合实测。今宜复用辛巳为元及消长法。"疏入,元统奏辨。上曰:"二说皆难凭。但验七政交会,行度无差者为是。"然朝臣多是德芳言。

自是大统历元虽定用洪武甲子,而推算仍依授时法。

【考异】宪章录书于是年之七月,证之明史历志,是也。惟"德芳",宪章录"芳"作"秀",今据历志。

26　八月,癸未,秦、晋、燕、周、齐五王来朝。

27　九月,癸丑,代、肃、辽、庆、宁五王来朝。

28 上以<u>胡</u>、<u>蓝</u>二党诛杀过当,乃下诏:"今后赦其余党,皆勿问。"

29 甲子,以<u>郑济</u>为左春坊左庶子,<u>王勤</u>为右春坊右庶子。

时上以太孙初立,欲增置东宫官属,乃命廷臣举孝义笃行之士。工部尚书<u>严震直</u>,以<u>浦江郑氏</u>对,上曰:"朕素知<u>郑氏</u>,更闻其里<u>王氏</u>,力行郑氏家法,可并征两家子弟以劝天下。"——<u>济</u>,即<u>郑湜</u>等兄弟行也。

初,<u>浦江王澄</u>,慕郑氏家法,令其子孙同居,一时孝友之名,郑、王并称。方<u>郑湜</u>授<u>福建</u>参议时,上命复举所知。<u>湜</u>以<u>王澄</u>之孙<u>应</u>对,亦授参议。——<u>勤</u>即<u>应</u>之从弟也。

30 是月,命<u>崇山侯李新</u>开<u>胭脂河</u>以通<u>浙</u>运,谕之曰:"<u>两浙</u>赋税,漕运京师,岁费浩繁。一自<u>浙河至丹阳</u>,舍舟登陆,转输甚难;一自<u>大江</u>溯流而上,风涛之险,覆溺者多。今欲自畿甸近地凿河流以通于<u>浙</u>,俾输者不劳,商旅获便,特命尔往督其事。"——自此漕运悉由<u>常</u>、<u>镇</u>矣。

31 冬,十月,丙申,擢国子学生<u>刘政</u>、<u>龙镡</u>等六十四人,授行省布政、按察使及参政、参议等官。

时虽设科,而国子监生与荐举人才,悉参用之,一时由布衣登大僚者,不可胜数。

32 是月,颁大成乐器于天下府学。【考异】<u>潜庵史稿</u>系之正月,今据<u>明史礼志</u>。

33 十一月,各省学官秩满来朝,上召问经史及政治得失,令直言无隐。

有<u>泰州</u>训导<u>门克新</u>,对词亮直,<u>绍兴府</u>教授<u>王俊华</u>,文词工赡,上擢克新为左赞善,俊华为右赞善,谕吏部曰:"左克新,右俊华,重直言也。"

34 十二月,命儒臣辑历代诸王宗室为恶及干逆者,编次成书,命曰永鉴录,颁赐诸王。

35 是岁,核天下土田,凡八百五十万七千六百二十三顷,及夏税、秋粮之实数。

36 定天下都司、卫所。共计都司十有七,留守司一,内、外卫三百二十九,守御千户所六十五。

37 朝鲜李成桂,以篡故,朝贡愈谨,乃以是年二月进马九千八百余匹,诏给纻丝棉布一万九千七百余匹酬之。其年六月,又表谢,贡方物,并上前恭愍王金印,请更己名曰旦,许之。

时辽东都指挥使奏:"朝鲜招引逃军五百余人,潜渡鸭绿江,欲入寇。"上遣使诘责,旦惧,械送逋逃军民三百八十余人至辽东,上亦不深诘也。

38 安南黎季犛弑逆事觉,诏广西守臣绝其贡使。

二十七年(甲戌、一三九四)

1 春,正月,乙卯,大祀南郊。

2 辛酉,命曹国公李景隆为平羌将军,镇甘肃。

3 诏发天下预备仓谷贷贫民。

先是命户部遣耆民,于各郡县籴谷置仓,储之民间,委富民守视以备荒歉。至是户部议,以粟藏久致腐,宜贷于民而收其新者,乃有是命。

4 是月，上谕五军都督府曰："朕尝令武臣子弟演习武艺，今天下久安，彼年少者，惟安享父兄俸禄，甘酒嗜音，博弈游戏，一旦袭职，弓矢不谙，能为国家效力乎？近扬州卫指挥使单寿，袭其父职，率兵泰州捕寇，猝与贼遇，遂惧而走，由其素不练习故耳。自今武臣子弟，年及二十五，军都督府试其骑射，闲习者许袭，否则授职，止给半俸。候三年复试之，中者给全俸，不能者谪为军。著为令。"

5 二月，倭寇浙东，命都督杨文、刘德、商暠巡视两浙。

6 三月，庚子朔，赐张信等进士及第、出身有差。

7 辛丑，命魏国公徐辉祖、安陆侯吴杰练兵防倭于浙江。

8 庚戌，上谕工部曰："人之常情，饱则忘饥，暖则忘寒，猝有不虞，将何以备！其广谕民间，如有隙地，种植桑枣，益以木棉，并授以种法而蠲其税，岁终具数以闻。"【考异】本纪书之是年三月庚戌。纪事本末误作"四月"，四月无庚戌也，今据正史。

9 甲子，以四方底平，收藏甲兵，示不复用。

10 是月，命韩王松、沈王模省视秦、晋、燕、周、齐王，以敦友悌。

11 夏，五月，癸亥，以修撰任亨泰为礼部尚书。

自李原名致仕后，礼臣多碌碌无闻。亨泰以廷对第一为上所器重，遂擢拜之。

12 六月，癸酉，上御便殿，谓侍臣曰："昔楚庄王谋事而当，群臣莫能逮，朝而有忧色；魏武侯谋事而当，群臣莫能逮，朝而有喜色。夫一喜一忧，得失判焉。喜则矜其所长而志满，将恃才以傲物；忧则知其所不足而志下，必能虚心以受人;以是见<u>武侯</u>之不如<u>楚庄</u>也。故<u>庄王</u>卒霸诸侯以兴<u>楚国</u>,<u>武侯</u>侵暴邻国而<u>魏</u>业日衰,可勿鉴诸!"【考异】诸书皆系之六月。证之<u>洪武宝训</u>,则是月癸酉也,今据之。

13 秋,八月,甲戌,命<u>吴杰</u>及<u>永定侯</u> <u>张铨</u>练兵备倭于<u>广东</u>,并率致仕武臣行。

14 乙亥,遣国子监生分行天下,督修水利。

上谕工部曰:"湖堰陂塘,可蓄泄以备旱涝者,因地势修治之。"

复谕诸生曰:"<u>周</u>时井田制行,有潴防沟遂之法,故虽遇旱涝,民不为灾。<u>秦</u>废井田,沟洫之利尽坏。于是因川泽之势,引水溉田而水利兴,惟有司奉行不力,则民受其患。今遣尔等分行郡县,毋妄兴工役,毋掊克吾民!"寻给道里费,遣之。

15 丙戌,<u>陕</u>中<u>阶</u>、<u>文</u>二州军乱,诏都督<u>宁正</u>为平<u>羌</u>将军,讨之。

16 九月,庚申,奉敕辑<u>寰宇通志</u>,书成。计封域广轮之数,东起<u>朝鲜</u>,西控<u>土番</u>,南包<u>安南</u>,北距大碛。凡东西一万一千七百五十里,南北一万九百四里。

17 是月,命<u>徐辉祖</u>节制<u>陕西</u>沿边诸军。

18 诏礼部议旌表例。

时有<u>日照县</u>民<u>江伯儿</u>,以母病祷于<u>岱岳祠</u>,誓以母愈当杀子祀神,已而母愈,竟杀其三岁子。<u>山东</u>守臣以闻,上怒其灭绝伦理,命杖之百,戍<u>海南</u>。乃召尚书<u>任亨泰</u>定旌表孝行事例。

亨泰议曰："人子事亲,居则致其敬,养则致其乐,有疾则谨其医药。卧冰割股,事非恒经。割股不已,至于割肝,割肝不已,至于杀子,违道伤生,莫此为甚! 堕宗绝祀,尤不孝之大者,宜严行戒谕。倘愚昧无知,听其所为,亦不在旌表之例。"制曰："可。"【考异】事见明史任亨泰传,在是年,辑览、三编系之九月。按亨泰以是年五月拜礼部尚书,明年八月使安南,则议旌表例正是时也,今据书之。

19 冬,十月,己丑,停建岷王宫殿。以云南民力未纾,俟十五年后作之未晚。

20 是月,倭寇金州。

21 十一月,乙丑,颍国公傅友德坐事诛。

友德喑哑跳荡,身冒百死,自偏裨至大将,每战必先士卒,虽被创,战益力,以故所至立功,上屡敕奖劳。子忠,尚寿春公主,女为晋王世子妃。

二十五年,友德请怀远田千亩,上不悦,曰："禄赐不薄矣,复欲侵民利,何居! 尔不闻公仪休事邪?"至是坐法赐死。以公主故,录其孙彦名金吾卫千户。

22 越州酋阿资复叛,诏西平侯沐春会平羌将军何福讨之。

23 十二月,乙亥,定远侯王弼坐事诛。

弼与冯胜、傅友德同时召还,蓝玉之诛也,友德内惧。弼谓友德曰："上春秋高,旦夕且尽,我辈奈何?"上闻之,遂相继赐死。

24 是岁,命博士钱宰等编辑书传会选成。

初,上观蔡氏书传,象纬运行,与朱子诗传相悖,其他注与鄱阳邹季友所论有未安者,征天下宿儒订正之。兵部尚书唐铎,荐宰及致仕缮修张美和、助教靳权等,诏行人驰传征至,命学士刘三吾总其事。上时赐宴于江东门酒楼,宰等赋诗谢。上大悦,谕诸儒年老愿归者,先遣之。宰年最高,请留,上喜。至是书成,颁行天下,厚赐宰,驰驿归,年九十六而卒。美和以洪武初为国子助教,与聂铉、贝琼齐名。

25 朝鲜李旦遣其子入贡,赐宴遣还。

安南黎季犛再遣使由广东入贡,仍却之。

明通鉴卷十一

江西永宁知县当涂 夏　燮 编辑

纪十一 起旃蒙大渊献（乙亥），尽著雍摄提格（戊寅），凡四年。

太祖高皇帝

洪武二十八年（乙亥、一三九五）

1　春，正月，丙午，阶、文寇平。

时洮州蛮叛，诏秦王樉率诸卫兵讨之，复命宁正以兵从王受节制。

2　丁未，大祀南郊。

3　甲子，沐春等平越州，禽阿资，斩之。

初，春将进兵，与何福谋曰："此贼积年逋诛者，以与诸土酋姻亚，展转亡匿。今悉发诸酋从军縻系之，而多设营堡制其出入，授首必矣。"遂趋越州，分道逼其城，伏精兵道左，以羸卒诱贼，纵击大败之。阿资亡山谷中，春阴结旁近土官，诇其所在，树垒断其粮道，贼困甚。已，出不意捣其巢，遂阵斩阿资，并其党二百四十人皆诛之。

寻分兵破广南酋侬贞佑，俘斩千计。福分徇宁远，禽

461

其酋刀拜烂,余众悉降。

4　是月,命周王橚、晋王棡率河南、山西诸卫军出塞屯田,燕王棣率总兵官周兴出辽东塞,并谕晋、燕二王以备边十事。

5　二月,丁卯,宋国公冯胜坐事赐死。

胜自征金山还,屡以细故失上意。上尝戒胜曰:“天道以有余补不足,人反其道,乃以不足奉有余。呜呼!祸福之来,皆其自取。”

胜尝筑稻场,瘗甀其下,以碌碡碾之,取有鞬鞴声,走马以为乐。有告胜场下瘗兵器者,遂坐法。或曰:“上召胜,饮之酒,归而暴卒。”盖自诛蓝玉召还,识者已知其不免也。

6　甲戌,以工部侍郎王儁为本部尚书。

7　己丑,谕户部编民百户为里,婚姻死丧,疾病患难,里中富者助财,贫者助力,春秋耕获,通力合作,以教民睦。寻又令民间乡里各置木铎一,耆老每月振之,徇于道路,以儆乡愚。又四时置一鼓,遇农事则里长击之,闻鼓声皆至,以验勤惰。

8　三月,癸丑,秦王樉薨。

先是樉奉诏征叛番,至洮州,番惧而降。上悦,赉予甚厚。至是薨,上赐谥册曰:“哀痛者父子之情,追谥者天下之公。朕封建诸子,以尔年长,首封于秦,期永绥禄位以藩屏帝室。夫何不良于德,竟殒厥身!其谥曰愍王。”

元妃为故元河南王库库之女弟,王薨,妃殉焉,一时并以忠烈称。

9 夏,四月,辛未,诏停造辽王宫室。

敕武定侯郭英曰:"辽东军务物情,来者多言其艰苦,况边境营缮,不宜尽力以困之。今役作军士,皆强悍勇力善战之人,劳苦过多,心必怀叛,故往往逃伏草野山泽间,乘间劫掠。近者高丽表奏,言多不实,朕已命有司究之。闻彼自国中至鸭绿江,凡冲要处所,储军粮,每驿有一万、二万石或七、八万、十数万石,迤东邻近,皆使人诱之入境,此其意必有深谋。朕观高丽自古常与中国争战,昔汉、唐时,辽东地方皆为所有,直抵永平之境,恃远不臣,时时弄兵,自古无状。今辽东乏粮,军士饥困,傥不即发沙岭仓粮赈之,必启高丽招诱逋逃之心,非至计也。使高丽出二十万人以相警,诸军何以应之? 今营缮造作,暂宜停止,且令立营屋以居,十年之后再为之。古人有言:'人劳乃易乱之源',深可念也。"

10 六月,壬申,诏诸土司皆立儒学。

11 辛巳,总兵周兴等,自开原追元遗寇至甫答迷城,不及而还。

12 己丑,上御奉天门,谕廷臣曰:"朕自起兵至今四十余年,灼见情伪,惩创奸顽。或法外用刑,使人知所儆惧,此特权宜处分,非守成之君所用。以后嗣君,止宜循律与大诰,不许用黥、刺、刖、劓、阉割之刑。盖嗣君生长深宫,人情善恶,未能周知,恐一时所施不当,误伤善良。臣下敢以请者置重典。"

又申谕："自后嗣君毋许复立丞相，臣下敢以请者置重典。"

又定制"皇亲惟谋逆不赦。余罪宗亲会议，取上裁。法司止许举奏，毋得擅逮。"皆令勒诸典章，著为令。

13 秋，七月，戊戌，河南确山县野蚕成茧，令廷臣勿表贺。

14 是月，有道士献书论长生术，上曰："朕为天下主，将跻天下生民于寿域，岂独一己之长生久视哉！"命却之。

15 初，郑国公常茂谪龙州。——龙州者，广西土司也。洪武初，其酋赵贴坚归附，诏以为龙州知州，许世袭。贴坚死，无子，从子宗寿嗣。

会常茂至州，贴坚妻黄，以爱女予茂为小妻，擅州事。亡何，茂病死，黄与宗寿争州印相告讦。或构蜚语，谓"茂实不死，宗寿知状。"上怒，责令宗寿献茂，并遣致仕尚书唐铎往谕宗寿献茂诣阙，而宗寿终不敢出。

于是广西守臣奏"宗寿抗命"，且言"奉议诸蛮皆梗化"。八月，丁卯，诏都督杨文为征南将军，指挥韩观、都督金事宋晟副之。师未至，铎自龙州还，奏"茂实前死"，宗寿寻伏罪请朝。诏罢征龙州，命文等移师讨奉议、南丹诸叛蛮。【考异】潜庵史稿记唐铎使龙州，在是年四月甲申，其自龙州还，则八月辛巳也。本纪及诸书皆系征龙州于八月丁卯，去辛巳仅十四日，是师尚未至而铎已还，且赵宗寿服罪即在其时，故本纪系之八月则然铎。之招谕龙州，其为四月明矣。今据土司传，系以"初"字，并叙铎奉使于八月丁卯之前。○又按史稿别系宗寿服罪于九月丙申，盖与唐铎先后至，本纪因铎之还而书之。

16 戊辰，致仕信国公汤和卒。

和自归第，岁一朝京师。二十三年，来朝正旦，忽感疾失音。上即日临视,遣还。疾少间,复命其子迓至都,令以安车入内殿,宴劳备至。去年,病寝笃,不能兴,上思见之,诏以安车入觐,手拊摩,与叙里闬故旧及兵兴艰难事。和不能对,稽首而已。上为流涕,赐金帛为葬费遣归。至是卒,年七十。

和前守常州时,请事不得,醉出怨言,上闻而衔之,镌其过于铁券。晚年,益恭慎,入闻国论,一语不敢外泄。媵妾百余,病后悉资遣之,所得赏赐,多分遗乡曲,见布衣时故交遗老,欢如也。同时公侯宿将,坐党事先后丽法,鲜免者,和独以功名寿考终。

追封东瓯王,谥襄武。

17 九月,丁酉,免畿内、山东秋粮。

18 戊戌,崇山侯李新以事诛。

新以营孝陵功封,后又命改建帝王庙于鸡鸣山,颇有心计,将作官吏祝成画而已。以洪武二十三年遣就第。时诸勋稍僭肆,上颇嫉之,以党事缘坐者众,新首建言,"公侯家人及仪从户,各有常数,余者宜归有司",上是之。寻命礼部纂稽制录,颁之公侯,于是武定侯郭英还佃户输税,信国公汤和还仪从户,曹国公李景隆还庄田,皆自新发之也。

19 庚戌,颁皇明祖训。

初,上命陶凯等编辑祖训录,自为之序,命大书揭于右顺门之西庑,随时损益。至是重加更定,名曰皇明祖训。

序中言:"创业之君,备尝艰苦,阅人既多,更事亦熟,以视生长深宫之主未谙世故,及僻处山林之士自矜已长者,甚相远矣。"又言:"四方诸夷,皆限山隔海,僻在一隅,得其地不足以供给,得其民不足以使令。若其不自度量,来扰我边,则彼为不祥,彼既不为中国患而我兴兵轻伐,亦不祥也。吾恐后世子孙,倚中国富强,贪一时战功,无故兴兵,致伤人命以干天和,此甚不可。"书成,颁示中外。复谕曰:"后世有敢言更制者,以奸臣论,毋赦。"

20 闰月,庚寅,定减诸王岁供之数。

初,洪武九年,定诸王岁支禄米五万石。至是上谓户部尚书郁新曰:"朕今子孙众多,天下官吏军士日增,俸给弥广。其斟酌古制,量减各王岁支,以足军国之用。"于是定议减五之四,并郡王、公主以下,皆议减有差。著为令。

21 冬,十月,庚子,册光禄卿马全女为皇太孙妃。

22 定东宫诸王世系,各拟二十字,每一字为一世,以为命名之首。其下一字,临时自定,合二字为名。编之玉牒。

23 十一月,乙亥,杨文等讨奉议蛮,平之。

时上仍遣唐铎参军事,文等发广西都司护卫官军二万,调田州、泗城士兵三万余人至。奉议蛮窜入山林,据险自固,文督诸将分兵剿捕,复调参将刘真等分道攻南丹,左副将军韩观等分兵追讨都康、向武、富劳、上林诸州县叛蛮,悉平之。

铎相度形势,奏"请置奉议卫及向武、河池、怀集、武仙、贺县诸处守御千户所,镇以官军",皆报可。

24 十二月,壬辰,诏:"河南、山东桑枣及二十七年后新垦之田,皆勿征税。"

25 是冬河渠之役,各郡邑交奏,凡开塘堰四万九百八十七处,河四千一百六十二处,陂渠堤岸五千四十八处。水利既兴,田畴日辟,一时称富庶焉。

26 是岁,置皇城四门仓,储粮以给守卫军。增京师诸卫仓凡四十一,又设北平、密云等县仓,储粮以资北征。

27 安南黎季犛,闻两绝贡使而惧;比征龙州,季犛愈惧。是年之秋,上遣尚书任亨泰、严震直使安南谕曰煜"毋自疑,但慎守边境,毋助逆,毋纳叛",为述朝廷用兵之故以安慰之。

寻又遣尚书杨靖谕"输米八万石,金千两,银二万两,饷龙州军。"季犛言:"龙州陆道险,请运至凭祥洞。"靖不可,乃令改水运,输二万石于渢海江,江距龙州止半日。靖因言:"日煜年幼,国事皆决于季犛,乃敢观望如此,请足之。"上以赵宗寿已纳款,移征向武诸蛮,遂令输粟二万石,而免其金银。【考异】据明史七卿表,任亨泰、严震直以八月使安南,盖谕安南陈日煜也。寻又遣杨靖使安南,责之饷龙州军士事,见靖传。此三人奉使,皆在唐铎之后,并系于是年记安南事下。

二十九年(丙子、一三九六)

1 春,正月,壬申,大祀南郊。

2 是月,以詹事府丞杜泽为吏部尚书,左赞善门克新为礼部尚书。

克新以亮直见重。寻引疾,上命太医给药物,不辍其俸。居数月卒。

3 二月,癸卯,湖广椑、桂诸蛮乱,诏征虏将军胡冕讨平之。

4 辛亥,宁王权上言:"骑兵巡塞,见有脱辐遗道上,恐有边寇往来。"上曰:"狡寇多奸,此必示弱诱我也。"于是诏燕王棣率师巡大宁,周世子有燉率师巡北平关隘。

5 是月,命浚常州之奔牛、吕城二坝,以通浙运。

6 三月,辛酉,楚王桢、湘王柏来朝。

7 甲子,燕王率诸军北至察察尔,旧作彻彻儿。遇寇,败之,禽其将布琳旧作孛林。特穆尔等数十人。追至乌梁海城,又败哈拉固旧作哈剌兀。等而还。

8 壬申,行人司副杨砥上疏言:"扬雄为莽大夫,诒讥万世,董仲舒天人三策及正谊明道之言,足以扶翼世教。今孔庙从祀,有雄无仲舒,非是。"上是其言,诏罢扬雄从祀,增祀董仲舒。【考异】事见明史礼志,系之廿八年,宪章录及纪事本末书于是年三月壬申。盖志据杨砥上书年月,二书据下诏年月,今从之。

9 秋,八月,丁未,免应天太平五府田租。

10 是月,四川乡试,聘方孝孺及茶陵陈南宾为典试官。

孝孺在蜀,名重一时。而南宾时为蜀府长史,蜀王好学,与孝孺并见敬礼,造安车以赐南宾,又为构第,名安老堂。一时蜀中典试称得人。【考异】事见桂彦良传,证之逊志斋集,亦云"是年蜀中校士"。盖二人时皆官于蜀,由行省布政司聘取,非奉诏也。今并陈南宾事系之八月之末。

11 九月,乙亥,召致仕武臣二千五百余人入朝,大赍之,各进秩一级。

12 是月,命宁王权编辑通鉴博论,盖仿编年兼纲目书法例也。

其书至正二十六年韩林儿事，则云："廖永忠沉韩林儿于瓜步，大明恶永忠之不义，后赐死。"——盖其书法大都奉上指示云。【考异】据钱曾读书敏求志，事在是年之九月，并书廖永忠沉韩林儿事，以为大明恶其不义而杀之，前于至正二十六年下已辨之矣，兹更据书，以见太祖之特笔云。

13 杀监察御史王朴。

朴性鲠直，数与上辨是非，上怒，命戮之。及市，召还，谕曰："汝其改乎？"对曰："陛下不以臣为不肖，擢官御史，奈何摧辱至此！使臣无罪，安得戮之！有罪，又安用生之！臣今日愿速死耳。"帝大怒，趣命行刑。过史馆，大呼曰："汝士刘三吾志之，某年月日，皇帝杀无罪御史朴也！"竟戮死。——朴同州人。【考异】此事明人书皆不载，惟明史朴传记其事，但无年月耳。三编特系于是年九月，据实录也。

14 冬，十月，辛亥，荧惑犯上将。

15 十二月，癸卯，荧惑守太微垣。

16 是岁，再逮永州知府余彦诚，寻释之，复其官。

同时有知县齐东郑敏，仪真康彦民，岳池王佐，安肃范志远，当涂孟廉，定远高斗南，及丞怀宁苏亿，休宁甘镛，当涂赵森，凡十人，并先后以事逮。耆老诣阙具其善政以闻，上复嘉之，赐衣钞遣还，并赐耆民道路费。诸人既还任，政绩益著。寻举廉吏数人，并列其名于彰善榜、圣政记以示劝焉。

又有知县灵璧周荣，宜春沈昌，昌乐于子仁，丞新化叶宗，凡四人，并以部民叩阍，立擢知府。而一时如怀宁丞陈希文，宜兴主簿王复春，以善政擢，已，知其贪肆，旋置重

典,所以风厉激劝者甚至,故其时吏治多可纪述云。【考异】

余彦诚凡两逮两释,一为安陆知州时,三编书之二十五年十二月者是也。此则擢永州知府后,复以事被逮,见明史列传二十八卷,赞中以为二十九年,宪章录及典汇同,今据之。惟二书皆系之是年十二月,与二十五年之月分同,恐未必然。今系之是年之末,并据赞中增入先后被逮之十人等。

17 诏重定东宫仪制。以诸王皆尊属,命朝太孙于内殿,行家人礼。

18 更定六部诸司官属,并通称清吏司。

19 初,上平定中原,征南诸将及云南、越州之功,赏格虽具,然不预为令。至是始定沿海捕倭之赏格,"凡指挥千百户获倭船一及贼者,升一级,赏银五十两,钞五十定。军士水陆禽杀倭贼,皆赏银钞有差。"

三十年(丁丑、一三九七)

1 春,正月,丙寅,大祀南郊。

2 初,太仆寺掌养马之政,各行省设群牧监隶焉。十八年,罢群牧监,以其马归有司牧养。至是因西番马市开,孳息渐蕃,丁卯,始置行太仆寺于山西、北平、陕西、甘肃、辽东,如京师太仆寺之秩。

是时上留心马政,以备边防。朱守仁以楚雄知府上计入朝,拜太仆卿,首请立牧马草场于江北滁州诸处,所辖十四监,九十八群,马大蕃息。一时马政之修,实自守仁始。

3 己巳,诏左都督杨文屯田辽东。

4 甲戌,诏授长兴侯耿炳文为征西将军,武定侯郭英副之,以备西北边。

时诸勋臣坐胡、蓝二党诛戮且尽，炳文以开国功臣，榜列其名，与大将军达为一等，是时元功宿将，无出其右者。英兄弟贵显，女弟为宁妃，恩宠尤渥。上自起兵以来，存者仅炳文与英二人，而炳文亦年逾六十矣。【考异】据潜庵史稿，言"是月沔县贼高福兴作乱，命耿炳文讨之。"证之明史本纪，炳文之命，盖备西北边也。下文云，"是月，沔县盗起，诏耿炳文讨之"，则是因备边顺道征讨，非因沔县之乱而命将也。今据本纪，于是月下分书之。

5　是月，始置云南按察使司。

6　以礼部员外郎侯泰为刑部左侍郎，司务暴昭为刑部右侍郎。

7　沔县盗起，诏耿炳文讨之。

8　二月，庚寅，水西蛮叛，诏右都督佥事顾成为征南将军，会平羌将军何福讨之。

9　辛亥，白虹亘天贯日。

10　是月，黄岩儒士陶宗仪，率诸生赴礼部试读大诰，赐钞归。

宗仪少试有司，一不中，即弃举子业，于古学无所不窥。元季举行人，辟教官，皆不就。张士诚据吴，署为军谘，亦不赴。洪武四年，诏征天下儒士，六年，命有司举人才，皆及宗仪，辄引疾不赴。晚岁，有司聘为教官，非其志也。至是仍不受荐擢，归久之，卒。著有辍耕录，于元代轶事多所考证云。【考异】宗仪事见明史文苑传，言洪武三十年率诸生赴礼部试读大诰，赐钞归。试礼部在是月，今系之二月之末。

11　三月，癸丑朔，赐陈䢿等进士及第、出身有差。

12　庚辰，古州蛮林宽作乱，攻龙里，陷之，龙里千户吴得、镇抚井孚皆战死。宽遂犯新化,突至平茶,千户纪达率壮士突阵,杀数人,宽走。已而煽结诸蛮,势复炽,官兵捕之,不克。【考异】诸书或系之三月,或系之四月,盖一据奏至,一据出师也。明史本纪,叛在三月,讨在四月,皆有日分,今分书之。

13 壬午,荧惑入太微垣,凡八十日。【考异】据天文志,在是月壬午,三编书荧惑之入太微凡八十日,今据增。

14 是月,刑部奏:"请加反逆法,宜依汉制夷三族。"上曰:"古者父子兄弟,罪不相及。汉用秦法,未免过重。今律已定,勿有所更。"固请不许。

15 是科,始命乙榜举子署教谕、训导等官,其年未三十不愿署者听之。

16 夏,四月,己亥,授湖广都指挥使齐让为平羌将军,率兵五万征古州蛮。

17 壬寅,顾成、何福等会讨水西,俘斩叛蛮数千人。土酋居宗必登遁,禽其党魁,诛之。水西平。

18 是月,诏燕王棣筑大同城。

19 杨靖、严震直自安南归。

靖与震直前为尚书,皆坐事或免或降,至是以出使有功,擢为左右都御史。未几,靖坐事诛。

20 五月,壬子朔,日有食之。

21 甲寅,颁大明律诰。

上之定律也,草创于吴元年,损益于洪武六年,整齐于二十二年,屡经更定。而大诰所颁,率多峻令,出自一时权宜,非上之本意也。至是始命刑官取大诰条目,撮其要略,附载于律。

既成，上御午门，谕廷臣曰："朕仿古为治，明礼以导民，定律以除顽，刊著为令。行之既久，犯者犹众，故作大诰以示民，使知趋吉避凶之道。古人谓刑为祥刑，岂非欲民并生于天地间哉！然法在有司，民不周知，故令刑官撮要附于律文各条下，凡榜文禁例悉除之。除谋逆及律诰该载外，其杂犯大小罪，悉依赎罪例论断。令编次成书，刊布中外，俾天下知所遵守。"

初，刑部请将比年律条依类编次，上特改名例律，冠于篇首。又首列刑图，次列礼图。刑图凡二，首为图五：曰笞，曰杖，曰徒，曰流，曰死，分其轻重之等也；次为图七：曰笞，曰杖，曰讯杖，曰枷，曰杻，曰索，曰镣，著其长短广狭之度也。礼图凡八，皆以服制表之，凡系族亲有犯，视其服之等差以定刑之轻重。故有因礼以起义者，如养母、继母、慈母皆服三年，则殴杀之律与嫡母同罪。舅姑服皆斩衰三年，则殴杀骂詈之律与夫之于父母同罪。

书成，谕太孙曰："刑原于礼。此书首列刑图，次列礼图者，重礼也。顾愚民无知，若于本条下即注宽恤之令，必易而犯法，故以广大好生之德，总列名例律中。善用法者，会其意可也。"

太孙请更定五条以上，上览而善之。又请曰："明刑所以弼教，凡与五伦相涉者，宜皆屈法以伸情。"乃命改定七十三条。复谕之曰："吾治乱世，刑不得不重，汝治平世，刑自当轻，所谓'刑罚世轻世重'也。"

22 乙卯，诏楚王桢率师讨古州蛮，湘王柏副之。

桢不亲莅军,请饷三十万,诏书诘责。又以荧惑之变,令谨天戒命,城铜鼓卫而还。

23 己巳,敕晋、燕、代、辽、宁、谷六王勒兵备边,戒勿轻战,寇至则乘其懈,或邀截要路击之。

24 南宫之试士也,翰林院学士刘三吾偕吉府纪善白信蹈为考官,得泰和宋琮等五十一人,北士无预者。诸生言"三吾南人,私其乡。"上怒,命侍讲张信等覆阅,不称旨。或言"信等故以陋卷呈,三吾实属之",上益怒,信与信蹈及陈䢿等皆论死,三吾以老,与宋琮同戍边。【考异】通纪、吾学编,俱言"三吾暴卒"。证之明史三吾本传,言"三吾以老戍边"。又云"建文初,召还,久之卒",并无暴卒事也。今据本传。

六月,辛巳,上亲策诸贡士,再赐韩克忠等六十一人及第、出身有差,皆北士及川、陕人也。时称为"春、夏榜",亦称"南、北榜"云。

25 己酉,驸马都尉欧阳伦,有罪赐死。

初,诏西番互市,始设茶马司于陕西、四川等处,令番人纳马易茶,并严禁私茶出境。时伦奉使至川、陕,辄载巴茶越境贸易,所在不胜其扰。陕西布政司檄所属起车载茶渡河,家人周保索车至五十两。兰县河桥司巡检被捶不堪,诉于朝。上大怒,遂坐法,并保等诛之,茶货没入官。以河桥吏能不避权贵,赐敕褒嘉。

26 秋七月,致仕尚书唐铎卒。

27 八月,丁亥,河决开封。城三面受水,诏改作仓库于荥阳高阜以备不虞。

28 甲午,诏曹国公李景隆为征虏大将军,练兵河南。

29 己亥，以义门郑沂为礼部尚书。

30 是月，谕工部移文诸王，"不许私有兴作。有不可已者必以上闻。"

31 九月，庚戌，耿炳文等讨汉、沔寇高福兴等，悉诛之，宥其胁从之民凡四千余人。【考异】平沔寇，三编系之八月，并叙其正月为乱之事。明史本纪弓九月，有弓，今分书之。

32 麓川思伦发之降也，上遣行人李思聪往谕归国。适其部长刀幹孟叛，思聪以朝廷威德谕之，叛者稍退。而伦发欲倚使者服其下，强留之，赂以象、马、金宝，思聪不受。归，述于上，并详纪其山川、人物、风俗、道路甚悉，盖知刀幹孟之必将终叛，备征讨也。

初，平缅俗不好佛。有僧至自云南，善言因果报应，伦发信之。又有金齿戍卒逃入其境，能为火铳火炮之具。伦发嘉其技能，遂与僧并贵宠，在诸部长上，刀幹孟等不服。戊辰，刀幹孟叛，与其属率兵攻逐思伦发。伦发挈家走云南，西平侯沐春遣送至京师。

33 齐让奉诏讨古州蛮，逗留不进，乙亥，诏授杨文为征虏将军代之。

34 冬，十月，戊子，停辽东海运。

时以北地军饷赢羡，又方兴屯种之利，遂罢之。

35 辛卯，诏耿炳文练兵陕西。

36 乙未，重建国子监先师庙成。

初，上以太学为京师首善之地，而文庙规制殊隘，乃命工部改作。其制皆上所规画，大成殿门各六楹，棂星门三，东西庑七十六楹,神厨库皆八楹,宰牲所六楹。

37 十一月,癸酉,诏西平侯沐春为征虏前将军,都督何福等副之,讨刀干孟,并遣思伦发还滇,谕春以兵送之。

38 是月,上御奉天殿,见散骑舍人衣极鲜丽,问:"制用几何?"对曰:"五百贯。"上曰:"五百贯,农夫十数口之家一岁之资也。尔乃费之于一衣,岂非暴殄!"命切责之。

39 十二月,乙巳,思伦发还云南。至潞江,沐春遣人告刀干孟,令迎其主归。并传上命,"如怙终不臣,即兴师讨之。"

40 是岁,因江、浙、闽、广之民重钱轻钞,有以钱百六十文折钞一贯者,由是物价翔涌,圜法益坏,乃命复申交易用银之禁。

又以陕西逋赋困甚,谕户部议,"自二十八年以前天下逋租,岁许任土所产折收米、绢、棉花及金、银等物,著为令。"

于是户部定"钞一定折米一石,金一两十石,银一两二石,绢一疋石二斗,棉布一疋一石,苎布一疋七斗,棉花一斤二斗。"上犹以为重,命"金银折米之数仍加一倍,钞止二贯五百文折一石。余如议。"

41 改太常司为太常寺,官制如旧。又改侍仪司为鸿胪寺,升秩正四品,设官六十二员,又设外夷通事隶焉。

42 初,安南入寇思明,屡侵州境,思明土官黄广成诉于朝,言:"自元时设思明总管府,所辖左江州县,东〔至〕上思州,南〔至〕铜柱为界,元征交阯,去铜柱百里,立永平寨万户府。其后交人攻破永平，越铜柱二百余里，侵夺思明所属五县地。乞诏谕安南，仍画铜柱为界，以五县地还臣。"上命行人陈诚、吕让往谕之，季犛执不从，又为日焜书移户部。上知其终不肯还，曰："蛮触相争，自古为然。彼恃顽，必召祸，姑静以俟之。"

三十一年（戊寅、一三九八）

1 春，正月，壬戌，大祀南郊。

2 乙丑，上以山东、河南多惰于农事，诏户部"遣所举人材分诣各郡县，督民耕种，具籍所种田地与岁收谷粟之数以闻。"

3 二月，辛丑，古州蛮平。

先是，杨文未至，齐让已俘林宽送京师。上命文讨其余党，俘获三十冈等处峒蛮二千九百人以归，遂班师。

4 刀幹孟既逐思伦发，惧朝廷加兵，乃遣人诣西平侯请入贡。是月，沐春以闻，且奏言："幹孟此举，盖欲假朝廷之威以拒忽都，其言未可信。"——忽都者，伦发所部，不附幹孟者也。上遣人谕春曰："远蛮诡诈诚有之，姑从所请，审度其宜，毋失事机。"

春以兵送伦发于金齿，幹孟竟不纳，乃遣何福及都督瞿能等以五千兵往。

5 倭寇山东，宁海州百户何福战死，指挥陶铎击败之。寻寇浙江之海澳，千户王斌、镇抚袁润俱战死，诏发兵出海追捕。【考异】明史本纪系倭寇宁海于是年二月乙酉。宁海，山东州也。三编则并记寇浙江事且云"海澳寨",是所寇凡两省。<u>明史</u><u>外国传</u>不见。证之<u>澄</u><u>庵史稿</u>,寇<u>山东</u>、<u>浙江</u>,一二月乙酉,一二月丁酉也,今并系之二月之下。

6　三月,诏增修南郊坛壝于<u>大祀殿</u>。

7　夏,四月,庚辰,廷臣请讨<u>朝鲜</u>,上不许。

　　初,<u>李旦</u>以更国更名,上不深诘,辄怀易与心。自二十七年以来,贡表文词多谩,诏诘责之,则诿之门下官<u>郑道传</u>所撰;及命逮<u>道传</u>,则又以病不能行辞。至是来贺本年正<u>旦</u>,表涉讥讪,上以其僻在海隅,不欲称兵召衅,惟拘留其两次所遣之使,以为乱邦构衅,皆此辈为之也。

8　是月,敕<u>燕王棣</u>率诸王防边。谕曰:"北骑南行,不寇<u>大宁</u>,即袭<u>开平</u>,可召<u>西凉</u>、<u>开平</u>、<u>辽东</u>诸将,分左右翼,尔与<u>代</u>、<u>辽</u>、<u>宁</u>、<u>谷</u>诸王居中策应,彼此相护,首尾相救。兵法示饥而实饱,外钝而内精,其毋忽!"【考异】此据纪事本末所记大略书之。是时秦、晋二王已卒,<u>燕王</u>居长,故令之率六王防边耳,非听<u>燕王</u>节制也。<u>太祖实录</u>所云"四月乙酉敕<u>燕王</u>防秋"者即此。至五月戊午之敕,则专敕<u>杨文</u>、<u>郭英</u>之从燕、辽二王。实录又增入"乙亥再敕<u>燕王</u>节制诸军"之语。<u>明史</u>三编节而书之,是也。辨见五月戊午条下。

9　五月,丁未,<u>何福</u>等讨<u>刀幹孟</u>,率兵逾<u>高良公山</u>,直捣<u>南甸</u>,大破之,杀<u>刀名孟</u>,斩获甚众。回兵击<u>景平寨</u>,寨凭高据险,坚守不下,官兵粮械俱尽,贼势益张。<u>福</u>使告急于<u>沐春</u>,<u>春</u>率五百骑往援,乘夜至<u>潞江</u>,诘旦渡,车骑驰蹋,扬尘蔽天。贼不意大军至,惊溃,遂破之。乘胜击<u>崆峒寨</u>,贼皆夜遁。<u>刀幹孟</u>遣人乞降,诏不许,命<u>春</u>俟变讨之。

10　甲寅,上不豫,然临朝决事如平时。

11　戊午,诏都督<u>杨文</u>从<u>燕王棣</u>,武定侯<u>郭英</u>从<u>辽王植</u>,备御开平,均命听二王节制。【考异】<u>明史本纪</u>"是年五月戊午,都督<u>杨文</u>从<u>燕王棣</u>,武定侯<u>郭英</u>从<u>辽王植</u>,备御开平,俱听<u>燕王</u>节制。"三编发明云:"考<u>明太祖实录</u>,是年四月乙酉,敕<u>燕王</u>防秋,五月甲寅,帝不豫,戊午,敕都督<u>杨文</u>、<u>郭英</u>,乙亥,再敕<u>燕王</u>节制诸军,此皆重修之<u>太祖实录</u>,不可尽信。"又云,"二十八年,<u>秦王</u>卒,是年三月,<u>晋王</u>卒。<u>燕</u>虽势居宠逼,然节制之命,岂足为易储之据哉!"据此,则防边之敕,出自<u>实录</u>之后改者。今考<u>洪武</u>二十三年,命<u>晋</u>、<u>燕</u>二王防边,令<u>傅友德</u>从<u>燕王</u>,<u>王弼</u>从<u>晋王</u>,俱听节制,是听<u>晋</u>、<u>燕</u>二王节制也,是年书法同,则<u>胃杨文</u>之从<u>燕王</u>,<u>郭英</u>之从<u>辽王</u>,亦是听<u>燕</u>、<u>辽</u>二王节制耳,非与<u>辽王</u>共听<u>燕王</u>节制也。今据<u>太祖实录</u>,书于四五两月,而删去"<u>燕王</u>总制诸军"语,余详<u>考证</u>中。

12　是月,以言事擢<u>暴昭</u>为左都御史,寻迁刑部尚书。又擢<u>天策卫</u>知事<u>周璇</u>为左佥都御史。

13　闰月,癸未,帝疾大渐。乙酉,崩于<u>西宫</u>,年七十一。

遗诏曰:"朕膺天命,三十有一年,忧危积心,日勤不怠,以期有益于民。奈起自寒微,无古人之博知,好善恶恶,不及远矣。风昔忧虑,常恐不终,今得万物自然之理,其奚哀念之有!皇太孙<u>允炆</u>,仁明孝友,天下归心,宜登大位。中外文武臣僚,同心辅弼,以福吾民。丧祭仪物,毋用金玉。<u>孝陵</u>山川,因其故,毋改作。天下臣民,哭临三日,皆释服。诸王临国中,毋至京师。诸不在令中者,推此令从事。"

帝天授智勇,统一方夏,纬武经文,为<u>汉</u>、<u>唐</u>、<u>宋</u>诸君所未有。肇造之初,沉几观变,次第经营,故自述其取天下之略,起事东南,收功西北,如操券刻符,莫之或爽。即位以后,考定礼乐,访求贤材,澄清吏治,整肃宫闱,广开屯田以足兵食,兴修水利以劝农桑,用能武定祸乱,文致太平,岂非所谓日不暇给,而规模弘远者欤!惟其惩元政废弛,治尚严峻,晚年诛戮过多,功臣芟夷略尽,亦足为盛德之累云。

14 辛卯,皇太孙即位,大赦天下。诏以明年为建文元年。

是日,葬帝于孝陵,谥曰高皇帝,庙号太祖。【考异】明史本纪书上庙号于"五月辛卯葬孝陵"之下,通纪及建文朝野类编,皆书"六月甲辰"。按惠帝即位于辛卯,是日葬太祖于孝陵,葬后即当上谥号,不应迟至甲辰。且甲辰乃闰月二十九日,亦非六月也。今据本纪,仍系之葬后。

15 诏行三年丧,群臣请循前代以日易月之制,谕曰:"朕非效古人亮阴不言也。朝则麻冕,退则齐衰杖绖,食则饘粥。郊社宗庙如常礼。"遂命定仪以进。

16 丙申,诏:"文臣五品以上及州县官,各举所知,非其人者坐之。"

17 六月,诏"省并州县,革冗员。"

18 以齐泰为兵部尚书,黄子澄为太常卿兼翰林院学士,同参军国事。

泰,溧水人,以洪武二十八年擢兵部侍郎。太祖问边将姓名,泰历数无遗。又问诸图籍,袖中出手册以进,太祖奇之。上为皇太孙,亦雅重泰。

其时子澄方进修撰,伴读东宫。一日,太孙坐东角门,谓子澄曰:"诸王尊属拥重兵,多不法,奈何?"对曰:"诸王护卫兵,仅足自守。倘有变,临以六师,其谁能支!汉七国非不强,卒底亡灭。大小强弱势不同,而顺逆之理异也。"上是其言。

至是燕王自北平奔丧,援遗诏止之,于是诸王皆不悦,流言煽动，闻于朝廷。谓子澄曰："先生忆昔东角门之言乎？"对曰："不敢忘。"于是始与泰建削藩之议。【考异】明史本纪、三编皆系之六月。证之七卿表，泰以五月任兵尚，诸书以为太祖遗命，则闰五月表脱"闰"字也。泰等五月授官，六月命参军国事，本纪并系之是月，今从之。

19 户部侍郎卓敬密疏言："燕王知虑绝伦，雄才大略，酷类高帝。北平形胜地，士马精强，金、元所由兴。今宜徙封南昌，万一有变，亦易控制。夫将萌而未动者几也，量时而可为者势也；势非至刚莫能断，几非至明莫能察。"奏入，翌日，召问敬曰："燕王，朕骨肉至亲，卿何得及此？"敬叩头曰："臣所言，天下至计，愿陛下察之！"竟不报。【考异】纪事本末、宪章录皆系卓敬上书于"建文元年二月燕王来朝"之下，此误据野史也。元年二月，燕王并无来朝之事，永乐实录亦不载，明史、三编删之，是也。今据三编及明鉴，系卓敬上书于是年之六月。

20 秋，七月，长星西陨。诏行宽政，赦有罪，蠲逋赋。

21 削藩之建议也，齐泰与子澄谋之。泰欲先图燕，子澄曰："不然。周、齐、湘、代、岷诸王，在先帝时多不法，削之有名。今欲问罪，宜先周。周王燕之母弟，削周，是翦燕手足也。"会周王橚次子有爋告橚谋不轨，词连燕、齐、湘三王，乃命曹国公李景隆，以备边为名，驰至开封，执橚归。【考异】明史后妃传以懿文太子及秦、晋、燕、周五人皆高后出，此三修之本，后世不知而误据之。证以"燕、周同母"之语，则二人皆非高后所生明矣。辨见考证中。〇韵书无"爋"字，但有"爋"字。明史作"爋"，三编又作"爀"，然实录作"爋"，今从之。

22 征汉中府教授方孝孺至，擢翰林院侍讲。

初，上在东宫，素闻孝孺名，甫即位，令驰驿召还，日侍左右备顾问。读书有疑,辄使讲解。临朝奏事,臣僚面议可否,或命孝孺就扆前批答之。

又以检讨陈性善荐,召前监察御史韩宜可于云南,入,拜左副都御史。

23 八月,上欲释周王使复国,泰与子澄不可。久之不决,出,相与言曰:"上妇人之仁耳。事势如此,安可不断!"明日,复入言之,乃废橚为庶人,【考异】本纪书废周王于八月,三编书之六月,因被执而并记之也。周王以七月执至京师,上意久不决,故八月始废。今分书之。窜之蒙化,诸子皆别徙。

寻又命逮齐王榑、代王桂、岷王楩等,于是燕王益疑惧。

24 诏:"兴州、营州、开平诸卫军全家在伍者,免一人。天下卫所军单丁者,放为民。"

25 是月,以云南布政陈迪为礼部尚书。

26 九月,西平侯沐春卒于军。

初,太祖命春讨刀幹孟,幹孟乞降,诏春勿受,仍总滇、黔、蜀兵攻之。未发而春卒,上命左副将何福代领其众。

春材武有父风,积功授都督金事。群臣请试职,太祖曰:"儿,我家人,勿试也。"遂予实授。英卒,袭爵。在镇七年,大修屯政,辟田三十余万亩,凿铁池河,灌宜良涸田数万亩,民复业者五千余户,为立祠祀之。赐谥惠襄。无子,弟晟袭爵。

27 冬十月,荧惑守心。【考异】见明史天文志无日。程济上书,见明史生景先传中,亦不著荧惑守心事,三编记守心,亦不著程济上书事。今据纪事本末牵连记之,意即初修实录也。

时四川岳池教谕程济，通术数之学，上书言"北方兵起在明年某月日"，上以为妄言，逮至，将戮之。济大呼曰："陛下幸囚臣。至言不验，死未晚。"诏下之狱。已而燕兵竟起，如其所推之月日。——济，朝邑人。

28 前都督府断事高巍，辽州人，以洪武中旌孝行授职。寻以决事不称旨，谪戍贵州关索岭，太祖嘉其孝，许其弟侄代役。至是以诏辟赴吏部，因上书论时政。时削藩议起，巍独以为不然。

其略曰："高皇帝分封诸王，比之古制，既皆过当，诸王又率不法，违犯朝制，不削则朝廷纪纲不立，削之则伤亲亲之恩。贾谊曰：'欲天下治安，莫如众建诸侯而少其力。'今盍师其意，勿行晁错削夺之谋，而效主父偃推恩之策，在北诸王子弟分封于南，在南子弟分封于北，如此则不削之削也。臣又愿益隆亲亲之礼，岁时伏腊，使人馈问，贤者下诏褒赏之，有不法者，初犯容之，再犯赦之，三犯不悛，则告太庙废处之，岂有不顺服者哉！"书奏，上嘉之而不能用。

29 上有疾晏朝，御史尹昌隆上疏谏。

其略曰："昔太祖高皇帝鸡鸣而起，昧爽而朝，百官戒惧，不敢稍怠。陛下嗣膺大业，宜追绳祖武，未明求衣，日旰忘食。今乃即于晏安，日上数刻，犹未临朝，恐自此上下懈弛，旷官废事，非社稷之福也。"

书入，左右请以疾谕之。上曰："直谏难得，何可沮也！"命颁其疏于天下。

30 初，僧道衍从燕王至北平，住持庆寿寺。出入府中，迹甚密,时时屏人语。及高祖崩,以次削夺诸藩,周、湘、代、齐、岷等皆相继得罪。道衍遂密劝燕王起兵。王曰:"民心向彼,奈何?"对曰:"臣知天道,何论民心!"乃进袁珙及卜者金忠。

珙善相人术,有异传。洪武中,遇道衍于嵩山寺,谓之曰:"公,刘秉忠之俦也,幸自爱!"至是以道衍荐,召至北平。王杂卫士类己者九人,操弓矢饮于肆,珙一见,即前跪曰:"殿下何轻身至此!"王乃起去,召珙入府,谛视,曰:"龙行虎步,日角插天,太平天子也。"王意益决,与道衍选将练兵,收召材勇异能之士。久之,事遂露。

时有以燕、齐事告变者,上问子澄:"孰当先?"对曰:"燕王久称病,日事练兵,且多置异人术士左右。此其机事已露,不可不亟图之!"复召齐泰,问曰:"今欲图燕,燕王素善用兵,北卒又劲。奈何?"对曰:"今北边有寇警,请以防边为名,遣将戍开平,悉调燕藩护卫兵出塞。去其羽翼,乃可图也。"从之。

十一月,以工部侍郎张昺为北平布政使、都指挥使,谢贵、张信掌北平都指挥使司,并受密旨,伺察燕事。

31 诏求直言,并荐举山林才德之士。

32 十二月,癸卯朔,【考异】宪章录,是年十二月癸丑朔。按癸丑乃是月十一日,非朔也,疑"卯"字之误,今据本纪。上以明年将祀南郊。乃诣郊坛,省牲涤器。礼毕,还宫。

33 征虏将军何福破斩刀幹孟,降其众七万,又分兵徇诸寨,悉平之。于是思伦发始还平缅,麓川遂定。

34 是月,赐天下明年田租之半,释黥军及囚徒还乡里。

35 召宋怿于茂州。

怿,濂之孙也。濂卒于夔,一时家属悉徙茂州。至是上追念濂为兴宗旧学,召怿还,寻授翰林。

36 燕府长史葛诚,奉燕王命奏事京师。上召见,问府中事,诚具以实对。上遣诚还,使为内应。至则燕王察其色,心疑之。【考异】皇明通纪、纪事本末系之建文元年正月。证之明史葛诚附传中言"洪武之末",则是诚至京师在本年,诸书据其使还之月也。今系于十二月之末。

明通鉴卷十二

江西永宁知县当涂 夏　燮 编辑

纪十二 <small>起屠维单阏(己卯),尽重光大荒落(辛巳),凡三年。</small>

恭闵惠皇帝<small>按明建文无谥,至我大清乾隆元年,追谥恭闵惠皇帝,谨据三编、明史书之。</small>

1　春,正月,癸酉朔,上受朝,不举乐。

2　庚辰,大祀天地于南郊,奉太祖配。

3　是月,敕修太祖实录,以礼部侍郎董伦、王景为总裁官,太常少卿廖昇、高逊志副之。召国子博士王绅、汉中府教授胡子昭、崇仁县训导罗恢、马龙他郎甸长官司吏目程本立等。时杨士奇以布衣被荐,征为教授,方行,修撰王叔英复以史才荐,遂同召,俱授翰林,充纂修官,上复命侍讲学士方孝孺总其事。【考异】明史本纪,书修太祖实录于正月。据廖昇传,"正总裁董伦、王景,副总裁昇及高逊志"也。又云,"李贯、王绅、胡子昭、杨士奇、罗恢、程本立皆为纂修官。"按李贯举二年进士,则预修史之役在后。而明史王艮传,亦言"艮总史事',又有南昌知府叶惠仲,以修实录指斥靖难族诛,是皆后人之人。若是年正月之敕,同时并命,据野获编凡九人。又方孝孺

487

传,言"孝孺修实录为总裁",三编亦据书之,今增入。○又按此即初修之实录,沈氏所谓"解缙尽焚旧草"者此也。然则"翦燕手足"一语,乃初修之仅存者。

4　二月,追尊皇考曰孝康皇帝,庙号兴宗。妣常氏曰孝康皇后。尊母妃吕氏曰皇太后。册妃马氏为皇后。立皇长子文奎为皇太子。封弟允熥为吴王,允熞衡王,允熙徐王。

诏告天下:"举遗贤。赐民高年米肉絮帛。鳏寡孤独废疾者,官为牧养。重农桑。兴学校。考察官吏。振罹灾贫民。旌节孝。瘗暴骨。蠲荒田租。卫所军户绝者,除勿勾。"

5　诏:"诸王毋得节制文武吏士。"

6　是时诸王入贺京师,径行皇道,登御陛,御史曾凤韶侍班,劾之,言"殿上宜展君臣之礼,宫中乃叙叔侄之情",不报。【考异】明人所记及纪事本末,皆于是年二月书"燕王来朝"。明史稿例议辩之,以为必无之事。四库书提要载姜氏秘史以为曾凤韶劾燕王事,云本吉安府志。又证以南京锦衣百户潘瑄贴黄册,内载"校尉潘安三月二十三日叙拨随侍燕王还北平住坐"云云,据此,则来朝明矣。第不知所云贴黄者,果足征信否也?予谓建文改元,诸王入贺,是其常例,故野史有"曾凤韶劾诸王来朝,不得行皇道"云云。(见建文朝野汇编,皆云"劾诸王",故三编以为他藩之事者是也。)至燕王以上书救周王不报,遂称疾,此正不朝之张本。且果入朝无事而归,此正所谓"天之所兴,谁能废之",乃成祖第一快心之事,何以永乐实录无一语及之耶?其为必无之事明矣。今删去燕王来朝,而但载曾凤韶劾诸王事于是月之下。

7　更定官制,用学士方孝孺议也。

升六部尚书为正一品,设左右侍中,位侍郎上。改都

明通鉴

488

察院为御史府,都御史为御史大夫。罢十二道为左、右两院,左曰拾遗,右曰补阙。改通政使司为寺,大理寺为司。詹事府增置资德院。翰林院复设承旨,改侍读、侍讲学士为文学博士。设文翰、文史二馆,文翰以居侍读、侍讲,文史以居修撰、编修、检讨。又,殿、阁大学士并去大字,各设学士一人。改谨身殿为正心殿,增设正心殿学士一人。其余内外、大小诸司及品级、阶勋,悉仿周礼制更定。时论以为不急之务,而孝孺志在复古,上悉从之。

8　以景清、练子宁为御史大夫。

9　三月,甲午,京师地震。求直言,罢天下诸司不急之务。

10　是月,上释奠于国子学文庙。

11　陈瑛自山东按察司调北平按察佥事,汤宗上变,告瑛与右布政曹昱、副使张琏等受燕府金钱,有异谋,诏逮瑛至京师,寻谪广西。

于是敕都督宋忠率兵三万屯开平,又敕都督耿瓛练兵于山海关,徐凯练兵于临清,调北平、永清二卫军于彰德、顺德——瓛,炳文子也。——并密谕张昺、谢贵等严为之备。

12　遣刑部尚书暴昭、户部侍郎夏原吉等二十四人充采访使,分行天下。

昭至北平,得燕王诸不法状,密奏之。

13　夏,四月,湘王柏自焚死。齐王榑、代王桂,皆以罪废为庶人。

14　太祖之崩也,诸王世子及郡王皆在京师,遗命三年丧毕遣还，<u>燕</u>世子及<u>高煦</u>、<u>高燧</u>预焉。

时<u>燕王</u>方称疾，遗诏至，遣人扶掖哭临。又数月，乃上书乞遣三子归视疾，<u>齐泰</u>劝上勿许，且请收之。<u>黄子澄</u>曰："不若听之归以示不疑，乃可袭而取也。"上从<u>子澄</u>言，竟遣还。

<u>燕</u>世子兄弟<u>魏国公</u><u>徐辉祖</u>甥也。<u>辉祖</u>亦劝上留之，且密奏曰："三甥中，<u>高煦</u>尤勇悍无赖，非但不忠，且叛父，他日必为大患。"上以问<u>辉祖</u>弟<u>增寿</u>及驸马<u>王宁</u>，皆力庇之，乃悉遣归国。<u>高煦</u>阴入<u>辉祖</u>厩取其马以行，<u>辉祖</u>使人追之，不及。

至则<u>燕王</u>大喜曰："吾父子复得相聚，天赞我也。"于是反志益决。【考异】<u>明史本纪</u>系之是月。而野史所载，谓"<u>燕王</u>遣世子、二王来京师，行<u>太祖</u>小祥礼，至是遣归"，非也。<u>太祖</u>崩时，遗诏止诸王入临，"遣世子郡王来京师，三年后还国"，语见<u>张芹备遗录</u>。证之<u>成祖实录</u>，亦云"时世子、二郡王、三郡王皆在京师"。故<u>明史汉王传</u>，亦云"<u>太祖</u>崩，<u>成祖</u>遣<u>仁宗</u>及二王入临京师"，然则非因小祥而来明矣。如果为小祥来，则遣之还国，当过五月，即<u>燕王</u>以疾请，亦无悉遣之理，今不取。

15 六月，<u>岷王</u><u>楩</u>有罪，废为庶人，徙之<u>漳州</u>。

16 己酉，<u>燕山</u>百户<u>倪谅</u>上变，告<u>燕</u>官校<u>於谅</u>、<u>周铎</u>等阴事，诏逮至京师，皆戮之。复诏责<u>燕王</u>。

王遂称疾笃，佯狂走呼市中，夺酒食，语多妄乱，或卧土壤弥日不苏。<u>张昺</u>、<u>谢贵</u>入问疾，王盛夏围炉播颤曰："寒甚。"宫中亦杖而行。<u>昺</u>等稍信之，长史<u>葛诚</u>密语之曰："王本无恙。公等勿懈。"

会<u>燕王</u>使其护卫百户<u>邓庸</u>诣阙奏事，<u>齐泰</u>请执讯之，具言王将举兵状,乃密敕昺等图燕,使约葛诚及指挥卢振为内应。

初,张信之至燕也,与昺等同受密旨,忧惧不知所出。以告母,母大惊曰:"吾闻燕都有王气,王当为天子。汝慎毋妄举,取赤族祸也。"至是又密敕信使执王,信见事急,三造燕邸,辞不见,乃乘妇人车径至门,固请之。王召入,信拜床下,密以情输王。王犹佯为风疾,不能言,信曰:"殿下毋尔也。臣今奉诏禽王,王果无意,当就执,如有意,幸勿讳臣。"王察其诚,下拜曰:"生我一家者子也!"于是召僧道衍谋举兵。

会昺等部署卫卒及屯田军士,布列城中,一面飞章奏闻。布政司吏李友直窃其草,献之府中,燕王亟呼护卫张玉、朱能等率壮士八百人入卫。

17 秋,七月,诏至,"逮燕府官属",于是张昺、谢贵等率诸卫士以兵围府第,索之急,飞矢入府内。燕王与张玉、朱能等谋,虑众寡不敌,能曰:"先禽昺、贵,余无能为矣。"王曰:"是宜以计取之。"道衍密语曰:"朝廷遣使来索官属,可悉依所坐名收之。即令来使召昺、贵,收所逮者。如此则昺、贵必来,来则缚之,一壮士力耳。"王曰:"善!"

壬申,王称疾愈,御东殿,伏壮士左右及端礼门内,遣人召昺、贵,不至,复遣中使示以所逮姓名,乃至。王方曳杖坐,赐宴行酒,出瓜数器,王索刀,割且尝曰:"今编户齐民,兄弟宗族尚相恤;身为天子亲属,旦夕莫必其命,天下何事不可为乎!"乃掷瓜于地。一时伏兵尽起,前禽昺、贵,摔葛诚、卢振下殿。王掷杖起曰："我何病！为若辈奸臣所逼耳。"昺、贵及诚等不屈，皆斩之。

于是张玉、朱能等率勇士攻九门，克其八，独西直门不下。都指挥彭二跃马呼市中曰："燕王反，从我杀贼者赏。"集兵千余人，将攻燕。会燕健士从府中出，格杀二，兵遂散，尽夺九门。

王尤恨诚、振二人，以为贰于己也，夷其族。

伴读余逢辰，有学行，王信任之，以故得闻异谋，乘间力谏，不听。及兵起，复泣谏曰："君父不可两负。"闻诚等被杀，亦死之。

北平人杜奇者，才俊士也。王起兵，征入府，奇因极谏宜守臣节，王怒，立斩之。

18 癸酉，燕王举兵反，上书指斥齐泰、黄子澄为奸臣，并援祖训，谓："朝无正臣，内有奸恶，则亲王训兵待命，为天子讨平之。"

书既发，遂自署官属，称其师曰："靖难。"以张玉、朱能、丘福为都指挥佥事，擢李友直为布政司参议，戍卒金忠为燕府纪善。

时布政司参议郭资、按察司副使墨麟、佥事吕震等，皆降于燕。都指挥马宣、俞瑱与昺等合兵攻燕城，不克，宣走蓟州，瑱走居庸关，都督宋忠退保怀来。

甲戌，燕师陷通州，指挥房胜以城降。王欲自通州南下，张玉曰："不先定蓟州，将为后患。"丙子，燕师陷蓟州，马宣及镇抚曾濬力战死之。于是遵化指挥蒋玉，密云指挥郑亨,皆以城叛降燕。

时俞瑱守居庸,简练关卒,得数千人,将进攻北平。燕王曰:"居庸险隘,北平之咽吭,我得之可无北顾忧。瑱若据此,是拊我背也。"己卯,燕师陷居庸,瑱力战不克,走依宋忠于怀来。

甲申,燕师攻怀来,率马步精锐八千,卷甲倍道而至。先是宋忠绐将士,言其家在北平,皆为燕兵所歼,欲以激众怒。燕王知之,令其家人张旗帜为先锋,众遥识旗帜,呼其父兄子弟相问劳无恙,皆曰:"宋都督欺我!"遂相率解甲降。忠仓皇列阵未成,三麾师渡河,鼓噪而前。忠军大败,奔入城。燕兵乘城而入,遂执忠及俞瑱,皆不屈死。都指挥孙泰、彭聚,亦陷阵死之。其诸将校为燕所俘者,皆不肯降,凡死者百余人,斩首数千级,获马八千余匹。【考异】怀来之役,诸书记宋忠、俞瑱等之死,下云"余众悉降"。证之忠传,一时诸将校为燕师俘者百余人,皆不肯降以死,今据增入,而删去"余众悉降"四字。

19 丙戌,永平指挥陈旭、赵彝、郭亮,以城叛降燕。旭等遂从燕将徐忠分兵克滦河。【考异】明史建文纪,书"克永平"于"甲申陷怀来"之下。明史稿作"丙戌",距甲申二日也,今据之。

20 庚寅,大宁都指挥卜万,与其部将陈亨、刘真等,引兵号十万,出松亭关攻遵化。燕王遣兵来援,万等退保关内。万有智勇,而陈亨等阴欲输款于燕,畏万,不敢发。燕王贻万书,盛称万而诋亨,召所获大宁卒,置书衣中,解缚赏劳,俾归密与万,故使同获卒见之。卒至万所,则同归者发其事。亨等搜卒衣,得其书,遂缚万下狱,上之于朝廷,以万为贰。诏籍其家,不知其为燕之反间也。【考异】大宁之降,明史本纪不载。据纪事本末作"庚寅",今据之。通纪作"庚申","申"字盖"寅"字之误也。庚寅距丙戌仅五日,庚申则八月也。

21 壬辰,谷王橞闻燕兵破怀来,自宣府奔京师。

22 是月,燕王反书闻。齐泰请削燕属籍,声罪致讨。或难之,泰曰:"明其为贼,敌乃可克。"遂定议伐燕,布告天下。

时太祖功臣存者甚少,乃拜长兴侯耿炳文为征虏大将军,驸马都尉李坚、都督宁忠副之,率师北伐。又命安陆侯吴杰、江阴侯吴高、都督耿瓛、都指挥盛庸、平安等分道并进。出程济于狱,授翰林编修,充军师,护诸将北行。

时上方锐意文治,日与方孝孺等讨论周官法度,军事皆取决于泰、子澄二人。

炳文等濒行,上戒之曰:"昔萧绎举兵入京,而令其下曰:'一门之内,自极兵威,不祥之甚。'今尔将士与燕王对垒,务体此意,毋使朕有杀叔父名。"

寻置平燕布政于真定,以暴昭掌北平布政司事,侯泰代为刑部尚书。

23 八月,己酉,耿炳文师次真定,分遣诸将,徐凯以兵驻河间,潘忠驻鄚州,杨松率先锋九千人扼雄县。

燕王使张玉往觇炳文营,还报曰:"军无纪律,炳文老,潘、杨勇而无谋,可袭而俘也。今欲通南下之路,宜先取潘、杨。"王曰:"善!"遂躬擐甲胄,率师至涿州。

壬子,屯于娄桑,令军士秣马蓐食。晡时,渡白沟河,谓诸将曰:"今夕中秋,彼饮酒,不设备,此可破也。"夜半,至雄县,袭其城。忠援兵不至,前锋麾下九千人皆战没。

燕王度忠在鄚州，未知城破，必率众来援，乃命护卫千户谭渊率壮士千余，伏月漾桥水中，人持荻草一束，蒙头通鼻息。俟忠等援军已过，即出据桥，王遣兵逆击忠，败之。忠退趋桥，不得渡，燕兵腹背夹击，生禽忠、松，余众皆溺死。

甲寅，燕师据鄚州。王问诸将计，皆曰："南军盛，宜且屯新乐。"王曰："彼虽众，皆新集耳。今宜乘胜径趋真定，可一鼓破之。"王曰："善！"

会炳文部将张保来降，言"炳文兵三十万，先至者十三万，分营滹沱河南北。"王厚抚保，遣归，使诈言"被执得脱，且具陈雄、鄚败状，燕兵且旦夕至。"诸将皆曰："今趋真定，将以掩其不备，奈何遣保告之使备？"王曰："不然。彼师半营河南，半营河北，分之是也。今令彼知我至，则其南岸之众必移于北，并力拒战，一举可尽歼，兼使知雄、鄚之败以夺其气，兵法所谓'先声而后实'也。若径薄城下，北岸虽胜，南岸之众，乘我战疲，鼓行而渡，是我以劳师当彼逸力也。"炳文闻保言，果移南营过河。

壬戌，王率骁骑数千绕出城西南，破其二营。炳文出城逆战，张玉、谭渊、朱能等率众奋击，王以奇兵出其背，循城夹攻，横冲其阵，炳文大败，奔还。朱能与敢死士三十余骑，追奔至滹沱河东。炳文众尚数万，复列阵向能。能奋勇大呼，冲入炳文阵，南军披靡，踩藉死者甚众，弃甲降者三千余人。燕骑士薛禄引槊中李坚，坠马，获之。宁忠、顾成亦被执。燕王谓坚至亲，送北平，道卒。谓成先朝旧人，释其缚，与语曰："皇考之灵，以汝授我。"成遂降，王遣人送北平,辅世子居守。

炳文奔入真定,闭门固守。吴杰率众来援,闻败而还。乙丑,燕师攻城,三日不下,引兵还北平。

24 上闻真定之败,始有忧色,谓黄子澄曰:"奈何!"对曰:"胜败兵家之常,无足虑。"因荐曹国公李景隆可大任,齐泰极言其不可,竟用之。

丁卯,拜景隆为大将军,以代炳文,赐景隆通天犀带,亲为推毂,饯之江浒。召炳文还京师。【考异】明史子澄传,言"炳文之败,子澄谓胜败常事不足虑,因荐景隆。"若通纪、纪事本末等书,则又云,"今天下全盛,区区一隅,岂足当之?今调兵五十万,四面夹攻,众寡不敌,必成禽矣。"按炳文方以三十万众败于真定,子澄谓"胜负常事",不过以此纾帝忧耳。若谓"区区一隅不足以当夹攻之五十万",子澄未必若是之浅。此皆成祖实录归罪子澄锻炼之语,不足信也。今据明史本传,删去下文。

25 是月,召辽王植、宁王权。权不至,诏削其护卫。

初,太祖诸子,燕王善战,宁王善谋,又在边友于最笃。燕兵既起,齐泰等虑二藩通约,乃并召之,权果不至。燕王闻之,大喜,乃遗宁王书以求援师。

植至京,徙之荆州。

初,谷王之奔京师也,长史刘璟从之归,献十六策,上命璟赞画李景隆军事。时高巍亦上书愿使燕,晓以祸福,令休兵归藩。上壮而许之,命俱从景隆行。

26 监察御史韩郁上书言:"燕王亲则太祖遗体,贵则孝康皇帝手足,尊则陛下叔父。乃诸臣偏见,病藩封太重,疑虑太深,于是周王既废,湘王自焚,齐、代相继被摧。为计者必曰:'兵不加则祸必稔。'今燕举兵两月矣,前后调兵不下五十余万，而一矢无获，谓之国有谋臣，可乎？经营既久，军兴辄乏，将不效谋，士不效力，徒使中原赤子困于转输，民不聊生，日甚一日，臣恐陛下之忧方深也。谚曰：‘亲者割之不断，疏者缤之不坚。’此言深有至理。愿陛下少垂鉴察，兴灭继绝，释代王之囚，封湘王之墓，还周王于京师，迎楚、蜀为周公，俾各命世子持书劝燕罢兵归藩，明诏天下，笃厚亲亲，则宗社幸甚！”不报。

27 九月，戊辰朔，【考异】明史建文本纪，“九月壬辰，吴高围永平，戊寅，燕兵援永平。”按戊寅在壬辰之前十五日，叙次倒误，且燕已于戊寅败于永平，是其围永平又当在戊寅前也。明史稿作“九月戊辰吴高围永平”。证之成祖实录及明史成祖本纪，皆系围永平于戊辰，则建文纪“壬”字乃“戊”字之误也。江阴侯吴高以辽东兵攻永平。——高，良之子也。燕师之起，高守辽东，与杨文、耿瓛谋出师以挠燕，遂围永平。

戊寅，李景隆调各道之师，并收集炳文余众，合兵五十万，营于河间。燕王闻之，谓诸将曰：“九江，纨绮少年耳，未尝习兵，色厉而中馁。今畀之以五十万，是赵括之续也。”——九江者，景隆小字也。

燕王自以在北平，景隆必不敢至，乃命世子居守，姚广孝辅之。诸将皆疑北平之守弱，王曰：“战则不足，守则有余。吾在外可随机应变，兵事不可预度也。且今之去，亦当专为永平，直欲诱之至而禽之耳。吴高素怯，杨文少谋，闻我出援必走，是我一举而两得也。”

丙戌，王自率师援永平。壬辰，燕师至永平，高等果不战而走，追击，败之。【考异】吴高以中间走，详十二月削爵下。

28 冬，十月，戊戌，燕王欲遂趋大宁，诸将皆曰：“松亭关

险塞,未易猝拔。景隆兵方盛,不若回师援北平。"王曰:
"今自刘家口间道趋大宁,不数日可达。大宁将士悉聚松
亭关,其家属在城,老弱居守,师至,不日可拔。城下之日,
抚绥其家,则松亭之众不降且溃矣。北平深沟高垒,吾正
欲其顿兵坚城之下,归师击之,如拉朽耳。"遂定计。【考异】
按永平之援,松亭之拔,皆为取大宁张本。其实援永平而吴高已走,至松亭而
陈亨先降,皆预以反间取之,何待燕王亲行。况是时景隆以五十万众近在河
间,不谋固守北平,反藉援师以出,盖其意欲得大宁三卫之劲卒以解北平之围,
又不欲与诸将显言,故但言"我在此,景隆必不敢至",又言"此去岂专为永
平",直欲诱景隆至而禽之耳,此兵家致人之计。而当永平围解,即直趋大宁,
故其既得大宁,喜曰:"吾取边骑助战,大事蔑不济矣。"实录所载,俱系用兵之
饰词,野史多袭其夸大之言而忘其注措之本末,今据其可信者书之。

29 壬寅,燕师至大宁。王单骑入城,诡言穷蹙求救,执宁
王手大恸。宁王信之,为草表谢,请赦其死。居数日,情好
甚洽。时北平锐卒伏城外,吏士得稍稍入城,阴结三卫部
长及戍卒。己酉,燕王辞去,宁王祖之郊外,伏兵起,拥宁
王行,三卫骁骑及诸戍卒一呼毕集。守将朱鉴不能御,力
战死,宁府长史石撰不屈死。壬子,燕师南还,宁王同行,
宁妃、世子皆从,悉以三卫配北军,大宁城为之一空。

初,燕王之起兵也,语诸将曰:"曩予巡塞上,见大宁诸
军慄悍,安所得用之?"至是乃大喜曰:"吾得大宁,取边骑
助战,大事蔑不济矣。"

30 乙卯,燕师至会州,始立五军。张玉将中军,郑亨、何
寿副之;朱能将左军,朱荣、李濬副之;李彬将右军,徐理、
孟善副之;徐忠将前军,陈文、吴达副之;房宽将后军,和允

中、毛整副之。——宽、理、文,皆大宁降将也。

31 丁巳,燕师入松亭关。

方卜万之中间也,刘真、陈亨闻燕兵将至,皆退保关。及燕自间道攻大宁,真及亨皆自松亭回救。中道,闻大宁破,亨乃与陈文、徐理等约降,以夜二鼓袭刘真营。真单骑走,浮海还京师,亨遂率众降燕。

时李景隆闻燕王自将征大宁,果引军围北平,渡芦沟桥,喜曰:"不守此桥,吾知其无能为矣!"遂薄城下,筑垒九门。分遣别将攻通州,又结九营于郑村坝,亲督之以待。

燕王部署既定,下令:"诸军人自为战,非受命不得轻动!"初攻顺城门,几破,燕府仪宾李让、燕将梁明等拒守,妇女并乘城掷瓦石,攻者稍却。燕世子严肃所部,谨烽燧,举刁斗,又选勇士夜缒城砍营,南军扰乱,退营十里。唯都督瞿能与其子率精骑千余攻张掖门,垂克,景隆忌之,使候大军同进。

方大寒,燕人夜汲水沃城,逾时、冰凝不可登。景隆日夕戒严,不恤士卒,皆植戟立雪中,冻死者相踵。于是北平之守益坚。

32 十一月,庚午,燕王回师。至孤山,将渡河,是日,大雪,至夜,冰合,遂济师,击败景隆之前哨陈晖。

辛未,战于郑村坝,连破其七营,遂逼景隆。燕将张玉等列阵而进,乘胜抵城下,城中兵亦鼓噪而出,内外夹攻,景隆师溃,宵遁。翌日,九垒犹固守,燕兵次第破其四垒。余众闻景隆已走,遂弃兵粮,晨夜南奔。景隆逻还德州。

乙亥,燕王再上书自理,谓"朝廷所指为不轨之事凡八,皆出齐泰、黄子澄等奸臣所枉,请诛之以告天下。"不报。【考异】明史建文本纪,"是月,燕王再上书于朝,帝为罢齐泰、黄子澄官,仍留京师。"又子澄传亦云,"帝乃解二人任以谢燕。"按此皆据野史而节其文也。证之王凤洲杂编所载,燕王遗景隆书,谓"两次上书敷诉中悃,悉不赐答",又谓"景隆之败,子澄等匿不以闻",此皆燕王欲加子澄等专权之罪,遂疑两次上书,帝未之见。于是实录据此数语,遂谓"景隆丧师,实系子澄等匿不报闻,又遣人密语景隆,隐其败勿奏",于是野史复增入"逾月加景隆太子太师之命"。不知匿败不闻,上书不答,则解二人任以谢燕者,何自而来?景隆之败,子澄使之,今既解子澄之任,何以反加景隆官?且加景隆以太子太师,是帝实不知其败,而解子澄等之任,似帝又已知之,种种谬戾,不诘自穷。明史本纪传中,删去"加景隆太子太师"之语,极为有见。而至于"解二人任以谢燕",则核之实录,亦无其事。今悉删之,而于燕王上书,但据明史稿结以"不报"二字为得其实。

33 十二月,李景隆既退德州,调兵集士,期以来春大举。燕王亟谕诸将攻大同,曰:"我攻,彼必来救。大同苦寒,南兵脆弱,可不战而疲也。"乙卯,王率师出紫荆关,庚申,次广昌,守将杨宗以城降。

34 是月,诏削江阴侯吴高爵,徙之广西。

初,高与杨文守辽东,燕王恐其终为永平患,谓诸将曰:"高虽怯差密,文勇而无谋,去高则文无能为也。"乃遗二人书,盛誉高而极诋文,故易其函授之。二人得书,并以上闻,朝廷果疑高,遂有是谪。

文守辽东,耿𤩽数劝其攻永平以挠北平,文不听。

35 河北指挥使张伦等闻蓟州马宣之死,发愤结盟,因合两卫官率所部南奔,诏从李景隆于军。

伦勇悍负气,喜观古忠义事,后从战皆有功。

36　是冬,高巍至燕,上书燕王曰:"太祖上宾,天子嗣位,布维新之政,天下爱戴,皆曰:'内有圣明,外有藩翰,成、康之治再见于今矣。'不谓大王显与朝廷绝,张三军,抗六师,臣不知大王何意也?夫以顺讨逆,胜败之机,明于指掌。今大王藉口诛左班文臣,实则吴王濞之故智,其心路人所共知。巍窃恐奸雄无赖乘间而起,万一有失,大王得罪先帝矣。

今大王据北平,取密云,下永平,袭雄县,掩真定,虽易若建瓴。然自兵兴以来,业经数月,尚不能出蕞尔一隅之地。况所统将士,计不过三十万,以一国有限之众,应天下之师,亦易罢矣。大王与天子,义则君臣,亲则骨肉,尚在离间,况三十万异姓之士,能保其同心协力,效死于殿下乎?巍每念至此,未始不为大王洒泣流涕也。

愿大王信巍言,上表谢罪,再修亲好。朝廷鉴大王无他,必蒙宽宥,太祖在天之灵亦安矣。倘执迷不悟,舍千乘之尊,捐一国之富,恃小胜,忘大义,以寡抗众,为侥幸不可成之悖事,巍不知大王所税驾也。

况大丧未终,毒兴师旅,其与泰伯、夷、齐求仁让国之义,不大径庭乎?虽大王有肃清朝廷之心,天下能无篡夺嫡统之议?即幸而不败,谓大王何如人!

巍白发书生,蜉蝣微命,性不畏死。洪武十七年,蒙太祖高皇帝旌臣孝行,巍窃自负,既为孝子,当为忠臣。死忠死孝,巍至愿也,如蒙赐死,获见太祖在天之灵,巍亦可以无愧矣。"书数上,皆不报。

37 是岁,上建省躬殿成,置古书、圣训其中,谕以尚父丹书之旨,夏书声色宫室之戒,命学士方孝孺为之铭。孝孺铭而序之,大略谓"天下国家之本在君,君之所以建极垂范四海者在身。而置此身于无过之地,俾黎元蒙福,后世承式者则以心为之宰。"因"推本于古圣人省察之功,如尧、舜之兢业不懈,禹之祗德而拜昌言,成汤屏声色货利而圣敬日跻,武王之从事于敬怠义欲,而铭于席鉴衣冠以自警。凡此,其为事不同,其敬以省躬一也。"上嘉纳之。

38 是岁,安南黎季犛复弑其主陈日焜。【考异】明史本纪误系之洪武(卅)〔二十〕二年之末,前已辨之,今改入是年之末。

二年(庚辰、一四〇〇)

1 春,正月,丙寅朔,诏天下来朝官勿贺。

2 燕师次蔚州,指挥王忠、李远以城降。【考异】明史本纪,"二月,燕兵陷蔚州",因进攻大同而牵连记之也。永乐实录系次蔚州于正月,明史成祖本纪书"丙寅克蔚州"。惟蔚州乃请降,非陷也,今据纪事本末书之。

3 丁卯,上释奠于国子学文庙。

4 是月,诏均江浙田赋。

　　初,太祖屡龋苏、松、嘉、湖极重田亩,至是复谕户部减免,亩不得过一斗。迨革除后,浙西赋复重云。

　　又诏苏、浙人皆得官户部。【考异】此事据三编在正月,明史本纪系之二月下。

5 二月,丁酉,燕师攻大同。

6 丁未,鞑靼可汗遣使来燕纳款,且请助兵。

7　癸丑，李景隆果引兵爰大同，景隆出紫荆关。燕王闻之，自居庸关还北平，敕诸将坚守勿与战。景隆军冻死者甚众，堕指者十二三。

癸亥，景隆遗燕王书，请息兵，王答书索齐泰、黄子澄等，又以"前两次上书悉不赐答，此必奸臣虑非己利，匿不以闻，今备录送观之。"景隆得书，遂有贰志。

8　是月，保定知府雒金叛降于燕。

9　三月，丙寅朔，日有食之。

10　廷试礼部贡士吴溥等一百十一人，赐胡靖、王艮、李贯等进士及第、出身有差。——靖，更名广。

是科一甲三人，皆授修撰，入文史馆，预修太祖实录。——艮，吉水人。

11　夏，四月，丙申，李景隆自德州进兵北伐，武定侯郭英、安陆侯吴杰等自真定进兵，期会师于白沟河。

庚子，燕师复出。癸丑，景隆兵至河间，遣都督平安为先锋。乙卯，燕师渡玉马河，营于苏家桥。己未，遇安兵于河侧，安伏精兵万骑邀击。燕王曰："平安，竖子耳。往岁从出塞，识我用兵，今当先破之。"及战，安素称骁勇，奋矛直前，都督瞿能父子继之，所向披靡，燕师遂却。会燕千户华聚、百户谷允陷阵而入，斩首七级，又执我都指挥何清。日色已暝，始收兵。

是役也，真定之师亦至，合兵六十万，阵列河上，郭英等预藏火器于地中，燕师多死。王从三骑殿后，夜，迷失道，下马伏地视河流，稍辨东西，始知营所在，仓猝渡河而北。

王还营，令诸军蓐食。诘朝庚申，复渡河索战。景隆横阵数十里。燕后军房宽战不利，大宁降将陈亨为平安飞槊所刺，中创而走。【考异】纪事本末言"安斩陈亨于阵"，证之明史亨传，"亨败而走"，实未尝斩也。亨之死在围济南时，中创还北平，遂卒。今据明史亨传。(据永乐实录，亨以十月己亥卒。)燕王见事急，亲冒矢石，又令大将丘福冲其中坚，不得入，王荡其左，突景隆兵绕出王后，飞矢雨注。王马三创，凡三易，所射矢三服皆尽，乃提剑，剑锋复折，马阻于堤，几为瞿能、平安所及。王亟走登堤，佯举鞭招后骑，景隆疑有伏，不敢进，会高煦救至，乃得免。

比日晡，瞿能复引众搏战，大呼灭燕，斩馘数百。越巂侯俞通渊，陆凉卫指挥滕聚，引众赴之。会旋风起，折大将旗，南军阵动，王乃以劲骑绕其后，乘风纵火。能父子及通渊、聚皆死，安与朱能亦败，官军大乱，奔声如雷。郭英等溃而西，景隆溃而南，弃其器械辎重殆尽。燕师追至月漾桥，降十余万人。景隆走德州。

是时上虑景隆轻敌，命魏国公徐辉祖率兵为殿。景隆败，辉祖独得全军还。【考异】据明史建文纪，言"是月己未，景隆及燕兵战于白沟河，败之；明日复战，败绩"云云。是景隆以己未败燕师，至庚申复战，始自败也。据成祖本纪，则己未之战，"平安伏兵河侧，王以百骑前，佯却，诱安阵动乘之，安败走，遂薄景隆军，战不利，暝收军。"此据成祖实录之文，而诸书所记，并无"平安败走"之语。至"庚申复战，景隆兵绕出王后，飞矢雨注，燕王三易马，矢竭剑折，急走登堤，幸高煦救至得免，一时诸将皆失色。"则是燕师初亦大败，直至薄暮再战，会旋风起，燕师乘风纵火，乃得斩瞿能父子于阵,安亦败走。诸书所记,与<u>明史</u>本纪大略相同,惟斩<u>瞿能</u>父子一事,先后不同,即<u>明史</u>纪、传亦互异。盖<u>瞿能</u>父子之死,乃在薄暮再战旋风折旗之时,而本纪则云,"<u>王</u>自率精骑横击,斩<u>瞿能</u>父子,令<u>丘福</u>冲其中坚,不得入,"乃有矢竭剑折之败。证之<u>瞿能</u>、<u>平安</u>传,不免自相矛盾。传中言"<u>景隆</u>兵绕出<u>王</u>后,<u>王</u>矢尽剑折,败走登堤,几为<u>瞿能</u>及<u>平安</u>之槊所及。"<u>建文</u>朝野汇编所引,亦云"<u>王</u>阻于堤,几为<u>瞿能</u>所及。"若如本纪所记,斩<u>瞿能</u>父子在先,则焉得有追<u>王</u>几及之事?明是<u>能</u>父子之死及<u>平安</u>之败,皆在乘风纵火之时。所以然者,盖本纪所据者<u>实录</u>之文,传中所记,大都参以野史,故不同耳。今叙此两日之战,悉据<u>纪事</u>、<u>三编</u>诸书,参以<u>明史瞿能</u>、<u>平安</u>本传,差得其实。

12 壬戌,燕师进攻<u>德州</u>。

13 <u>白沟河</u>之役,有<u>临淮</u>人<u>王</u>指挥被创,立马植戈而死。

又<u>中牟杨本</u>,通壬遁术,从<u>景隆</u>讨<u>燕</u>有功,<u>景隆</u>忌不以闻。<u>景隆</u>之败,<u>本</u>上书劾之。及败被执,下<u>北平</u>狱,卒杀之。

14 五月,辛未,<u>景隆</u>自<u>德州</u>奔<u>济南</u>。癸酉,<u>燕</u>师入<u>德州</u>,获粮储百万,势益张。

方<u>景隆</u>之北伐也,<u>山东</u>参政<u>铁铉</u>,督饷无乏。及<u>景隆</u>败,诸城戍皆望风溃,<u>铉</u>从<u>景隆</u>趋<u>济南</u>。适<u>高巍</u>自<u>燕</u>还,与<u>铉</u>遇于<u>临邑</u>,酌酒同盟,感奋涕泣,遂趋<u>济南</u>,与都督<u>盛庸</u>等誓以死守。

庚辰,<u>燕</u>师攻<u>济南</u>。时<u>景隆</u>兵在城下者尚十余万,<u>燕王</u>乘其未阵,驰击之,<u>景隆</u>大败南走。

<u>燕</u>师遂围<u>济南</u>,<u>铉</u>与<u>庸</u>等乘城守御。<u>王</u>知不可骤克,令射书城中趣降。有儒生<u>高贤宁</u>在城,乃作<u>周公</u>辅<u>成王</u>论,请罢兵,不振。

辛巳,<u>燕</u>师是水灌城,城中凶惧。<u>铉</u>乃佯令守陴者皆

哭,撤守具,遣千人出城诈降。王大喜,军中欢呼。<u>铉</u>设计,预悬铁板城门上,伏壮士閫堵中,候<u>燕王</u>入,下板击之,又设伏,断城外桥以遏归师。计既定,千人者皆伏地请曰:"奸臣不忠,使大王冒霜露,为社稷忧。谁非<u>高皇帝</u>子,谁非<u>高皇帝</u>臣民,其又奚择焉!唯是东海之民,不习兵革,闻大军压境,将谓聚而歼旃,是失大王安天下、子元元之意也。请大王退师十里,单骑入城,臣等具壶浆以迎。"王许之,下令退军。越日壬午,王乘骏马徐行,张盖率劲骑数十人直至城下,城门启。比王入门中,人呼千岁,铁板下稍急,伤<u>燕王</u>马首。王惊觉,易马而驰。伏发,桥仓猝不可断,王鞭马自桥逸去,愤甚,复设长围攻之。<u>铉</u>随宜守御,<u>燕</u>师持久顿城下者凡三阅月,卒不能下。【考异】按铁板诈降之事,<u>明史成祖本纪</u>不载,而<u>铉</u>传特详之,盖纪据实录,传据野史也。<u>三编</u>、<u>辑览</u>亦载此事,而辨之云,"此出<u>明李贤古穰杂录</u>,而国史考异以为<u>文皇</u>善用兵,不应妄信轻率若此,旧史例议,深以为然。考<u>贤</u>在<u>天顺</u>间,去革除时未远,功臣尚有在者,见闻必非无据。考异之说,为<u>文皇</u>讳耳,何足深信。今仍依<u>逊国记</u>诸书采辑。"按此说是也。<u>明史稿</u>不载此事,故后修增入<u>铉</u>传,今据之。

15 初,<u>燕</u>师之陷<u>德州</u>也,分兵转掠<u>济阳</u>,教谕<u>王省</u>为游兵所执,<u>省</u>从容引譬,词义慷慨,游兵竟释之。<u>省</u>归,坐<u>明伦堂</u>,伐鼓集诸生,语之曰:"若等知此堂何名?今日君臣之义何如?"因大哭,诸生亦哭,以头触柱死。——<u>省</u>,<u>吉水</u>人。【考异】<u>明史</u>本纪系之四年正月<u>燕</u>兵南下时,而<u>明</u>人所载,皆在是年五月,重修<u>三编</u>亦存其说。今证之<u>明史王省</u>传,则以为是年五月者近之。辨见四年条内。

16 六月,上闻<u>济南</u>围急,用<u>齐泰</u>、<u>黄子澄</u>计,遣使赦<u>燕</u>罪以缓其师。己酉，命尚宝丞李得成诣燕师，谕王罢兵。王不听，留之，得成遂附于燕。

17　秋，七月，都督平安将兵二十万，进次河间之单家桥，谋出御河，断燕饷道。欲以解济南之围，且攻德州也。

18　八月，癸巳，承天门灾。诏求直言。

时方孝孺请改午门曰端门，端门曰应门，承天门曰皋门，前门曰路门，从之。

19　初，燕王之攻真定也，三日不下，即解兵去。惟自以得济南足以断南北道，即不下金陵，画疆自守，亦足以徐图江、淮，故乘此大破景隆之锐，尽力攻之，期于必拔。不意铉等屡挫其锋，又令守陴者詈燕，燕王益愤，乃以大炮攻城。城中不支，铉书高皇帝神牌，悬之城上，燕师不敢击。

王计无所出，僧道衍曰："师老矣，不如暂还北平以图后举。"会平安选水卒五千人，将渡河攻德州。戊申，燕师解围去，盛庸、铁铉追击，败之。进兵德州，燕守将陈旭遁，遂复德州。

20　九月，辛未，擢铁铉山东布政使，参赞军务，寻进兵部尚书。封盛庸为历城侯，授平燕将军，以代景隆，都督陈晖、平安副之。诏庸屯德州，平安及吴杰屯定州，徐凯屯沧州，相为犄角以困北平。

方铉之守济南也，有宋参军者，逸其名，铉署为赞画军务，城守之计，悉以咨之。至是说铉曰："济南天下之中，北兵南来，其留守者类皆老弱。且永平、保定虽叛，诸郡坚守者尚多。郭布政辈书生耳，公能出奇兵抵真定，收合溃逸诸将,不数日可至北平。其间豪杰有闻义而起者,公便宜部署,号召招徕之,北平可破也。北兵回顾家室,必散归,徐、浦之间,素称劲勇,公檄集诸守臣倡义勤王,候北兵归,合南兵征进者昼夜蹑之。公馆谷北平,休养士马,迎其至而击之。彼腹背受敌,大难旦夕平耳。"铉以"军饷尽于德州,城守五月,士卒困甚,而南将皆驽材,无足恃。莫若固守济南,牵率北兵,使江、淮有备。北兵不能越淮,归必道济南,吾邀而击之,以逸待劳,全胜计也。"乃设宴天心水面亭,犒问辛苦,激发忠义。

21 是月,诏录洪武功臣罪废者后。

22 冬,十月,丙午,燕王闻南师已北,谓张玉曰:"德州城壁坚牢,大众所聚;定州修筑已完,急难猝下;独沧州新筑未成,冻土易败,出徐凯不意,疾攻之,旦暮可克也。"又恐南师为备,乃阳下令征辽东,密遣徐理、陈旭至直沽筑浮桥。

丁未,燕军至通州。丙辰,自通州循河而南,渡直沽,昼夜兼行。戊午,师至沧州城下,凯等方四出伐木,昼夜筑城,仓猝收筑具出战。燕师四面攻之,张玉率壮士由城东北隅肉薄而登,庚申,拔之。预遣兵截其归路,遂生禽凯及都督程暹、都指挥俞琪、赵浒等。降卒三千人,燕王令给牒以次遣,都指挥谭渊,一夜尽杀之,王不悦。凯等遂附于燕,遣至北平,仍其官禄。

燕师复乘胜掠献县,知县向朴,率民兵御之,不克,被执怀印死。【考异】向朴之死,诸书不具年月,今据三编目中,乃沧州之役掠及近境也。

23　是月，召李景隆还，赦勿诛。

黄子澄痛哭曰："景隆出师，观望怀二心，不亟诛，何以谢祖宗，厉将士！"御史大夫练子宁执景隆数其罪，请诛之，不听。子宁愤激，叩首大呼曰："坏陛下事者，此贼也！臣备员执法，不能为朝廷除卖国奸，死有余罪，即陛下赦景隆，必无赦臣。"因大哭求死，上为罢朝。宗人府经历宋徵，御史叶希贤，皆抗疏言："景隆失律丧师，怀二心，宜诛。"并不纳。子澄拊膺顿足曰："大事去矣！荐景隆误国，万死不足赎罪也。"

24　十一月，甲子，燕师过德州，盛庸出兵袭其后，不克。

壬申，燕师次临清，将进薄济宁，庸移师屯东昌以邀之，铁铉率兵蹑其后。

甲戌，燕师自馆陶渡河，遂略东阿、东平。

25　十二月，丁巳，燕师袭破盛庸将孙霖于滑口。乙卯，燕师抵东昌，庸背城而阵，列火器毒弩以待。燕王直前薄庸军左翼，不动，复冲中坚，庸开阵纵王入，围之数重。燕将朱能率番骑来救，王乘间突围出。而燕军为火器所伤甚众，大将张玉死于阵。会平安至，与庸合兵。丙辰，又战，复大败之，前后斩馘数万人。燕师遂北奔，庸等趣兵追之，复击杀无算。

是役也，燕王濒于危者数矣，诸将徒以奉上诏，莫敢加刃。王亦阴自恃，独以一骑殿后，追者数百人不敢逼。适高煦领指挥华聚等至，击退庸兵，获部将数人而去。

王闻张玉败没,痛哭曰:"胜负常事,不足虑;艰难之际,失此良将,殊可悲恨!"

丁巳,燕师退走馆陶。庸檄吴杰、平安等自真定遮其归路,燕师大躄。

三年(辛巳、一四〇一)

1 春,正月,辛酉朔,以凝命神宝成,告郊庙。始御奉天殿受朝贺。

2 乙丑,吴杰、平安等邀击燕师于深州,不利,燕王遂还北平。

3 辛未,大祀天地于南郊。

4 丁丑,享太庙,告东昌捷。

5 二月,燕王耻东昌之败,谋于僧道衍,道衍力趣之,朱能亦请图再举。戊戌,王自为文,流涕祭阵亡将士张玉等,脱所服袍焚之,将士家父兄子弟见之,皆感泣。王乃激劝诸军士,复出师。

乙巳,燕师复南下。己酉,次保定。盛庸合诸军二十万驻德州,吴杰、平安出真定。燕王与诸将议所向,丘福等请攻定州,王曰:"野战易,攻城难。今盛庸在德州,吴杰、平安在真定,我若顿兵城下,彼必合势来援。坚城在前,强敌在后,此危道也。今真定距德州二百余里,我军介其中,敌必出迎战,取其一军,余自胆破。"诸将曰:"腹背受敌,奈何?"王曰:"百里之外,势不相及。两军相薄,胜负在呼吸间,虽百步不能相救,况二百里哉!"明日,遂移军东出。

6 三月，庚申，燕师次滹沱河，游骑哨定州、真定，为疑兵以误之。辛未，盛庸军营于武邑县南之夹河，平安军营于单家桥。己卯，燕兵自陈家渡过河逆之，相距四十里。

辛巳，庸军及燕兵遇于夹河。庸结阵甚坚，阵旁火车锐弩齐列。燕王以轻骑掠阵过，庸追却之，乃复以步骑攻其左掖，不能入。燕将谭渊，从中军望见尘起，遽出兵逆击之。都指挥庄得，率众殊死战，遂合庸军，斩渊及其部下指挥董真保于阵。燕王与朱能、张武等，复以劲骑绕出南军背，乘暮掩击，庄得陷阵死，又杀楚智、张皂旗。

三人者，皆南军骁将也。张皂旗，逸其名，或曰能力挽千斤，每战辄麾皂旗前驱，军中呼"皂旗张"。死时犹执旗不仆。

是日战酣，杀伤皆相当。而燕军连失大将张玉、谭渊二人，王为夺气，自以十余骑追庸军，野宿。天明，见四面皆庸兵，王引马鸣角穿敌营而去。

既还营，复严阵约战。谓诸将曰："昨日谭渊逆击太早，故不能成功。今尔等严师以待，我率精骑往来阵间，敌有可乘之隙，即入击之。两阵相当，将勇者胜，此光武之所以破王寻也。"

壬午，复战，庸军西南，燕军东北。燕王临阵，张奇兵左右冲击，自辰至未，两军互有胜负。会东北风大起，尘埃涨天，两军咫尺不相见，北军乘风大呼，纵左右翼击之，庸军大败，弃兵走。燕师追至滹沱河，践溺死者甚众，其降者王悉纵遣之。庸遂退保德州。

是役也，庸恃东昌之捷，有轻敌心。而燕王恃上有"毋使朕杀叔父"之语，不戒于敌。方野宿穿营过时，诸将士卒莫敢一矢相加遗，以至于败。

吴杰、平安方自真定引军出与庸合，未至八十里，闻庸败，退保真定。【考异】按夹河之役，辛巳、壬午连战两日，而斩谭渊及庄得等。三人之死皆在辛巳，史所谓"杀伤相当"者是也。通纪则系庄得等三人之死于壬午。按壬午虽大败，而战死者皆失其人，今参纪、传书之。

7 丁亥，都督何福援德州。

8 闰月，癸巳，上以夹河之败，罢齐泰、黄子澄，谪于外，盖使之募兵也。【考异】明史建文本纪书癸巳于三月之下，闰月之前，推历则癸巳乃闰三月初四日也。检成祖实录，癸巳系闰月，永乐本纪亦书闰月，今据之。

9 燕王以真定城坚未易攻，欲诱之出战以挫其锐。乃下令军中，四出取粮，而令校尉抱婴儿伴作避兵状，报言"燕师出外求粮，营中无备。"杰等谋掩其不意击之。

丙申，杰等出军滹沱河，戊戌，遇燕师于藁城。杰等列方阵于西南，燕王谓诸将曰："方阵四面受敌，岂能取胜！我以精兵攻其一隅，一隅败则其余自溃矣。"乃以军縻其三面，而自率精锐攻东北隅。燕将薛禄，出入敌阵，马蹶，为南军所执，夺敌刀斩数人，复跳而免。王复率骁骑循滹沱河绕出阵后，杰、安等预藏火器，发大弩射王，矢集王所建旗，势如猬毛，燕师中火器及弩，死伤甚众，竟不及王。时平安于阵中缚木为高楼，上可数丈，登之以望燕军。燕王率精骑冲之，将及楼，安坠而走。

己亥，复战。会大风起，发屋拔树，燕军乘之，杰等师大溃。<u>燕王</u>麾兵四向蹙之,斩首六万余级。追奔至<u>真定</u>城下,<u>杰</u>等走入城。王遣使送所建旗还<u>北平</u>,谕廿子曰:"善藏之,使后世勿忘也。"

<u>燕</u>师自<u>白沟河</u>至<u>藁城</u>,凡三捷,皆得风助,王以为此天授,非人力也。

10 己酉,<u>燕</u>师掠<u>顺德</u>。辛亥,掠<u>广平</u>。癸丑,次<u>大名</u>。诸郡县皆望风降<u>燕</u>。

王闻罢<u>齐</u>、<u>黄</u>以为缓兵之计,复上书曰:"比闻奸臣窜逐,臣亦将休兵就藩。而<u>吴杰</u>、<u>平安</u>、<u>盛庸</u>之众,犹聚境上,是奸臣虽出而其计实行,臣不敢奉诏。"

上与<u>方孝孺</u>谋,<u>孝孺</u>曰:"<u>燕</u>兵久顿<u>大名</u>,天暑雨,当不战自疲。急令<u>辽东</u>诸将,入<u>山海关</u>攻<u>永平</u>、<u>真定</u>,诸将渡<u>芦沟桥</u>捣<u>北平</u>,彼必归救。我以大兵蹑其后,可成禽也。今其奏事适至,宜且与报书。往返逾月,使其将士心懈,我谋定势合,进而蹴之不难矣。"上以为然。

11 夏,四月,上命<u>方孝孺</u>草诏,遣大理寺少卿<u>薛嵓</u>驰报<u>燕</u>,尽赦<u>燕</u>罪,使罢兵归藩。又为宣谕数千言,授<u>嵓</u>持至<u>燕</u>军中,密散诸将二。

<u>嵓</u>至<u>燕</u>见王,王问:"上意云何?"<u>嵓</u>曰:"朝廷言殿下旦释甲,暮即旋师。"王曰:"此不可给三尺儿。"<u>嵓</u>皇惧不能对。居数日,王遣中使送之归。【考异】<u>薛嵓</u>使<u>燕</u>,本纪系之闰月,盖据<u>燕王</u>上书牵连记之耳。其实<u>燕王</u>上书在闰三月癸丑,已是二十四日,则<u>嵓</u>之使正四月也,今书于四月之下。

12 五月,<u>燕</u>师驻<u>大名</u>、<u>盛庸</u>、<u>吴杰</u>、<u>平安</u>等分兵扼<u>燕</u>饷道。

己丑,<u>燕王</u>复使指挥<u>武胜</u>诣京师上书,谓:"朝廷已许罢兵,而庸等攻北,绝我粮饷,与诏旨相违,此必有主之者。"上得书,欲竟罢之。孝孺曰:"兵一罢不可复聚,若使彼长驱犯阙,何以御之?"上从其言,乃下武胜于狱。

王闻,怒曰:"俟命三月,今武胜见执,其志不可回矣。彼军驻德州,资粮所给,皆道徐、沛,我以轻骑数千邀而焚之,德州必困。若来求战,吾以逸待劳,可胜也。"乃遣都指挥李远等率轻骑六千而南。

13 是月,薛嵓自燕还,为上述燕王语直而意诚,又言其"将士同心,南军虽众,骄惰寡谋,未见可胜"。上曰:"诚如嵓言,曲在朝廷,齐、黄误我矣。"孝孺曰:"此为燕游说也。"逾年,嵓果降燕。【考异】燕王上书在闰月癸丑,嵓之使燕在四月,计其归当在四月之下旬,故燕王五月再上书,言"嵓归未及十日"。实录系于五月之朔,则嵓之还京师正五月也,诸书多系之三月、四月,牵连记之耳。

14 六月,辛酉,燕将李远南过济宁、谷城,皆令士卒易甲胄杂南军中,插柳枝于背为识,于是尽焚南军粮饷。壬申,至沛县,南军不之觉,凡粮艘所在悉焚之,军资器械俱为煨烬,漕运军士散走。京师大震,德州粮饷遂艰。

远率兵还。

壬午,盛庸遣都督袁宇以三万人邀远军,远设伏败之。

15 秋,七月,己丑,燕师掠彰德。时都督赵清守之,燕王遣数骑日往来城下,扰其樵采,城中乏薪,拆屋而炊。清设伏邀之,燕师遂引去。

16 丙申,燕师陷林县。

丁酉,平安自真定乘虚攻北平,营于平村,离城五十里,扰其耕牧。燕世子督众固守,遣人诣燕师告急。时王在<u>大名</u>,遣将<u>刘江</u>率兵往援。

17　初,<u>蜀</u>人<u>林嘉猷</u>,以<u>洪武</u>丙子校士<u>四川</u>,<u>方孝孺</u>识之,荐入史馆,授编修,寻迁<u>陕西</u>佥事。<u>嘉猷</u>尝以事入<u>燕邸</u>,知<u>高煦</u>谋倾世子状。【考异】<u>嘉猷</u>曾入<u>燕邸</u>事见本传。证之<u>永乐实录</u>,亦云"臣之徒有<u>林嘉猷</u>者,<u>燕王</u>尝召至府中",今据增入。而是时<u>河北</u>师老无功,<u>德州</u>饷道绝,<u>孝孺</u>乃言于上曰:"兵家贵间,今贻世子书,令归朝廷,许以王<u>燕</u>。彼诚携贰,王必北归,王北而我饷道通,事乃可济。"上曰:"善!"命<u>孝孺</u>草书。戊戌,遣锦衣卫千户<u>张安</u>往。

　　世子得书,不启封,并<u>安</u>等驰送军前。<u>燕</u>中官<u>黄俨</u>,素谄事<u>高煦</u>、<u>高燧</u>,比书至<u>北平</u>,则已先使人驰报<u>燕王</u>曰:"世子且反,<u>高煦</u>从中征之。"王大怒,则世子所遣使以书及<u>安</u>俱至。王启视,喜曰:"几杀吾子!"乃执<u>安</u>等囚之。

18　壬寅,<u>盛庸</u>檄<u>大同</u>守将<u>房昭</u>引兵入<u>紫荆关</u>,掠<u>保定</u>下邑,驻<u>易州</u> <u>水西寨</u>。寨在万山中,<u>昭</u>据险为持久计以窥<u>北平</u>。

　　<u>燕王</u>在<u>大名</u>闻之,曰:"<u>保定</u>吾股肱郡,失则<u>北平</u>危矣。"乃下令班师。

19　八月,丁巳朔,<u>燕</u>师凌<u>滹沱河</u>,留其将<u>孟善</u>镇<u>保定</u>,而自率兵围<u>水西寨</u>。

　　丙子,谍报<u>吴杰</u>等遣都指挥<u>韦谅</u>以兵万余转饷<u>房昭</u>军,<u>燕王</u>曰:"<u>昭</u>据<u>水西寨</u>,所乏者粮耳。使<u>真定</u>馈饷入,<u>昭</u>得固守,未易猝拔也。不如邀而击之,援兵败,则寨不攻而自破矣。"丁丑,别令<u>朱荣</u>等以兵五千趋<u>定州</u>,语之曰:"彼闻我分兵往定,必速来,来则还兵合击,此致人之计也。"

时燕军围寨久。寨军多南人,天寒衣薄,有潜出寨降燕者。

20 九月,甲辰,燕将刘江与平安战于北平,败之,安退保真定。

冬,十月,丁巳,真定援兵至,燕师自定州驰还,合围寨之兵邀击于峨嵋山下,【考异】明史建文纪作"齐眉山",成祖纪作"峨嵋山"。按四年小河之役,亦云"战于齐眉山",二山名同地异。三编质实云,"齐眉山在易州西南百里,亦曰峨嵋山",证之永乐实录亦作"峨嵋"。盖恐混于四年灵璧之齐眉,故易之耳,今据之。令勇士卷旆登山,潜出阵后张旗帜,寨中望见大骇,与真定兵俱溃。斩首万余级,获援将花英、郑琦等,房昭、韦谅走免。

己卯,燕师还北平。

21 十一月,乙酉,辽东守将杨文引兵围永平,略蓟州、遵化诸郡县。燕王遣刘江率众往援,谕之曰:"尔至永平,敌必退归山海,勿追之,但声言还师北平,彼必复来。我则卷旗囊甲,还入城中,潜师夜袭,必大获也。"

壬辰,江及文兵战于昌黎,败之。获兵将士王雄等凡七十一人,归之北平,燕王悉纵遣之,仍令归谕杨文等。

22 己亥,燕师北归。平安邀击燕将李彬于杨村,败之。

乙巳,燕王自为文,祭南北阵亡将士。

当是时,王称兵已三年矣,亲战阵,冒矢石,为士卒先,常乘胜逐北,然亦屡濒于危。所克城邑,兵去旋复为朝廷守,所据仅北平、保定、永平三郡而已。

会诏有司系治中官奉使之不法者,先后奔燕,具言京师空虚可取状，王乃慨然曰："频年用兵，何时已乎？ 要当临江一决，不复返顾矣！" 道衍亦力劝燕王："毋下城邑，疾趋京师，此批亢捣虚之策也。" 遂定计。

23　十二月，丙辰，燕师复出。癸亥，燕师焚真定军储。丙寅，燕王率师南下，驻军蠡县，命李远率轻兵前哨。

24　是月，太祖实录成。

25　上闻燕师将南，敕驸马都尉梅殷镇淮安。

殷，汝南侯思祖从子也，尚太祖女宁国公主，有才智。太祖崩时，曾受顾命。至是命殷为总兵官，召募淮南民兵，号四十万，殷统其众，驻淮上以扼燕师。

26　是岁，倭至浙东，登岸剽掠，象山知县易绂宗死之。【考异】三编书倭寇浙东于九月，记绂宗之死甚烈，证之明史绂宗传同，今据书于是年之末。

明通鉴卷十三

江西永宁知县当涂 夏　燮 编辑

纪十三 <small>起元默敦牂（壬午），尽一年。</small>

恭闵惠皇帝

建文四年（壬午、一四〇二）

1　春，正月，甲申，召故周王橚于蒙化，居之京师。

2　命魏国公徐辉祖率京军往援山东。

3　燕将李远兵至藁城，遇德州裨将葛进，领马步万余乘冰渡滹沱河，邀击不克，进兵死者四千余人。平安率师数万谋复通州，戊子，遇燕将朱能于衡水，败绩。

　　于是燕王长驱至馆陶，乙未，渡河，连陷东阿、东平、汶上及兖州之单县。【考异】者书皆书"辛丑陷兖州"，实录不载，但载"过兖州，戒毋侵曲阜、邹县境中。"（通纪以为兖州之单县者近之。）至于"丁酉陷东阿，戊戌陷东平，庚子陷汶上"，明史稿所载地名月日，皆本之实录，而实录无"陷济阳"之语。其王省之死，乃在二年燕师入德州时（辨见上。）明史本纪于是年正月"东阿、东平、汶上、兖州"下增入"济阳"二字，盖因王省之死而误叙耳。其实是年燕师即过济阳，亦无陷城事也。时东平吏目郑华，与其妻萧氏皆殉城死。

庚戌,燕师攻沛县,指挥王显以城降。知县颜伯玮,方遣县丞胡先间行至徐州告急,援不至,命其弟珏、子有为还家侍父,题诗署壁,誓必死。燕师夜入东门,伯玮冠带升堂,南向自经死。有为不忍去,还,见父尸,自刎其侧。主簿唐子清、典史黄谦俱被执。燕将欲释子清,子清曰:"愿从颜公于地下。"又遣谦往徐州招降,谦不从,俱死之。

癸丑,燕师至徐州。

4　二月,甲寅,何福、平安、陈晖军济宁,盛庸军淮上。燕师谋断饷道,遣番骑款台率十二骑前觇,至邹县,遇南师转饷卒三千人,款台大呼,驰入其阵,曰:"燕王大军至矣。"转饷卒惊溃。甲戌,燕师攻徐州,城中兵出战,败绩,闭城而守。

时燕军士四出取粮,恐后至者为城中兵所掩,乃设伏以诱之,俟其出战,自腹背夹击之。自是王以单骑来往城下,城中兵竟不敢出,而王亦疾趋南下,不暇取徐州也。

5　己卯,更定尚书以下勋阶。

6　三月,甲申,燕师趋宿州。壬辰,次涡河。

520

丁酉,平安率步骑四万蹑燕军。燕王设伏于淝河,命都指挥王真与白义、刘江各率百骑逆之,缘路设伏。安兵将至,真诱之战,束草置囊中如束帛状,遇安军,掷而饵之,安军士竞取囊。燕师伏发,真率壮士直前,斩馘无算。后军不继,安军围之数匝,遂斩真。

真夙称骁将,身被重创,犹格杀数十人,燕王尝曰:"诸将奋勇如王真,何事不成!"闻其死,自率兵迎战。安部将和尔和_{旧作火耳灰}。挺槊大呼,直前刺王,马忽蹶,为燕所禽。安军乃却,退屯宿州。【考异】据明史建文纪,是月,"燕兵攻宿州,平安追及于淝河,斩其将王真,遇伏败绩。"下文又云,"四月丁卯,何福、平安败燕兵于小河,斩其将陈文。"据此,则王真死于淝河之役,陈文死于小河之役,真死在前,文死在后也。明史纪事本末,则云"淝河之役,燕将王真设伏,遂破安军。"至小河之役,则"王真、陈文同时败死",皇明通纪亦云,"小河之败,一斩陈文,再斩王真",皆非也。至王真设伏不胜而死,淝河之役 平安有胜无败,本纪谓"安斩王真之后 遇伏败绩",此皆据成祖实录之饰词。今书安斩王真于淝河之役,不书其遇伏败绩,盖王真设伏而为安所败,非安目败也。

旧作火耳灰。

7 丙午,燕王遣将谭清率兵断徐州饷道,以平安驻宿州为持久计,断其粮饷,可不攻而自溃也。

清至徐州击转饷兵,大破之,还至大店,为南军所围。燕军望见旗帜,亟驰赴援,铁铉击却之。和尔和之被禽也,燕王令入宿卫。至是从王,欲立功自赎,乃以身翼王,杀南军数十人,围解,遁去。

是月,燕兵亡萧县,陷焉,知县郑恕死之。【考异】诸书有系破萧县于正月沛县之前者,证之宪章录、纪事本末,乃三月事。"郑恕二女当配,亦死之",见本传。

8 夏,四月,丙寅,燕师次于睢水之小河,燕王令陈文扼要处为桥以济。丁卯,平安列阵争桥,会何福军亦至,张左右翼,缘河而东,击败燕军,遂斩陈文于阵。安转战至北坂,横槊刺王,几及之,燕番将王骐,跃马入阵掖燕王,得脱。南军夺桥而北,勇气百倍。燕将张武率勇敢士自林间突出,与王骑合,击却之。

于是南军驻桥南,北军驻桥北,相持者数日,南军粮尽。燕王曰："更待一二日，南军饷稍集，未易攻也。"乃留兵千余守桥，而潜移诸军辎重去南营三十里，夜半，渡河绕出南军后，安等大惊。而徐辉祖之援兵适至，甲戌，与燕兵大战于齐眉山，【考异】通鉴辑览注云，"山在凤阳府灵璧县西南，山开八字，如列眉然。"按此乃灵璧之齐眉山，与三年真定之齐眉异。自午至酉，南军辄胜，斩燕骁将李斌。

维时王师再捷，燕人凶惧。会淮土暑湿薰蒸，北军疾疫，乙亥，燕诸将请渡河，择地休息士马，俟衅而动。燕王曰："兵事有进无退。"乃下令："欲渡河者左，不欲者右。"诸将多趋左，王怒曰："任公等自为之！"朱能曰："诸君勉旃！汉高十战而九不胜，卒有天下。况敌已饥疲，邀其饷道，可以坐困。利已在我，岂可有退心！"诸将乃不复言。

会朝廷讹言燕军已北，京师不可无良将，乃召辉祖还。未几，平安被执，何福军益孤矣。

9 丁丑，何福移营，与平安合军灵璧，深堑高垒为持久计，而粮运为燕兵所阻，不得达。时南中馈饷五万，安率马步六万护之。己卯，燕王率精锐横击，截其军为二，福空壁来援，杀燕兵数千，却之。会高煦伏兵突出，燕王还军复战，福遂败走。

于是南军粮乏，乃下令，期以明日闻炮声三，即突围出，就粮于淮河。辛巳，燕师攻灵璧垒，发三炮，令军士蚁附而登。福军误以为己号，争门走，燕师乘之，人马扰乱，遂大溃。指挥宋瑄，力战死之。——瑄，晟子也。——福单骑走免，安及陈晖、马溥、徐真、孙成等三十七人皆被执。

安久驻真定，屡败燕师，斩骁将数人，燕冷莫敢婴其锋，至是被禽，军中欢呼动地，曰："吾属自此获安矣！"争请杀之。燕王惜其材勇，遣锐卒送之北平，安遂降。

时文臣在军被执者，副都御史陈性善，奉诏监军，与大理寺丞彭与明、钦天监副刘伯完等，燕王悉纵之归。性善曰："辱命，罪也，奚以见吾君！"朝服跃马入河死。余姚黄埕、陈子方，与性善友，同死之。兵部主事樊士信守淮，亦力战死。与明、伯完俱亡去，不知所终。

10　五月，癸未，辽东兵溃于直沽。

初，北兵南下，上用齐、黄谋，调都督杨文率辽兵十万至济南，与铁铉合，以绝燕后。行至直沽，遇燕将宋贵等邀击，败之，全师遂溃，竟无一至济南者。

11　己丑，燕师下泗州。王谒祖陵，赐父老牛酒。

12　淮北之役，盛庸独以一军列淮之南岸，燕师不得渡。燕王乃遣使至淮安，假道于驸马都尉梅殷，以进香为名，殷答曰："进香，皇考有禁，不遵者为不孝。"燕王大怒，复书言："今兴兵诛君侧恶，天命有归，非人所能阻。"殷割使者耳鼻纵之，曰："留汝口，为殿下言君臣大义。"燕王气沮，欲取道凤阳，而凤阳知府徐安，亦拆浮桥绝舟楫以遏燕。燕王乃令丘福、朱能等率骁勇数百人，潜自上流得渔舟以济。

辛卯，福等潜师袭庸军后，庸仓猝不及御，遂弃其战舰军资而走，燕师遂克盱眙。燕王与诸将谋曰："今淮安、凤阳皆有备。不若由天长径趋扬州，指仪真，则江淮人心皆震动矣。"【考异】据明史本纪及明史稿，言"燕师克盱眙，燕王集诸将议所向，或言宜取凤阳，或言宜取淮安。王言'凤阳城坚，淮安多积粟，不如由天长乘胜直捣扬州。'按此皆据实录之文也。是时梅殷守淮安，徐安守凤阳，燕王畏此二人，故不敢取道。惟重修三编则云，"燕王假道于淮安，以进香为名，梅殷劓其使"，又，其时凤阳守徐安，方拆浮桥断舟楫以遏燕师，故燕王决计舍此二处，直趋扬州。此据逊国记书之，为得其实，今从之。

13　壬辰，都督韩观御燕师于铁裹寨，败绩。癸巳，燕师趋扬州。己亥，至天长，遣使招谕扬州守将王礼。

先是，礼闻燕师至，谋以城降。监察御史王彬巡江淮治扬州，与指挥崇刚婴城坚守，昼夜不解甲，知礼有异谋，执之，与其党俱系狱。有力士，能举千斤，彬常以自随，礼弟崇者，厚赂力士母，呼其子出。会彬解甲而浴，为千户徐政、张胜所缚、遂出礼于狱，开门降。彬与刚皆不屈死。

庚子，燕师克扬州。

14　辛丑，燕师次六合，我军迎战，败绩。

15　壬寅，诏天下勤王，遣御史大夫练子宁、右侍中黄观、修撰王叔英等分道征兵，召齐泰、黄子澄还。于是苏州知府姚善、宁波知府王琎、徽州知府陈彦回、乐平知县张彦方、前永清典史周缙等，先后入卫。

方孝孺言于上曰："事急矣，宜以计缓之，遣人许以割地。稽延数日，东南募兵至，胜负未可知也。"甲辰，上遣庆成郡主诣燕军，请割地以讲和。燕王曰："此奸臣欲缓我以俟外兵耳。"不听。——主，燕王从姊也。

16　六月，癸丑朔，燕师将渡江，盛庸扼之于浦子口，败之。燕王欲且议和北还，适高煦引兵至，王仗钺拊其背曰："勉之！世子多疾。"于是煦率众殊死战，庸兵失利，退屯高资港。【考异】据<u>明史</u><u>建文本纪</u>，书"是月癸丑，<u>盛庸</u>率舟师败<u>燕</u>兵于<u>浦子口</u>，复战不利。"<u>成祖纪</u>则但书其乙卯复戚败绩之事。今按诸书所记，"癸丑之战，<u>燕</u>兵大败，<u>燕王</u>欲且议和北还。会<u>宣煦</u>兵至，许以改立世子，乃率众殊死战，<u>庸</u>遂有乙卯之败。"盖此事后修<u>实录</u>讳之也，今参<u>宪章录</u>、<u>纪事本末</u>书之。**会朝廷遣都督佥事<u>陈瑄</u>率舟师往援，<u>瑄</u>叛降<u>燕</u>。**

时兵部侍郎<u>陈植</u>，监师<u>江</u>上，慷慨誓师。部将有<u>金都督</u>者，首议迎降，<u>植</u>责以大义甚厉，<u>金</u>遂杀之以降，且邀赏。<u>燕王</u>怒，诛之，令具棺敛<u>植</u>，葬之<u>白石山</u>上。

甲寅，<u>燕王</u>祭<u>大江</u>。乙卯，<u>燕</u>师自<u>瓜洲</u>渡江，<u>盛庸</u>迎战于<u>高资港</u>，败绩。诸将请径薄京城，<u>燕王</u>曰："<u>镇江</u>咽吭，不先下之，往来不便。"戊午，至<u>镇江</u>，守将<u>童俊</u>以城降。

方事之殷也，刑科给事中<u>黄钺</u>，丁父忧在家，<u>方孝孺</u>吊之，屏人问<u>燕</u>事，<u>钺</u>曰："<u>苏</u>、<u>常</u>、<u>镇江</u>，京师左辅也。唯<u>镇江</u>最要害，守非其人，是撤垣而纳盗也。指挥<u>童俊</u>，狡不可任，奏事上前，视远而言浮，将有异志。"至是<u>俊</u>果降。——<u>钺</u>，<u>常熟</u>人。

17 庚申，<u>燕</u>师营于<u>龙潭</u>，京师大震。上徘徊殿廷间，召<u>方孝孺</u>问计。时廷臣劝上幸<u>浙</u>或<u>湖</u>、<u>湘</u>以图兴复，<u>孝孺</u>曰："城中尚有禁兵二十万，唯有力守以待援兵。即事不济，国君死社稷，正也。无已，且遣大臣、诸王等再诣<u>燕</u>师以缓之。"

辛酉，上遣<u>李景隆</u>及兵部尚书<u>茹瑺</u>、都督<u>王佐</u>复至<u>燕</u>军申前请，<u>燕王</u>曰："皇考已分封，今割地何名？公等归奏上，但奸臣至，我即解甲谢罪，退谒<u>孝陵</u>，归奉北藩。"<u>景隆</u>等惶惧不能对，遽还。壬戌，上复遣<u>谷王橞</u>、<u>安王楹</u>等往，王卒不奉诏,唯与诸王相劳苦,宴罢遣归。

甲子,上遣人潜赍蜡丸,四出促援兵,皆为燕游骑所获。是时王叔英募兵于广德,齐泰奔往从之;姚善起兵于苏州,黄子澄往从之;而练子宁募兵于杭州,黄观募兵于上游,皆仓猝不得至。上唯与方孝孺执手流涕,命徐辉祖等分道出御。

谷王橞、李景隆等守金川门。时左都督徐增寿,久蓄异志,至是首谋应燕。御史魏冕、大理丞邹瑾率同官殴之,请速加诛,上犹不听。【考异】据明史廖昇传,言"燕兵犯阙,都督徐增寿徘回殿廷,有异志,冕率同官殴之。"通纪及典汇所记,则"同官之殴者共十八人",而据纪事本末,则云"殴李景隆"。按是时上方遣景隆至燕师议和,恐无是事,增寿后为建文所刃,盖因同官之殴疑之,已徐得其实耳。今据明史昇传。

18 乙丑,燕师薄金川门。时北兵驻龙潭,王虑京城完缮,勤王之师四集,乃遣刘保、华聚等领骑兵十余哨至朝阳门,觇知无备,还报燕王,遂率大队整兵前进。至则增寿果谋内应,上乃手刃之于左顺门。而是时谷王橞、李景隆已开门纳燕师,辉祖等力战,败绩。

上知事不可为,纵火焚宫,马后死之。传言"帝自地道出,翰林院编修程济、御史叶希贤等凡四十余人从。"【考异】据明史稿,言"宫中火起,帝及皇后马氏崩",此据成祖实录之文也。下文"或言帝自地道出亡",则参以野史之说,然其例议中仍不据也。若后修之明史,则云"宫中火起,帝不知所终",是不据自焚之说,已预为逊国张本。惟既云"帝不知所终",何以下文又有"出帝、后尸于火中"之语,未免上下矛盾。惟纲目三编,书法详明。其纲曰:"京师陷,帝不知所终。"目云:"都城陷,宫中火起,帝不知所终。棣遣中使出后尸于火,诡云帝尸。越八日,用学士王景言,备礼葬之。然葬地所在，后无闻焉。或曰'帝由地道出亡'。其后滇、黔、巴、蜀间皆传有帝为僧时往来迹，世遂以帝为逊国云。"按此盖据逊国记之文也。王鸿绪初修之史，据实录为正说。明史虽删其自焚之语，犹不敢遽定其为马后之尸。三编所书，必当日奉敕裁定，故辑览注云："逊国之说，明曰史例议力辨其妄。且言：'建文帝阖宫自焚，身殉社稷，死之正也。后人心恶成祖诛夷忠烈之惨，而不忍建文之遽殒，故诡言削发出亡，以明帝之不死于火耳。'此言良是。但据王鏊、陆树声、薛应旂、郑晓、朱国桢等所载诸书，皆历历可考，虽有舛讹，未必悉出傅会。且只传载黄观出募兵未还，或告言'宫中火，帝已失。'后神宗时，尝命阁臣录帝在滇诗以进，似又非尽无稽者。第事难征核，姑从阙疑，今故附录出亡之略而复辨之如此。"据此，则三编、辑览未尝不两存其说，而实信逊国之语之未必尽诬也。明人纪革除遗事，无虑数十百种之多，即其收入四库书存目者，亦有二十余种。其中如符验、黄佐稍稍驳正，然皆辨逊国以后为僧之事，不谓宫中火起更是建文结局。朱睦㮮逊国记序中，力辟建文髡缁遁去及正统五年迎入大内之说，而于建文四年六月之书法，则云"宫中火起，帝逊位'，作为传疑之词，然则自焚之说，即睦㮮亦不敢据也。陈建皇明通纪，作于正德间。（或云梁氏冒名。）其所载变服遁去及诡指后尸为帝尸者，皆本逊国记中语，三编之所记，亦大略相同，此可见矣。国初力辟此事者，唯朱竹垞，时以鸿博在史馆，力持成祖实录中帝后自焚之说，故明史稿因之，而仍存出亡之或说于后。直至重修明史、修三编，始以"帝不知所终"一语结此一局，而自此建文逊国，遂成定案矣。○又按，明史虽以逊国为或说，而据纪、传所载，恰处处留住建文出亡地步。观叶希贤传，已见大略，而复于牛景先传中，据逊国记、革除遗事诸书，备载从亡诸臣，而自程济以下，皆有可考，此则明史稿所未及者。

19　是日，燕王自金川门入。御史连楹叩马欲刺王，遂被杀，尸植立不仆云。

王既入，遣中使出马后尸于火，诡言帝尸，持之泣，曰："痴儿，何至是！"

寻下令，索齐泰、黄子澄等，榜其姓名曰"奸臣"。计左班文臣凡二十九人:太常寺卿黄子澄,兵部尚书齐泰,礼部尚书陈迪,文学博士方孝孺,御史大夫练子宁,右侍中黄观,大理少卿胡闰,寺丞邹瑾,户部尚书王钝,户部侍郎郭任、卢迥,刑部尚书侯泰、暴昭,工部尚书郑赐,工部侍郎黄福,吏部尚书张紞,吏部侍郎毛泰亨,给事中陈继之,御史董镛、曾凤韶、王度、高翔、魏冕、谢昇,前御史尹昌隆,宗人府经历宋徵,户部侍郎卓敬,修撰王叔英,户部主事巨敬。皆悬赏格,购首告及缚送者。

明通鉴

20 丙寅,诸王及文武群臣上表劝进。

时文臣叩马首迎附,知名者:吏部侍郎蹇义,户部侍郎夏原吉,侍中刘儁,侍郎古朴、刘季篪,大理寺少卿薛嵓,侍讲王景,修撰胡广、李贯,编修吴溥、杨荣、杨溥,侍书黄淮、芮善,待诏解缙,给事中胡濙、金幼孜,兵部郎中方宾,刑部员外宋礼,国子助教王达、邹缉,吴府审理副杨士奇等。

礼部侍郎董伦,以尝劝帝睦亲藩,故不入奸臣榜中,时已八十,燕王命致仕,寻卒。【考异】据明史所记二十余人,如解缙、黄淮之等,明史散见于各传中。惟董伦传则云,"成祖即位,伦年逾八十,命致仕,寻卒。"是则伦固未尝仕于成祖也。劝进之二十余人,伦有其名。窃谓伦以耄年受建文宠遇,不能死节,固不得为无罪。然以此入之劝进班中,与解缙、黄淮等并列,似未平允。夫劝进列名,未必伦之自署。即谓其年老依违,而逾八十之衰翁,随班叩谒,似亦非事实。况成祖令其致仕,则伦之不愿改事成祖可知。所以不杀伦者,以其有请亲睦宗藩之书,故特宥之耳。今别书董伦致仕于劝进二十余人之末,差得其实云。

方燕王之入城也,杨荣迎谒,请曰:"殿下先谒陵乎?先即位乎?"王乃悟。已巳,王谒孝陵。诸王、文武群臣,备法驾,奉宝玺,迎王于道,呼万岁。王乃升辇,诣奉天殿受朝贺,即皇帝位。

是日朝贺班中,兵部尚书茹瑺居首,上迎谓曰:"朕今日得罪天地祖宗,奈何?"瑺对曰:"陛下应天顺人,何谓得罪!"上大悦。

时榜中逮捕诸臣,郑赐、王钝、黄福、尹昌隆,自陈"为奸臣所累,乞宥罪",又以茹瑺、李景隆言,并宥张紞及毛泰亨,皆先后授官,或仍其故职。寻复揭榜于朝堂,增徐辉祖、铁铉、周是修、姚善、甘霖、郑公智、叶惠仲、王琎、黄希范、陈彦回、刘璟、程通、戴德彝、王艮、卢原质、茅大芳、胡子昭、韩永、叶希贤、蔡运、卢振、牛景先、周璇等,共五十余人。

21 庚午,复周王橚、齐王榑爵。

22 壬申,葬建文皇帝,——盖马后也。上以葬礼询之王景,对曰:"当以天子之礼葬。"从之。

寻迁兴宗孝康皇帝主于陵园,仍称懿文太子。

23 丁丑,杀兵部尚书齐泰、太常寺卿黄子澄、文学博士方孝孺,皆夷其族。

泰之谪也,帝令与子澄密在外募兵,后以苏州知府姚善言,复召二人还。泰行至中途,闻京师不守,奔往广德。时王叔英募兵在广德,疑泰有贰心,欲执之,泰告之故,相持恸哭,共图兴复。榜购泰急。泰常骑白马,墨之以行,行稍远,汗出墨脱,有识之者曰:"此齐尚书马也。"遂被执。子澄就姚善于苏州,闻召未行而京师陷。欲与善航海乞兵,善不可,乃就前袁州知府嘉兴杨任谋举事,为人所告。与泰先后缚至京师,俱不屈死。任以匿子澄,与二子礼、益俱斩。泰从兄弟及子澄二子俱从坐。

上之发北平也,道衍以孝孺为托,曰:“城下之日,彼必不降,幸勿杀。杀孝孺,天下读书种子绝矣。”上颔之。然素重孝孺名,召至,使草诏。孝孺衰绖入,悲恸声彻殿陛,上降榻劳曰:“先生毋自苦!予欲法周公辅成王耳。”孝孺曰:“成王安在?”上曰:“彼自焚死。”孝孺曰:“何不立成王之子?”上曰:“国赖长君。”曰:“何不立成王之弟?”上语塞,曰:“此朕家事。”顾左右授笔札,曰:“诏天下,非先生草不可。”孝孺投笔。哭且詈曰:“死即死耳,诏不可草!”上曰:“独不畏九族乎?”孝孺曰:“便十族,奈我何!”上犹欲强之,孝孺乃索笔大书“燕贼篡位”四字,上大怒,命磔诸市。孝孺慨然就死,作绝命词曰:“天降乱离兮,孰知其由?奸臣得计兮,谋国用犹。忠臣报国兮,血泪交流。以此殉君兮,抑又何求!呜呼哀哉兮,庶不我尤!”时年四十有六。孝孺兄孝闻,力学笃行,早卒。弟孝友,同时就戮,亦赋诗一章死。妻郑及二子中宪、中愈先自经死,二女投秦淮河死。

是狱也,泰与子澄皆坐族。而孝孺以十族故,并及其朋友、弟子。于是廖镛与其弟铭,皆德庆侯永忠孙也,以曾受业孝孺,为拾遗骸瘞聚宝门外山上,遂被逮死。太常少卿卢原质,以中表故,与其弟原朴皆坐死。御史郑公智,陕西佥事林嘉猷,皆同里弟子,孝孺尝曰:“匡我者,二子也。”

刑部侍郎<u>胡子昭</u>，以<u>孝孺</u>荐预修<u>太祖实录</u>。<u>河南参政郑居</u><u>贞</u>，<u>孝孺</u>友也，诸人皆坐党被逮死。又，<u>孝孺</u>主<u>应天</u>试所得士有<u>长洲刘政</u>、<u>桓城方法</u>。政曾草平燕策未上，闻<u>孝孺</u>死，遂欧血卒。法官<u>四川</u>断事，以诸司表贺登极，不肯署名，及被逮，行次<u>望江</u>，瞻望先人庐舍，再拜自沉江死。凡先后坐<u>孝孺</u>党而死者八百余人。【考异】<u>三编</u>质实引<u>逊国臣</u>传云："孝孺投笔哭骂，上怒叱曰'汝焉能遽死，朕当灭汝十族。'后系狱，籍其宗支及母族<u>林彦法</u>等、妻族<u>郑原吉</u>等，示，且胁之，执不从。上怒甚，乃收朋友、门生<u>廖镛</u>等为十族，诛之，然后诏磔于市，坐死者八百七十三人。外亲之外，亲族尽数抄没，发充军坐死者复千余人。"臣<u>林外纪</u>云："<u>成祖</u>曰：'吾固能族人。'<u>孝孺</u>曰：'族至三，赤矣。'<u>成祖</u>曰：'吾能四。'乃大收其朋友、门生，凡刑七日。"纪事本末云："<u>文皇</u>大声曰：'汝独不顾九族乎？'<u>孝孺</u>曰：'便十族，奈我何！'"旧史例议以<u>廖镛</u>等逮论在孝孺死后。<u>朱彝尊</u>以<u>孔安国</u>及马、<u>郑解</u>九族，上至高祖，下至玄孙，不及异姓，则反轻于秦法之三族，谓十族之说非实。按<u>夏侯</u>、<u>欧阳</u>解九族者，父族四、母族三、妻族二，皆据异姓有服。<u>成祖</u>并非经生，一时激怒，不同议礼，何暇辨九族之当从何家言乎？且<u>成祖</u>诛夷之惨，一时坐党祸死者，据<u>朱彝尊明诗综</u>、诗话，言"<u>长陵</u>靖难，受祸者莫惨于<u>正学先生</u>，坐方党死者，相传八百七十三人。其次黄太常，坐累死者，族子六十五人，外戚二百八十人。若<u>胡大理</u>之死，郡志称其族弃市者二百十七人，坐累死者数千人。<u>茅大芳</u>妻毙于狱，有与狗吃之旨，载<u>袁褧奉天刑赏录</u>"云云。然则当日或加三为四，或加九为十，传闻异词不足辨，而一时门生、朋友，滥及无辜，则亦不能为之讳也。

24 翰林修撰<u>黄岩王叔英</u>，方在<u>广德</u>募兵、闻<u>齐泰</u>就逮，知事不可为，乃沐浴更衣冠，书绝命词。又自题其案曰："生既已矣，未有补于当时；死亦徒然，庶无惭于后世。"己卯，<u>叔英</u>自经于<u>玄妙观</u>银杏树下。

时御史<u>古田林英</u>，亦在<u>广德</u>，相继自经。后<u>陈瑛</u>希旨，请簿录其家，于是<u>叔英</u>妻<u>金氏</u>自经死，二女下锦衣狱，投井死。英妻宋氏下狱，亦自经死。

25　是月，下魏国公徐辉祖于狱。

辉祖战败，归守父祠。上入城，诸武臣皆迎附，辉祖不屈。召诘之，不出一语，始终无推戴意。乃下吏迫取供招。唯书其父开国功臣及免死有券。上怒，欲诛之，徘回既久，竟从宽典，勒归私第，削其封爵。

26　杀御史大夫练子宁、户部侍郎卓敬，夷其族。

子宁在杭州，为临安卫指挥刘传缚以献。上亲诘之，语不逊，命磔死，族其家，姻戚俱戍边。

敬在朝被执，责以建议徙燕，离间骨肉，敬抗声曰："惜先帝不用敬言耳！"上怒，怜其才，命系狱，使人讽以管仲、魏徵事，敬泣曰："人臣委质，有死无二。先皇帝有何过举！一旦横行篡夺，恨不即死见故君地下，乃更欲臣我邪？"上犹不忍杀。道衍故与敬有隙，进曰："敬言诚见用，陛下宁有今日？"乃斩之，诛其三族。

子宁既诛，其从子大亨，官嘉定知县，闻之，同妻沉刘家河死。里人刑部主事徐子权，闻子宁诛，亦恸哭自经死。

敬立朝慷慨，美丰姿，善谈论，凡天官、舆地、律历、兵刑，无不博究，故上屡欲用之。后言及，辄叹曰："国家养士三十年，唯得一卓敬耳！"

宗人府经历宋徵，与子宁同请诛景隆，又上疏请削罪藩属籍，同时被执，不屈死。

27　燕师之入也，唯太常寺卿襄阳廖昇最先死。时朝廷遣使请割地，不许，昇闻而恸哭，遂自经。

泊燕师薄城，修撰王艮与妻子诀曰："食人之禄者，死人之事，吾不可复生矣。"时同里解缙、胡广及吴溥，皆比舍而居，城陷前一日，皆集溥舍。缙陈说大义，广亦奋激，艮独流涕不言。既去，溥子与弼尚幼，叹曰："胡叔能死，是大佳事！"溥曰："不然，独王叔死耳。"须臾，隔墙闻广呼家人谨视豚，溥顾与弼曰："一豚之不舍，肯舍其生乎？"俄闻艮舍哭，果饮酖死。【考异】王艮殉难事见明史本传中，典汇所载亦同，而附辨其下云："诸本皆云，'艮以辛巳（即建文三年）九月卒，帝遣郎中黄观谕祭之。'革朝志力辨其非，言'艮家饰此以避追录耳。'吴与弼少从其父溥邸舍，目见艮事，能述之。"按姜氏秘史据王氏家谱，以艮死在前一年，并及黄观谕祭之事。四库书提要辨证云："革除之际，诛锄异己，凡效忠于建文者，皆祸及子孙。安知王氏家谱非为宗族计，讳其死难以自全，未必遽为定论。明史艮传仍用前说，盖必有所考也。"此所论与典汇说合，今据书之。

金川门陷，进士叶福守门，不克，死之。宫中火起，都给事中义乌龚泰赴援被执，以非奸党不杀，自投城下死。卫府纪善泰和周是修，闻难，留书别缙、广及萧用道、杨士奇，付以后事，具衣冠，为赞系衣带间，入应天府学拜先师，自经死。江西副使崇德程本立，由金都御史改官，未行，闻燕兵入，自缢死。大理寺丞邹瑾，御史魏冕，闻帝杀徐增寿，宫中火起，二人俱自刎死。时秦府长史邹朴，闻瑾死，不食卒。兵部郎中谭翼，自焚死，妻子殉焉。凡此皆在燕师陷城之数日间。

而孝孺既诛，上欲以草诏属侍读楼琏。琏，金华人，尝从宋濂学，承命不敢辞。归，语妻子曰："我固甘死，正恐累汝辈耳。"其夕，遂自经死。或曰"草诏乃括苍王景"，或曰

"无锡王达"云。

28　右侍中黄观募兵在外,诏有司追捕,收其妻翁氏并二女给象奴。奴索钗钏市酒肴,翁悉与之,持去,亟携二女及家属十人投淮清桥下死。观行至安庆,闻京师陷。或告曰:"新君即位三日矣。"观叹曰:"吾妻有志节,必死。"招魂,葬之江上。命舟至罗刹矶,朝服东向拜,投湍激处死。

　　观弟觐,先匿其幼子逃他处,或云,"觐妻毕氏,孀居母家,遗腹生子,故黄氏有后于贵池。"

　　方观妻投水时,呕血石成小影,阴雨时辄见,相传以为大士像。有僧舁至庵中,翁氏见梦曰:"我,黄状元妻也。"比明,沃以水,影有愁惨状。后移至观祠,传以为"翁夫人血影石"云。

29　秋,七月,壬午朔,大祀南郊,以太祖配。赦天下。诏:"自今年六月后仍称洪武三十五年,【考异】此语见七月朔诏中。以仍称洪武三十五年之语推之,则革除以后,当以建文元年为洪武三十二年,二年为洪武三十三年,三年为洪武三十四年。当日靖难兵起,纪年之例,一定如此。乃实录则直以建文元年、二年、三年为永乐之元、二、三年,及至是年七月,则又改书洪武三十五年,当日史臣之谬戾,已不自顾其前后之矛盾雷同矣。附识于此,以证实录之诬妄。以明年为永乐元年。凡建文中干犯者,一切弗问。山东、北平、河南被兵州县,复徭役三年。畿内凤阳、淮安、徐州、滁州、扬州,皆蠲租一年。余州县及未被兵各省,皆蠲田租之半。"

30　癸未,召前北平按察陈瑛于广西,擢左副都御史,署院事。凡建文朝废斥者,尽还故官。

31　甲申,诏建文时所改官制,一切复之。

一日，上顾侍臣太息曰："只此一事，前代沿袭已久，何关利害，亦欲改耶！"乃令吏部尚书张紞、户部尚书王钝解职务，月给半俸，居京师。紞惧，自经于吏部后堂。侍郎毛泰亨惧，亦死。【考异】据张芹备遗录及典汇所载，俱列张紞、毛泰亨于壬午殉难诸臣中。其实紞虽在奸臣榜中，据皇明通纪、纪事本末，皆云"以茹瑺、李景隆荐，仍故官。及逾月，成祖以建文改官制，咎及紞等，命与户部尚书王钝解职，紞畏惧，自经于吏部后堂，毛泰亨亦死。"证之明史紞传，亦辨其非殉难而死者。然则紞不但不得与于殉难之列，并不得与削爵之徐辉祖、致仕之董伦比也。今据明史本传书之。又考年表，紞以七月自经，今据之。

方紞之在吏部也，值变官制，小吏张祖言曰："高皇帝立法创制，规模甚远，今更之未必胜，徒滋人口，愿公力持之！"紞虽不能斥，然心贤祖，奏为京卫知事。及紞死，属吏无敢视者，唯祖独经纪其丧云。

32 辛卯，执苏州知府安陆姚善至，不屈死。

初，善守苏州，黄子澄闻金川之变，欲与善航海募兵，善曰："公朝臣，宜收兵图兴复。善则守土，与城存亡耳。"子澄去，善方练兵守苏州，为麾下许千户缚以献。至京师，上诘之曰："汝一郡守，乃敢抗我！"善大声曰："各为其主耳！"命诛之。

刑科给事中黄钺者，善之执友也，方丁父忧，家居苏州，闻童俊以镇江降，杜门称疾不出，善以书招之，许俟营葬毕至军。及闻善被刑，乃以越日登琴川桥，西向再拜赴水死。【考异】姚善之死，诸书皆云"七月十日"，盖辛卯也。又云"钺以十一日赴水死"。按明史钺传，言"钺以户科召，行至中途，自投于水，以溺死闻，故其家得不坐"云。至草除遗事诸书所记，则钺以是年七月姚善被诛之次日死，盖<u>成祖</u>不知其死而召之,故其家以溺死闻,盖避追录也。此与<u>王艮</u>之死,其家谱以为卒于辛巳者同,故<u>明</u>人亦有"避追录"之语。而<u>明史</u>传中所载,语有斟酌,今仍系之<u>善</u>被诛下,更于明年召官时补出铖死之本末。

33 癸巳,改封<u>吴王允熥广泽王</u>,<u>衡王允熞怀恩王</u>,<u>徐王允熙敷惠王</u>,随<u>吕太后</u>居<u>懿文太子陵园</u>。

34 甲辰,命致仕尚书<u>王钝</u>偕工部尚书<u>严震直</u>、府尹<u>薛正言</u>等巡视<u>山西</u>、<u>山东</u>、<u>河南</u>、<u>陕西</u>。

<u>燕</u>兵之入也,<u>钝</u>逾城走,为逻卒所执,遂降,仍其故官。至是与<u>张紞</u>同罢,寻复用之。<u>震直</u>分巡<u>山西</u>,行至<u>泽州</u>而卒。【考异】<u>明史震直</u>传但书其"巡视<u>山西</u>,至<u>泽州</u>而卒"。又<u>张紞</u>传,言"世传<u>震直</u>奉使至<u>云南</u>,遇<u>建文</u>君,悲怆吞金死。"考诸国史,非事实也。按此即世所传搜山、打车诸传奇,今据<u>明史</u>本传,余悉删之。

35 是月,杀刑部尚书<u>暴昭</u>、<u>侯泰</u>,礼部尚书<u>陈迪</u>,户部侍郎<u>郭任</u>、<u>卢迥</u>。

<u>昭</u>,<u>潞州</u>人,前掌<u>北平</u>司事。在<u>真定</u>,与<u>铁铉</u>辈悉心经画,及<u>平安</u>军败召归。<u>燕</u>师陷城,<u>昭</u>出亡,被执,抗詈不屈,支解死。

<u>昭</u>之出也,<u>侯泰</u>代之。<u>燕</u>师既起,力主抗御之策。会督饷<u>山东</u>,行至<u>高邮</u>,被执不屈,与弟<u>敬祖</u>、子<u>玘</u>俱死。

<u>迪</u>,<u>宣城</u>人。<u>李景隆</u>之败,<u>迪</u>陈大计,命都督运军储。已,闻变,赴京师,召至责问,抗声不屈,遂与其子<u>凤山</u>、<u>丹山</u>等六人磔于市。既死,人于衣带中得诗及<u>五噫歌</u>,词意悲烈。苍头<u>侯来保</u>拾其遗骸归。妻<u>管</u>氏缢死。幼子<u>珠</u>,生五月,乳母潜置沟中得免。

<u>任</u>,<u>丹徒</u>人,一曰<u>定远</u>人。初佐户部,饮食起居,俱在

公署。时方贬削诸藩,任言:"天下事先本后末则易成。今日储军实,运财费,果何为者?乃北讨周,南讨湘,舍其本而末是图,非策也。且兵贵神速,苟旷日持久,锐气既竭,姑息随之,将坐自困耳。"上时在藩,闻而恶之。兵起,任与同官迥主调兵食,京师不守,被禽不屈死。子经同坐,少子戍广西。

迥,仙居人,饮酒高歌,不拘细行,人目其狂,及仕,折节恭慎。至是被执,慷慨就刑,长讴而死。

迪在礼部,有侍郎黄魁,通习典礼,迪与侍郎黄观皆爱敬之。又,户部主事巨敬,充史官,以清慎称。皆与迪同召,不屈死。

36 召大理少卿胡闰、御史高翔至。

闰,鄱阳人。尝题诗吴芮祠壁,太祖见而奇之,因累官至卿贰。翔,高邑人。洪武中,以明经为监察御史。燕兵之起,二人昼夜画军事,上闻其名,欲用之。翔丧服入见,语不逊,遂与闰同不屈死。

翔坐族,亲党皆戍边,并发其先冢,诸给高氏产者皆加税,曰:"令世世骂高翔也。"

闰子传道亦坐死,幼子戍边。有四岁女郡奴,给配功臣家。稍长,识大义,尝以爨灰污面。其后遇赦还乡,贫甚,誓不嫁。见者争遗钱谷,曰:"此忠臣女也。"遂以贞节终。

37 杀副都御史茅大芳、佥都御史周璇。

大芳,泰兴人。洪武中为淮南学官。召对称旨,擢秦府长史，制词以董仲舒为言。大芳益奋激，尽心辅导，额其堂曰希董，方孝孺为之记。建文时，擢官台宪，燕师起，遗淮南守将梅殷诗，词意激烈，闻者壮之。璇当洪武末，以天策卫知事建言，擢是职。并见收不屈死。而大芳子顺童、道寿俱坐诛，二孙死狱中。

一时诸御史以抗节死者：王度，归善人。燕兵起，赞画军事。及李景隆败，盛庸代之，度密授机宜，遂有东昌之捷。小河之役，奉命劳军徐州，还，与孝孺誓死社稷，遂坐方党谪戍贺县，坐语不逊，族之。

戴德彝，奉化人。洪武二十七年进士，累官侍讲。太祖谕之曰："翰林虽职文学，然既列禁近，凡国家政治得失，民生利害，当知无不言。昔唐陆贽、崔群、李绛在翰林，皆能正言谠论，裨益当时，汝宜以古人自期。"已，改监察御史。建文更官制，改左拾遗。上即位，召见，不屈死之。德彝死时，兄弟并从京师嫂项氏家居，闻变，度祸且族，令阖舍逃去，匿德彝二子山中，毁戴氏族谱，独身留家。收者至，无所得，械项至京，榜掠，终无一言，故戴氏独免于族云。

董镛，逸其里。诸御史有志节者，时时会镛所，誓以死报国。诸将校观望不力，镛辄露章劾之。城陷被杀，家戍极边。

于是诸城谢昇，聊城丁志方，怀宁甘霖，嘉兴姚瑄，皆坐诛。

而给事中则有莆田陈继之，西安韩永。当兵事亟，继之数条奏机宜，永亦慷慨论兵事。时上欲官之，卒与继之同抗辞不屈死。继之之死，又坐其父母兄弟悉戍边云。

38　上之即位也，有诏至不屈而死者：祥符王良，当建文时，迁刑部侍郎，议减燕府人罪，不称旨，出为浙江按察使，上颇德之。诏至浙江，并使召良，良执使者，将斩之，众劫之去。良集诸司印于私第，将自杀，未即决，妻问故，曰："吾死自分，未知何以处汝耳。"妻曰："君男子，乃为妇人谋乎！"馈良食，食已，抱其子入后园，置子泄旁，投水死。良敛妻毕，以子付友人家，遂积薪自焚，印俱毁。上闻之，曰："死固良分，但毁朝廷印，不得无罪。"命徙其家于边。

　　漳州府教授陈思贤，茂名人。以忠孝大义劝诸生。及登极诏至，恸哭曰："明伦之义，正在今日。"坚卧不迎诏，率其徒吴性原、陈应宗、林珏、邹君默、曾廷瑞、吕贤六人，即明伦堂为旧君位，哭临如礼。有司执之送京师，思贤及六生皆死。——六生，皆龙溪人。

39　初，勤王之师，自姚善、王叔英外，则徽州知府陈彦回，莆田人，曾坐父罪谪戍云南。比至蜀，家人多道死，惟彦回与祖母郭在。会赦，又弗原，监送者怜而纵之。贫不能归，依乡人知县黄积良，冒黄姓。久之，以阆中教谕严德政荐，授保宁训导。考满陞瓦，擢平江知县。逾年，太祖崩，入临，又以给事中杨维康荐，擢守徽州。建文初，祖母郭卒，当去，百姓诣阙乞留。彦回衰绖入京自陈，乞复姓，许之，唯连乞终制不许。葬郭于徽城之北，对百姓曰："吾昔亡命冒他姓，徒以祖母存耳。今祖母没，宜自请死，天子特宥之，敢不以死报国乎！"燕兵逼京师，赴援不及，被禽至，遂抗节死之。

乐平知县张彦方，龙泉人，初为给事中，以便养改官乐平。时应诏勤王，率所部抵湖口被执，械至乐平，斩之。枭首谯楼，当暑，一蝇不集，经旬面如生，邑人葬之清白堂。

同时又有松江同知者，失其姓名，或曰周继瑜也。勤王诏下，榜募义勇入援，极言大义，感动人心，并指斥靖难之师乖恩悖道，械至京，磔于市。

其武臣之死者：河北卫指挥张伦，从盛庸战有功。庸败，燕将招伦降，伦笑曰："张伦将自卖为丁公乎？"遂不屈，死之。京师陷，武臣自盛庸、平安以下，无不归附，从容就义者，唯伦一人而已。

而是时有台州樵夫，日负薪入市，口不贰价，闻京师陷，恸哭投东湖死。温州乐清亦有樵夫，闻其乡人卓敬死，亦号恸投于水。二樵以遁世逸其名，或曰，"其一即指挥张安也。"

又，陈质者，建文元年宋忠之败，质以参将退守大同，代王欲举兵应燕，质持之不得发。洎燕攻大同，蔚州、广昌已附于燕，质取之。至是追论其罪，与镇抚周拱元俱坐诛。

40 八月，壬子，命侍读解缙、编修黄淮入直文渊阁，并预机务。

缙首迎附，召对称旨，命与淮常立御榻左备顾问，或至夜分，上就寝，犹赐坐榻前，语以机密重务。——内阁预机务自此始。【考异】诸人入阁，本纪统系之八月，牵连并记也，今据宰辅年

41 执兵部尚书铁铉至陛见,背坐廷中,抗詈不屈。上令两武士夹棒持之,胁其一回顾,终不可得,遂磔于市。

铉,邓县人,洪武中,由国子生授礼科给事中,调都督府断事,尝谳疑狱立白,太祖喜,字之曰鼎石。建文初,任山东,解济南之围,又与盛庸大败燕师于东昌,自此燕兵径取徐、沛,不敢复道山东。渡江之役,屯兵淮上,庸败绩,铉兵亦溃。上以铉非朝臣,故不族铉。父仲名,年八十三,与母薛并安置海南,子福安戍河池。二女发教方司,誓死不受辱,久之赦归。

铉之死也,高巍在外,闻京师不守,先自经于驿舍。而高贤宁前以射书城外,上悦其言,为之缓攻。至是被执入见,上曰:"此作论秀才,好人也。可予一官。"贤宁固辞。锦衣卫指挥纪纲,素与贤宁善,劝就职,答曰:"吾尝辱王先生之教矣。"盖贤宁,济阳人,王省之弟子也。纲为言于上,竟得归,年九十七卒。

其参铉军事之宋参军及继巍上书之御史韩郁,皆变姓名遁去,不知所终云。

42 丁巳,分遣御史巡察天下利弊,当兴革者以闻。

43 戊午,授都督何福为征虏将军,镇守宁夏,节制山、陕、河南诸军。都督同知韩观练兵江西,节制广东、福建。

福自淮北败,奔还,上以其宿将知兵,推诚用之,又聘其甥女徐氏为赵王妃。

44 甲子,命西平侯沐晟镇云南。

45 丙寅,杀御史大夫景清,夷其族。

清本耿姓,讹为景,真宁人,建文初出为北平参议。上在燕邸,与语,言论明晰,大称赏。还,迁左都御史,与孝孺等约同殉国。及京师不守,清知建文之出亡也,密谋兴复,乃诣阙自归,上喜曰:"吾故人也。"命仍故官,委蛇班行者久之。是日早朝,清衣绯怀刃而入。先是日者奏"异星赤色犯帝座急。"上故疑清。及朝,清独着绯,命搜之,得所藏刃,诘责,清奋起曰:"欲为故主报仇耳!"上怒,命磔于市,清骂不绝口而死。一日,上昼寝,梦清绕殿追之。上曰:"清犹能为厉邪!"乃夷其九族,尽掘其先人冢墓。又籍其乡,转相攀染,谓之"瓜蔓抄",村里为墟。【考异】据三编、质实云,"王鏊守溪笔记,文皇至金川门,百官迎拜江次,清独直立骂不已,乃命左右抉其齿,且抉且骂,含血直噀上衣。乃命醢之,罪及九族。久之,上昼寝,梦清入殿追之。上曰:'清犹能为厉耶!'乃籍其乡,转相攀染,谓之'瓜蔓抄'。其说与明史异。纪事本末,"有青州教授刘固者,依清居。清遇害,连及固与弟国、母袁氏,同受刑于聚宝门外。固子超,年十五,有膂力,临刑仰天大呼,网索俱断,夺刀连杀十余人,诏磔之。"

46 上之即位也,驸马都尉梅殷,尚拥兵淮上不降。上乃迫宁国公主啮血为书以授殷,殷得书恸哭,乃还。既入见,上迎劳曰:"驸马劳苦。"殷曰:"劳而无功耳。"上默然,以公主故不诛,然自是益衔之。

47 九月,甲申,论靖难功,封丘福淇国公,朱能成国公,张武等侯者十三人,徐祥等伯者十一人。

福与张玉、朱能,以首夺九门,功最大,而谋画智计逊于玉,其敢战深入与能埒。然为人朴戆沉鸷,每战胜,诸将争前效虏获，福独后，故上尝叹曰："丘将军功，我自知之。"至是大封功臣，犯首福。

又追赠张玉荣国公，谭渊金乡侯。

而大宁降将陈亨，以白沟河之战，中创几死。已，攻济南，与平安战于铧山，大败，创甚，舆还北平。其年十月卒，上尤惜之。至是追赠泾国公，与玉等皆赐谥。

48 论款附功，增李景隆禄，封驸马都尉王宁为侯，茹瑺、陈瑄及都督同知王佐皆为伯。

49 命侍读胡广、修撰杨荣、编修杨士奇、检讨金幼孜、胡俨同直文渊阁，预机务，与解缙、黄淮凡七人，并朝夕左右。

50 甲午，定功臣死罪减禄例。

51 乙未，徙山西民无田者实北平，赐之钞，复五年。

52 江西盗平。

先是，命韩观讨之，未至，盗已就抚，乃授观为征南将军，镇广西。

53 是月，以吏部侍郎蹇义为本部尚书，户部侍郎夏原吉为本部尚书。

义迎附，以吏部右侍郎迁左。时方务反建文之政，所更易者悉罢之，义从容言曰："损益贵适时宜，前改者固不当，今必欲尽复者，亦未悉当也。"因举数事陈说本末，上称善。

原吉以建文时充采访使巡福建，所过郡邑，核吏治，咨民隐，人皆悦服。久之，移驻蕲州。上即位，或执原吉以献，释之，寻转左侍郎。有言"原吉建文时用事臣，不可信"，上不听,遂与义并擢尚书。

又改工部尚书郑赐于刑部,晋黄福为工部尚书,刘儁兵部尚书。

54　逮谷府长史刘璟至。

璟之参李景隆军事也,景隆败,璟夜渡芦沟河,冰裂马陷,冒雪行三十里。子貊自大同赴难,遇之良乡,与俱还。上闻,见录,不省,遂归里称疾不起。至是逮至京师,上亲诘之,璟对词犹称殿下,且抗声曰:“殿下百世后逃不得一‘篡’字。”遂下狱,自经死。

初,温州贼叶丁香叛,延安侯唐胜宗讨之,决策于璟。破贼还,称璟才略,太祖喜曰:“璟真伯温儿矣!”上在藩邸,尝与璟弈,璟辄胜,上曰:“卿不少让我邪?”璟正色曰:“可让处则让,不可让者不敢让也。”上默然。

璟既死,法官希旨缘坐其家,上以基有功故,不许。

55　前太常寺少卿高逊志卒。

逊志,字士敏,萧县人,燕师入,遁迹于东瓯雁荡山中。弟子文渊阁侍书蒋竞从之,为经纪其丧。——竞,宜兴人。

【考异】明史,高逊志附王艮传,言“燕师既入,存殁无可考。”朱竹垞明诗综详其本末,并载蒋竞祭高先生文。据祭文,盖九月之晦也,今增系之九月之末。

56　冬,十月,丁巳,吏部上言:“前北平所属州县官朱宁等二百九十人,当靖难时俱弃职逃亡,宜按名逮,置之法。”诏从宽典,悉令入粟赎罪,遣戍兴州。

上既即位,诸州县奉前诏起援兵者,皆入奸臣榜中,次第逮捕。唯日照王琎守宁波,燕兵临江,琎造舟舰谋勤王,为卫卒缚至京师,上诘造舟何为,琎曰:“欲泛海趋瓜州,阻师南渡耳。"上壮其言,竟不罪,放归。

永清典史周缙,武昌人。燕师起,守令相率迎降,永清地尤近,缙独为守御计,摄令事。已,度不可为,怀印南奔,道闻母卒,归终丧。燕兵已迫,纠义旅勤王,闻京师不守,遂亡去。至是有司捕缙,械送戍所。居数岁,子代还,年八十而没。

其朱宁等二百余人,皆不可考云。

57 己未,诏重修太祖实录,命曹国公李景隆监修,尚书茹瑺副之,侍读解缙为总裁。

建文初,临海叶惠仲,以知县被征,预修太祖实录,迁知南昌府,至是以坐直书靖难事,指为逆党,遂逮至,族诛。【考异】此即再修之实录。据沈氏野获编,言"解缙秉笔,尽焚旧草。"旧草,即建文初修之实录,叶惠仲预焉,遂以此坐诛。

时上于宫中得建文时章奏千余道,命缙等翻阅,关系军马钱粮数目则留之,余有干犯者悉焚之。一日,从容问缙等曰:"尔等宜皆有之?"缙不敢对。修撰李贯对曰:"臣实无之。"上曰:"尔以独无为贤邪? 食其禄则思任其事,当国家危急之际,左右近侍独无一言,可乎? 朕非恶夫尽心于建文者,特恶夫诱建文之坏祖法者耳。"贯惭而退。

58 丙寅,命镇远侯顾成镇贵州。

成自太祖时,以洪武八年调守贵州。已,从傅友德征云南有功,进贵州都指挥同知,寻迁右军都督佥事,佩征南将军印,又会何福讨平水西寨。凡在黔十余年,威信大著。建文初召还,进左军都督。以从耿炳文御燕师于真定被执,遂降,辅世子居守北平。南军围城,防御调度,一以委之。至是论功封侯,仍命镇贵州。

⁵⁹ 壬申,徙封谷王橞于长沙。

⁶⁰ 甲戌,诏:"从征将士掠民间子女者,悉令放还,归其家。"

⁶¹ 是月,以僧道衍为僧录左善世。

⁶² 十一月,壬辰,立妃徐氏为皇后。

后之为妃也,孝慈皇后深爱之。从上之藩,居孝慈丧三年,蔬食如礼。靖难兵起,一切部分,世子多禀命焉。及册为后,后弟增寿常以国情输燕,及其诛也,上恸惜之,欲追赠爵。后力言不可,上不听,卒封定国公,命其子景昌袭。以告后,后曰:"非妾志也。"竟弗谢。其深明大义如此。

⁶³ 废广泽王允熞、怀恩王允熙皆为庶人。

⁶⁴ 是月,进郭资为户部尚书,仍掌北平布政司使事。

⁶⁵ 十二月,癸丑,蠲被兵州县明年夏税。

⁶⁶ 是月,擢保定知府雒佥为刑部尚书,仍知保定府,又擢右通政李至刚礼部尚书。

⁶⁷ 初,金川门不守,建文帝东西走殿廷,欲殉社稷。翰林院编修程济,请逊国以图后举,帝不决,乃以为僧请,自任扈从。于是帝泣,急命举火焚宫。是日,帝自地道出,从亡诸臣,或缒城,或由水关出,薄暮,会于神乐观中。中官托言得高皇帝所遗度牒三纸,首应文,与帝名合;次应能,时吴王教授杨应能在从亡中,自任之;唯应贤不审。俄,监察御史叶希贤至,毅然曰:"臣名贤,何疑焉!"于是僧溥洽为

帝祝发，应能、希贤亦并祝发。一时从帝出者凡五六十人，帝曰："多人不能无生得失。有等任事著名，势必究诘，有等妻子在任，心多萦系，宜各从所便。"乃议以二十余人从。济与希贤、应能三人，或称道人，或称比丘，皆朝夕在帝左右，讥察防卫。其余或往来道路，运给衣食，或游历所至，更番为主，而姓名爵里，世莫得传，传者亦不无异词。于是有河西佣、补锅匠及马二公子之属啧啧称人间。

河西佣者，常披葛冬日走乞金城市中，已，至河西，佣于庄浪鲁氏，得直买羊裘，而以故葛衣覆其上，葛虽破缕缕，终不肯弃去。力作倦，辄自吟哦，或夜闻其哭声。久之，有识佣者，与语不答，走之南山。后卒死庄浪，属主人曰："我死，幸勿埋我，俟西北风起火之。"鲁家从其言。

补锅匠者，常往来夔州、重庆间，业补锅凡数年，川中人多识之。时在夔有童子师，能为古诗，诗后题马二公子、或马公、或塞马先生。一日，遇补锅匠于市中，相顾愕然。已，相持哭，共入山岩中，坐语竟日，复相持哭，别去。或曰"马二之合，盖冯姓也。"

又，一僧、二樵者，皆隐于浙东。僧自称云门僧，或称稽山主人，每泛舟赋诗，归即焚之。二樵，一在会稽，自号若耶溪樵，每于溪沙上以荻画字，已，辄乱其沙，有疑之者从后抱持观之，则皆孤臣去国之词也。一在金华之东山，时称玉山樵，麻衣戴笠，终身不易。以上皆逸其名，唯玉山樵尝为王姓者题诗曰"宗人"，故疑其为王姓云。

叶希贤之从帝为僧也，自号雪庵和尚，亡年落发，云游滇、蜀间，走<u>重庆之大竹善里</u>，爱其山水。里中有隐士曰<u>杜景贤</u>，知和尚非常人，与之游，为结茆于<u>白龙山</u>。和尚率数人居其中，或云"其徒"，或云"其所奉者帝也"。和尚昕夕诵<u>易乾卦</u>，山中人疑其不诵佛经，<u>景贤</u>固知之，不敢言，亦不忍问，而和尚亦默会<u>景贤</u>意，乃诵观音经。然好观楚词，时时袖之登小舟，棹急滩中流，朗读一叶，辄投之水，投已，辄哭，哭已，又读，众莫测其云何也。

<u>希贤</u>与<u>应能</u>皆先帝卒，卒之日，其徒问师："即死，宜铭何许人?"和尚始张目曰："<u>松阳</u>。"问其姓名，卒不答。有知之者曰："此前监察御史，与<u>练大夫</u>先后请诛<u>李景隆</u>者也。"

又<u>牛景先</u>，不知何许人，尝为御史。<u>金川门</u>启，易服宵遁，卒于<u>杭州</u>僧寺中。

自帝逊国后越数十年，有<u>松阳</u>人<u>王诏</u>，游<u>治平寺</u>，于转轮藏上得书一卷，记<u>建文</u>亡臣二十余人事迹，楮墨断烂，可识者仅九人，<u>梁田玉</u>、<u>梁良玉</u>、<u>梁良用</u>、<u>梁中节</u>，皆定海人，同族，同仕于朝。<u>田玉</u>官郎中，京师破，去为僧。<u>良玉</u>官中书舍人，变姓名走<u>海南</u>，鬻书以老。<u>良用</u>为舟师，死于水。<u>中节</u>好老子、太玄经，为道士。<u>何申</u>、<u>宋和</u>、<u>郭节</u>，俱不知何许人，同官中书。<u>申</u>使蜀，至<u>峡口</u>，闻变呕血，疽发背死。<u>和</u>及<u>节</u>俱挟卜筮书走异域客死。<u>何洲</u>，海州人，不知何官，与<u>和</u><u>节</u>俱友善，亦去为卜者客死。<u>郭良</u>，官籍俱无考，与<u>中节</u>相约弃官为道士。其余十余人，俱失其姓名，疑即<u>程济</u>、<u>叶希贤</u>辈也。

其最后晚出者曰致身录，相传得之江南茅山道书中，为吴江史仲彬所述。仲彬者，建文时为侍书。帝之出也，欲往滇南依西平侯，仲彬以为不可。适其家有艇来，遂迎帝至吴江之黄溪，主仲彬家。其后帝凡三至，遂为仇家所讼，逮捕仲彬系狱死。【考异】明史牛景先传，言"仲彬实未尝为侍书，录盖晚出，不足信。"

录中所载，与诸家纪革除遗事，或先或后，互有出入，而所载从亡诸臣，皆有姓名爵里可考，凡二十二人。其与治平寺藏内所载之九人中，有梁田玉、良玉、中节及宋和、郭节，得五人。又以河西佣为编修赵天泰，三原人，补锅匠为钦天监正王之臣，襄阳人，马二公子为刑部司务冯漼，黄岩人。此外又有兵部侍郎廖平，襄阳人，翰林院待诏郑洽，浦江人，王资，失其官，杞县人，皆帝游历所至更番为主者。而毁印自焚之王良，亦在所主中。又，刑部侍郎金焦，贵池人，检讨程亨，泽州人，刘伸，失其官，杞县人，太监周恕，和州人，皆往来伺应，供资粮扉屦者。而四川参政南康蔡运，有传其逾年坐奸党而死者亦在焉。合之济、希贤、应能、景先、仲彬五人，共二十二人。惟所称云门僧即宋和，而雪庵和尚别属之郭节，东湖樵夫即牛景先，与台州投东湖而死之樵夫是一是二，皆不可考，所谓传闻异词者也。

二十余人中，或先亨卒，或散在四方而客死，惟济从亡在外近四十年，盖与帝为终始云。

济，朝邑人。据致身录所载，又云绩溪人，通道术。逊国之议，自济倡之。时有传其奇术者云："徐州之捷，诸将树碑纪功。济时参军事,名在碑中。一夜,济往祭碑,人皆莫测。后燕王过徐,见碑,大怒,趣椎之。已,又止之曰:'先为我录文来。'时椎甫下遽停,而碑已缺损,乃据其可识者录以上,令按碑行诛,而济名适在椎脱处,遂得免。"或曰:"徐州未尝有捷。"事之有无,殆不可考也。

初,燕师之入,郎、御史、给、舍四十余人,一夕尽遁去。诘朝,御史以闻,上不问。后始有啧啧言逊国事者,或云"僧溥洽知状",或云"匿溥洽所",上乃以他事禁溥洽,而命给事中胡潆以访张三丰为名,内监郑和以下西洋为名,遍物色之,不可得。溥洽坐系十余年,迨姚广孝将死,始请于上出之。至于帝之与济,则皆不知其所终云。

三编发明曰:"惠帝以柔牵之资,丁强藩之逼,智力兼困,以至于亡。然其天性仁厚,亲贤好学,除军卫单丁,减苏、松重赋,泽施未久,善政在民,是以天命虽移,人心犹结。而成祖本由逆取,复果于残杀,一时忠义如林,蹈九死而不悔,何其酷也。

至若遁山逃海诸人,流离眒昧,身之既隐,焉用文为!而闻风感兴,若将亲炙,然疑交作,所由来矣。

夫据左氏传,则程婴、杵臼皆为乌有,然马迁逸事,人人乐道,故明史以为与其过而去之,宁过而存之。忠贞之气,屈极而伸,至今四百年后,易名列祀,折一衷而定论,存他说以阙疑,所以揭幽潜于日月,惧乱贼于春秋,岂不韪欤!【考异】按壬午殉难亡遁诸臣,野史所记,如大理寺丞刘端,刑部郎中王高,皆以孝孺坐诛,已见成祖实录。此外又有高不危者，与高巍同时死义。不危弟宣，坐谪南每卫。或曰，"不危，即巍字也。"典汇辨之，以为别是一人。又，金都御史司中，召见不屈，命以铁帚刷其肤肉至尽，姻娅坐死者八十余人。又，晋府长史龙镡，被执不屈死，有拾其遗骸，得自书绝命赞，典汇所记睟同，并载其绝命词，凡四言十句。又，工部寺郎张安国闻燕兵入，与妻贾氏诀，贾请隐，乘舟入太湖。闻京师陷，皇帝自焚，乃凿舟自沉死。又，胡子昭殉难，其弟子义，时为蜀府典宝，闻其兄死，辟世丹稜，蜀献王怜之，令为僧，子义以亲遗体辞。有二子，竟弃去，不知所终，今检明史子昭传亦遗之。若典汇所记，则有山西布政使理问徐让，孝义县丞卫健二人，俱奉诏使燕还，在军战没。又，御史王玭，苏州人，以匿奸党逮至，玭死，子孙坐诛。又，储福，无锡人，以奸党揆购，在录中，戍曲靖卫，舟行，忽仰天哭曰："吾虽一介贱卒，义不为叛逆臣。"遂不食死，妻范氏，营葬，养其姑，守节以死，里人立庙屺之。又，龚诩，年十七，为金川门卒，兵入，诩大哭还乡。宣德中，巡抚周忱两荐为昆山、太仓学官，辞不就，曰："诩仕无害于义，恐负往日城门一痛耳。"竟隐终身，门人私谥曰安节先生。以上所记，明史皆轶其姓名。而刘端、王高之等，三编已补入族孝孺目中，其他亦大半采入，所谓"与其过而去之，毋宁过而存之"是也。又三编所载，"黄观在外募兵，同时有金侍郎者，逸其名，募兵江西。有朱进者，常州人，随行，俱被执就戮。"又，"金川门之陷，有编修陈忠者，鄞县人，殉难死。"凡此又皆野史所不具者。若夫燕兵初起，汤宗告变，野史以为靖难后被诛，入之壬午死事中，昔人辨之。今明史所列汤宗传，尤为确证，此又不可不辨者也。

　　谨按重修纲目三编在乾隆四十年，是时方敕大学士九卿等稽考明季殉难诸臣，定专谥、通谥之例，下至诸生韦布及不知姓名之流，议谥难于概见者，亦令俎豆其乡以昭轸慰，撰为胜朝殉节诸臣录。逾年正月，复奉上谕："念及建文革除之际，其诸臣之仗节死难者，史册所载甚多。当时永乐以藩臣犯顺称兵，阴谋夺国，诸人义不戴天。虽齐泰、黄子澄等轻率寡谋，方孝孺识见迂阔，然迹其尊主锄强之心，实堪共谅。及大势已去，犹且募旅图存，抗词抵斥，虽陨身湛族，百折不回，洵为无惭名教。其他若景清、铁铉等，或慷慨捐躯，或从容就义，虽致命不同，而志节凛然，皆可谓克明大义。下至东湖樵夫、补锅匠之流，虽姓名隐晦不彰，其心均足嘉尚。特以永乐性成残刻，逞志淫刑，其屠戮之惨，极于瓜蔓牵连，殆非人理。朕读史至此，未尝不深愤恨。因念胜朝革命之际，其抗我颜行者，尚念其忠于所事，矧建文诸臣，不幸遘遭内难，为国捐生，成仁取义，岂可令其湮没！其应如何分别予谥之处，著同前旨交大学士等一体详查，集议具奏，称朕崇奖忠良有加无已之至意。钦此。"于是建文殉难诸臣，亦悉依专谥、通谥之例，附入卷末。而入祠之职官，如叶希贤、牛景先、程济以及梁田玉等(此)人，又入祠之士民，如燕山卫卒、金川门卒、台州樵夫、乐清樵夫、河西佣、补锅匠、云门僧、玉山樵、塞马先生之等，皆从附录存疑之例，均予入祠致祭。于此见褒忠之典，恩隆异代，度越千古，初未尝以野史流传，听其湮没，则诚所谓忠贞之气屈极而伸者矣。